高等职业教育汽车运用与维修专业教材

汽车自动变速器原理与维修（第三版）

主　编　刘利胜

中国劳动社会保障出版社

图书在版编目(CIP)数据

汽车自动变速器原理与维修/刘利胜主编. --3版. --北京：中国劳动社会保障出版社，2020

高等职业教育汽车运用与维修专业教材

ISBN 978-7-5167-3367-7

Ⅰ.①汽… Ⅱ.①刘… Ⅲ.①汽车-自动变速装置-理论-高等职业教育-教材②汽车-自动变速装置-维修-高等职业教育-教材 Ⅳ.①U463.212 ②U472.41

中国版本图书馆CIP数据核字(2018)第193669号

中国劳动社会保障出版社出版发行

（北京市惠新东街1号 邮政编码：100029）

*

三河市华骏印务包装有限公司印刷装订 新华书店经销

787毫米×1092毫米 16开本 18印张 404千字

2020年12月第3版 2024年1月第4次印刷

定价：48.00元

营销中心电话：400-606-6496

出版社网址：http://www.class.com.cn

前　　言

“高等职业教育汽车运用与维修专业教材”为国家级职业教育规划教材，自出版以来，受到了相关职业院校师生的好评。为了更好地服务社会，为广大师生提供实用、好用的教材，中国劳动社会保障出版社适时地对这套教材进行了改版。改版教材是在充分考虑我国汽车运用与维修职业教育特点的基础上，依据最新的法规、标准和技术发展成果，由学术水平高、教学经验丰富的教师编写而成。教材在以下方面进行了尝试和创新：

一、在品种上进行了优化。教材在上一版次的基础上，保留了反响较好的品种，去掉了适用性差的品种，增加了一些学校急需品种。改版后的教材共有25个品种，分别为汽车营销（第三版）、汽车文化、新能源汽车概论、无人驾驶汽车概论、汽车电气设备构造与维修（第二版）、汽车车身电气设备系统及附属电气设备检修（第二版）、汽车总线技术、汽车销售实务、汽车售后服务管理、汽车专业英语（第三版）、商用车电气系统检修、柴油发动机构造与控制系统检修、汽车底盘构造与维修（第二版）、汽车构造（第三版）、汽车机械基础（第二版）、汽车车身修复技术（第二版）、汽车机械识图、汽车机械识图习题册、汽车故障诊断技术（第二版）、二手车鉴定及评估（第二版）、汽车发动机构造与维修（第三版）、汽车检测技术（第三版）、汽车维修技术（第二版）、汽车维修质量检验（第二版）、汽车自动变速器原理与维修（第三版）。

二、在内容上做了更新。改版教材参考了现行的法律法规、技术标准等规范性文件，吸收了最新的维修技术和方法，在车型的选择上，既着眼于主流车型，又兼顾院校的教学实际，因此，教材能够满足大多数院校的教学使用。为了给教师提供更多的教学便利，教材还配有精心制作的PPT课件，尽量采用多媒体的元素来展现教学内容，从而使教学更直观，更轻松。

三、在编写思路上坚持继承和发展。同上一版教材一样，改版教材仍然坚持以职业为导向，以能力培养为目标，以适用、够用为原则，实现知识和技能的合理统一。

四、在编写风格上进行了创新。改版教材继承了上一版的编写风格，对图片的质量进行了大幅的提升，强调尽量以表格的形式对内容进行总结、归纳，增加了“技术提示”“安全提示”“环保提示”等模块，以利于学生在学习专业知识的同时，也了解一些紧密相关的其他知识。

五、在教学资源服务上进一步完善。选用教材的教师可以加入教材交流QQ群，通过这个平台教师可以下载资源、浏览样张、分享经验、反馈意见、与主编和出版者交流，享受一对一、面对面的贴心服务。教材交流QQ群号：577237654。

编　者

2020年5月

内 容 简 介

随着科技的不断进步，越来越多的汽车采用自动变速器。自动变速器集机械、电子、液压为一体，结构复杂，故障诊断与维修难度都很大。本书结合作者多年的教学经验，选用准确、精练的材料和直观的图片资料，为广大读者提供一种实用、好用的教材。

本书内容涵盖自动变速器、双离合器变速器和无级变速器，在车型选择上，主要考虑国内保有量大、技术含量高、代表性强的自动变速器，讲述自动变速器的结构原理、动力传递路线、液压控制系统、控制电路以及使用与维护、故障诊断、维修工艺等，包括一些精选的维修案例。

本书由吉林交通职业技术学院刘利胜任主编，徐艳、李虹、刘成任副主编。其中第十一章由刘利胜编写，第六章、第七章由徐艳编写，第九章、第十章由李虹编写，第三章、第四章由刘成编写，第五章由车万华编写，第二章由曲英凯编写，第一章由王贵荣编写，第八章由臧英林编写。

目　　录

第一章　概述

学习目标

1. 了解自动变速器的发展历史。
2. 了解自动变速器的优点、缺点和分类。
3. 掌握常见车型自动变速器的型号标识。

一、自动变速器的发展历史

1940年，美国通用汽车公司在奥兹莫比尔汽车上安装了第一台具有现代意义的自动变速器，它是由液力耦合器和行星齿轮机构组成的全自动变速器，有4个挡位。

20世纪50年代起，美国三大汽车公司都开始批量生产自动变速器。

1968年，法国雷诺公司率先在自动变速器上使用了电子元件。

1982年，日本丰田公司生产出了第一台由电子控制单元（ECU）控制的电子控制自动变速器。

1983年，德国成功研制了电喷发动机和电子控制自动变速器共用的电子控制单元。

1984年，美国第一台电子控制自动变速器（THM440－T4）由通用汽车公司推出。该横置式自动变速驱动桥（前轮驱动汽车的自动变速器又称自动变速驱动桥）至今仍是通用汽车公司的主导产品。

美国福特公司和克莱斯勒公司在20世纪80年代末也都推出了两种以上电子控制自动变速器。

据统计，目前日本、美国、欧洲地区生产的轿车中，自动变速器装车率达90％以上。

二、自动变速器的优点

手动变速器由于其传动效率高、工作可靠、结构比较简单等优点，仍应用在各种汽车上，但其缺点是换挡操作复杂，换挡过程中易造成变速器零部件损坏，而且驾驶人也容易疲劳。现在装用自动变速器的车辆越来越多。与手动变速器相比，装用自动变速器的车辆具有下列优点：

1. 发动机和传动系统使用寿命长

装有自动变速器的汽车与装有手动变速器的汽车对比试验表明：前者发动机的使用寿命可延长 85%，变速器的使用寿命延长 12 倍，传动轴和驱动半轴的使用寿命可延长 75%～100%，原因是装用自动变速器的汽车靠液力传动，使汽车起步和加速过程更加平顺，而且能够缓冲及衰减传动系的扭转振动，防止传动系过载，减小冲击载荷，因而延长了相关零部件的使用寿命。

2. 驾驶性能好

汽车驾驶性能的好坏除与汽车本身的结构有关外，还取决于正确的控制和操纵。自动变速器通过系统设计，使整车自动完成变速控制，以获得最佳的燃料经济性和动力性，特别适合于非职业驾驶人使用。装备自动变速器的汽车采用电子控制自动换挡，不再需要驾驶人操纵离合器，减轻了驾驶人的劳动强度。

3. 行驶性能好

采用液力自动变速器的汽车，在起步时驱动轮上的驱动扭矩是逐渐增加的，这样可以防止产生很大的振动，并减少车轮打滑，使起步容易且更加平稳。

4. 安全性好

在车辆行驶过程中，驾驶人必须根据道路、交通条件的变化，对车辆的行驶方向和速度进行改变与调节。以城市大客车为例，行驶时平均每分钟换挡 3～5 次，且每次换挡有 6～10 个手脚协调动作。正是由于这种连续不断的频繁操作，使驾驶人的注意力被分散，而且易产生疲劳，导致交通事故增加；而如果以减少换挡、操纵加速踏板代替换挡变速，那样又会牺牲燃油经济性。自动变速的车辆取消了离合器踏板和换挡操纵手柄，只要控制加速踏板就能自动变速，从而减轻了驾驶人的劳动强度，使行车事故率降低，平均车速提高。

5. 降低废气排放

发动机在怠速和高速运行时，排放的废气中 CO 或碳氢化合物的浓度较高。自动变速器的应用可使发动机经常在经济转速区域内运转，也就是在较小污染排放的转速范围内工作，从而降低了排气污染。

三、自动变速器的缺点

目前自动变速器还存在着以下两方面的缺点：

1. 结构较复杂，生产和维修成本高

与手动变速器相比，自动变速器结构相对复杂，生产和维修成本较高。

2. 传动效率不够高

与手动变速器相比，自动变速器的传动效率要低一些，为 90%左右。

四、自动变速器的分类

1. 按变速形式分类

自动变速器按变速形式的不同，分为有级自动变速器和无级自动变速器两种。有级自动变速器是具有几个定值传动比的变速器（一般 4～7 个前进挡，1 个倒挡），无级变速器是指传动比在一定范围内连续变化的变速器，在一些小排量的轿车上有一定的应用。

2. 按齿轮变速系统的控制方式分类

（1）液控液动自动变速器。自动变速器中的执行机构根据节气门控制的节气门油压和车速控制的速控油压决定换挡时刻，完成自动换挡（液控液动自动变速器现已被淘汰）。

（2）电子控制液动自动变速器。电子控制单元根据节气门开度信号和车速信号决定换挡时刻，控制换挡电磁阀进行自动换挡控制。

3. 按汽车驱动形式分类

自动变速器可分为前轮驱动自动变速器和后轮驱动自动变速器两种。前轮驱动自动变速器又分为发动机横置和发动机纵置两种布置形式。如图 1—1 所示为前轮驱动和后轮驱动两种自动变速器的布置形式。

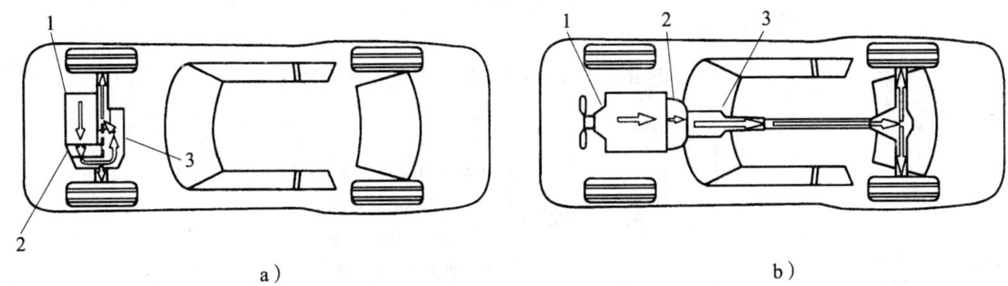

图 1—1　前轮驱动自动变速器和后轮驱动自动变速器的布置形式

a）前轮驱动自动变速器　b）后轮驱动自动变速器

1—发动机　2—液力变矩器　3—自动变速器

4. 按齿轮传动结构类型分类

自动变速器按齿轮传动结构类型的不同，分为普通齿轮式和行星齿轮式两种。

五、自动变速器的型号标识

一种变速器可能被用在多个公司不同款式的汽车上，而同一种车型根据其使用的地区和用途不同，也可能装备不同型号的变速器。如果对自动变速器的型号不了解，在使用及维修中就会对资料查找、故障分析、零部件采购等造成困难。下面介绍几种常见车型自动变速器型号的含义。

1. 日本爱信 AW 公司生产的自动变速器

日本爱信 AW 公司为通用、欧宝、大宇等汽车厂家配套生产自动变速器，其编号含义如图 1—2 所示。

2. 日本丰田公司生产的自动变速器

日本丰田公司生产的自动变速器型号可分为两大类：一类型号由 3 位数字与字母组成，另一类型号由 2 位数字与字母组成，其识别方法如图 1—3 和图 1—4 所示。

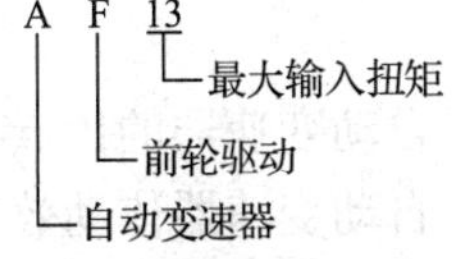

图 1—2　日本爱信 AW 公司自动变速器编号含义

丰田公司自动变速器编号中，有些后面省略了“E”，但都为带锁止离合器的电控自动变速器，如 A340H、A340F、A540H 等；有些后面省略了“L”，但都带有锁止离合器，如 A241H、A440F 等。若改进后的自动变速器只增加了锁止离合器或增加了驱动轮的个数，其余未作改动，则只在原型号后加注“L”“F”或“H”，原型号不变。

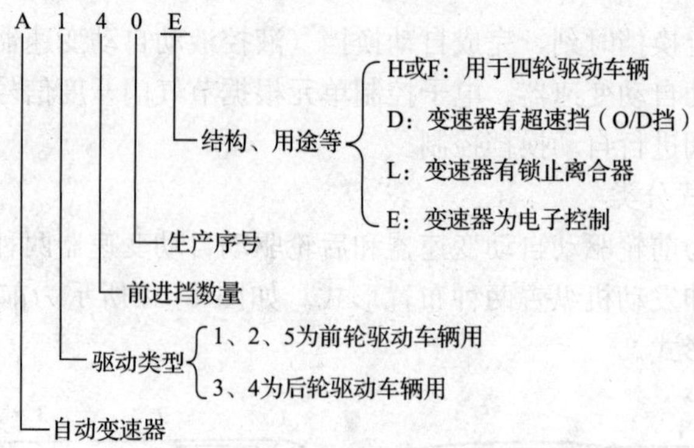

图 1—3 丰田公司 3 位数字式自动变速器编号含义

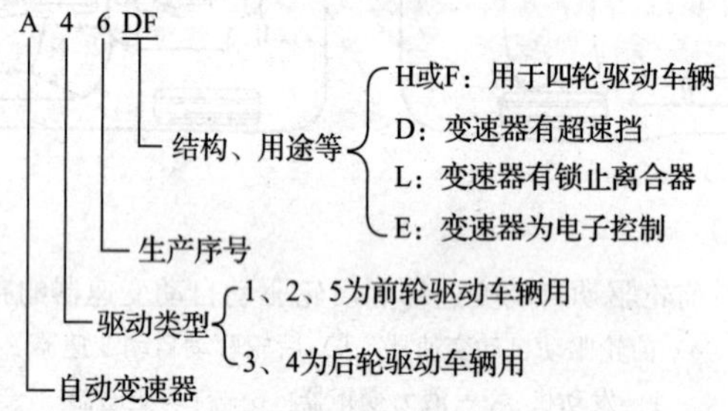

图 1—4 丰田公司 2 位数字式自动变速器编号含义

3. 通用公司生产的自动变速器

通用公司自动变速器的型号主要有 4T60E、4L60E 等，其识别方法如图 1—5 所示。

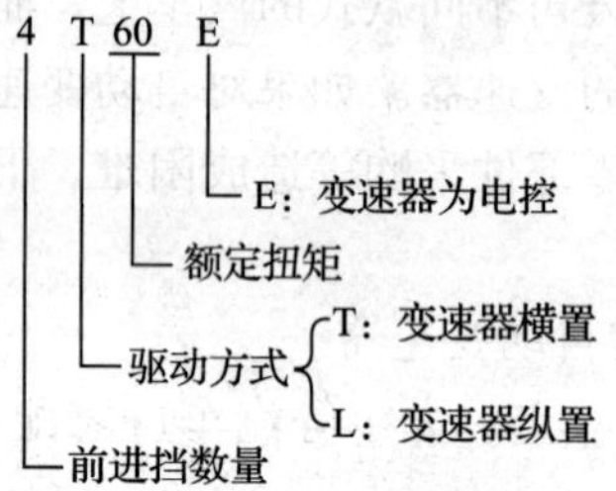

图 1—5 通用公司自动变速器编号含义

复习思考题

1. 自动变速器的优点有哪些？
2. 自动变速器传动效率与手动变速器相比是高还是低？为什么？
3. 常见自动变速器的分类方法有哪些？
4. 有级自动变速器和无级自动变速器的区别在哪里？
5. 丰田 A650E 型自动变速器的编号含义是什么？

第二章　自动变速器的组成和基本原理

学习目标

1. 掌握自动变速器的组成和各组成部分的功用。
2. 掌握电子控制自动变速器的基本工作原理。

一、自动变速器的组成

电子控制自动变速器通常由液力变矩器、齿轮变速系统、换挡执行机构、液压控制系统和电子控制系统5部分组成。如图2—1所示为自动变速器结构简图。

1. 液力变矩器

液力变矩器装在发动机与变速器之间，其壳体和飞轮相连，与发动机同步旋转。液力变

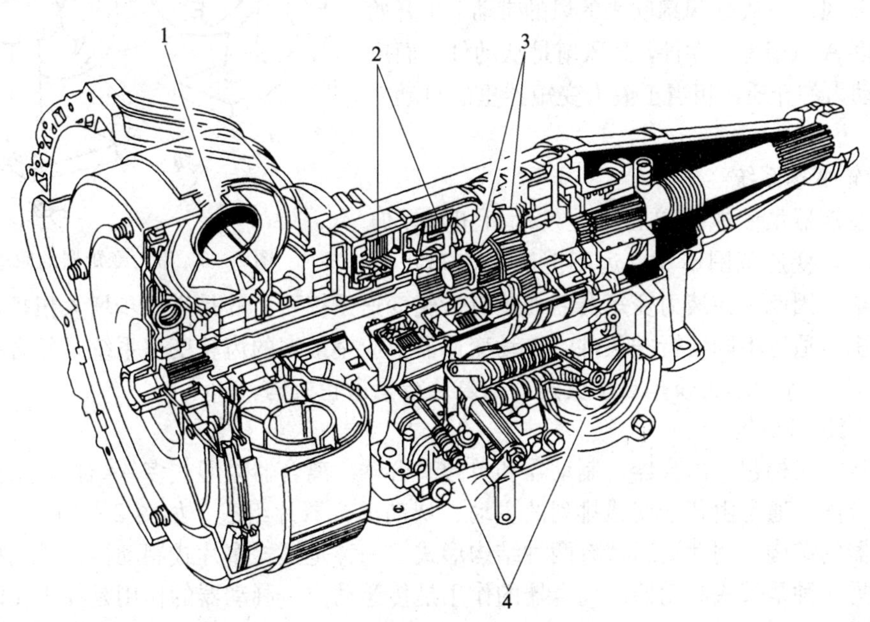

图2—1　自动变速器结构简图

1—液力变矩器　2—换挡执行机构　3—齿轮变速系统　4—液压控制系统

矩器主要由泵轮、涡轮和导轮 3 个元件组成，如图 2—2 所示。液力变矩器还在涡轮的前端安装 1 个锁止离合器，以提高传动效率。变矩器内充满自动变速器油（ATF），自动变速器油由油泵供给。

图 2—2　液力变矩器的组成

1—泵轮　2—涡轮　3—锁止离合器　4—导轮

液力变矩器的作用是把从发动机曲轴传来的扭矩传给变速器，其传动原理可以用两个相对摆放的风扇来简单说明，如图 2—3 所示。A 风扇通电，B 风扇断电，但 B 风扇在从 A 风扇吹来的风的带动下也开始旋转。这里 A 风扇是主动件，B 风扇是从动件，而风则是传递动力的介质，相当于液力变矩器里的自动变速器油。

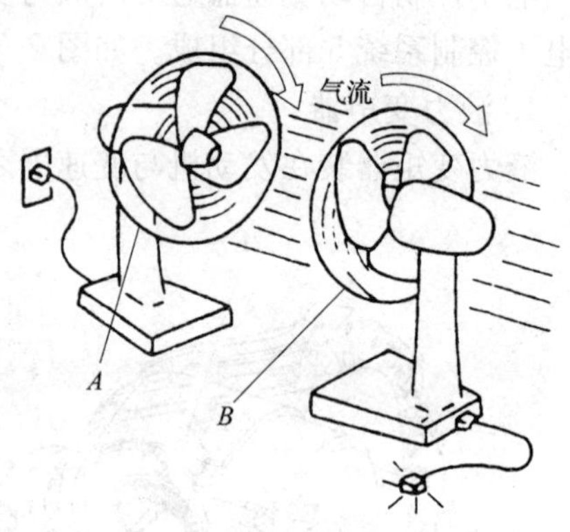

图 2—3　液力变矩器的原理

2. 齿轮变速系统

液力变矩器虽然能传递和增大发动机扭矩，但变扭比不大，变速范围不宽，远不能满足汽车正常行驶的要求，因此，在液力变矩器后面装有齿轮变速系统，目的是进一步增大扭矩，扩大速比变化范围，适应不同的行驶条件。自动变速器上应用最多的齿轮变速系统是复合行星齿轮机构。如图 2—4 所示为轿车自动变速器的复合行星齿轮机构。

3. 换挡执行机构

换挡执行机构包括离合器、制动器和单向离合器。离合器为湿式多片结构，由液压控制其接合与分离，通常由若干交错排列的主动、从动离合器片组成。如图 2—5 所示为湿式多片式离合器的结构。制动器通常有两种结构形式：一种是湿式多片式制动器，其结构与离合器类似，另一种是带式制动器。离合器的作用是传递动力，制动器的作用是在工作时将行星齿轮机构中的某一元件（太阳轮、行星架或齿圈）固定。单向离合器不是由液压控制的，它有单向锁止的作用。

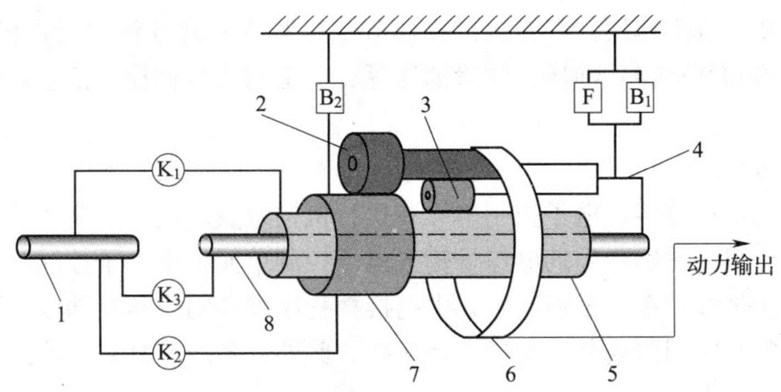

图 2—4　自动变速器复合行星齿轮机构

1—输入轴　2—长行星齿轮　3—短行星齿轮　4—行星架　5—小太阳轮　6—齿圈　7—大太阳轮　8—中间轴

图 2—5　湿式多片式离合器的结构

4. 液压控制系统

液压控制系统由供油部分、油压调节部分、油路控制部分组成。供油部分包括油泵等相关组件。油压调节部分由主油路调压阀、第二调压阀等调节油压的滑阀组成。油路控制部分由手控阀、换挡阀等控制液压油走向的滑阀组成。如图 2—6 所示为轿车自动变速器液压控制系统的阀体。

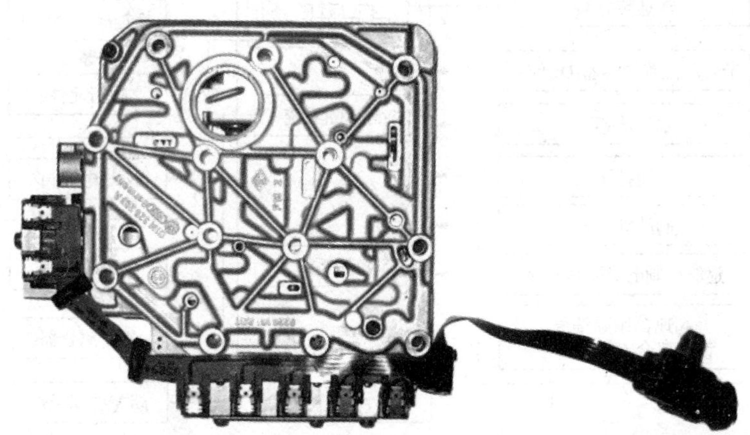

图 2—6　轿车自动变速器液压控制系统的阀体

液压系统主要有以下作用：一是提供并调节变速器所需的各种油压，包括变矩器油压、执行元件（离合器和制动器）油压、润滑油压等；二是响应各种控制信息，并把各种信息转换成液压动作。

5. 电子控制系统

电子控制系统由传感器、电子控制单元和执行机构组成。电子控制系统的作用是将车速传感器和节气门位置传感器产生的电信号输入电子控制单元，由电子控制单元经过计算、比较处理后，根据预先存储在电子控制单元中的换挡程序确定挡位与换挡点，然后输出控制指令，控制换挡电磁阀线圈的通断，实现自动换挡。此外，系统还具有自诊断功能和失效安全保护功能。

二、自动变速器的基本控制原理

不同厂家、不同年代、不同型号的自动变速器，虽然其采用的传感器或控制开关不尽相同，但其基本控制原理都是相同的，自动变速器的基本控制原理如图 2—7 所示，由 3 部分组成，左侧是传感器和控制开关，中间是电子控制单元，右侧是执行机构。工作过程如下：汽车起动后，电子控制单元首先接收空挡起动开关的挡位信号和换挡模式开关的换挡模式信号，据此调出存储器中相对应的换挡模式曲线（即预先存储的节气门开度和车速数据），并在汽车行驶中时刻接收节气门位置传感器和车速传感器传来的节气门开度信号和车速信号，然后将这两个信号与预先存储的节气门开度和车速数据作对比，从而确定换挡时刻。电子控制单元判断需要换挡时，就向 No. 1 和 No. 2 两个换挡电磁阀发出通电或断电指令，通过电磁阀的通断控制液压系统中的换挡阀，又通过换挡阀控制执行元件（离合器和制动器）的接合与

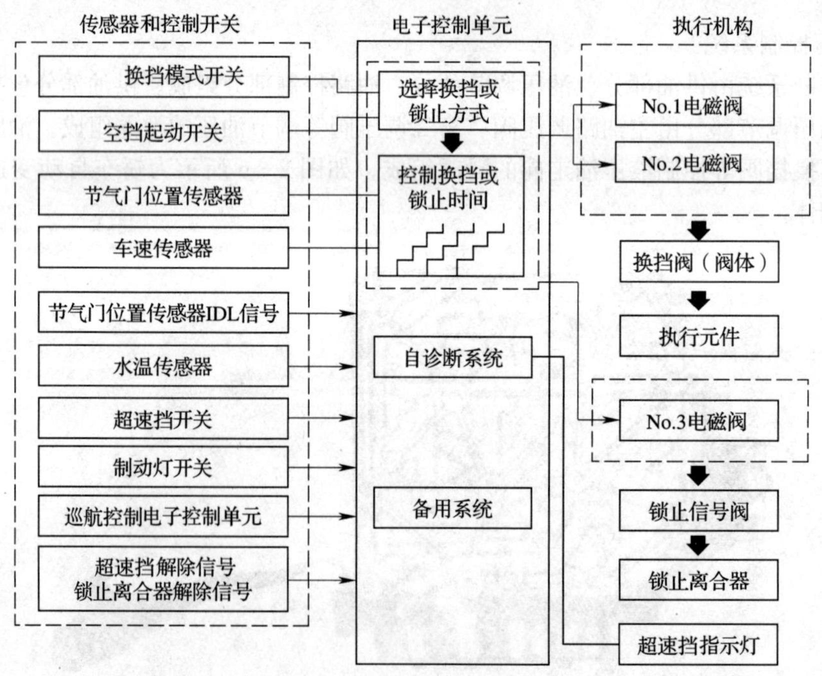

图 2—7　自动变速器基本原理

分离，从而实现自动换挡。锁止离合器控制过程与此类似，只是电子控制单元此时控制的是No. 3电磁阀（锁止电磁阀）的通电或断电，进而控制锁止离合器的接合或分离。

此外，传感器还有怠速、水温、超速挡开关、制动灯开关、巡航控制等信号，这些信号的作用是控制能否升入超速挡或锁止离合器能否接合。也就是说只有在这些信号满足预先设定的要求时，电子控制单元才允许变速器升入超速挡或使锁止离合器接合。

复习思考题

1. 自动变速器由哪些系统组成？
2. 液力变矩器的作用是什么？
3. 简述自动变速器的基本控制原理。
4. 液压控制系统的作用是什么？
5. 换挡执行机构包括哪些元件？

第三章　液力变矩器

学习目标

1. 了解液力变矩器的组成和结构。
2. 了解液力变矩器的工作特性。
3. 掌握液力变矩器的工作原理。
4. 掌握锁止离合器的结构和工作原理。

第一节　液力耦合器

液力变矩器是在液力耦合器的基础上发展而来的。与液力变矩器相比，液力耦合器的结构和原理更为简单。早期的自动变速器使用的都是液力耦合器。下面首先介绍液力耦合器的结构和工作原理。

一、液力耦合器的结构

如图 3—1 所示为液力耦合器结构。在发动机曲轴的凸缘上固定着液力耦合器外壳。泵轮与耦合器外壳制成一体与曲轴一起旋转，为耦合器的主动元件。涡轮装在耦合器内部，通过花键与从动轴（变速器输入轴）相连，为液力耦合器的从动元件。泵轮和涡轮统称为工作轮。涡轮端面与泵轮端面相对，两者之间留有一定间隙（3～4 mm）。在泵轮和涡轮的环状壳体中径向排列着许多叶片。液力耦合器壳体内储有自动变速器油。

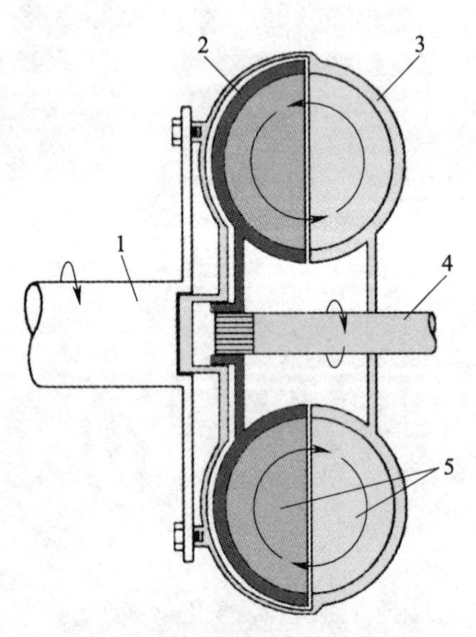

图 3—1　液力耦合器结构
1—曲轴　2—涡轮　3—泵轮
4—变速器输入轴　5—叶片

二、液力耦合器的工作原理

当发动机带动泵轮旋转时，自动变速器油在泵轮叶片的带动下随泵轮一起绕泵轮中心轴线做圆周运动，圆周运动产生的离心力使自动变速器油从泵轮中心沿叶片向四周甩出，如图 3—2 所示。因为自动变速器油在离心力作用下从叶片内缘向叶片外缘流动，所以叶片外缘处液压较高而内缘处液压较低，其压力差取决于泵轮的半径和转速的大小。从能量角度讲，这个过程是曲轴的机械能转变为自动变速器油的动能。

因为泵轮和涡轮的半径是相等的，所以当泵轮的转速大于涡轮的转速时，泵轮叶片外缘处的液压高于涡轮叶片外缘处的液压，在此压力差的作用下，自动变速器油从泵轮流入涡轮，推动涡轮按泵轮相同的方向旋转，然后自动变速器油顺着涡轮叶片从外缘流到内缘，又从涡轮内缘返回泵轮的内缘，再重复上述过程。从能量角度讲，这个过程中自动变速器油的动能转变为涡轮的机械能。

从上述液力耦合器的工作过程可以看出，在液力耦合器内部的自动变速器油同时具有两种运动：一是与工作轮一起绕工作轮轴线旋转的圆周运动（牵连运动）；二是从泵轮到涡轮，又从涡轮返回泵轮的环流运动（相对运动）。所以自动变速器油在液力耦合器内部的实际运动轨迹是两种运动的合成，如图 3—3 所示，是一条首尾相接的空间螺旋线。

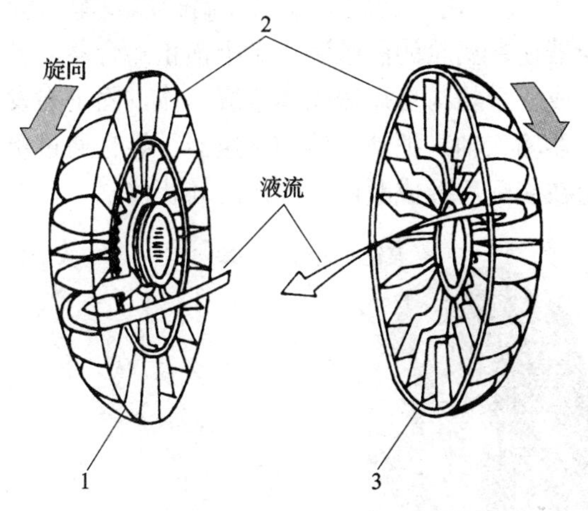

图 3—2　液力耦合器工作原理

1—涡轮　2—叶片　3—泵轮

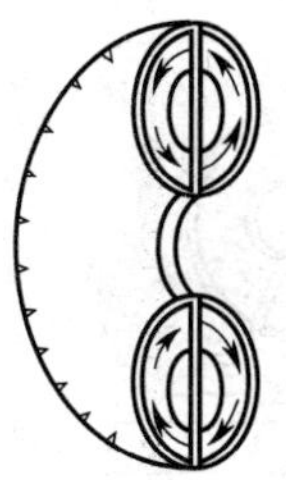

图 3—3　自动变速器油的运动轨迹（空间螺旋线）

液力耦合器能量的转换就是自动变速器油在空间螺旋运动过程中完成的。首先是泵轮对自动变速器油做功，使自动变速器油在从泵轮叶片内缘流向外缘的过程中，圆周速度和动能逐渐增大；而在自动变速器油从涡轮叶片外缘流向内缘的过程中，自动变速器油对涡轮做功，其圆周速度和动能逐渐减小。即液力耦合器以自动变速器油作为传动介质，利用自动变速器油在泵轮、涡轮之间循环流动过程中动能的变化来传递动力。

液力耦合器实现传动的必要条件是自动变速器油在泵轮和涡轮之间有循环流动，而这种循环流动是因泵轮与涡轮叶片外缘的压力差所致，而压力差又是由泵轮和涡轮之间的转速差引起的。转速差越大，压力差也越大，则作用于涡轮叶片的力矩也越大；若两轮转速相等，则液力耦合器空转，不起传动作用。

一般情况下，汽车前行时泵轮转速总大于涡轮转速。如果在汽车快速下坡的情况下，涡轮转速有可能大于泵轮转速，则涡轮成了主动元件，而泵轮成了从动元件，自动变速器油反方向流动，涡轮带动泵轮旋转，此时，泵轮便与发动机一起阻止汽车高速下坡行驶，起发动机制动作用。

由于液力耦合器采用自动变速器油作为传动介质，泵轮与涡轮之间又允许存在转速差，因此，液力耦合器能保证汽车起步和加速的稳定性，能够缓冲和衰减传动系的扭转振动，防止传动系过载，延长发动机与传动系各零件的使用寿命。但是，从液力耦合器的工作原理中可以看出，自动变速器油在循环流动的过程中没有受到其他任何外力的作用，所以，涡轮输出的扭矩与泵轮从发动机（曲轴）上获得的扭矩之比最高只能达到 1∶1（忽略其中因摩擦和冲击造成的能量损失）。即液力耦合器只传递扭矩，而不能改变扭矩的大小。

第二节　液力变矩器

一、液力变矩器的结构和工作原理

1. 液力变矩器的结构

常见的液力变矩器的结构如图 3—4 所示，它主要由可旋转的泵轮和涡轮以及单向固定不动的导轮 3 个元件组成。现在多数液力变矩器还在涡轮的前端装有 1 个锁止离合器。各工作轮用铝合金精密铸造，或用钢板冲压焊接而成。泵轮与变矩器壳体连成一体，固定在发动机曲轴后端的凸缘上。涡轮通过输出轴（变速器输入轴）把动力传到变速器。导轮通过单向离合器固定在油泵套管上。泵轮、涡轮和导轮在装配后形成断面为圆形的环状体。

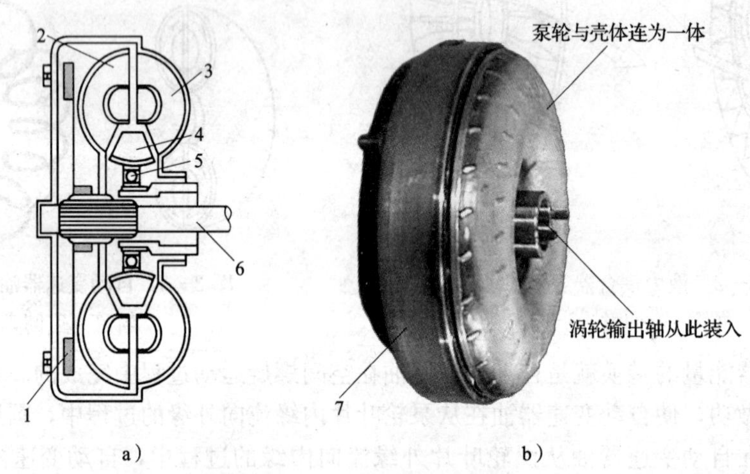

图 3—4　液力变矩器的结构

a）结构图　b）实物图

1—锁止离合器　2—涡轮　3—泵轮　4—导轮　5—单向离合器　6—输出轴　7—壳体

2. 液力变矩器的工作原理

与液力耦合器一样，液力变矩器正常工作时，储存于环形内腔中的自动变速器油除了有绕变矩器轴的圆周运动以外，还有如图 3—5 中箭头所示方向的循环流动，所以能将扭矩连续地从泵轮传到涡轮。与液力耦合器不同的是，液力变矩器中增加了导轮机构，导轮的作用是改变液流的方向（如图 3—6 所示），进而改变传到涡轮的扭矩的大小。

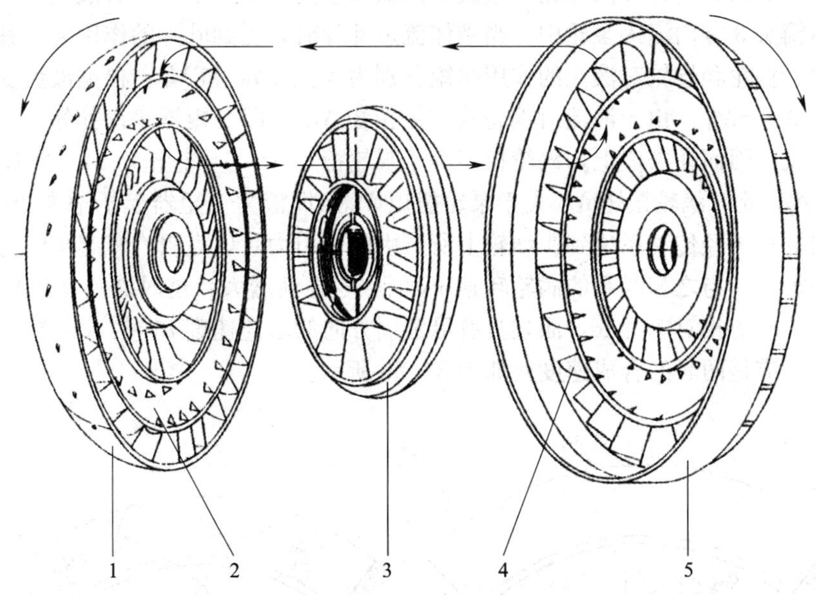

图 3—5　液力变矩器自动变速器油的循环流动

1—涡轮　2—导流环　3—导轮　4—叶片　5—泵轮

下面用液力变矩器工作轮的展开图来说明液力变矩器的工作原理。展开图的制作方法如图 3—7 所示。将循环圆上的中间流线（此流线将液流通道断面分割成面积相等的内外两部分）展开成一直线，各循环圆中间流线均在同一平面上展开，于是在展开图上泵轮 B、涡轮 W 和导轮 D 便成为 3 个环形平面，且工作轮的叶片角度也清楚地显示出来。

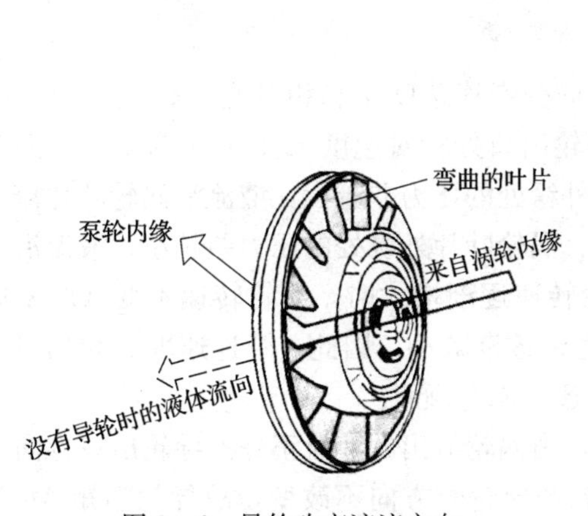

图 3—6　导轮改变液流方向

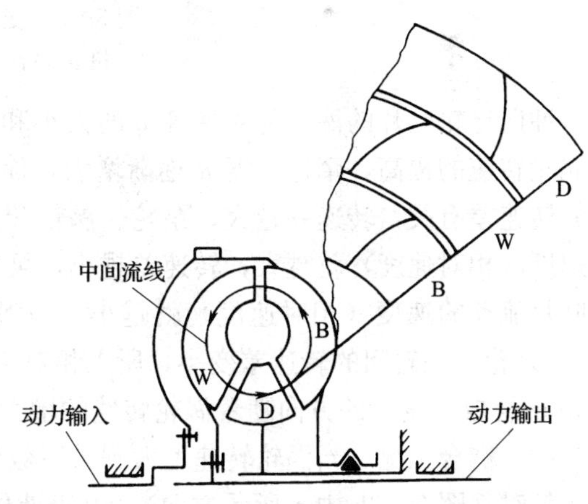

图 3—7　液力变矩器工作轮展开图

B—泵轮　W—涡轮　D—导轮

（1）变矩工况。为便于说明，设发动机转速及负荷不变，即变矩器泵轮的转速 n_B及扭矩 M_B为常数。先讨论汽车起步工况。开始时涡轮转速 n_W为零，如图 3—8a 所示。工作液在泵轮叶片带动下，以一定的绝对速度沿图中箭头 1 的方向冲向涡轮叶片。因涡轮静止不动，液流将沿着叶片流出涡轮并冲向导轮，液流方向如图中箭头 2 所示。然后液流再从固定不动的导轮叶片沿箭头 3 方向流入泵轮中。当液体流过叶片时，受到叶片的作用力，其方向发生变化。设泵轮、涡轮和导轮对液流的作用扭矩分别为 M_B、M'_W 和 M_D，根据液流受力平衡条件，则 $M'_W = M_B + M_D$。由于液流对涡轮的作用扭矩 M_W（即变矩器输出扭矩）与 M'_W大小相等、方向相反，因而在数值上，涡轮扭矩等于泵轮扭矩 M_B与导轮扭矩 M_D之和，即 $M_W = M_B + M_D$。显然，此时涡轮扭矩 M_W大于泵轮扭矩 M_B，即液力变矩器起了增大扭矩的作用。当变矩器输出的扭矩经传动系传到驱动轮上所产生的牵引力足以克服汽车起步阻力时，汽车即起步并开始加速，与之相联系的涡轮转速 n_W也从零逐渐增大，这时液流在涡轮出口处不仅具有沿叶片方向的相对速度 w，而且具有沿圆周方向的牵连速度 u，故冲向导轮叶片的液流的绝对速度 v 应是两者的合成速度，如图 3—8b 所示。

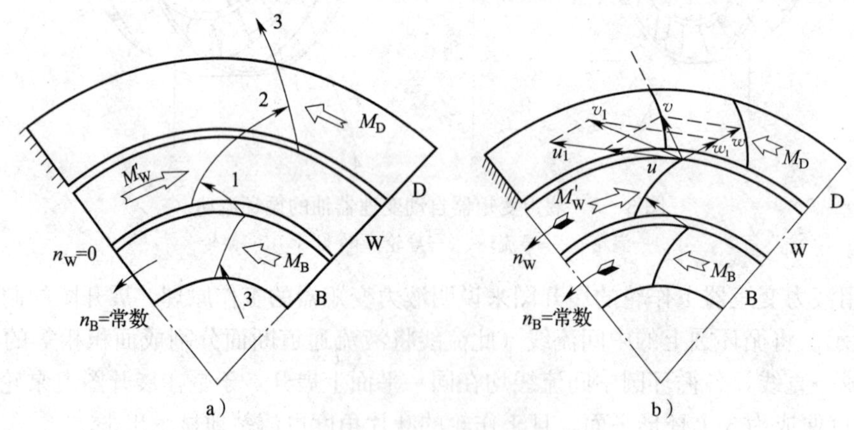

图 3—8 变矩工作原理

a）扭矩分析 b）速度分析

冲向导轮叶片的液流绝对速度 v 的大小和方向受牵连速度 u 和相对速度 w 的影响。随着涡轮转速的提高，牵连速度 u 逐渐增大，而涡轮出口处相对速度 w 的大小与泵轮、涡轮间的转速差有关，转速差越大，泵轮、涡轮叶片外缘处的压力差越大，液流沿涡轮叶片流动的速度（相对速度）就越大；转速差越小，泵轮、涡轮叶片外缘处的压力差越小，液流沿涡轮叶片流动的速度（相对速度）就越小。当涡轮转速逐渐增大时，泵轮转速不变（原来假设），泵轮、涡轮间的转速差变小，所以相对速度 w 逐渐减小。因此，牵连速度 u 和相对速度 w 的合成速度 v 的方向随着涡轮转速的增大而逐渐向左倾斜。

（2）耦合工况。当涡轮转速增大到某一数值，由涡轮流出的液流正好沿导轮出口方向冲向导轮时（图 3—8b 中 v 所示方向），由于液体流经导轮时方向不改变，故导轮扭矩 M_D为零，于是涡轮扭矩与泵轮扭矩相等，即 $M_W = M_B$。

若涡轮转速 n_W继续增大，液流绝对速度 v 的方向继续向左倾斜（图 3—8b 中 v_1所示方向），此时导轮扭矩方向变为与泵轮扭矩方向相反，则涡轮扭矩为两者扭矩之差，即 $M_W = M_B - M_D$，变矩器输出扭矩反而比输入扭矩小（注：这里没有考虑导轮带单向离合器的情况，如果有单向离合器，则此时 $M_D = 0$）。当涡轮转速 n_W增大到与泵轮转速 n_B相等时，工作液的循环流动停止，将不能传递动力。

二、液力变矩器的特性

液力变矩器有 3 个特性参数，分别是速比 i、扭矩比 K 和传动效率 η。液力变矩器的特性就是指在发动机的转速和扭矩一定，即泵轮转速和扭矩一定的情况下，变矩器 3 个参数之间的相互关系。

1. 变矩器特性参数

（1）速比 i。液力变矩器的速比是指涡轮转速 n_W 与泵轮转速 n_B 之比，用字母 i 表示，即

$$i=\frac{n_W}{n_B}\leqslant 1$$

（2）扭矩比 K。液力变矩器的扭矩比是指涡轮输出扭矩 M_W 与泵轮输入扭矩 M_B 之比，用字母 K 表示，即

$$K=\frac{M_W}{M_B}$$

（3）传动效率 η。液力变矩器的传动效率是指涡轮输出功率 N_W 与泵轮轴功率 N_B 之比，用字母 η 表示，即

$$\eta=\frac{N_W}{N_B}=\frac{M_W\cdot n_W}{M_B\cdot n_B}=K\cdot i\leqslant 1$$

2. 变矩器特性分析

下面通过图 3—9 和图 3—10 来分析液力耦合器、固定导轮的液力变矩器、导轮有单向离合器的液力变矩器的特性曲线。

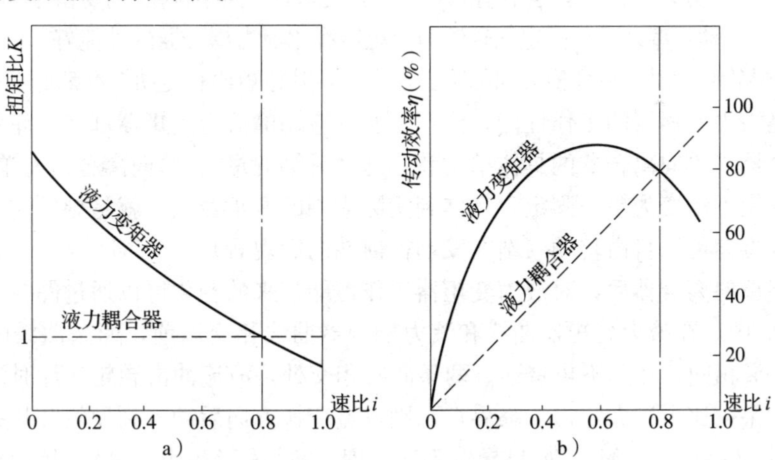

图 3—9　固定导轮的液力变矩器和液力耦合器特性曲线

a）扭矩比随速比变化的曲线　b）传动效率随速比变化的曲线

如图 3—9 所示为固定导轮的液力变矩器和液力耦合器特性曲线，反映的是扭矩比和传动效率随速比变化的情况。图中虚线为液力耦合器曲线，实线为变液力矩器曲线。

如图 3—9a 所示为扭矩比 K 随速比变化的曲线。其中，液力耦合器的 K 值始终等于 1，这是因为在忽略摩擦等能量损失的情况下，液力耦合器是 1∶1 传递扭矩的。液力变矩器曲线中，速比 $i=0$ 时，涡轮不转，此时泵轮和涡轮的转速差最大，从泵轮外缘冲出来的液流

对涡轮的冲击最大，K 值也最大，一般为 1.7～2.5，称为最大扭矩比，通常用 K_0 表示。随着速比的增大，泵轮和涡轮的转速差逐渐减小，K 值也逐渐减小，当速比 $i=0.8$ 左右时，两条曲线相交，扭矩比 $K=1$，涡轮扭矩 M_W 等于泵轮扭矩 M_B。速比再增大时，变矩器扭矩比 $K<1$，即此时涡轮扭矩 M_W 小于泵轮扭矩 M_B。两条曲线的交点则是液流冲击导轮叶片时液流变换方向的临界点。

从图 3—9a 可以看出，液力变矩器的扭矩比 K 是随涡轮转速的改变而连续变化的。这样当汽车起步、上坡或遇到较大阻力时，如果发动机的转速和负荷不变，车速将降低，即涡轮转速降低。此时扭矩比 K 相应增大，涡轮扭矩增大，使驱动轮获得较大的扭矩，保证汽车能克服增大的阻力而继续行驶。所以，液力变矩器是一种能随汽车行驶阻力的不同而自动改变变矩系数的无级变速器。

图 3—9b 所示为传动效率随速比变化的曲线。其中，液力耦合器的效率曲线是一条斜率为 1 的直线，因为从传动效率公式可知，在忽略摩擦等能量损失的情况下，涡轮扭矩 M_W 等于泵轮扭矩 M_B，所以液力耦合器效率 $\eta=i$，随速比的增大而同步增大。液力变矩器效率曲线呈抛物线形状，$\eta=K\cdot i$，在速比较小时，传动效率随速比的增大而快速增大；在速比 $i=0.6$ 左右时传动效率有最大值，一般为 80%～90%；速比继续增大，传动效率开始下降，在速比 $i=0.8$ 左右时与液力耦合器传动效率曲线相交；之后速比再增大时，液力变矩器传动效率低于液力耦合器传动效率。两条曲线交点处液力变矩器和液力耦合器传动效率相等，对应扭矩比 $K=1$，即交点处是液流冲击导轮叶片时液流变换方向的临界点。

从对图 3—9 的分析可知，固定不动的导轮在速比较小的范围内起到变扭矩的作用，无论是从扭矩比还是从传动效率来看，固定导轮液力变矩器都比液力耦合器的性能好。但当速比增大到超过液流冲击导轮叶片时液流变换方向的临界点之后，其扭矩比和传动效率都低于液力耦合器。

为了提高液力变矩器的工作性能，汽车上实际应用的液力变矩器都在导轮和轴颈连接处装有单向离合器（单向离合器的具体结构和原理详见第五章）。单向离合器有单向锁止作用，这样导轮由固定不动变为单向固定，具体到实际应用的变矩器上，就是导轮逆时针方向被锁止，而顺时针方向可以自由转动（站在发动机前端向后观看）。

导轮加装单向离合器后，对液力变矩器工作性能带来的变化可以通过图 3—10 来具体分析。图 3—10a 中，在液力变矩器曲线和液力耦合器曲线相交以前，两条曲线随速比的变化情况与图 3—9a 相同，在此不再赘述。两条曲线相交处是液流冲击导轮叶片时液流变换方向的临界点。如果速比再增大，过了临界点，则液流变换方向后冲击到导轮叶片的背面，从扭矩来讲，此时 $M_W=M_B-M_D$，如果导轮不动，则涡轮扭矩 M_W 小于泵轮扭矩 M_B。从液流循环流动来讲，液流冲击导轮叶片的背面，如果导轮不动，则在导轮背面产生涡流，阻碍涡轮的旋转，致使涡轮输出扭矩减小。

而导轮加装单向离合器后，当过了临界点，液流冲击到导轮叶片的背面时，导轮会向前自由转动（与泵轮旋向相同），此时从扭矩来讲，$M_D=0$，$M_W=M_B$；从液流循环流动来讲，液流推动导轮向前自由转动，没有明显的阻力，不会产生涡流。由此仍然得出 $M_W=M_B$ 的结论。而此时对于液力变矩器来讲，导轮不起作用，相当于液力耦合器。相应地，此时扭矩比 $K=1$。归纳起来，就是在曲线交点（临界点）左侧为液力变矩器，在交点右侧为液力耦合器，两曲线交点则为工况转换点。图 3—10a 中实线部分就是导轮加单向离合器之后变矩器的实际扭矩比曲线。

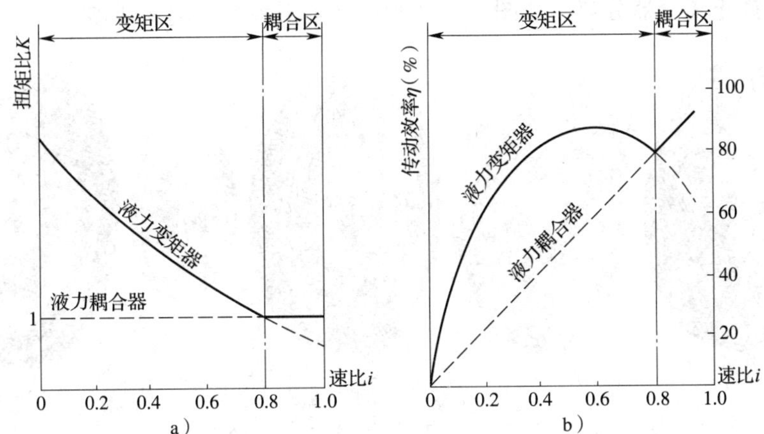

图 3—10　导轮有单向离合器的液力变矩器和液力耦合器特性曲线

a）扭矩比随速比变化的曲线　b）传动效率随速比变化的曲线

对图 3—10b 所示传动效率曲线的分析方法和以上分析类似，在此只作简单说明。在两曲线交点（临界点）左侧，与图 3—9b 相同；在两曲线交点（临界点）右侧，液流变换方向后冲击导轮叶片的背面，导轮自由向前转动，不起作用，此时液力变矩器相当于液力耦合器。相应地，液力变矩器效率曲线也按液力耦合器的效率曲线变化。图 3—10b 中实线部分就是导轮加单向离合器之后液力变矩器的实际传动效率曲线。

总之，从对图 3—9 和图 3—10 的对比分析可以看出，导轮加装单向离合器后，液力变矩器无论是从扭矩比还是从传动效率来看，性能上都得到了很大提高。

三、带锁止离合器的液力变矩器

当速比较大（泵轮与涡轮转速差较小），液力变矩器进入耦合区时，液力变矩器变为液力耦合器，没有增加扭矩的作用，曲轴传递多大扭矩给泵轮，最终传到涡轮的扭矩仍是多大。而实际上在扭矩传递过程中，因泵轮和涡轮之间至少存在 4%～5%的转速差，自动变速器油循环流动时与相关元件间存在着摩擦和冲击载荷（致使自动变速器油温度升高），所以液力变矩器并不是将发动机的动力 100%地传递给变速器，而是有一定的能量损失。

为了提高液力变矩器在高速工况下的传动效率，提高汽车正常行驶时的燃油经济性，现在多数汽车的液力变矩器中都装有锁止离合器。

1. 锁止离合器的结构

锁止离合器位于液力变矩器涡轮的前端，其结构如图 3—11 所示。锁止离合器由锁止活塞、减振盘和涡轮传动板等零部件组成。锁止活塞和减振盘用花键连接，可前后移动。减振盘和涡轮传动板通过减振弹簧连接，能衰减锁止离合器接合时的扭转振动。涡轮传动板被用铆钉铆在涡轮前端。变矩器壳体内的前端面（或锁止活塞的前端面）粘有摩擦片。

2. 锁止离合器的工作原理

锁止离合器的接合与分离是由电子控制单元通过锁止电磁阀进行控制的。当车辆低速行驶时，速比 i 较小，液力变矩器处于变矩工况。此时，电子控制单元控制锁止电磁阀断电，自动变速器油经变速器输入轴中心油道进入锁止离合器活塞前部，在油压的作用下，锁止活塞向后移动，锁止离合器分离，如图 3—12 所示（丰田系列自动变速器）。

图 3—11　锁止离合器

1—变矩器壳体　2—锁止活塞　3—涡轮传动板　4—减振盘　5—涡轮　6—导轮　7—泵轮

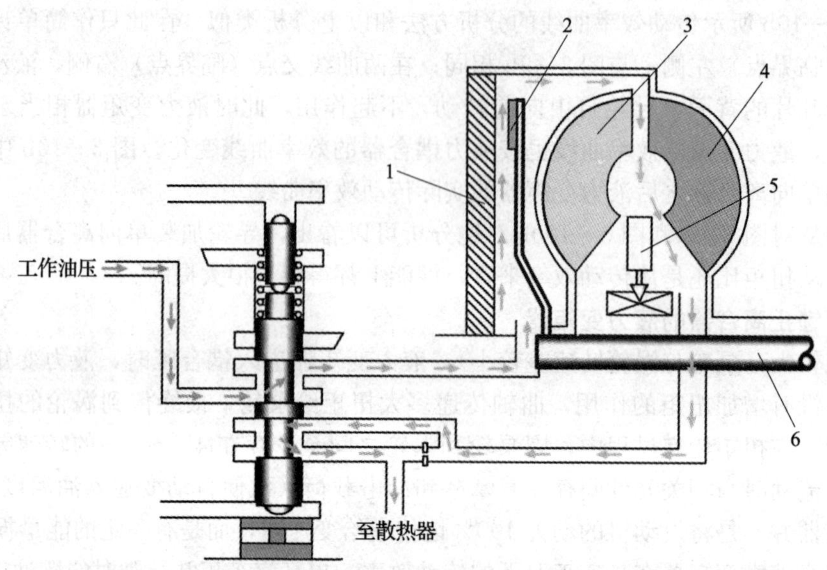

图 3—12　锁止离合器工作原理（分离状态）

1—变矩器壳体　2—锁止活塞　3—涡轮　4—泵轮　5—导轮　6—变速器输入轴

此时动力传递路线为发动机→变矩器壳体→自动变速器油→泵轮→涡轮→变速器输入轴。

车辆高速行驶时，速比 i 增大至一定值，液力变矩器转换为耦合工况。此时，电子控制单元控制锁止电磁阀通电，锁止离合器控制阀左移，液压控制系统流向液力变矩器的自动变速器油改变方向，即自动变速器油由导轮轴套上油道流入液力变矩器内部，锁止活塞前侧的自动变速器油经控制阀油道排出，故锁止活塞前、后侧油压不等（前侧油压低，后侧油压高)，锁止活塞在油压差的作用下向前移动，压靠在前盖上，如图 3—13 所示。

此时动力传递路线为发动机→变矩器壳体→锁止离合器→涡轮→变速器输入轴。液力变矩器中的自动变速器油不再作为传力介质，因此减小了液力变矩器的能量损失，提高了液力变矩器的传动效率。

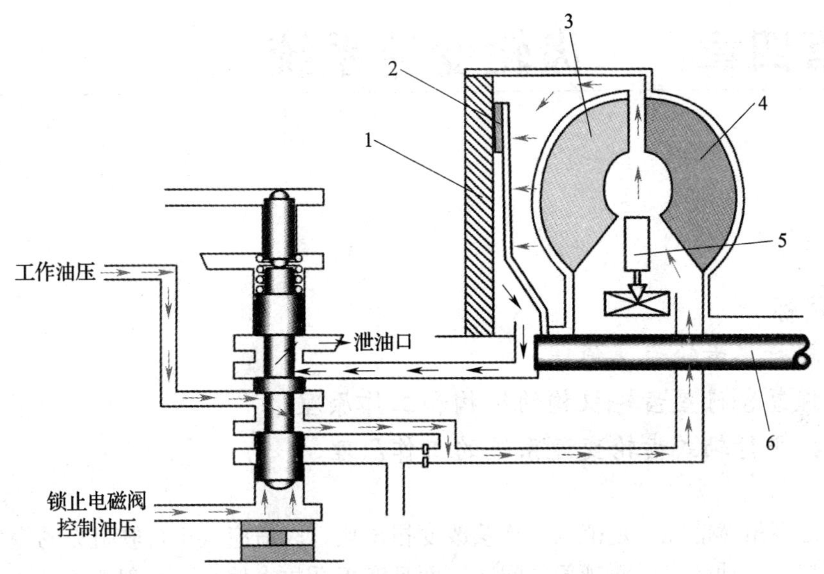

图 3—13　锁止离合器工作原理（接合状态）

1—变矩器壳体　2—锁止活塞　3—涡轮　4—泵轮　5—导轮　6—变速器输入轴

锁止电磁阀是脉冲宽度调节电磁阀，又称占空比信号控制电磁阀。当电子控制单元控制锁止电磁阀接通时，其占空比约为 25%，此时锁止离合器的接合压力较低，锁止离合器和液力变矩器壳体之间存在一定的打滑现象，目的是使锁止离合器接合更为平顺、柔和。然后电子控制单元会根据车速和负载信号控制占空比逐渐增加，直到锁止离合器完全锁止，此时占空比可达到 95%～100%。

复习思考题

1. 简述液力变矩器的结构。
2. 试从能量守恒的角度分析液力变矩器的工作原理。
3. 简述锁止离合器的工作原理。
4. 液力变矩器中导轮的作用是什么?
5. 简述液力变矩器的传动效率随速比变化的过程。

第四章　齿轮变速系统

学习目标

1. 了解行星齿轮变速原理。
2. 掌握复合行星齿轮机构的结构和工作原理。
3. 掌握平行轴式齿轮变速系统的工作原理。

液力变矩器虽然能在一定范围内连续改变扭矩比，以适应汽车行驶阻力的变化，但它存在变矩能力越高传动效率反而越低的问题，而且变矩系数也偏小（一般为1～4），所以，在实际应用中液力变矩器都是与齿轮变速系统配合使用的，就是把液力变矩器与一个齿轮变速系统串联在一起，以增大传动比的变化范围，满足汽车实际使用的需要。

目前，汽车上应用最广泛的齿轮变速系统是行星齿轮变速系统，也有少部分车型（如本田车系）采用平行轴式齿轮变速系统。下面分别介绍这两种齿轮变速系统的结构和工作原理。

第一节　行星齿轮变速系统

行星齿轮变速系统又称动轴式齿轮变速系统（其行星轮的轴线可绕太阳轮旋转），通常由行星齿轮机构及必要的换挡执行元件组成，换挡执行元件包括片式离合器、片式制动器、带式制动器、单向离合器等。行星齿轮机构通常由多个行星排组成，行星排的数量与挡数的多少以及行星齿轮机构的类型有关，挡数越多，需要的行星排数越多。

在汽车实际应用中，使用最广泛的齿轮机构是辛普森式和拉威娜式行星齿轮机构，这是两种复合行星齿轮机构，就是由单行星排复合而成的机构。现在很多汽车为了实现更多的挡数在这两种齿轮机构的基础上进行相应的改进，如串接行星排等。

一、单排行星齿轮机构

虽然行星齿轮机构结构复杂，但其基本结构和工作原理可由最简单的单排行星齿轮机构说明。

单排行星齿轮机构如图 4—1 所示，它有太阳轮、齿圈和带行星轮的行星架 3 个基本元件。太阳轮位于系统的中心，行星轮与它相啮合。最外侧是与行星轮相啮合的齿圈。每个行星排通常装有 3～6 个行星轮，它们沿圆周均匀或对称布置。各行星轮借助于滚针轴承和行星轮轴安装在行星架上，两端有止推垫片。行星齿轮机构工作时，行星轮在绕行星轮轴自转的同时还绕太阳轮公转，它的这种运动与太阳系里行星的运动相似，故由此得名。

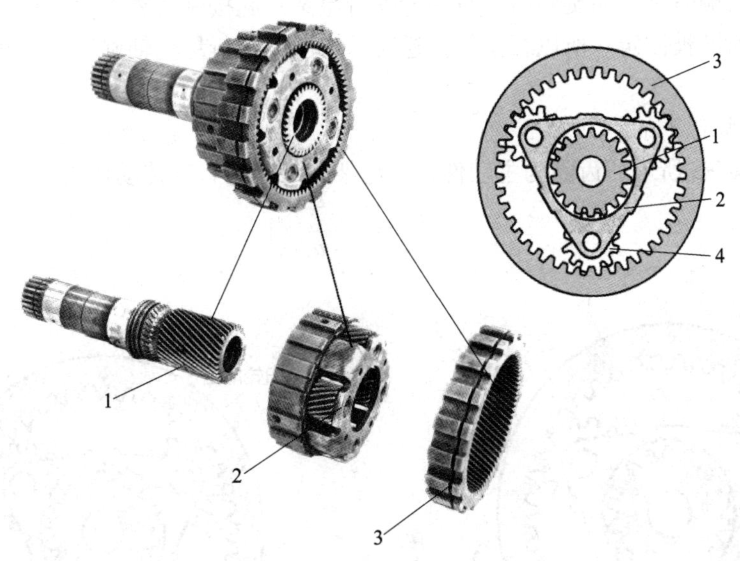

图 4—1　单排行星齿轮机构

1—太阳轮　2—行星架　3—齿圈　4—行星轮

对于行星齿轮机构而言，因行星轮既有自转又有公转，所以对于单排行星齿轮机构传动比的计算不能简单套用定轴轮系传动比的计算方法。对此，可以用机械原理中周转轮系的方法进行分析。

假设太阳轮齿数为 z_1，齿圈的齿数为 z_2，太阳轮、齿圈、行星架的转速分别为 n_1、n_2、n_3，传动比用 i 表示，齿圈和太阳轮的齿数比用 α 表示，即$\frac{z_2}{z_1}=\alpha$。

由机械原理可知

$$i_{12}^{3}=\frac{n_1-n_3}{n_2-n_3}=-\frac{z_2}{z_1}$$

经简化得单排行星齿轮机构运动方程为

$$n_1+\alpha n_2-(1+\alpha)n_3=0$$

1. 齿圈固定（$n_2=0$）

（1）如图 4—2 所示，太阳轮为主动件，行星架为从动件，其传动比为

$$i_{13}=\frac{n_1}{n_3}=1+\alpha>1$$

当太阳轮为主动件且按顺时针方向旋转时，行星轮则按逆时针方向围绕行星轮轴旋转。

行星轮的这种运动试图使环形齿圈按逆时针方向旋转，但由于环形齿圈固定不动，所以行星轮就在逆时针旋转的同时使行星轮轴绕太阳轮顺时针方向旋转，行星架被行星轮轴带动也按顺时针方向旋转。

（2）行星架为主动件，太阳轮为从动件，其传动比为

$$i_{31}=\frac{n_3}{n_1}=\frac{1}{1+\alpha}<1$$

当行星架按顺时针方向旋转时，行星轮随行星架一起按顺时针方向公转。行星轮又与齿圈内啮合，而齿圈被固定，所以行星轮按逆时针方向围绕行星轮轴旋转。因此太阳轮按顺时针方向旋转。

2. 太阳轮固定（$n_1=0$）

（1）如图 4—3 所示，齿圈为主动件，行星架为从动件，其传动比为

$$i_{23}=\frac{n_2}{n_3}=1+\frac{1}{a}>1$$

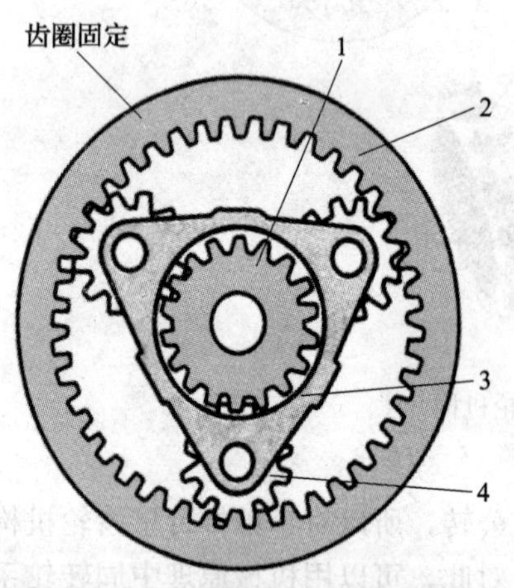

图 4—2　齿圈固定的单行星排

1—太阳轮　2—齿圈

3—行星架　4—行星轮

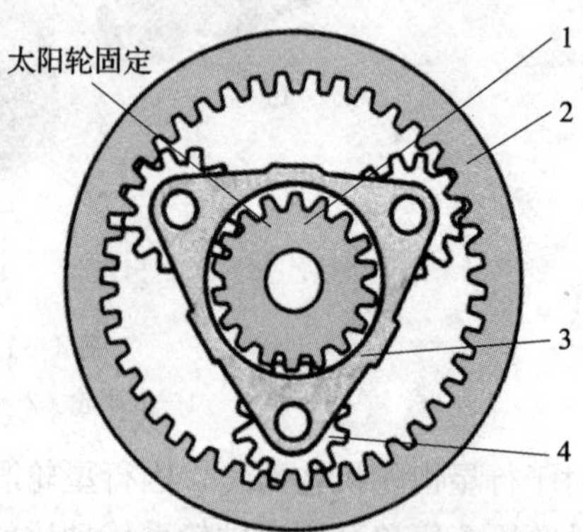

图 4—3　太阳轮固定的单行星排

1—太阳轮　2—齿圈

3—行星架　4—行星轮

当齿圈按顺时针方向旋转时，行星轮按顺时针方向围绕行星轮轴旋转。行星轮的这种运动试图使太阳轮按逆时针方向旋转，因为太阳轮已被固定，所以行星轮就按顺时针方向围绕太阳轮旋转，其旋转方向与齿圈旋转方向相同。

（2）行星架为主动件，齿圈为从动件，其传动比为

$$i_{32}=\frac{n_3}{n_2}=\frac{a}{1+a}<1$$

当行星架按顺时针方向旋转时，行星轮试图使太阳轮按顺时针方向旋转，但是太阳轮被固定，不能旋转，所以行星轮按顺时针方向围绕行星轮轴旋转，进而带动齿圈按顺时针方向旋转。

3. 行星架固定（$n_3=0$）

（1）如图 4—4 所示，太阳轮为主动件，齿圈为从动件，其传动比为

$$i_{12}=\frac{n_1}{n_2}=-\alpha<0$$

$$|-a|>1$$

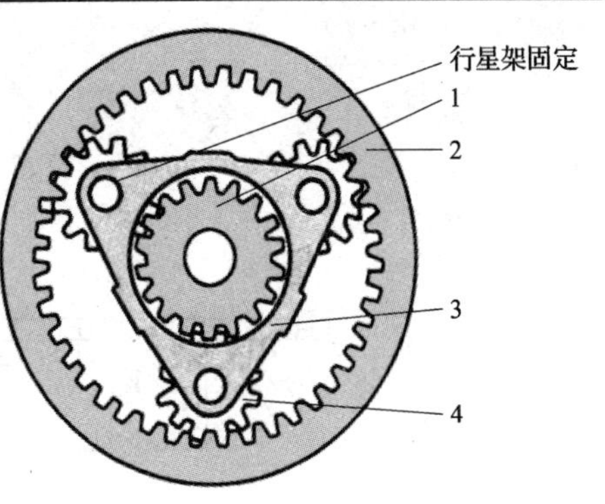

图 4—4　行星架固定的单行星排

1—太阳轮　2—齿圈

3—行星架　4—行星轮

当太阳轮按顺时针方向旋转时，行星轮按逆时针方向围绕行星轮轴旋转，行星架已被固定，此时相当于定轴轮系，所以行星轮带动齿圈按逆时针方向旋转。

（2）齿圈为主动件，太阳轮为从动件，其传动比为

$$i_{21}=\frac{n_2}{n_1}=-\frac{1}{\alpha}<0$$

$$\left|-\frac{1}{a}\right|<1$$

当齿圈按顺时针方向旋转时，行星轮按顺时针方向围绕行星轮轴旋转，行星架已被固定，此时相当于定轴轮系，所以行星轮带动太阳轮按逆时针方向旋转。

4. 连接行星齿轮机构的任意两个元件

如果行星齿轮机构的太阳轮、行星架和齿圈三者中有任意两个元件被连接成一体，则各齿轮间均无相对运动，整个行星齿轮机构将作为一个整体同步旋转，此时相当于直接挡传动，其传动比为 1∶1。

5. 不固定任何元件

如果行星齿轮机构的太阳轮、行星架和齿圈三者中无任何元件被固定，而且也无任何两个元件被连接成一体，各元件将都可作自由转动，不受任何约束。当主动件转动时，从动件可以不动。此时，行星齿轮机构不传递动力，相当于空挡。

根据上述分析可知，单排行星齿轮机构通过固定不同的元件、改变主动元件，可得到不同的传动状态：当行星架为主动件时，输出转速升高；当行星架为从动件时，输出转速下降；当行星架固定时，主动件和从动件旋转方向相反；当太阳轮为主动件时，输出转速下降；当太阳轮为从动件时，输出转速升高；当两个元件以相同转速、按相同方向旋转（即两元件被连接成一体）时，行星齿轮机构作为一个整体同步旋转；当仅有一个主动件并且其他两个元件未被固定也未被连接成一体时，行星齿轮机构处于空转状态。

二、拉威娜式行星齿轮机构

拉威娜式行星齿轮机构因其具有结构紧凑、传动效率高等优点，所以现在采用拉威娜式齿轮机构的自动变速器越来越多。它的结构特点是前、后两排行星齿轮机构共用一个行星架。如图 4—5 所示为拉威娜式行星齿轮变速系统简图。

1. 拉威娜式行星齿轮变速系统的结构

拉威娜式行星齿轮变速系统主要由行星齿轮机构和换挡执行机构组成。行星齿轮机构包括大、小太阳轮各 1 个，长、短行星轮各 3 个，1 个行星架和 1 个齿圈。长行星轮采用分段式结构，这样设计是为了使 3 挡到 4 挡的换挡更加平顺、柔和。各元件之间的啮合关系如下：短行星轮与长行星轮及小太阳轮啮合；长行星轮同时与大太阳轮、短行星轮及齿圈啮合，动力通过齿圈向后输出。

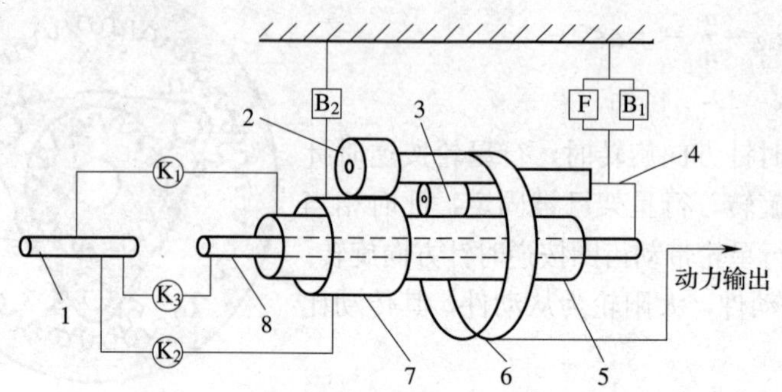

图 4—5　拉威娜式行星齿轮变速系统简图

1—输入轴　2—长行星轮　3—短行星轮　4—行星架　5—小太阳轮　6—齿圈　7—大太阳轮　8—中间轴

换挡执行机构主要由离合器、制动器和单向离合器 3 种执行元件组成。离合器 K_1 连接输入轴和小太阳轮，作用是把输入轴的动力传递给小太阳轮；离合器 K_2 连接输入轴和大太阳轮，作用是把输入轴的动力传递给大太阳轮；离合器 K_3 连接输入轴和行星架，作用是把输入轴的动力传递给行星架。制动器 B_1 连接变速器壳体和行星架，其工作时可以制动行星架；制动器 B_2 连接变速器壳体和大太阳轮，其工作时可以制动大太阳轮。

2. 拉威娜式行星齿轮变速系统的工作原理

以 01M 型自动变速器为例，拉威娜式行星齿轮变速系统换挡执行元件工作情况见表 4—1，本书只分析液力传动时动力传动路线。

表 4—1　　01M 型自动变速器换挡执行元件工作情况

挡位	B_1	B_2	K_1	K_2	K_3	F	K_0
R	◎			◎			
1H			◎			◎	
1M			◎			◎	◎
2H		◎	◎				
2M		◎	◎				◎
3H			◎		◎		
3M			◎		◎		◎
4H		◎			◎		
4M		◎			◎		◎

◎：参与工作。H：液力传动。M：机械传动。K_0：锁止离合器。F：单向离合器。

（1）液力传动 1 挡动力传递路线。如图 4—6 所示，液力传动 1 挡时，K_1、F 工作。由液力变矩器传来的动力经输入轴、离合器 K_1 传到小太阳轮，带动小太阳轮顺时针旋转，小太阳轮又驱动短行星轮逆时针旋转，短行星轮带动长行星轮顺时针旋转，长行星轮和齿圈内啮合，长行星轮在顺时针自转的同时，有带动行星架沿齿圈内壁逆时针转动的趋势。此时单向离合器 F 工作，防止行星架逆时针旋转，所以行星架固定不动，这时长行星轮按顺时针方向旋转，驱动齿圈按顺时针方向旋转，并通过齿圈把动力向后输出。

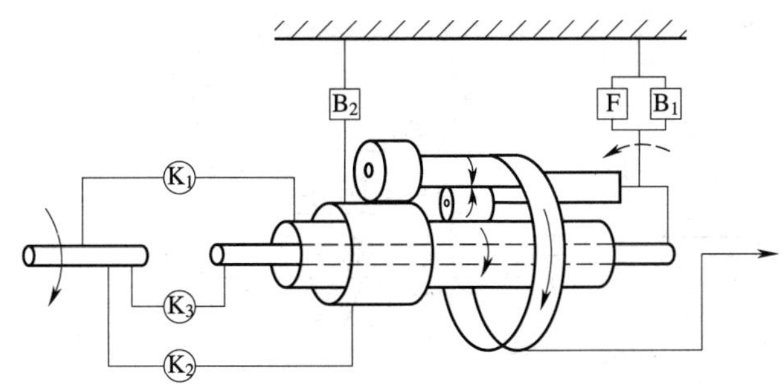

图 4—6 01M 自动变速器液力传动 1 挡工作原理简图

在分析 1 挡动力传递过程中要注意：齿圈是向后输出动力的元件，所以在克服地面行驶阻力之前，齿圈是固定不动的。

液力传动 1 挡动力传递路线如下：液力变矩器→输入轴→离合器 K_1→小太阳轮→短行星轮→长行星轮→齿圈→动力输出。

(2) 液力传动 2 挡动力传递路线。如图 4—7 所示，液力传动 2 挡时，K_1、B_2 工作。由液力变矩器传来的动力经输入轴、离合器 K_1 传到小太阳轮，带动小太阳轮顺时针旋转，小太阳轮驱动短行星轮逆时针旋转，短行星轮带动长行星轮顺时针旋转，长行星轮和大太阳轮外啮合，制动器 B_2 工作，把大太阳轮固定，此时长行星轮在顺时针自转的同时绕大太阳轮顺时针公转，所以行星架也随着长行星轮一起顺时针公转，长行星轮又与齿圈内啮合，就带动齿圈顺时针旋转，最后通过齿圈向后输出动力。

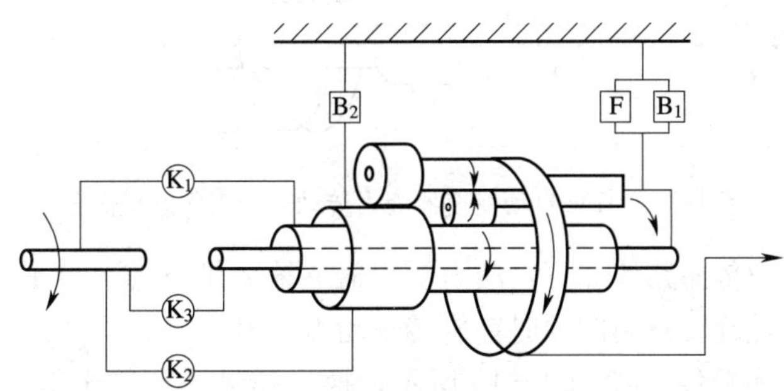

图 4—7 01M 自动变速器液力传动 2 挡工作原理简图

液力传动 2 挡动力传递路线如下：液力变矩器→输入轴→离合器 K_1→小太阳轮→短行星轮→长行星轮→长行星轮围绕大太阳轮转动并驱动齿圈→动力输出。

(3) 液力传动 3 挡动力传递路线。如图 4—8 所示，液力传动 3 挡时，K_1、K_3 工作，由液力变矩器传来的动力经输入轴、离合器 K_1 传到小太阳轮，带动小太阳轮顺时针旋转；由液力变矩器传来的动力又经输入轴、离合器 K_3 传到行星架，带动行星架顺时针旋转。此时，小太阳轮和行星架转速相同，旋转方向也相同，行星齿轮机构相当于一个整体而同步旋转，并由齿圈向后输出动力。此时为直接挡，传动比为 1∶1。

液力传动 3 挡动力传递路线如下：液力变矩器→输入轴→{离合器 K_1→小太阳轮→短行星轮；离合器 K_3→行星架}→

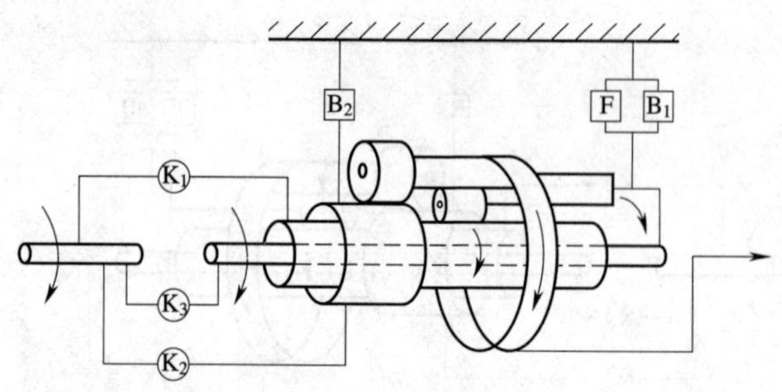

图 4—8　01M 自动变速器液力传动 3 挡工作原理简图

长行星轮→齿圈→动力输出。

（4）液力传动 4 挡动力传递路线。如图 4—9 所示，液力传动 4 挡时，K_3、B_2工作，由液力变矩器传来的动力经输入轴、离合器 K_3传到行星架，带动行星架顺时针旋转，制动器 B_2工作，制动大太阳轮。因长行星轮和大太阳轮外啮合，行星架又顺时针旋转，所以长行星轮围绕大太阳轮顺时针自转和公转。长行星轮与齿圈内啮合，就带动齿圈顺时针旋转，最后通过齿圈向后输出动力。

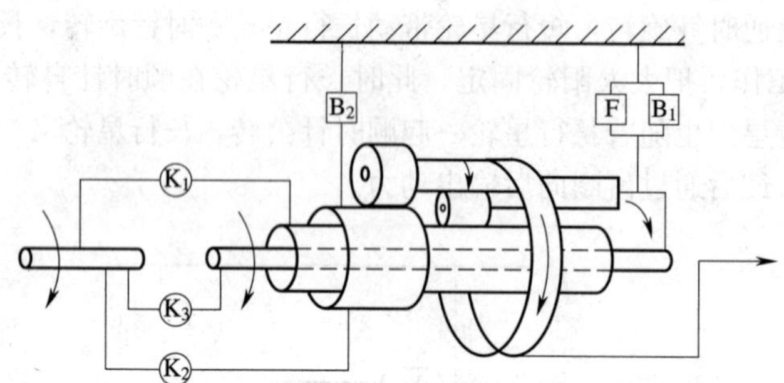

图 4—9　01M 自动变速器液力传动 4 挡工作原理简图

液力传动 4 挡动力传递路线如下：液力变矩器→输入轴→离合器 K_3→行星架→长行星轮围绕大太阳轮顺时针旋转→齿圈顺时针旋转→动力输出。

（5）R 挡动力传递路线。如图 4—10 所示，换挡操纵手柄位于 R 位时，K_2、B_1工作，由液力变矩器传来的动力经输入轴、离合器 K_2传到大太阳轮，带动大太阳轮顺时针旋转，制动器 B_1工作，制动行星架。大太阳轮和长行星轮外啮合，带动长行星轮逆时针旋转，长行

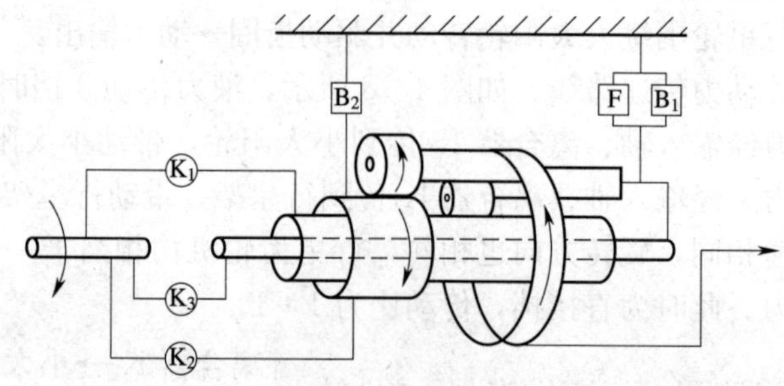

图 4—10　01M 自动变速器 R 挡工作原理简图

星轮又与齿圈内啮合，带动齿圈逆时针旋转，最后通过齿圈向后输出动力。

R 挡动力传递路线如下：液力变矩器→输入轴→离合器 K_2→大太阳轮→长行星轮逆时针旋转→齿圈逆时针旋转→动力输出。

三、辛普森式行星齿轮机构

辛普森式行星齿轮机构应用非常广泛，它的结构特点是前、后两个行星排共用一个太阳轮。如图 4—11 所示为辛普森式双排行星齿轮机构与一个单排行星齿轮机构组合而成的 4 速自动变速器的行星齿轮变速系统，下面以它为例说明辛普森式行星齿轮变速系统的结构和工作原理。

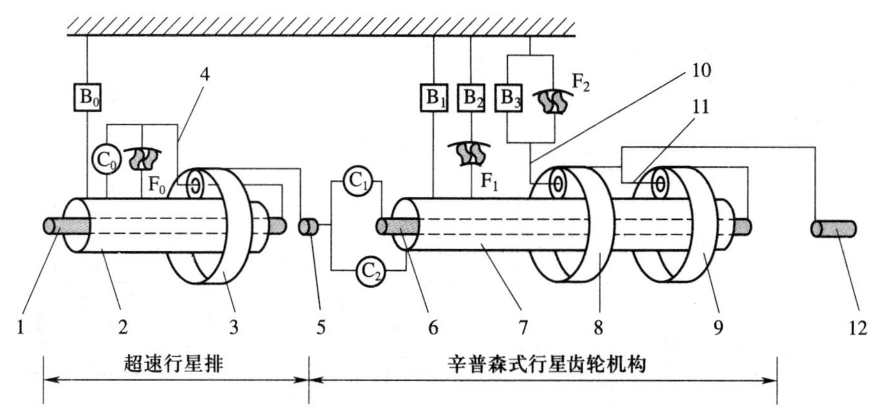

图 4—11　辛普森式行星齿轮变速系统简图

1—超速输入轴　2—超速太阳轮　3—超速齿圈　4—超速行星架　5—输入轴　6—中间轴　7—太阳轮　8—前排齿圈　9—后排齿圈　10—前排行星架　11—后排行星架　12—输出轴

1. 辛普森式行星齿轮变速系统的结构

（1）辛普森式行星齿轮机构部分。前、后两个行星排共用一个太阳轮，输出轴与前排齿圈和后排行星架连接。前离合器 C_1 连接输入轴和中间轴，中间轴与后排齿圈连接在一起。后离合器 C_2 连接输入轴与太阳轮。制动器 B_1 连接壳体和太阳轮，用来固定太阳轮。制动器 B_2 连接壳体和单向离合器 F_1，F_1 则把太阳轮和制动器 B_2 连在一起。B_2 通过 F_1 作用在太阳轮上，B_2 还用于固定单向离合器 F_1 的外圈。单向离合器 F_1 的作用是在 B_2 工作时防止太阳轮逆时针转动。制动器 B_3 连接壳体和前排行星架，工作时固定前排行星架。单向离合器 F_2 连接前排行星架和壳体，其作用是防止前排行星架逆时针转动。

（2）超速行星排机构部分。超速输入轴与超速行星架连接在一起，超速离合器 C_0 连接超速行星架与超速太阳轮；超速制动器 B_0 连接壳体与超速太阳轮，B_0 工作时固定超速太阳轮；超速单向离合器 F_0 连接超速行星架和超速太阳轮；超速齿圈与辛普森式行星齿轮机构的输入轴连接在一起。

2. 辛普森式行星齿轮变速系统的工作原理

以丰田 A340E 型自动变速器为例，辛普森式行星齿轮变速系统换挡执行元件工作情况见表 4—2。

表 4—2　　　　**丰田 A340E 型自动变速器各换挡执行元件工作情况**

挡位		1号电磁阀	2号电磁阀	C_0	C_1	C_2	B_0	B_1	B_2	B_3	F_0	F_1	F_2
P		接通	关断	◎									
R		接通	关断	◎		◎				◎	◎		
N		接通	关断	◎									
D	1	接通	关断	◎	◎						◎		◎
	2	接通	接通	◎	◎				◎		◎	◎	
	3	关断	接通	◎	◎	◎			◎		◎	◎	
	O/D	关断	关断		◎	◎	◎		◎			◎	
2	1	接通	关断	◎	◎						◎		◎
	2	接通	接通	◎	◎			◎			◎	◎	
	3*	关断	接通	◎	◎	◎			◎		◎		
L	1	接通	关断	◎	◎					◎	◎		◎
	2*	接通	接通	◎	◎			◎	◎		◎	◎	

*：只能下行换挡，不能上行换挡。◎：参与工作。

下面具体分析各挡的动力传递情况。

（1）D—1 挡或 2—1 挡。换挡操纵手柄位于 D 位或 2 位，发动机负荷很小或行驶阻力很大时，变速器液压系统自动接通 1 挡油路，此时 C_0、F_0、C_1、F_2 工作，如图 4—12 所示。

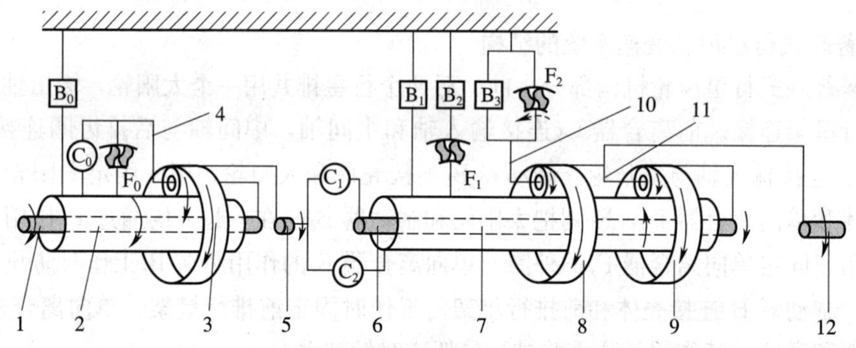

图 4—12　D—1 挡或 2—1 挡工作原理简图

1—超速输入轴　2—超速太阳轮　3—超速齿圈　4—超速行星架
5—输入轴　6—中间轴　7—太阳轮　8—前排齿圈　9—后排齿圈
10—前排行星架　11—后排行星架　12—输出轴

超速离合器 C_0 工作，把超速行星架和超速太阳轮连接到一起，这时超速行星排相当于一个整体，通过超速齿圈向后传递动力至辛普森式行星齿轮机构输入轴。前离合器 C_1 工作，则动力再经中间轴传至后行星排齿圈，旋转方向为顺时针方向。后行星排齿圈带动后排行星轮按顺时针方向自转，使太阳轮按逆时针方向旋转。

对于前行星排，太阳轮使前行星轮在按顺时针方向自转的同时又围绕前排齿圈内壁按逆时针方向旋转，而此时单向离合器 F_2 防止前排行星架按逆时针方向旋转，所以前排行星架固定不动，这时前排行星轮按顺时针方向旋转，驱动前排齿圈按顺时针方向旋转，通过前排齿圈把动力传到输出轴。后排行星架也按顺时针方向旋转，将来自输入轴的部分动力传递至输出轴。

在分析 D—1 挡或 2—1 挡动力传递过程中要注意：前排齿圈和后排行星架与输出轴连接在一起，所以在克服地面行驶阻力之前，前排齿圈和后排行星架是不动的。

D—1 挡或 2—1 挡动力传递路线：超速输入轴→超速行星架→超速行星轮→超速齿圈→输入轴→离合器 C_1→中间轴→后排齿圈→后排行星轮 {→后排行星架；→太阳轮→前排行星轮→前排齿圈} →输出轴。

(2) L—1 挡的发动机制动作用。换挡操纵手柄置于 L 位、自动变速器以 1 挡行驶时，C_0、F_0、C_1、F_2、B_3 工作，若加速后释放加速踏板，自动变速器具备发动机制动功能，如图 4—13 所示。

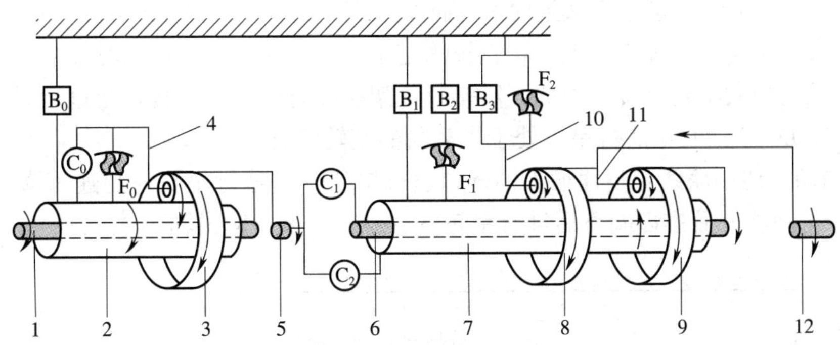

图 4—13　L—1 挡发动机制动工作原理简图

1—超速输入轴　2—超速太阳轮　3—超速齿圈　4—超速行星架
5—输入轴　6—中间轴　7—太阳轮　8—前排齿圈　9—后排齿圈
10—前排行星架　11—后排行星架　12—输出轴

当加速踏板释放时，发动机转速立即下降。由于惯性的缘故，与车轮连接的自动变速器输出轴的转速并未立即下降，因此，输出轴作为主动件反拖前排齿圈和后排行星架顺时针旋转。此时，由于制动器 B_3 工作，固定前排行星架，致使前排行星轮按顺时针方向旋转，前排行星轮又带动太阳轮按逆时针方向旋转。对于后排行星齿轮机构，因太阳轮按逆时针方向旋转，所以后排行星轮围绕行星轮轴按顺时针方向旋转。又由于后排行星架和输出轴连接在一起，为顺时针旋转，所以带动后排齿圈按顺时针方向旋转，来自输出轴的车辆惯性力被传递至输入轴，再经超速行星排传至发动机曲轴，由于发动机转速低，则依靠发动机抵消车辆的惯性力，起到发动机制动作用。

自动变速器在 D—1 挡和 2—1 挡时，没有发动机制动功能，这是由于制动器 B_3 不工作，仅单向离合器 F_2 单向固定前排行星架的缘故。当加速踏板完全释放时，发动机转速立即快速下降，由于惯性的原因，与车轮连接的变速器输出轴的转速不会立即下降。此时，后排行星齿轮机构中，后排齿圈按顺时针方向旋转，其转速与输入轴转速相同，后排行星架按顺时针方向旋转，其转速与输出轴转速相同。因为输出轴转速更快，所以后排行星轮在按逆时针方向绕自身轴线自转的同时，将按顺时针方向绕后齿圈内壁旋转，致使太阳轮按顺时针方向旋转。在前排行星齿轮机构中，前排齿圈和太阳轮都按顺时针方向旋转，所以前排行星架也按顺时针方向旋转。因为单向离合器 F_2 不能阻止前排行星架按顺时针方向旋转，制动器 B_3 又不工作，这样，前排行星齿轮机构空转，车辆行驶的惯性力没有从输出轴传递给输入轴，此时无发动机制动作用。

L—1 挡动力传递路线：超速输入轴→超速行星架→超速行星轮→超速齿圈→输入轴→离合器 C_1→中间轴→后排齿圈→后排行星轮→{后排行星架；太阳轮→前排行星轮→前排齿圈}→输出轴。

(3) D—2 挡。在 D—2 挡时，执行元件 C_0、F_0、C_1、B_2、F_1 工作，如图 4—14 所示。来自液力变矩器的动力由超速输入轴经超速行星齿轮机构传递至辛普森式行星齿轮机构输入轴（和 D—1 挡相同），离合器 C_1 工作，动力又经中间轴传到后排齿圈，旋转方向为顺时针方向。后排齿圈和后排行星轮内啮合，后排行星轮在后排齿圈的带动下绕其轴以相同方向旋转。太阳轮在行星轮的带动下有按逆时针方向旋转的趋势，此时制动器 B_2 和单向离合器 F_1 工作，阻止太阳轮逆时针旋转，太阳轮就被固定不动，后排行星轮按顺时针方向自转的同时还按顺时针方向绕太阳轮公转。因此，后排行星架按顺时针方向旋转，通过行星架把动力传给输出轴。在 D—2 挡时，前行星排处于无载荷的空转状态。

D—2 挡动力传递路线：超速输入轴→超速行星架→超速行星轮→超速齿圈→输入轴→离合器 C_1→中间轴→后排齿圈→后排行星轮→后排行星架→输出轴。

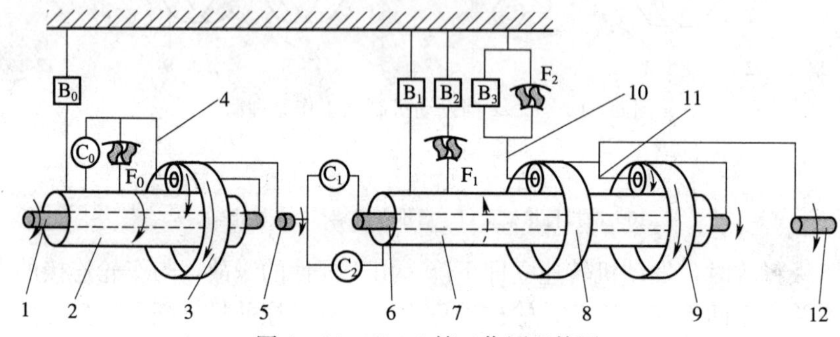

图 4—14　D—2 挡工作原理简图

1—超速输入轴　2—超速太阳轮　3—超速齿圈　4—超速行星架
5—输入轴　6—中间轴　7—太阳轮　8—前排齿圈　9—后排齿圈
10—前排行星架　11—后排行星架　12—输出轴

(4) 2—2 挡的发动机制动作用。如图 4—15 所示，自动变速器在 2—2 挡时，由于制动器 B_1 参与工作（固定太阳轮），使动力能够从输出轴传递至输入轴，具备发动机制动功能。具体过程如下：

加速踏板释放后，发动机转速迅速下降，即后排齿圈旋转速度迅速降低。在惯性的作用下，与车轮及与输出轴相连的后排行星架的转速不会立即下降，此时太阳轮被制动器 B_1 固定不动，所以后排行星轮必然按顺时针方向旋转，反拖后排齿圈也按相同方向旋转，通过后排齿圈把动力传回发动机，靠发动机的转动阻力产生制动作用。

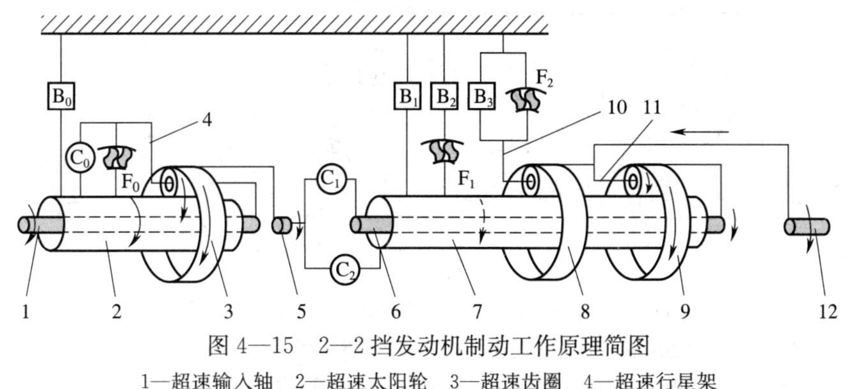

图 4—15　2—2 挡发动机制动工作原理简图

1—超速输入轴　2—超速太阳轮　3—超速齿圈　4—超速行星架

5—输入轴　6—中间轴　7—太阳轮　8—前排齿圈　9—后排齿圈

10—前排行星架　11—后排行星架　12—输出轴

自动变速器在 D—2 挡，当输出轴按顺时针方向旋转时，后排行星架按相同方向旋转。当发动机减速时，后排齿圈比输出轴转速更慢，促使后排行星轮按逆时针方向绕其轴旋转。此时，太阳轮被强制按顺时针方向旋转。但是，因为单向离合器 F_1 不能阻止太阳轮按顺时针方向旋转，因此太阳轮在无载荷状态下按顺时针方向空转，输出轴的惯性力没有传递至后排齿圈，所以在 D—2 挡时不产生发动机制动作用。

2—2 挡动力传递路线：超速输入轴→超速行星架→超速行星轮→超速齿圈→输入轴→离合器 C_1→中间轴→后排齿圈→后排行星轮→后排行星架→输出轴。

(5) D—3 挡。在 D—3 挡时，执行元件 C_0、F_0、C_1、C_2、B_2、F_1 工作，如图 4—16 所示。超速行星排的动力传递与 1 挡、2 挡时相同。辛普森式行星齿轮机构部分，前离合器 C_1 和后离合器 C_2 同时工作，将超速行星排传递至输入轴的动力分别传到后排齿圈和太阳轮。因为后排齿圈和太阳轮以相同转速、相同方向旋转，所以后行星排相当于一个整体同步旋转，并由行星架把动力传到输出轴，此时为直接挡，传动比为 1∶1。

D—3 挡动力传递路线：超速输入轴→超速行星架→超速行星轮→超速齿圈→输入轴—┬→离合器 C_1→中间轴→后排齿圈─┐
　　└→离合器 C_2→太阳轮──────┴→后排行星轮→后排行星架→轴出轴。

(6) O/D 挡。在 O/D 挡（超速挡）时，执行元件 B_0、C_1、C_2、B_2、F_1 工作，如图 4—17 所示。液力变矩器传来的动力经超速输入轴传到超速行星架。此时，在超速行星排中，制动器 B_0 工作，超速太阳轮被固定，超速行星架为主动件，超速齿圈为从动件。因主动件为超速行星架，所以传动比小于 1，即齿圈的转速比行星架的转速高，旋转方向都是顺时针方向，由超速齿圈传递动力到辛普森式行星齿轮机构的输入轴。辛普森式行星齿轮机构部分的动力传递过程与 D—3 挡时完全一样，最后由后排行星架把动力传到输出轴。此时，输出轴的转速大于超速输入轴的转速，即 O/D 挡为超速挡，其传动比小于 1。

O/D 挡动力传递路线：超速输入轴→超速行星架→超速行星轮→超速齿圈→输入轴—┬→离合器 C_1→中间轴→后排齿圈─┐
　　└→离合器 C_2→太阳轮──────┴→后排行星轮→后排行星架→轴出轴。

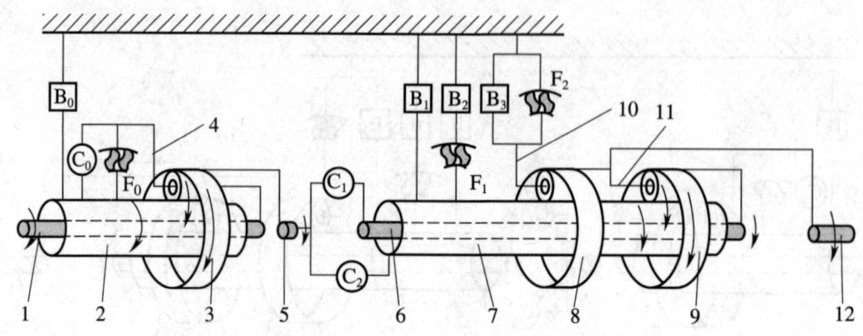

图 4—16　D—3 挡工作原理简图

1—超速输入轴　2—超速太阳轮　3—超速齿圈　4—超速行星架
5—输入轴　6—中间轴　7—太阳轮　8—前排齿圈　9—后排齿圈
10—前排行星架　11—后排行星架　12—输出轴

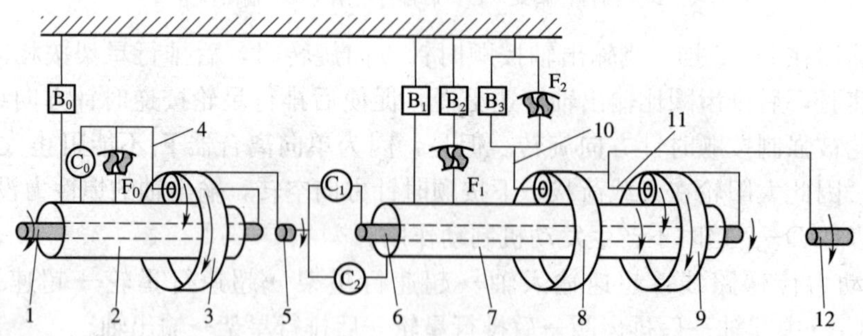

图 4—17　O/D 挡工作原理简图

1—超速输入轴　2—超速太阳轮　3—超速齿圈　4—超速行星架
5—输入轴　6—中间轴　7—太阳轮　8—前排齿圈　9—后排齿圈
10—前排行星架　11—后排行星架　12—输出轴

技术提示

单向离合器 F_0 可以保证在 D—3 挡升 D—4 挡时实现无间隙换挡，即防止在离合器 C_0 分离、制动器 B_0 接合这个过程中可能出现动力中断现象。

（7）R 挡（倒挡）。在倒挡时，执行元件 C_0、F_0、C_2、B_3 工作，如图 4—18 所示。来自液力变矩器的动力由超速输入轴经超速行星排传递至辛普森式行星齿轮机构输入轴（与 D—1 挡相同），此时离合器 C_2 工作，顺时针转动的输入轴的动力经离合器 C_2 传至太阳轮，旋转方向为顺时针方向。前行星轮在太阳轮的带动下按逆时针方向绕其轴旋转，此时前排行星架有顺时针旋转的趋势。因制动器 B_3 工作，固定前排行星架，所以前排行星轮逆时针旋转，带动前排齿圈也逆时针旋转，最后由前排齿圈把动力传到输出轴，实现倒挡。

倒挡动力传递路线：超速输入轴→超速行星架→超速行星轮→超速齿圈→输入轴→离合器 C_2→太阳轮→前排行星轮→前排齿圈→输出轴。

（8）N 挡（空挡）和 P 挡（驻车挡）。换挡操纵手柄位于 N 挡或 P 挡时，由于离合器 C_1

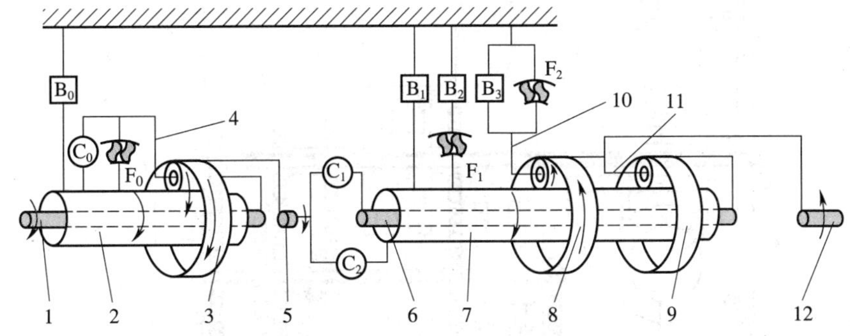

图 4—18　R 挡工作原理简图

1—超速输入轴　2—超速太阳轮　3—超速齿圈　4—超速行星架　5—输入轴　6—中间轴　7—太阳轮　8—前排齿圈　9—后排齿圈　10—前排行星架　11—后排行星架　12—输出轴

和离合器 C_2 均不工作，所以自动变速器内超速行星排部分与辛普森式行星齿轮机构部分无动力传递，发动机动力不能被传到输出轴，变速器处于空挡或驻车挡状态。

此外，当换挡操纵手柄置于 P 挡时，手控连杆机构推动驻车闭锁凸轮，使驻车闭锁爪上的凸齿嵌入输出轴的外齿轮中。因驻车闭锁爪被固定在变速器外壳上，所以输出轴被固定不能转动，此时汽车不能移动。

第二节　平行轴式齿轮变速系统

平行轴式齿轮变速系统又称定轴式（固定轴线式）齿轮变速系统，可用于手动变速器也可用于自动变速器。平行轴式齿轮变速系统是在相互平行的轴上装有几组齿数不同的齿轮组，通过啮合不同的齿轮组，就能得到几组不同的传动比（即不同挡位）。

下面以本田雅阁轿车自动变速器为例说明平行轴式齿轮变速系统的工作原理。

本田雅阁轿车自动变速器为电控液力自动变速器，具有 4 个前进挡和 1 个倒挡。

本田雅阁轿车自动变速器齿轮变速传动机构主要由平行轴、各挡齿轮和湿式多片离合器等组成，如图 4—19 所示。平行轴为 3 根，即主轴（输入轴）、惰轴（输出轴）和副轴（中间轴）。主轴与发动机曲轴主轴颈轴线同轴，其上装有 3 挡和 4 挡离合器以及 3 挡、4 挡、R 挡齿轮和主轴惰轮。R 挡齿轮和 4 挡齿轮制为一体。惰轴上装有最终驱动齿轮、锁定离合器、单向离合器，1 挡、3 挡、4 挡、R 挡齿轮和 R 挡滑套，2 挡和驻车挡齿轮以及惰轴惰轮。最终驱动齿轮和惰轴制成一体。副轴上装有 1 挡、2 挡离合器和 1 挡、2 挡齿轮以及副轴惰轮。惰轴 4 挡齿轮和 R 挡齿轮空套在轴上，工作时依据接合套的移动来控制挂入的是 4 挡还是 R 挡。主轴和副轴上的齿轮与惰轴上的齿轮保持常啮合状态。行驶过程中，当通过控制系统使变速器中某一组齿轮实现啮合时，动力将从主轴和副轴传递到惰轴，并由惰轴向后输出动力。

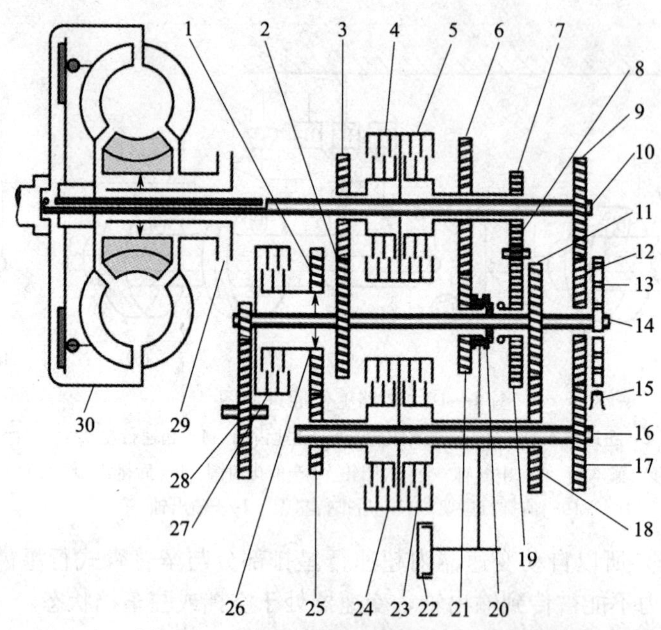

图 4—19　本田雅阁轿车自动变速器结构简图

1—惰轴 1 挡齿轮　2—惰轴 3 挡齿轮　3—主轴 3 挡齿轮　4—3 挡离合器　5—4 挡离合器　6—主轴 4 挡齿轮　7—主轴 R 挡齿轮　8—R 挡惰轮　9—主轴惰轮　10—主轴（输入轴）　11—惰轴 2 挡齿轮　12—惰轴惰轮　13—P 挡齿轮　14—惰轴（输出轴）　15—驻车锁销　16—副轴（中间轴）　17—副轴惰轮　18—副轴 2 挡齿轮　19—惰轴 R 挡齿轮　20—4 挡滑套　21—惰轴 4 挡齿轮　22—伺服阀　23—2 挡离合器　24—1 挡离合器　25—副轴 1 挡齿轮　26—单向离合器　27—锁定离合器　28—最终驱动齿轮　29—油泵　30—液力变矩器

本田雅阁轿车自动变速器换挡执行元件工作情况见表 4—3。

表 4—3　**本田雅阁轿车自动变速器换挡执行元件工作情况**

挡位		参与工作的元件									
		液力变矩器	1 挡齿轮锁定离合器	1 挡离合器	1 挡单向离合器	2 挡离合器	3 挡离合器	4 挡		R 挡齿轮	P 挡齿轮
								齿轮	离合器		
P		◎									◎
R		◎							◎	◎	
N		◎									
D4	1	◎		◎	◎						
	2	◎		△		◎					
	3	◎		△			◎				
	4	◎						◎	◎		

续表

挡位		参与工作的元件									
		液力变矩器	1 挡齿轮锁定离合器	1 挡离合器	1 挡单向离合器	2 挡离合器	3 挡离合器	4 挡		R 挡齿轮	P 挡齿轮
								齿轮	离合器		
D3	1	◎		◎	◎						
	2			△		◎					
	3			△			◎				
2	1	◎	◎	◎	◎						
	2			△		◎					

◎：参与工作的元件。△：参与工作但单向离合器没起作用。

各挡动力传递路线如下：

1 挡：发动机曲轴→液力变矩器→输入轴→主轴惰轮→惰轴惰轮→副轴惰轮→副轴→1 挡离合器→副轴 1 挡齿轮→惰轴 1 挡齿轮→{单向离合器
1 挡锁定离合器}→输出轴→最终驱动齿轮。

2 挡：发动机曲轴→液力变矩器→输入轴→主轴惰轮→惰轴惰轮→副轴惰轮→2 挡离合器→副轴 2 挡齿轮→惰轴 2 挡齿轮→输出轴→最终驱动齿轮。

3 挡：发动机曲轴→液力变矩器→输入轴→3 挡离合器→主轴 3 挡齿轮→惰轴 3 挡齿轮→输出轴→最终驱动齿轮。

4 挡：发动机曲轴→液力变矩器→输入轴→4 挡离合器→主轴 4 挡齿轮→惰轴 4 挡齿轮→R挡滑套→输出轴→最终驱动齿轮。

R 挡：发动机曲轴→液力变矩器→输入轴→4 挡离合器→主轴 R 挡齿轮→R 挡惰轮→惰轴 R 挡齿轮→R 挡滑套→输出轴→最终驱动齿轮。

N 挡：所有离合器均不工作，动力不能输出，输出轴处于自由旋转状态。

P 挡：所有离合器均不工作，动力不能输出，换挡操纵手柄带动驻车锁销将输出轴上安装的驻车齿轮锁止，输出轴及车轮不可转动，处于锁止状态。

复习思考题

1. 行星架被固定时的单排行星齿轮机构运动规律是什么？
2. 拉威娜式齿轮机构中各元件的啮合关系是什么？
3. 辛普森式齿轮机构有什么特点？
4. 单排行星齿轮机构由哪些元件组成？

第五章　换挡执行机构

学习目标

1. 了解换挡执行机构的组成。
2. 掌握单向离合器的结构和工作原理。
3. 掌握片式离合器的结构和工作原理。
4. 掌握带式制动器、多片式制动器的结构和工作原理。

自动变速器换挡执行机构有离合器和制动器，离合器包括单向离合器和片式离合器，制动器包括带式制动器和多片式制动器。本章主要介绍这些换挡执行元件的结构与工作原理。

第一节　单向离合器

单向离合器又称一个方向的离合器，与其他离合器的区别是力矩的传递仅仅是单向的，反向时不传递力矩。单向离合器安装在驱动轴与从动轴之间，使从动轴只能朝一个方向回转，反方向只能空转。

单向离合器的特点是传递力矩的容量比摩擦式离合器大，能够按一个方向自动、平稳地进行驱动和反方向空转，空转时摩擦力很小。

在自动变速器中，为了提高变矩器的性能，在导轮与导轮轴之间或用于转换变速挡的齿轮与轴之间使用单向离合器。在自动变速器中有两种常用的单向离合器，分别是楔块型和滚柱型。单向离合器的作用是单向锁止某一执行元件或行星齿轮机构中的某一部件。

一、楔块型单向离合器

1. 楔块型单向离合器的结构

如图 5—1a 所示，楔块型单向离合器由外座圈、内座圈、楔块、保持架、端盖等组成，保持架借助于片状弹簧把楔块均匀地置于内座圈与外座圈之间，内座圈与外座圈的距离 L 大于楔块短对角线长度 L_1，小于楔块长对角线长度 L_2，即 $L_1<L<L_2$。

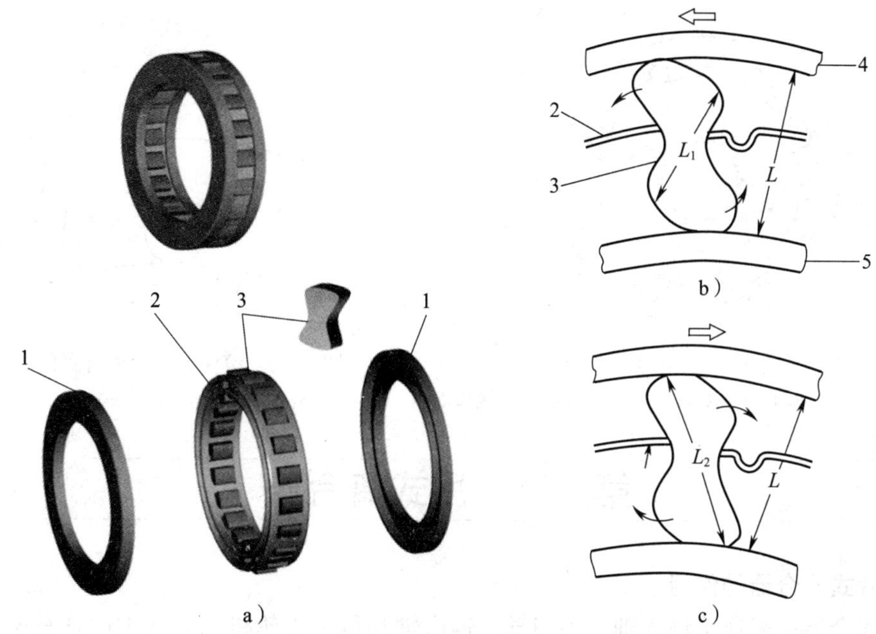

图 5—1　楔块型单向离合器的结构与工作原理

a）结构图　b）分离状态　c）锁止状态

1—端盖　2—保持架　3—楔块　4—外座圈　5—内座圈

2. 单向离合器的工作原理

若外座圈相对于内座圈沿图 5—1b 所示方向旋转，楔块在摩擦力作用下，有向相同方向旋转的趋势，此时，楔块短对角线长度 L_1 小于内座圈与外座圈的间距 L，所以，楔块倾斜后不妨碍外座圈的旋转，如果内座圈固定，外座圈仍可以旋转，单向离合器处于分离状态。若外座圈相对于内座圈沿图 5—1c 所示方向旋转，楔块在摩擦力作用下，有向相同方向旋转的趋势，此时，因楔块长对角线长度 L_2 大于内座圈与外座圈间的距离 L，所以楔块倾斜后卡在内、外座圈之间，外座圈被卡死，不能旋转，单向离合器处于锁止状态。

二、滚柱型单向离合器

1. 滚柱型单向离合器的结构

滚柱型单向离合器由光滑的内座圈、带有楔形斜面的外座圈、一系列滚柱和压紧弹簧组成，如图 5—2 所示。

2. 滚柱型单向离合器的工作原理

滚柱都装配在由带有楔形斜面的外座圈和光滑的内座圈组成的腔室内，如图5—3 所示。弹簧将滚柱推离腔室内较宽的位置，使滚柱、外座圈和内座圈保持轻微的接触。例如，当内座圈相对于外座圈沿逆时针方向旋转时，滚柱被楔紧在腔室较窄的一侧，这时内座圈的旋转将会被锁止。例如，内座圈相对于外座圈沿顺时针方向旋转时，不能楔紧滚柱，滚柱可以旋转（此时其作用相当于滚柱轴承），此时内座圈不会被锁止，可以沿顺时针方向旋转。

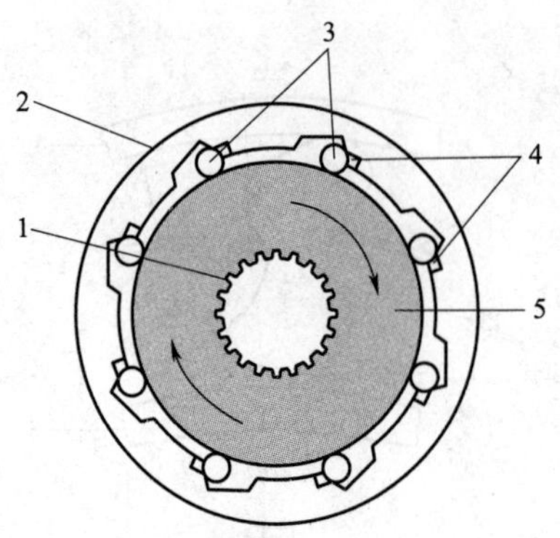

图 5—2　滚柱型单向离合器的组成

1—内毂　2—外座圈　3—滚柱　4—压紧弹簧　5—内座圈

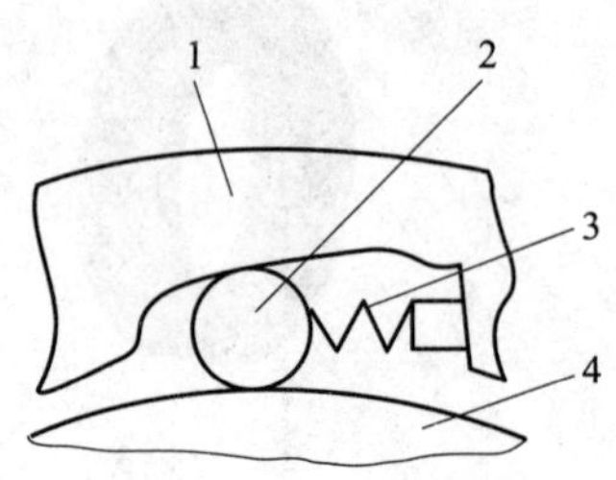

图 5—3　滚柱型单向离合器的工作原理

1—外座圈　2—滚柱　3—弹簧　4—内座圈

第二节　片式离合器

一、片式离合器的作用

片式离合器用来连接输入轴、中间轴、输出轴和行星齿轮机构元件中的任意两个元件，实现扭矩的传递。在离合器工作时，离合器组件被挤压到一起，动力由摩擦片传输给离合器盘。传递扭矩的大小由以下几个因素决定：摩擦表面的直径和宽度，摩擦表面的数量，工作压力的大小。

二、片式离合器的结构

片式离合器是液压控制系统的主要执行元件，其特点是径向尺寸小，接合柔和，能传递较大的扭矩。

如图 5—4 所示，以 A340E 型自动变速器的 C_1 离合器为例，片式离合器由离合器鼓、离合器盘、离合器片、离合器花键毂（简称离合器毂）、活塞等组成。离合器鼓又称离合器

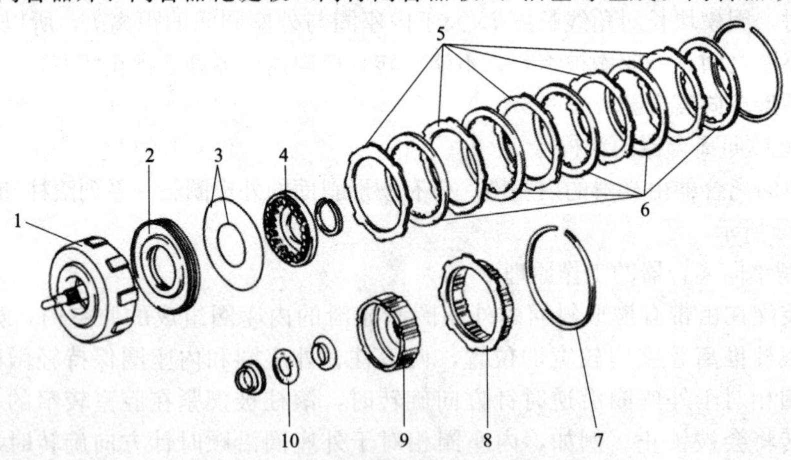

图 5—4　片式离合器的结构

1—离合器鼓　2—活塞　3—密封圈　4—回位弹簧　5—离合器盘（钢片）

6—离合器片（摩擦片）　7—卡环　8—直接挡离合器毂　9—离合器毂　10—推力轴承

壳，在它的内部有与离合器盘配合的一组花键。离合器盘又称钢片，是接近扁平的钢片，上有伸出的凸缘，钩住离合器鼓，与输入轴连接，可轴向移动。离合器片又称摩擦片，用双面均粘有摩擦材料的钢片制成，由键齿与离合器鼓的花键连接，也可轴向移动，可输出扭矩。离合器鼓内侧是液压缸、活塞、密封圈及回位弹簧，用来压紧离合器盘与离合器片或使离合器盘与离合器片分离。因为离合器盘、离合器片均浸在自动变速器油中，故称为多片湿式离合器。

三、片式离合器的工作过程

如图 5—5 所示，当自动变速器油经通道流入活塞缸内，活塞在缸体内移动，使离合器片压紧，离合器盘和离合器片之间具有很大的摩擦力，二者以相同速度旋转，离合器处于接合状态，同时活塞回位弹簧被压缩。当自动变速器油从活塞缸内排出时，活塞回位弹簧回位，使活塞回位至原始位置，离合器盘和离合器片间有间隙，离合器分离。

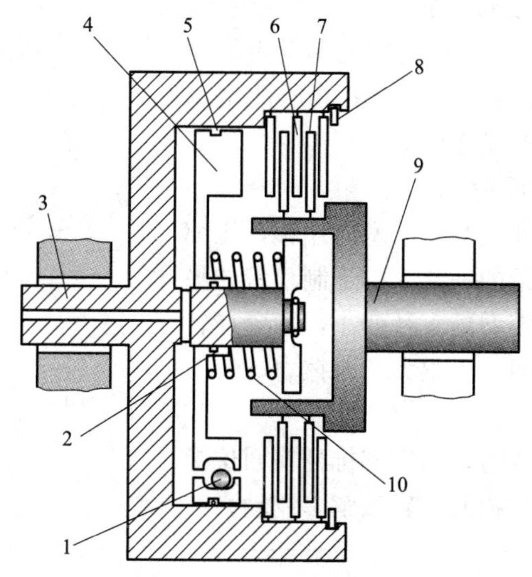

图 5—5　片式离合器原理图

1—单向阀　2，5—密封圈　3—输入轴　4—活塞　6—离合器盘　7—离合器片　8—卡环　9—输出轴　10—回位弹簧

在离合器的活塞内仅有一条通道，通常设在缸体旋转的中心部位。当离合器接合时，具有压力的自动变速器油通过通道流入缸体内；当离合器分离时，自动变速器油从同一通道排出。车辆行驶时，离合器高速旋转，有离心力作用在自动变速器油上，因此，排液时部分自动变速器油按排液的反方向流动，这会引起离合器分离不良或出现阻滞现象。所以在活塞外缘上设一个止回阀，如图 5—6 所示。当自动变速器油流向缸体时，止回阀关闭，自动变速器油不能向相反的方向排出；当自动变速器油排出时，压力下降，止回阀开启，自动变速器油排出，使离合器快速、完全分离。

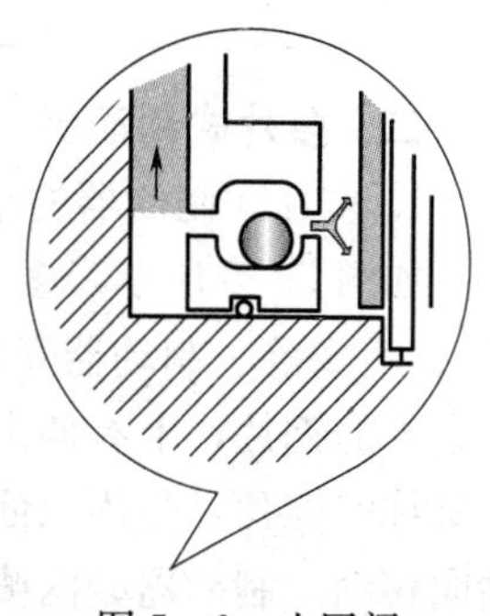

图 5—6　止回阀

注意

更换新离合器片时，要先将新离合器片在自动变速器油中浸泡 1 h 以上。

第三节　制　动　器

制动器的作用是将行星排的太阳轮、齿圈和行星架中某些元件固定，使其不能旋转，产生不同的转向或速比，或制动单向离合器的内、外座圈。

一、带式制动器

1. 带式制动器的结构

带式制动器主要由制动带、转鼓、活塞等组成，如图 5—7 所示。将内侧粘有摩擦材料的制动带卷绕在转鼓上，一端与壳体相连，另一端由液压活塞推动，从而产生对制动带的箍紧作用力。

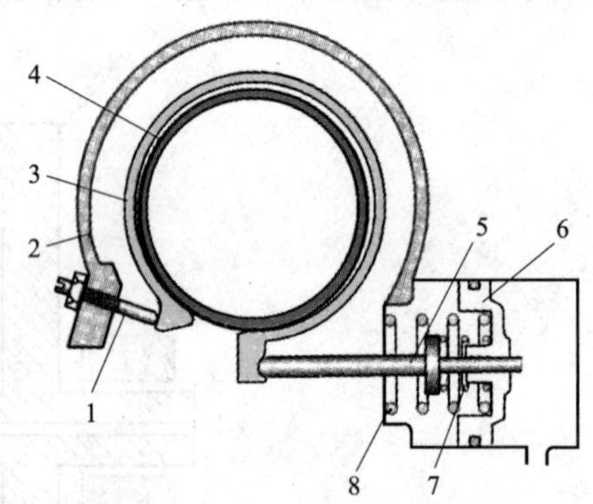

图 5—7　带式制动器的结构
1—调整螺钉　2—壳体　3—制动带
4—转鼓　5—推杆　6—活塞
7—内弹簧　8—回位弹簧

2. 带式制动器的工作原理

当控制油压施加在活塞上时，活塞向左移，压缩回位弹簧，推杆推动制动带的一端，由于制动带的另一端固定在壳体上，制动带卷的直径变小，箍紧在转鼓上，在制动带与转鼓之间产生很大的摩擦力，使转鼓无法转动。

当活塞上没有控制油压时，活塞和推杆在回位弹簧的作用下被推回，制动带松开，转鼓解除制动。

注意

1. 更换新制动带时，要先将新制动带在自动变速器油中浸泡 1 h 以上。
2. 带式制动器的调整点多在制动带支承端，通过调整螺钉可调整制动带和转鼓的间隙。

二、多片式制动器

1. 多片式制动器的结构

如图 5—8 所示，多片式制动器的组成主要包括制动器鼓、制动器盘、制动器片（摩擦片）、活塞等。制动器壳体的内部有与制动器盘配合的一组花键。制动器盘又称钢片，是接近扁平的钢片，上有伸出的凸缘，钩住制动器壳体，与变速器壳体连接，固定不动。制动器片又称摩擦片，是用双面均粘有摩擦材料的钢片制成，内侧有键齿与制动器毂花键连接，可轴向移动。制动器鼓内侧是液压缸、活塞、密封圈及回位弹簧，用来压紧制动器盘与制动器片或保持制动器盘与制动器片处在分离状态。

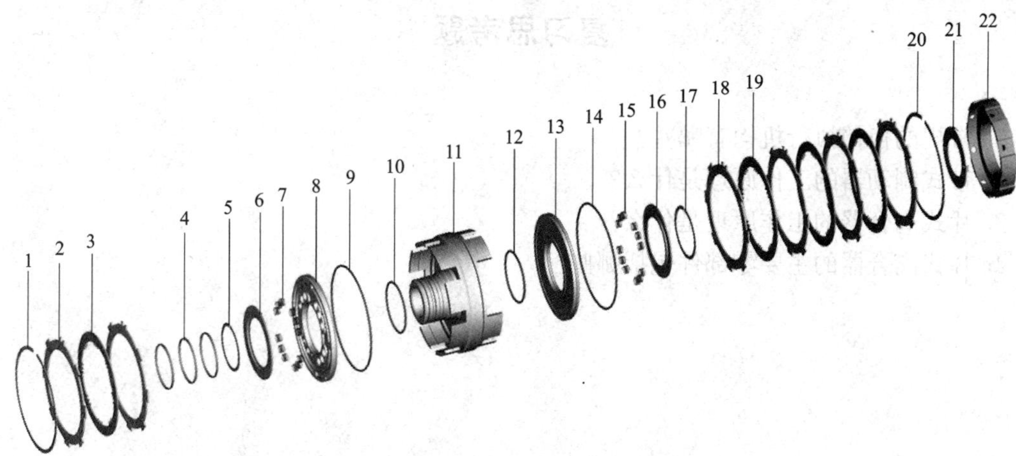

图 5—8　丰田 A340E 自动变速器 B_1、B_2 多片式制动器

1，5，17，20—卡环　2，18—制动器盘　3，19—制动器片

4—密封环　6，16—弹簧座　7，15—弹簧　8—B_1 活塞

9—B_1 活塞外密封圈　10—B_1 活塞内密封圈　11—壳体　12—B_2 活塞内密封圈

13—B_2 活塞　14—B_2 活塞外密封圈　21—垫片　22—制动器鼓

2. 多片式制动器的工作原理

如图 5—9 所示，当活塞受到控制油压的作用时，活塞在活塞缸内运动，使制动器片与制动器盘相互接触，结果在每个制动器片与制动器盘间产生很大的摩擦力，实现制动；当控制油压降低时，由于回位弹簧的作用，活塞回至原位，使制动解除。

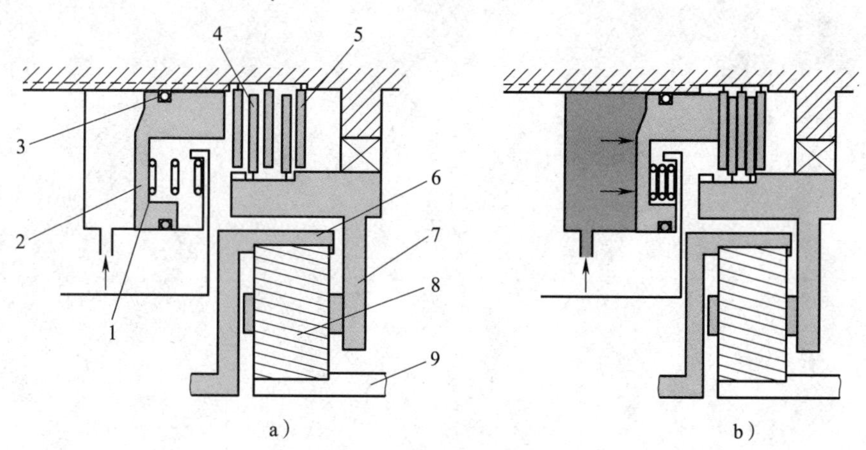

图 5—9　多片式制动器原理图

a）不工作时　b）工作时

1—回位弹簧　2—活塞　3—密封圈　4—制动器片　5—制动器盘

6—齿圈　7—行星架　8—行星轮　9—太阳轮

复习思考题

1. 常规的换挡执行机构有哪些?
2. 带式制动器的工件原理是什么?
3. 片式离合器的工作原理是什么?
4. 片式离合器的主要零部件包括哪些?

第六章　液压控制系统

学习目标

1. 了解液压控制系统的组成。

2. 掌握液压控制系统零部件的结构和工作原理。

3. 掌握液压控制系统各种阀的工作原理。

液压控制系统的作用是使变速器实现自动换挡，因为它不仅能提供离合器和制动器的作用力，同时还控制着作用在各滑阀压力的大小，通过换挡阀自动操作实现升挡和降挡。

液压控制系统主要由油泵、调压阀、锁定信号阀、锁定继动阀、换挡阀、手控阀、蓄压器和单向节流阀等组成，如图 6—1 所示为部分元件在控制系统中的功能。

一、油泵

油泵的作用是使自动变速器油产生一定的压力和流量，供给液力变矩器和液压控制系统，保证齿轮机构各摩擦副的润滑需要，对变速器进行冷却。在轿车上使用的电子控制自动变速器中大多采用齿轮泵和叶片泵。

1. 齿轮泵

(1) 齿轮泵的结构。自动变速器的齿轮泵主要由主动齿轮、从动齿轮、泵体等组成，如图 6—2 所示。从动齿轮是一个环齿圈，泵体的内齿轮槽内有一个月牙形凸台，把主动齿轮和从动齿轮不啮合的部分隔开，形成了两个工作腔，吸油腔和出油腔。吸油腔与泵体上的进油口相通，出油腔与泵体上的出油口相通。进油口通过油道与滤网相连吸油，出油口通过油道与阀体相应的液压控制阀相连输出液压油。

(2) 齿轮泵的工作原理。工作时，油泵的主动齿轮带动从动齿轮转动，在齿轮脱离啮合的一端（吸油腔）容积不断变大，产生吸力，把液压油经滤网吸进油泵；在齿轮进入啮合的一端（出油腔）容积不断减小，油压升高，把油压出油泵。油泵这样不停地转动，就形成有一定压力和流量的液压油，供给液压控制系统工作。

油泵主动齿轮的内圈上有对称的两个凸键，与液力变矩器的键槽相啮合。因此，只要发动机转动，油泵就与液力变矩器一起处于被驱动状态而供油。大多数自动变速器的油泵位

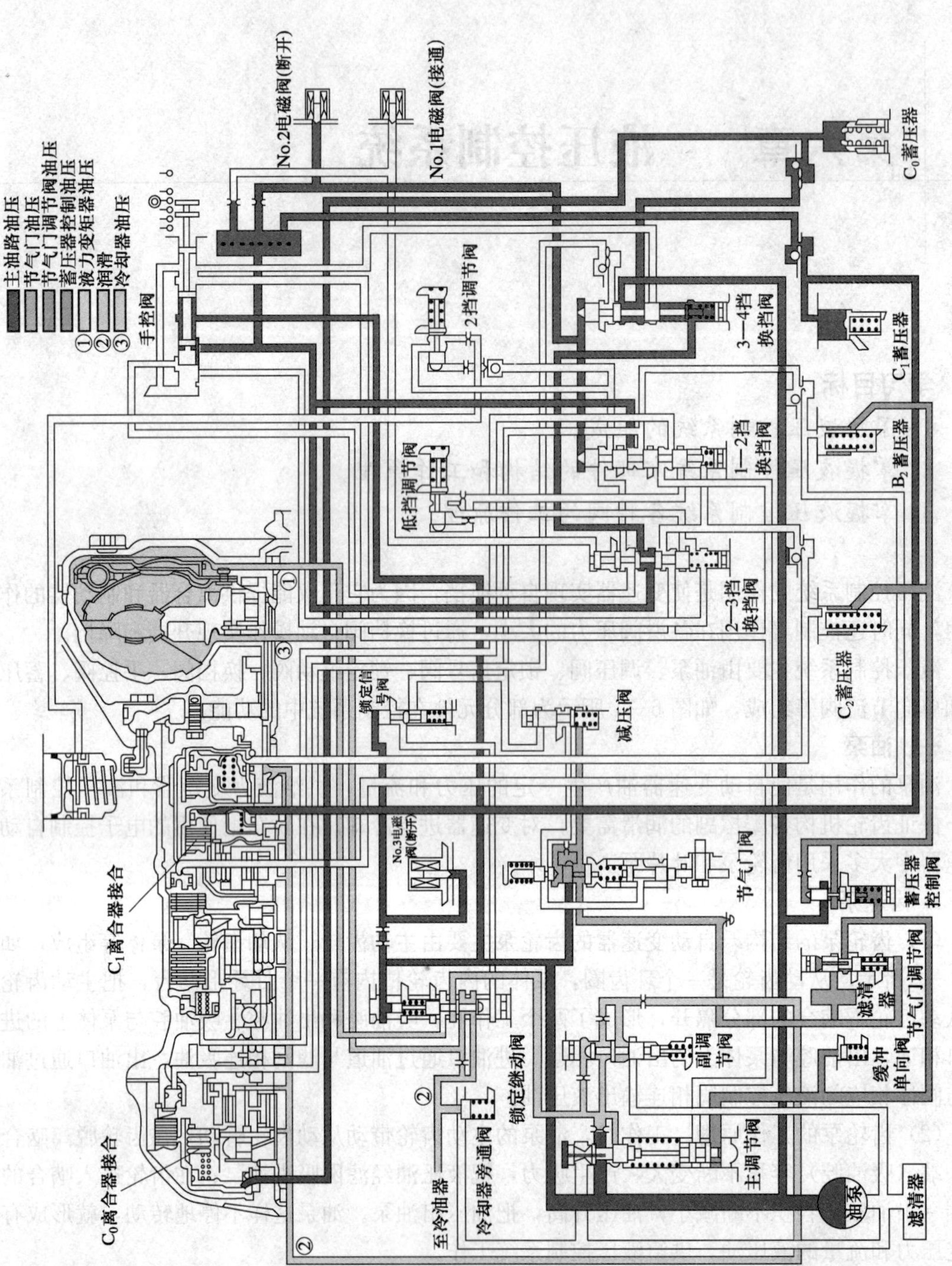

图 6—1 液压控制系统的组成

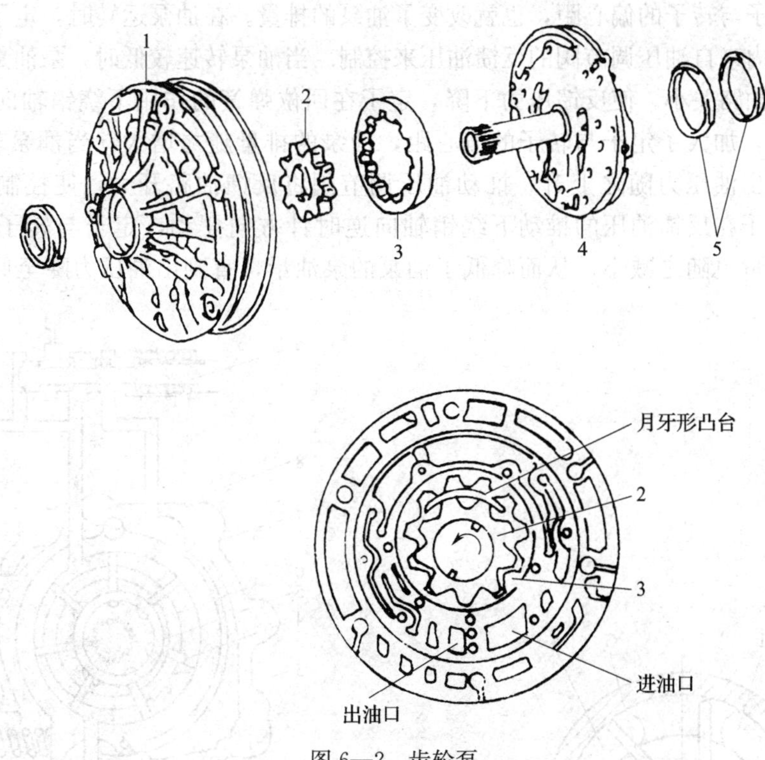

图 6—2　齿轮泵

1—泵体　2—主动齿轮　3—从动齿轮　4—泵盖　5—密封环

于液力变矩器与齿轮变速系统之间，少数自动变速器油泵置于变速器壳体内腔的底部，通过一根两头带花键的传动轴与变矩器泵轮连接，另外还有一些自动变速器与油泵独立成两部分，中间通过油管使自动变速器油循环。

2. 叶片泵

现代汽车变速器中多用可变排量叶片泵（变量泵），可变排量叶片泵是在定量式叶片泵的基础上发展起来的，在此，先介绍定量式叶片泵的工作原理。定量式叶片泵主要由定子、转子、叶片等零件组成，如图 6—3 所示。定子固定不动，转子由液力变矩器壳驱动。转子与定子不同轴，两者之间有一定的偏心距。转子上有均匀分布的径向狭槽，矩形叶片安装在槽内，并可在槽内滑动。当转子旋转时，叶片在离心力和叶片底部液压油压力的作用下向外滑出，紧靠在定子内表面上，并随着转子的转动在转子叶片槽内做往复运动。当转子沿逆时针方向旋转时，右边的叶片逐渐伸出，工作腔容积逐渐增大，形成局部真空，将油液从进油口吸入，即吸油过程；左边的叶片被定子的内表面逐渐压进槽内，工作腔容积逐渐减小，将油液从出油口排出，即排油过程。

发动机在不同工况时的转速差别很大。如果在低转速时保证了所需的最低泵油量，则在高速运转时会使排量过大，油压增高，不但造成动力损失，还会造成换挡冲击和液压部件的早期损坏。因此，目前用于汽车自动变速器的叶片泵大都采用可变排量叶片泵。可变排量叶片泵的结构如图 6—4 所示，定子不是固定在泵壳上，而是可以绕销轴进行一定程序的摆动，从而改变了定子与转子的偏心距，也就改变了油泵的排量。在油泵运转时，定子的位置由定子侧面控制腔内来自油压调节阀的反馈油压来控制。当油泵转速较低时，泵油量较小，油压调节阀将反馈油路关小，使反馈压力下降，定子在回位弹簧的作用下绕销轴向顺时针方向摆动一个角度，加大了定子与转子的偏心距，油泵的排量随之增大；当油泵转速增高时，泵油量增大，出油压力随之上升，推动油压调节阀将反馈油路开大，使控制腔内的反馈油压上升，定子在反馈油压的推动下绕销轴向逆时针方向摆动，定子与转子的偏心距减小，油泵的排量也随之减小，从而降低了油泵的泵油量，直到出油压力降至原来的数值。

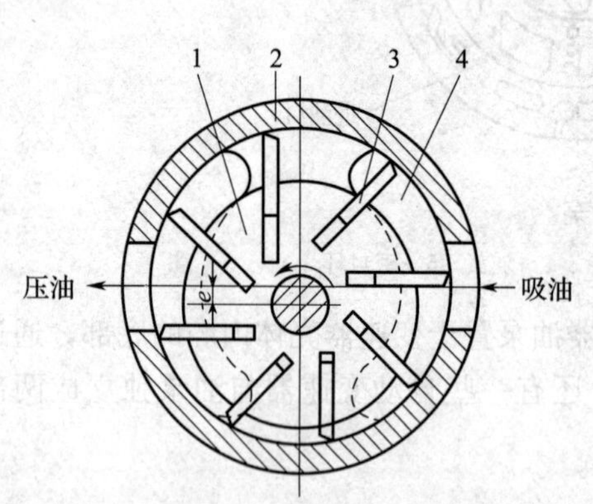

图 6—3　定量式叶片泵

1—转子　2—定子　3—叶片　4—配油盘

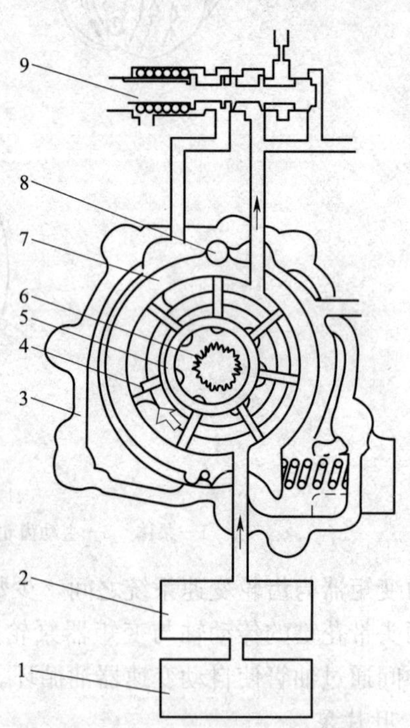

图 6—4　可变排量叶片泵的结构

1—油箱　2—过滤器　3—泵体　4—叶片　5—叶片环　6—转子　7—可移动的定子　8—销轴　9—调压阀

注意

1. 自动变速器油泵一般由发动机曲轴直接驱动。发动机不工作时，油泵不泵油，自动变速器内无控制油压。因此，熄火推车时，即使换挡操纵手柄在 D 挡或 R 挡上，输出轴实际上是空转，因为发动机根本没有起动。

2. 如车辆被牵引时发动机不工作，油泵也不工作，无油压。若长距离牵引，齿轮系统无润滑油会加剧磨损。因此，装有自动变速器的车辆牵引距离不得超出 80 km，牵引速度不得高于 30 km/h。

3. 自动变速器齿轮系统有故障或严重漏油需牵引时，车辆应将传动轴脱开。如果是前轮驱动的车辆，可使前轮悬空牵引。

二、调压阀

液压控制系统一般有主调压阀和二次调压阀两个调压阀。主调压阀根据节气门开度和换挡操纵手柄位置的变化将油泵油压调节至规定值，形成稳定的工作液压（管路压力）。这个压力是自动变速器内最基本、最重要的压力，因为它用于操纵自动变速器内所有离合器、制动器的动作，同时，它也是自动变速器内所有其他控制压力的压力源。若主调压阀工作异常，则将导致管路压力不稳定。如果管路压力过高，会产生换挡冲击和发动机功率损失。如果管路压力过低，会引起离合器、制动器打滑而烧蚀。二次调压阀的作用是调节供给液力变矩器和各摩擦副润滑的油压和当发动机停止转动时关闭液力变矩器的油路，防止大量自动变速器油从液力变矩器外流，以保证下次起动工作时正常传递扭矩。

1. 主调压阀

如图 6—5 所示，主调压阀的阀芯上端受管路油压作用于 A 面；阀芯下端受 3 个力的作用，即弹簧弹力、来自节流阀作用于 C 面的液压力和来自手控阀作用于 B 面的液压力。这几个作用力的平衡决定了阀芯所处的位置。若油泵压力高，则推动阀芯下移，泄油口开度增大，排出一部分自动变速器油，使管路压力稳定在规定值。当踩下加速踏板时，节气门开度增大，来自节流口的液压力增大，阀芯下端 C 面的作用力增大，阀芯上移，使泄油口开度减小，管路压力增大，变速器可传递的扭矩增大，正好满足因节气门开度增大致使发动机输出扭矩增大后的实际需要。当换挡操纵手柄置于 R 挡时，来自手控阀的液压力作用于 B 面。因 B 面比 C 面面积大，故对阀芯增加一个向上的推力，阀芯上移，管路压力增大，这将使得管路压力在换挡操纵手柄处于 R 挡时比其他挡位要高得多。这是因为 R 挡时传动比较大，换挡元件（离合器、制动器）所要传递的力矩较大的缘故。

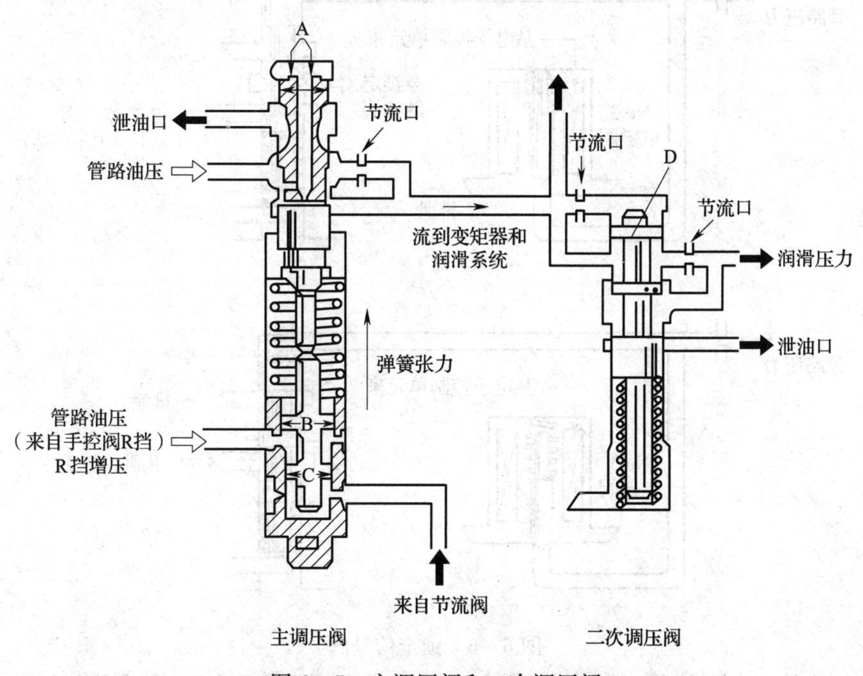

图 6—5　主调压阀和二次调压阀

2. 二次调压阀

二次调压阀又称变矩器阀，是一个简单的减压阀。它与主油路相通，不受手控阀的控制。其作用如下：

(1) 控制变矩器的油压在 0.4 MPa 左右，以保证大流量、大负荷工况传递扭矩的需要。

(2) 把油液送到冷却器进行降温，将油温控制在 80～90 ℃。油压不超过 0.2 MPa 时，由单向节流阀控制。

(3) 保证各运动部件的压力润滑，节流后的油压为 0.2 MPa。

如图 6—5 所示，二次调压阀实质上是一个限压滑阀，阀芯受向上的弹簧弹力和向下的液力变矩器液压力。当供给液力变矩器的液压升高时，阀芯上端 D 所受向下的液压力增大，阀芯将下移，部分自动变速器油被排泄，致使液力变矩器的液压不能上升。由此可见，液力变矩器油压和润滑油压由弹簧压力所决定。

三、锁定信号阀

锁定信号阀将来自 B_2 的管路压力打开或闭合，然后作用至锁定继动阀，如图 6—6 所示。当 No. 3 电磁阀接收由电子控制单元来的信号时，作用在锁定信号阀 1 处的管路压力会被释放，则锁定信号阀阀芯被弹簧往上推动，使来自 B_2 的管路压力经锁定信号阀传至锁定继动阀；反之，当 No. 3 电磁阀不作用时，则锁定信号阀 1 处的管路压力不能释放，使阀芯在液压作用下下移，来自 B_2 的管路压力被关闭，无法到达锁定继动阀。

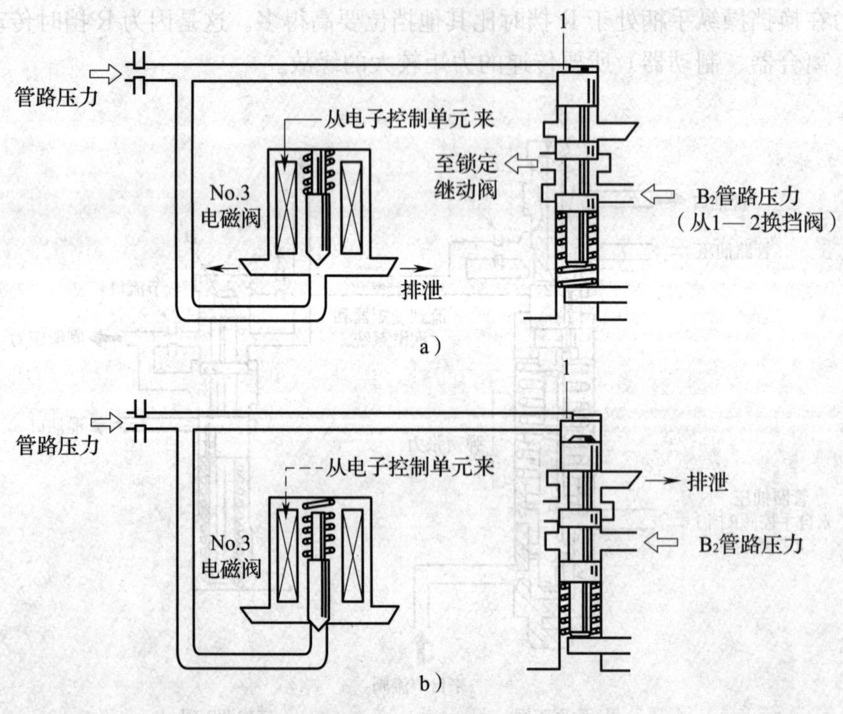

图 6—6 锁定信号阀

a）No. 3 电磁阀作用（锁止离合器作用） b）No. 3 电磁阀不作用（锁止离合器不作用）

四、锁定继动阀

锁定继动阀的功用是根据锁定信号阀的锁定信号，通过改变通往变矩器的自动变速器油的流向，使液力变矩器内的锁止离合器适时地接合与分离。

如图 6—7 所示，当 No. 3 电磁阀作用时，B_2管路压力经锁定信号阀作用在锁定继动阀 1 处，使阀芯向上，锁止离合器接合；当 No. 3 电磁阀不作用时，锁定继动阀 1 处无液压作用，而仅由油泵来的管路压力作用于锁定继动阀 2 处，使阀芯向下移动，使通向液力变矩器的自动变速器油改变流向，液力变矩器内锁止离合器随即分离。

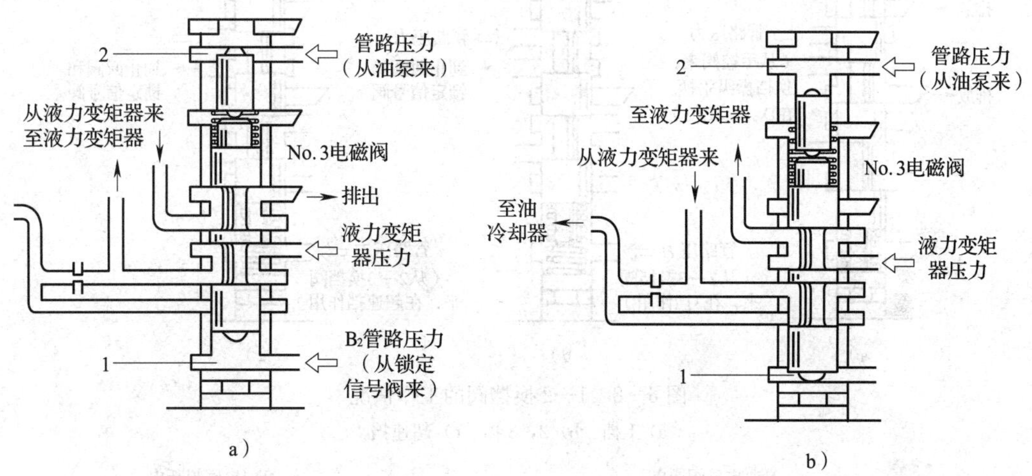

图 6—7　锁定继动阀

a）No. 3 电磁阀作用（锁止离合器作用）　b）No. 3 电磁阀不作用（锁止离合器不作用）

五、换挡阀

1. 1—2 换挡阀

1—2 换挡阀提供 1 挡与 2 挡之间的变换。如图 6—8 所示，当电子控制单元使 No. 2 电磁阀断电时，管路压力将作用在 1—2 换挡阀的 1 处，使阀芯向下移动，并使变速器挂入 1 挡。当电子控制单元使 No. 2 电磁阀通电时，作用在阀 1 处的管路压力经由 No. 2 电磁阀被排放掉，弹簧弹力使 1—2 换挡阀阀芯向上移动，将变速器挂入 2 挡。当变速器挂入超速挡时，No. 2 电磁阀断电，尽管管路压力作用在阀的 1 处，但从 2—3 换挡阀来的管路压力同时作用于阀 2 处，且阀芯下端还受弹簧弹力的作用，故阀芯保持在上位。

2. 2—3 换挡阀

2—3 换挡阀提供变速器在 2 挡与 3 挡之间的变换。如图 6—9 所示，当电子控制单元使 No. 1 电磁阀通电时，作用在阀 1 处的管路压力经由 No. 1 电磁阀被排放掉，因此，2—3 换挡阀被弹簧弹力作用向上移动，变速器挂入 2 挡。当电子控制单元使 No. 1 电磁阀断电时，管路压力作用在阀 1 处，使阀向下移动，并将变速器挂入 3 挡。

3. 3—4 换挡阀

3—4 换挡阀提供变速器在 3 挡与 4 挡（超速挡）之间的变换。如图 6—10 所示，当电子控制单元使 No. 2 电磁阀通电时，作用在阀 1 处的管路压力被排放，因此阀芯在弹簧弹力作用下

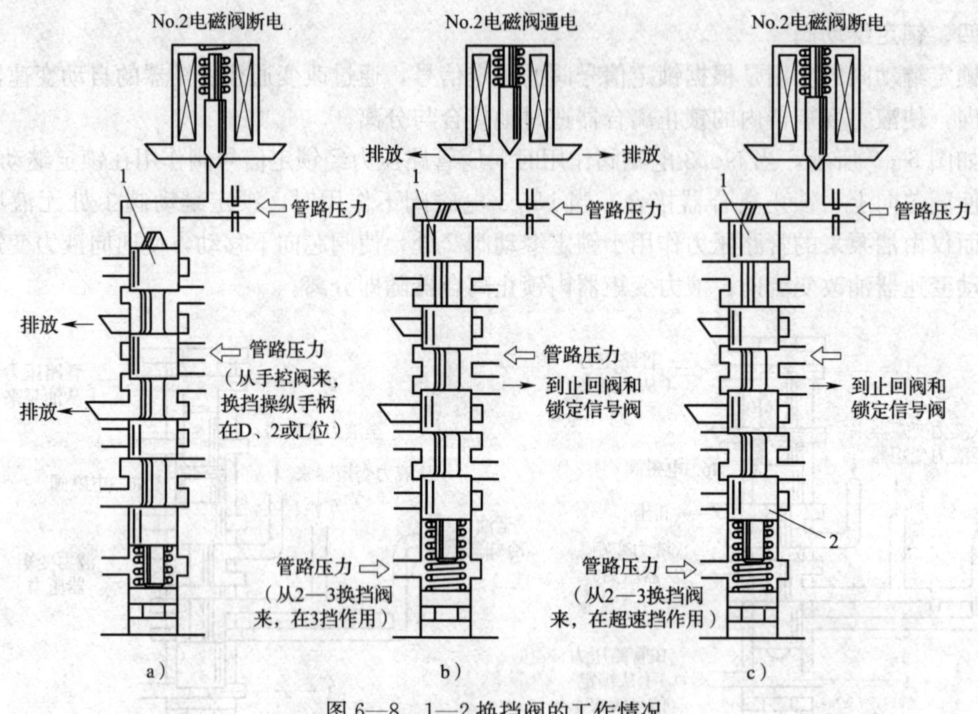

图 6—8　1—2 换挡阀的工作情况

a）1 挡　b）2，3 挡　c）超速挡

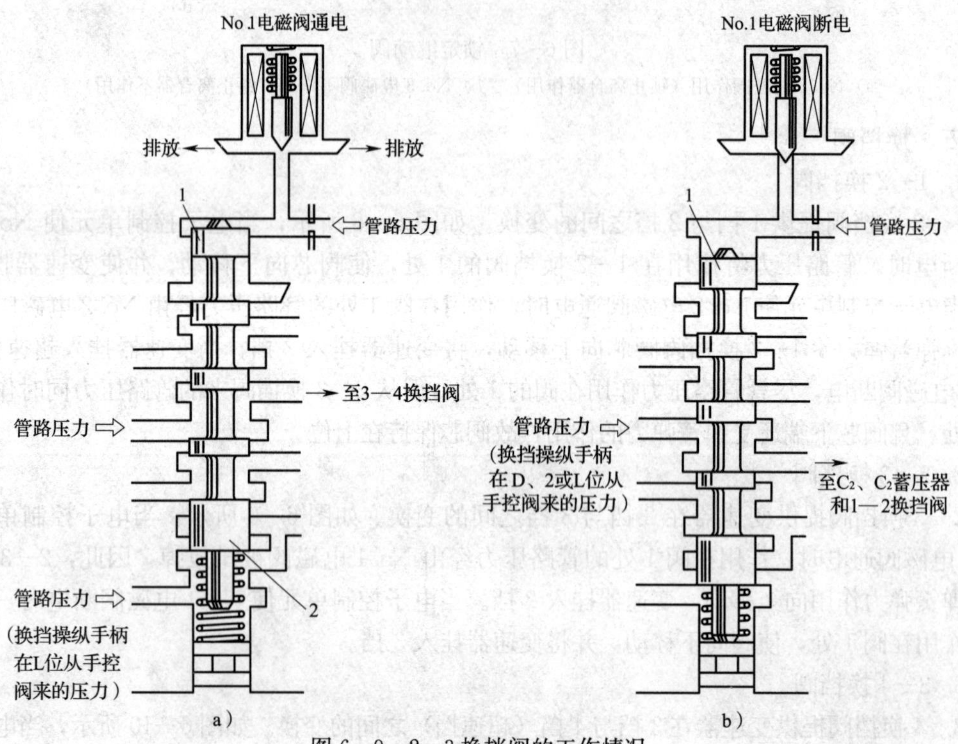

图 6—9　2—3 换挡阀的工作情况

a）1，2 挡　b）3，超速挡

向上移动，并使变速器被挂入 3 挡。当电子控制单元使 No.2 电磁阀断电时，管路压力作用在阀的 1 处，将阀芯向下移动，并将变速器挂入 4 挡。当变速器在 1 挡时，No.2 电磁阀断电，管路压力作用在 3—4 换挡阀的 1 处，来自 2—3 换挡阀的管路压力作用在 3—4 换挡阀的 2 处，并利用弹簧弹力使阀芯保持在上位。

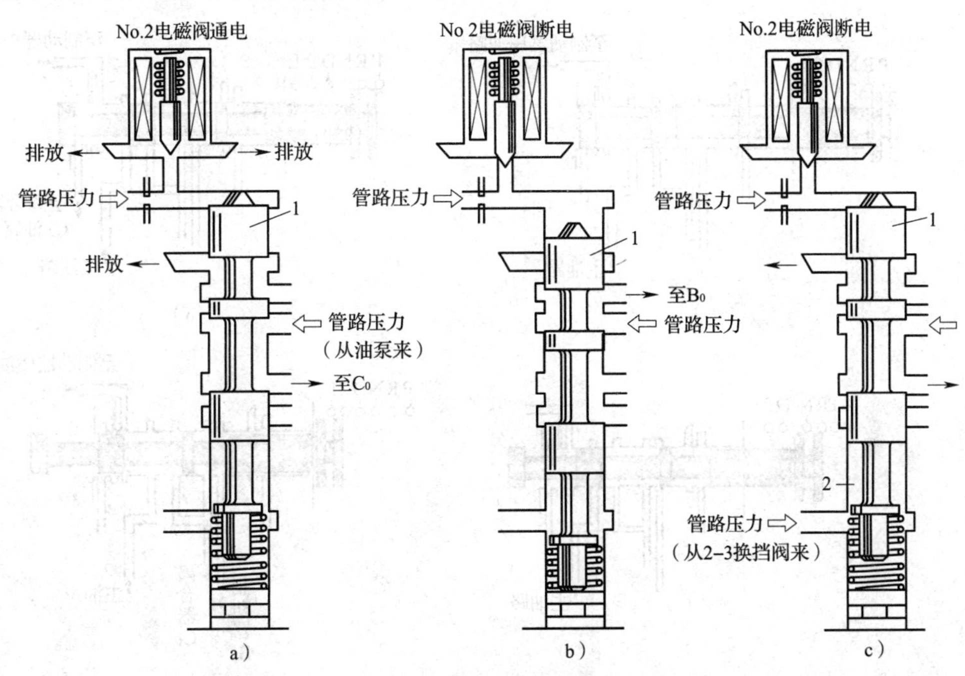

图 6—10　3—4 换挡阀的工作情况

a）2，3 挡　b）超速挡　c）1 挡

六、手控阀

1. 手控阀的作用

手控阀的作用是提供换挡操纵手柄位置信号，控制液压系统接通不同的控制油路，使自动变速器按照驾驶人的意图工作。

手控阀由变速杆拉索控制，实质上是一个油路开关，它有一个进油口，根据换挡操纵手柄的不同位置将油液引入相应的通路，挡位的变换是在这个基础上进行的。手控阀还使不工作的油路与泄油孔相通，以实现不同的换挡要求。手控阀所处的位置不同，接通的油道也就不同，即手控阀本身只改变液压通路，不直接改变油压的大小。

2. 手控阀的结构与工作原理

下面以丰田 A340E 型自动变速器手控阀为例说明手控阀的结构与工作原理。如图 6—11a 所示，换挡操纵手柄通过连杆与手控阀滑阀的一端相连，当换挡操纵手柄位于驻车挡（P 挡）时，手控阀处于最左端，接通主油路与制动器 B_3 的油路。如图 6—11b 所示，换挡操纵手柄位于倒挡（R 挡）时，接通主油路与制动器 B_3 和离合器 C_2 的油路。如图 6—11c 所示，换挡操纵手柄位于空挡（N 挡）时，堵塞了进入手控阀的油路。如图 6—11d 所示，换挡操纵手柄位于 L 挡时，除了接通主油路和离合器 C_1 的油路外，还可以通过 1—2 换挡

阀接通制动器 B_3 的油路。如图 6—11e 所示，换挡操纵手柄位于 2 挡时，除了接通主油路和离合器 C_1 的油路外，还可以通过 1—2 换挡阀接通制动器 B_1 的油路。如图 6—11f 所示，换挡操纵手柄位于 D 挡时，除了接通主油路和离合器 C_1 的油路外，还接通 1—2 换挡阀的油路。

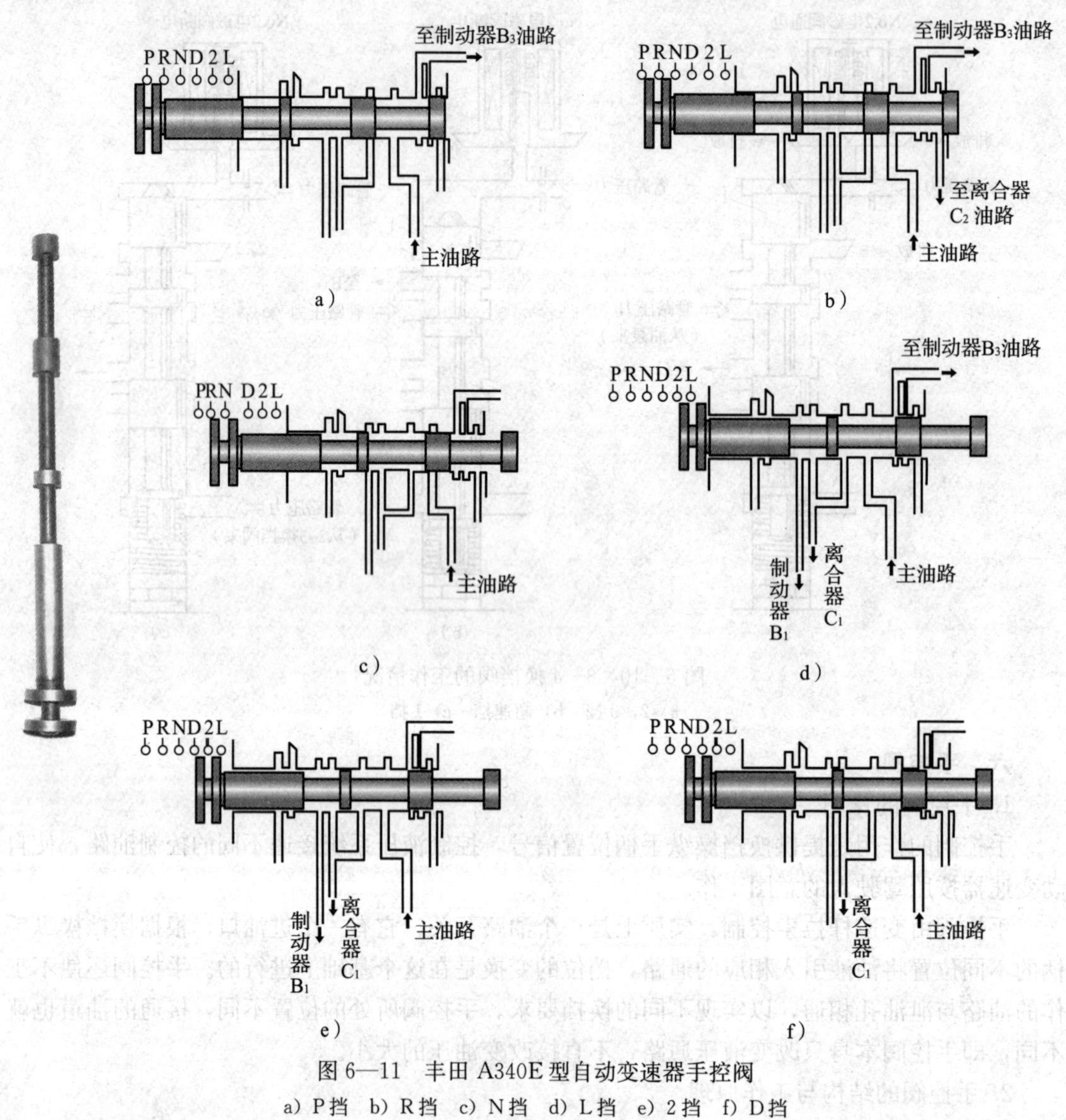

图 6—11　丰田 A340E 型自动变速器手控阀

a）P 挡　b）R 挡　c）N 挡　d）L 挡　e）2 挡　f）D 挡

七、蓄压器

蓄压器又称蓄能器或减振器，是最常见的控制换挡进程的元件，其工作原理如图 6—12 所示。蓄压器由蓄压器活塞、蓄压器弹簧等组成。蓄压器与离合器或制动器油路并联安装，工作油液在进入离合器或制动器活塞腔的同时也进入蓄压器，蓄压器内的活塞受力下移，减缓了工作压力的迅速增大，防止因换挡过快而引起的冲击。

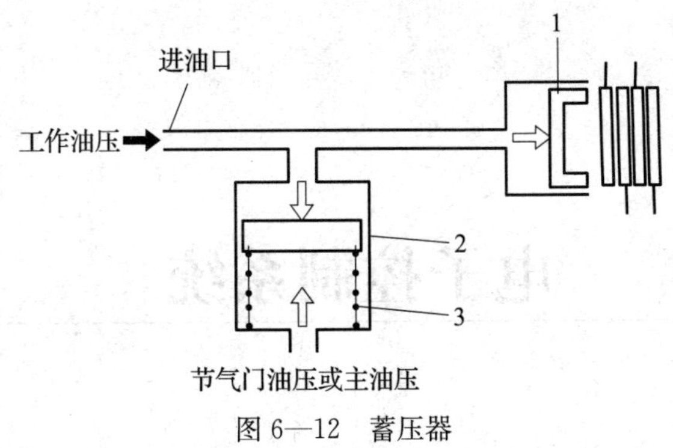

图 6—12　蓄压器

1—离合器活塞　2—蓄压器活塞　3—蓄压器弹簧

八、单向节流阀

单向节流阀串联安装在换挡阀至换挡执行元件之间的油路中，其作用是对流入换挡执行元件的油液进行节流，以延缓执行元件接合时油压的增长速度，减小换挡时的冲击。在换挡执行元件分离时，单向节流阀对换挡执行元件油路的泄压不产生节流作用，以加速泄油过程，使接合的元件迅速分离。单向节流阀有弹簧式和球阀式两种形式，如图 6—13 和图 6—14 所示。

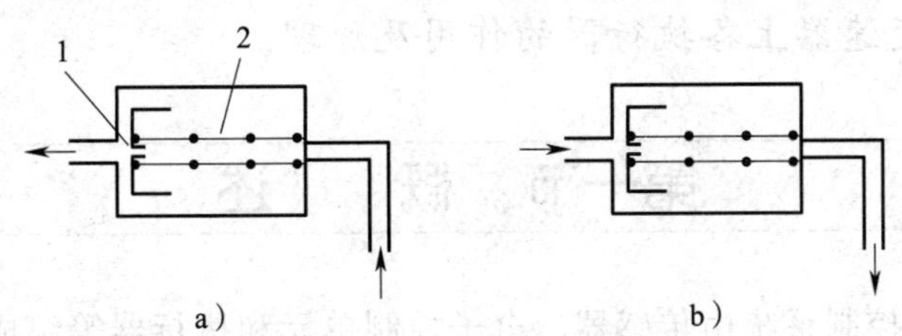

图 6—13　弹簧式单向节流阀

a）起节流作用时　b）不起节流作用时

1—节流孔　2—弹簧

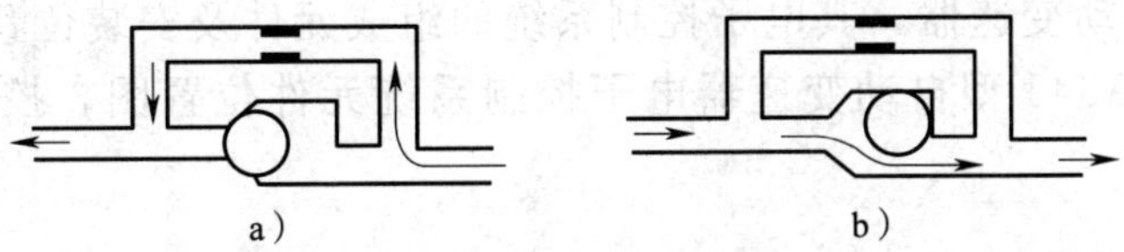

图 6—14　球阀式单向节流阀

a）起节流作用时　b）不起节流作用时

复习思考题

1. 液压控制系统是由哪些元件组成的？
2. 主调压阀的结构与原理是什么？
3. 手控阀的结构与原理是什么？

第七章　电子控制系统

学习目标

1. 了解自动变速器电子控制系统的组成。
2. 了解自动变速器电子控制单元的作用。
3. 掌握自动变速器上各种传感器的作用及原理。
4. 掌握自动变速器上各执行器的作用及原理。

第一节　概　述

自动变速器电子控制系统由传感器、电子控制单元和执行器等组成，如图 7—1 所示。传感器将汽车及发动机的各种数据转变为电信号传给电子控制单元，电子控制单元根据这些信号，按照设定的控制程序发出控制信号，通过执行器（各种电磁阀）来确定换挡点和液力变矩器锁止时机等。车型不同，传感器的数量以及电磁阀的数量也不相同。

不同车型的自动变速器，其电子控制系统的组成元件及安装位置各不相同。如图 7—2 所示为丰田 A341 型自动变速器电子控制系统元件位置图，控制电路如图 7—3 所示。

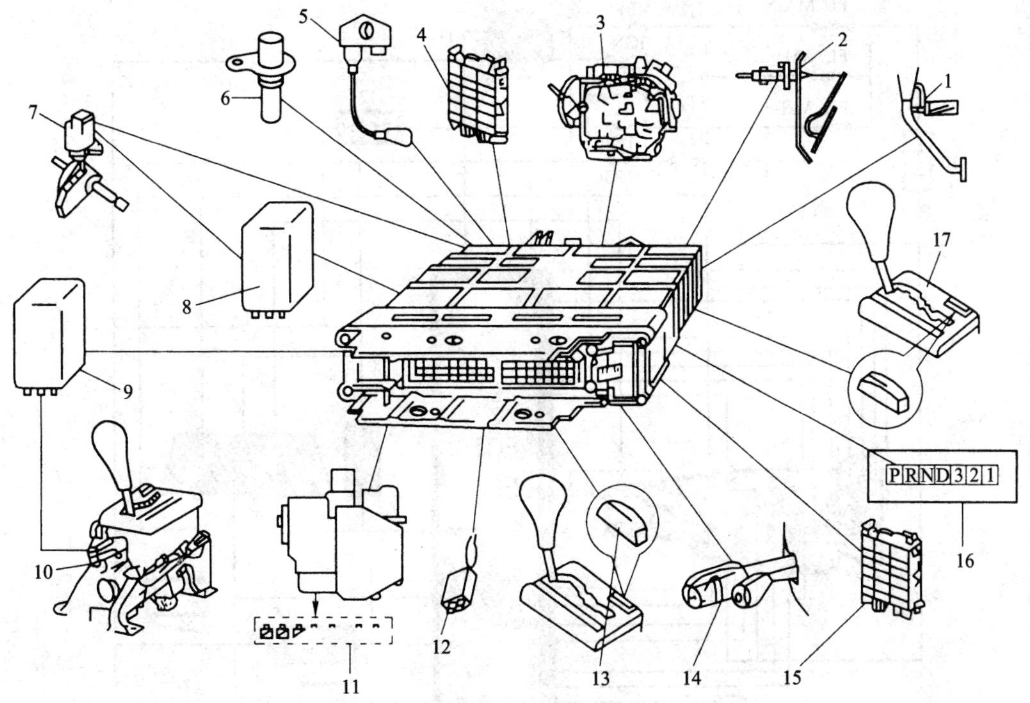

图 7—1　自动变速器电子控制系统的组成

1—制动灯开关　2—强制降挡开关　3—变速驱动桥温度传感器　4—发动机转速信号输入装置　5—节气门位置传感器　6—车速传感器　7—多功能开关　8—起动机锁定和备用灯继电器　9—换挡锁控制继电器　10—换挡锁电磁阀　11—电磁阀　12—诊断插座　13—运动模式指示灯　14—巡航控制开关　15—发动机控制装置　16—仪表板上的换挡显示　17—经济/运动模式状态开关

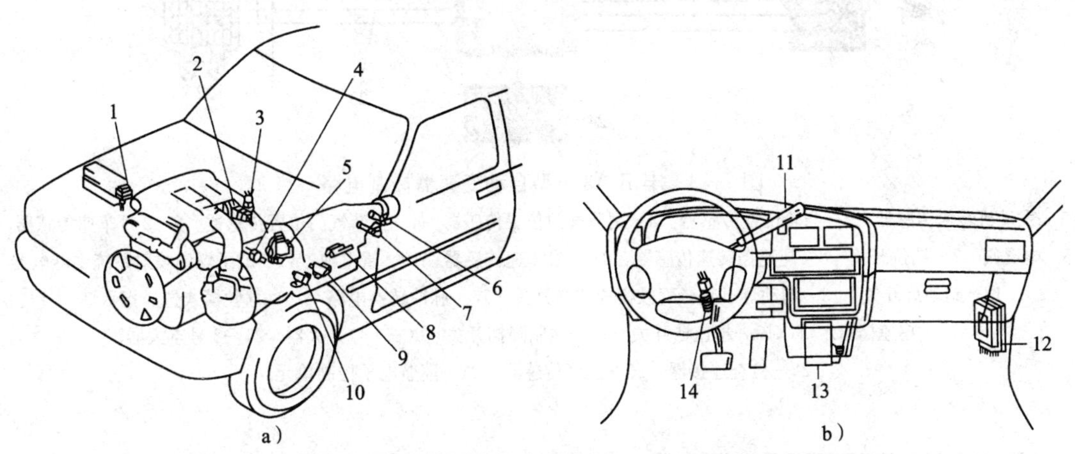

图 7—2　丰田 A341 型自动变速器电子控制系统元件位置图

a）发动机室内元件位置　b）驾驶室内元件位置

1—1 号诊断接口　2—节气门位置传感器　3—发动机冷却液温度传感器　4—自动变速器油温传感器　5—空挡起动开关　6—2 号车速传感器　7—车速表从动齿轮　8—2 号电磁阀　9—1 号电磁阀　10—锁止电磁阀　11—超速挡开关　12—电子控制单元　13—巡航控制装置　14—制动灯开关

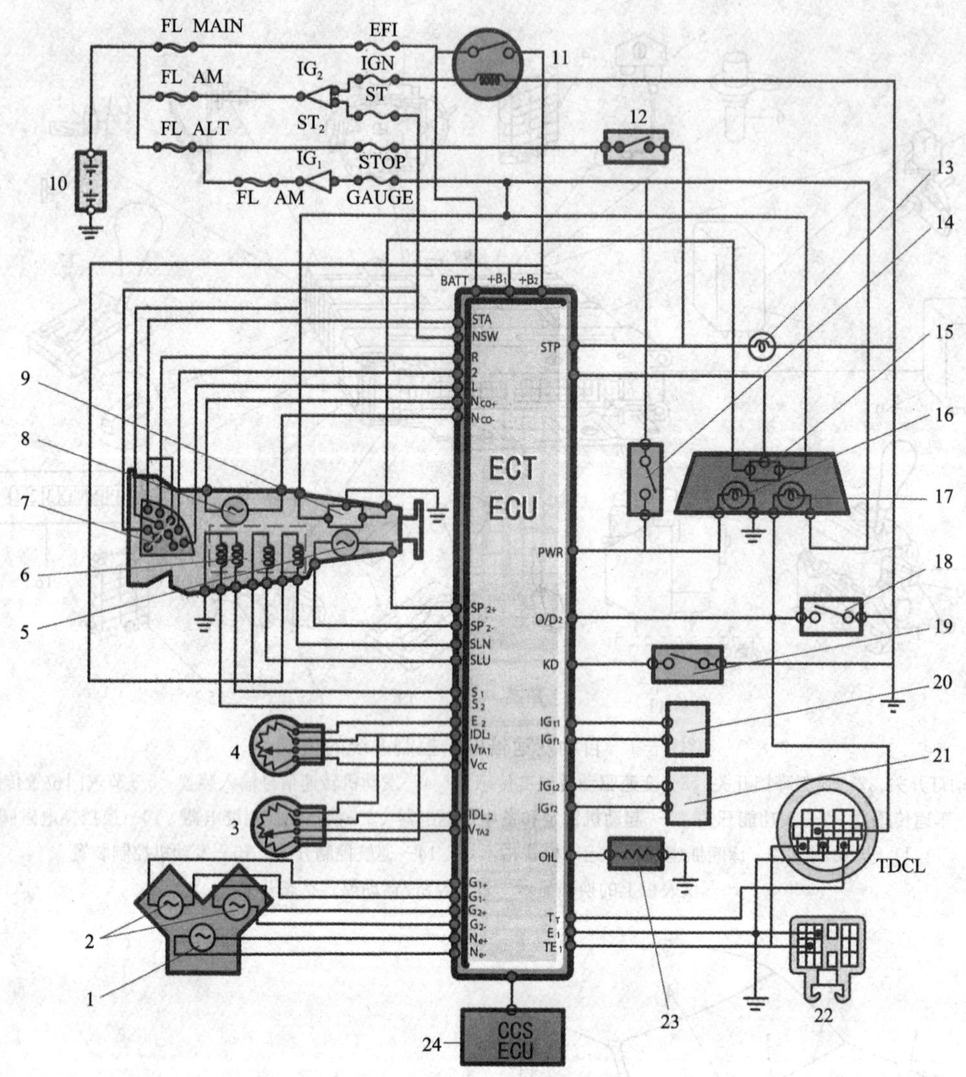

图 7—3 丰田 A341 型自动变速器控制电路

1—发动机转速传感器 2—凸轮位置传感器 3—副节气门位置传感器 4—主节气门位置传感器 5—2 号车速传感器 6—电磁阀 7—挡位开关 8—超速挡转速传感器 9—1 号车速传感器 10—蓄电池 11—电子燃油喷射系统主继电器 12—制动灯开关 13—制动灯 14—驾驶模式选择开关 15—脉冲转换电路 16—驾驶模式选择指示灯 17—超速挡指示灯 18—超速挡开关 19—强制降挡开关 20—1 号点火器 21—2 号点火器 22—检查连接器 23—温度传感器 24—巡航电子控制单元

第二节 传 感 器

一、节气门位置传感器

节气门位置传感器将节气门开启角度转换为电信号送至电子控制单元，作为决定换挡点和液力变矩器锁止时机的基本信号之一，按其结构形式可分为开关量输出型和线性输出型两种。

1. 开关量输出型节气门位置传感器

如图 7—4 所示，开关量输出型节气门位置传感器安装于节气门体上，具有 IDL、L_1、L_2、L_3和 E_2等端子。IDL 为怠速端子，IDL 接通表示节气门已全部关闭，L_1、L_2、L_3接通则表示节气门从怠速到全开的情况，E_2是接地端子。不同端子接通时节气门的开度情况如图 7—5 所示。

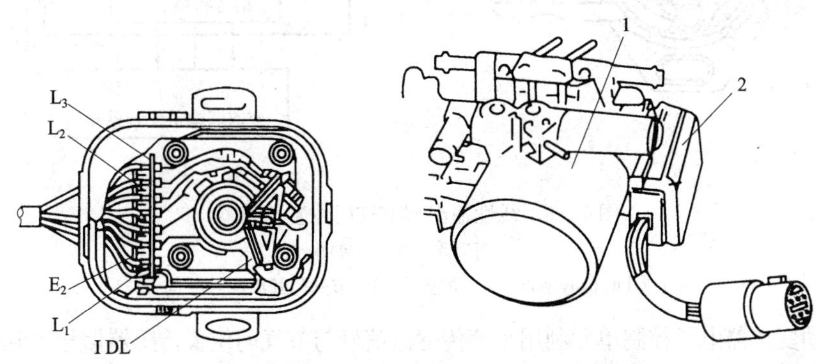

图 7—4　开关量输出型节气门位置传感器

1—节气门体　2—节气门位置传感器

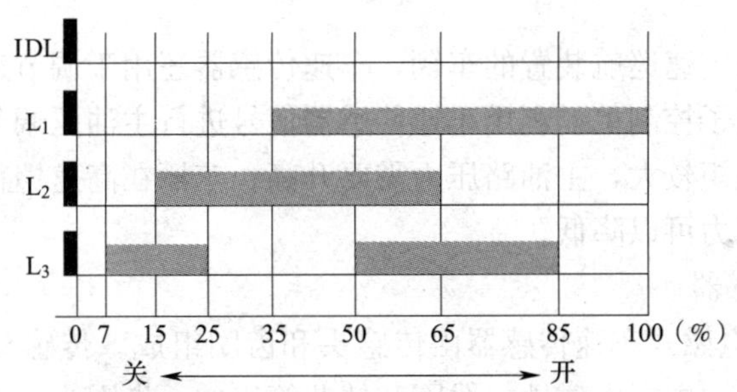

图 7—5　开关量输出型节气门位置传感器信号与节气门开度的关系

2. 线性输出型节气门位置传感器

线性输出型节气门位置传感器如图 7—6 所示。该传感器内部实际上是一个可变电阻器。控制系统（TCCS ECU）将 5 V 恒定电压加于传感器 V_C端，可变电阻滑动触点的移动与节气门开度变化同步，从传感器 V_{TA}端输出的电压与节气门开度成正比。当 TCCS ECU 接收到从传感器 V_{TA}端输入的电压信号后，将其转换成几种不同的节气门开度信号，传送给自动变速器电子控制单元（ECT ECU）；传感器怠速端子 IDL 向 ECT ECU 传送节气门全闭信号，端子 E 则在节气门位置传感器和 TCCS ECU 之间接地。

二、车速传感器

1. 车速传感器信号的作用

车速传感器又称自动变速器输出轴转速传感器。车速传感器用来产生与车速成正比的电信号，并将该信号送至自动变速器电子控制单元，作为确定换挡点和液力变矩器锁止时机的基本信号之一。车速传感器信号的主要作用如下：

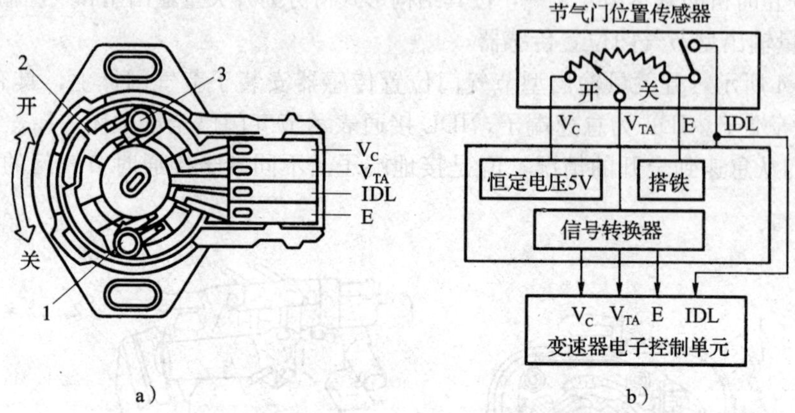

图 7—6　线性输出型节气门位置传感器

a）外观图　b）原理图

1—IDL 信号触点　2—电阻器　3—节气门开启信号触点

（1）自动变速器电子控制单元利用车速传感器信号与节气门位置传感器信号一起确定换挡曲线。

（2）自动变速器电子控制单元利用车速传感器信号与输入轴转速信号一起计算变速器的传动比。

（3）对于装有自动定速巡航装置的车辆，车速传感器还用于调节速度。

（4）自动变速器电子控制单元利用车速传感器信号进行主油压调节，车辆在低速挡行驶时，变速器所传递的扭矩较大，主油路压力需要升高；车辆在高速挡行驶时，变速器所传递的扭矩较小，主油路压力可以降低。

2. 电磁式车速传感器

如图 7—7 所示，电磁式车速传感器由传感头和齿圈组成。传感头是静止件，安装在变速器输出轴处的壳体上，主要由磁铁、线圈和铁芯等组成。齿圈为一个带齿的圆环，安装在输出轴上，随输出轴一起旋转。传感头与齿圈之间有一定的间隙。汽车行驶时，齿圈随输出轴一同旋转，铁芯与齿圈间的空气间隙交替变化，磁隙小时磁通强，磁隙大时磁通弱。由于磁通周期性变化，在线圈的两端便产生交变电压信号，交变电压信号的频率与齿圈的齿数和

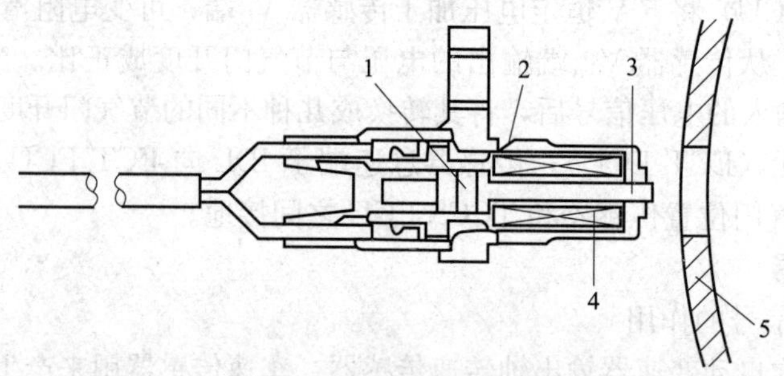

图 7—7　电磁式车速传感器

1—磁铁　2—密封圈　3—铁芯　4—线圈　5—输出轴（齿圈）

转速成正比。因为齿圈的齿数一定，所以车速传感器输出的交流电压信号频率与车速成正比。电子控制单元以传感器产生交变电压的频率为依据确定车速。

三、输入轴转速传感器

输入轴转速传感器又称涡轮转速传感器，用于检测自动变速器输入轴的转速，其作用如下：自动变速器电子控制单元利用输入轴转速传感器信号与输出轴转速（车速）传感器信号一起计算出自动变速器的传动比；自动变速器电子控制单元利用输入轴转速传感器信号与发动机转速信号计算液力变矩器的滑动速度；自动变速器电子控制单元利用输入轴转速传感器信号与车速传感器信号计算换挡时刻，并进行换挡时的油压调节及推迟点火，以减小换挡冲击。

常用的输入轴转速传感器可分为电磁式和霍尔式，固定在自动变速器壳体上，与输入轴上的信号触发轮靠近，以感应输入轴转速信号。输入轴上的信号触发轮可以是与输入轴相连的自动变速器离合器鼓，也可以是与输入轴相连的驱动链轮。

四、发动机转速传感器

自动变速器电子控制单元对发动机转速信号与变速器输入轴转速信号进行比较，以判断锁止离合器的打滑状态，从而调整合适的液力变矩器锁止离合器控制电磁阀的调制脉冲（脉冲的占空比）。发动机转速信号由发动机电子控制单元传送给自动变速器电子控制单元，传递方式可分为专线式和数据总线式两种。

常用的发动机转速传感器可分为电磁式和霍尔式。如图 7—8 所示为一种电磁式发动机转速传感器。这种传感器基本结构是在曲轴上装有曲轴位置传感器信号盘，在信号盘上有 58 个齿状标记（其中一处缺少 2 个齿状标记），在发动机缸体上安装转速传感器，曲轴每转一周，会产生 58 个信号。因为信号盘有缺齿标记，故不但能反映发动机转速，还可以指示曲轴位置。

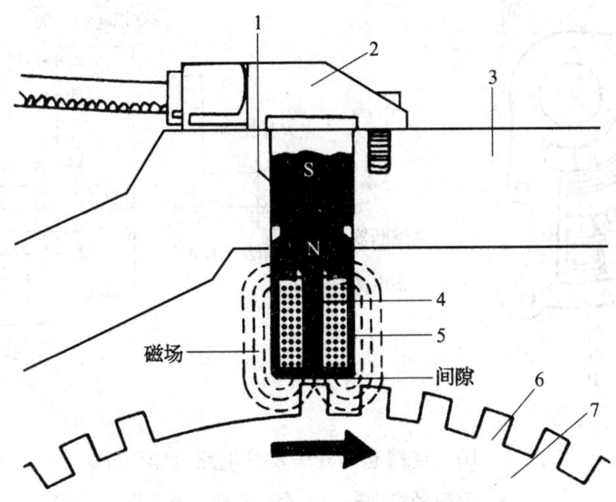

图 7—8　电磁式发动机转速传感器

1—永久磁铁　2—传感器　3—缸体　4—软铁芯　5—线圈绕组　6—信号盘　7—曲轴

五、自动变速器油温传感器

自动变速器油温传感器的功用是监控自动变速器油液的温度，将温度变化转为电压信号传送给电子控制单元，作为电子控制单元进行换挡控制、油压控制、锁止离合器控制的依据。汽车在起步或低车速、大负荷工作时，液力变矩器的效率低，变矩器内发热严重，最高温度可达 190 ℃，自动变速器内阀体处的温度可达 130～140 ℃；随着车速的提高，液力变矩器锁止离合器接合，油温会下降。当电子控制单元检测到油温高于一定值时，说明变速器负荷过大、散热不良或油液过少。为了防止变速器内部机件损坏，电子控制单元控制液力变矩器锁止离合器接合；如果温度还降不下来，则电子控制单元控制变速器降低一个挡位。

多数自动变速器油温传感器是一个负温度系数热敏电阻，即当油液温度低时，其电阻值高；当油液温度高时，其阻值低。也有个别车型的自动变速器油温传感器为正温度系数热敏电阻。自动变速器油温传感器一般安装在阀体的线束或固定在阀体上，浸入变速器油中。捷达轿车自动变速器油温传感器安装位置如图 7—9 所示。

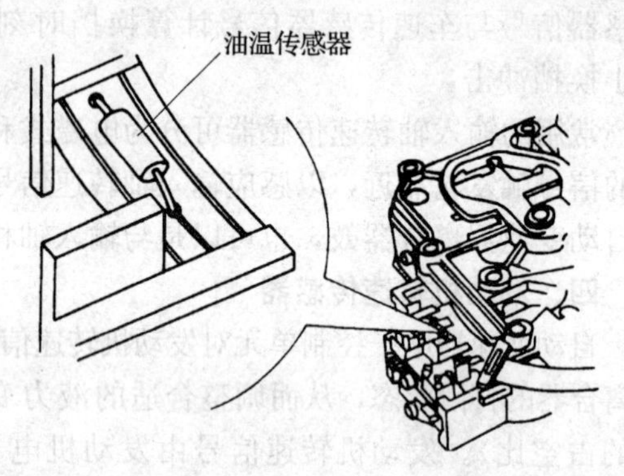

图 7—9　捷达轿车自动变速器油温传感器安装位置

六、空挡起动开关

空挡起动开关及其电路如图 7—10 所示。空挡启动开关是一个多功能开关，通过多个接头与电子控制单元相连，将换挡操纵手柄信号送至电子控制单元，控制起动继电器线圈电路。只有当换挡操纵手柄位于 P 位或 N 位时，发动机才能起动。

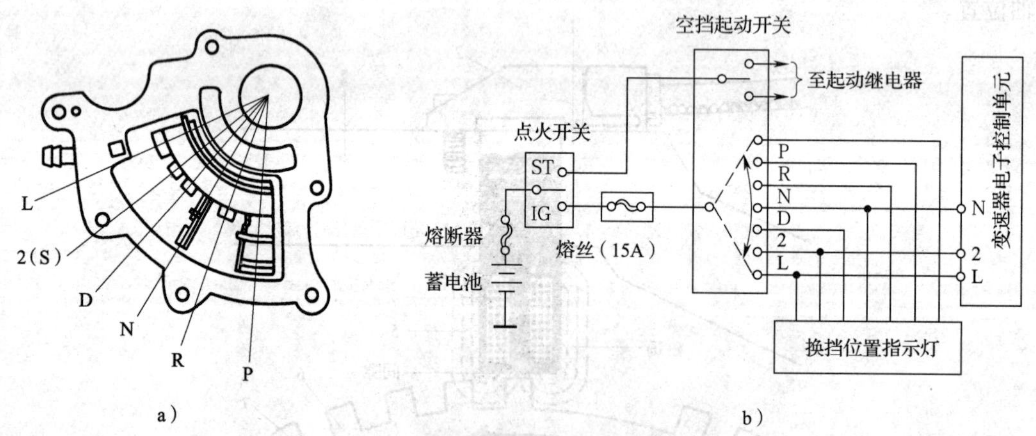

图 7—10　空挡起动开关及其电路（丰田车）

a）空挡起动开关　b）空挡起动开关电路

当换挡操纵手柄位于 D 挡时，自动变速器在 D—1 挡、D—2 挡、D—3 挡、D—4 挡按顺序自动升挡、降挡。

当换挡操纵手柄位于 2 挡时，自动变速器在 2—1 挡、2—2 挡、2—3 挡按顺序自动升挡、降挡。

当换挡操纵手柄位于 L 挡时，自动变速器在 L—1 挡、L—2 挡按顺序自动升挡、降挡。

当换挡操纵手柄位于 R 挡时，自动变速器为倒挡，并接通倒车灯。

七、行驶模式选择开关

行驶模式选择开关位于仪表板或换挡操纵手柄支架附近。其形式主要有以下几种：

1. 经济行驶模式

选择了经济行驶模式就选择了节油工况，电子控制单元按照节油的原则自动升挡、降挡。

2. 跑车挡模式

选择跑车挡模式，电子控制单元提高了自动变速器的换挡点，使汽车动力性能充分发挥。

3. 动力行驶模式

选择动力行驶模式，电子控制单元将推迟升挡时机，即只有在发动机转速和节气门开度均较高的情况下才能升挡。同时，自动变速器降挡时间提前。当汽车在山区路段行驶或带有拖车时适合选用这种模式。

4. 正常行驶模式

选择正常行驶模式，就恢复了自动变速器在 D 挡的正常工作。

5. 冬季行驶模式

在冰雪道路上行驶，为防止汽车在光滑路面上起步时打滑，可选择冬季行驶模式，此时汽车在 3 挡起步，可以避免驱动力大于附着力而造成的驱动车轮打滑现象。

八、超速挡开关

超速挡开关一般设在换挡操纵手柄上，超速挡指示灯安装在组合仪表板上，超速挡开关电路如图 7—11 所示。当超速挡开关接通时，触点断开，此时来自蓄电池的 12 V 电压信号经超速挡指示灯送入电子控制单元，电子控制单元获得正确的输入信号电压（12 V）时，才

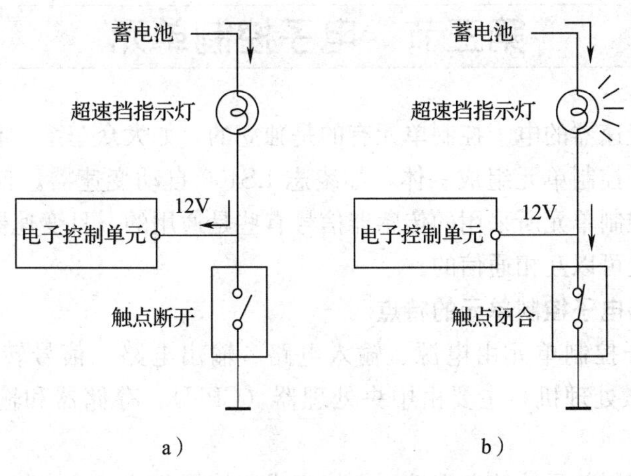

图 7—11　超速挡开关电路

a）超速挡开关接通　b）超速挡开关断开

允许变速器升入超速挡，超速挡指示灯不亮。当超速挡开关断开时，触点闭合，此时来自蓄电池的电流经超速挡指示灯和闭合的触点搭铁构成回路，超速挡指示灯点亮，并将 0 V 电压信号送给电子控制单元，表示不允许升入超速挡，换挡操纵手柄在 D 挡时最高允许挂入 D—3 挡。超速挡开关及指示灯安装位置如图 7—12 所示。

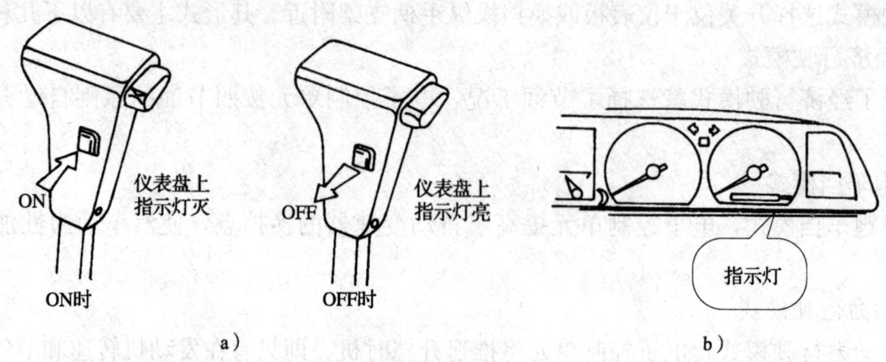

图 7—12　超速挡开关及指示灯安装位置

a）超速挡开关　b）超速挡指示灯

九、制动灯开关

制动灯开关位于制动踏板支架上，它的主要作用是在驾驶人踩下制动踏板后自动接通制动灯，同时将信号传送给电子控制单元，解除锁止离合器信号，松开液力变矩器锁止离合器，防止当驱动轮被抱死时发动机突然熄火。

十、强制降挡开关

强制降挡开关位于加速踏板下边，控制自动变速器从超速挡强制降到 3 挡，超车时使用。超车时迅速踩下加速踏板，接通强制降挡开关，汽车自动变速器从超速挡降到 3 挡，增加了输出扭矩，使汽车超速前进。

第三节　电子控制单元

电子控制自动变速器的电子控制单元有的是独立的，如大众车系；有的是变速器电子控制单元与发动机电子控制单元组成一体，如凌志 LS400 自动变速器。自动变速器电子控制单元和发动机电子控制单元所采用的传感器信号有些是通用的，且变速器电子控制单元与发动机电子控制单元是可以互相通信的。

一、自动变速器电子控制单元的特点

自动变速器电子控制单元由电源、输入电路、输出电路、信号转换器和计算机等组成，其中计算机（微处理机）主要由中央处理器（CPU）、存储器和输入/输出（I/O）接口等几部分组成。

计算机是电子控制单元的核心部件，它能完成比较复杂的自动控制，进行逻辑运算、程序控制及数据处理，并将全部换挡程序和液力变矩器控制程序持久地存储于电子控制单元存

储器中供驾驶选择使用。可供驾驶人选择使用的 3 种换挡模式是普通（一般）型换挡模式、动力型换挡模式和经济型换挡模式。普通型换挡模式由满足一般驾驶需要的、平衡较好的换挡和液力变矩器锁止程序实现，如图 7—13 所示；动力型换挡模式适应山区驾驶和期望迅速加速的需要，可以充分利用液力变矩器力矩增加的优点，通过改变变速器换挡点和锁止液力变矩器时机的程序实现，如图 7—14 所示；经济型换挡模式由提高汽车行驶（尤其是在城市行驶）时燃料经济性的程序实现，如图 7—15 所示。

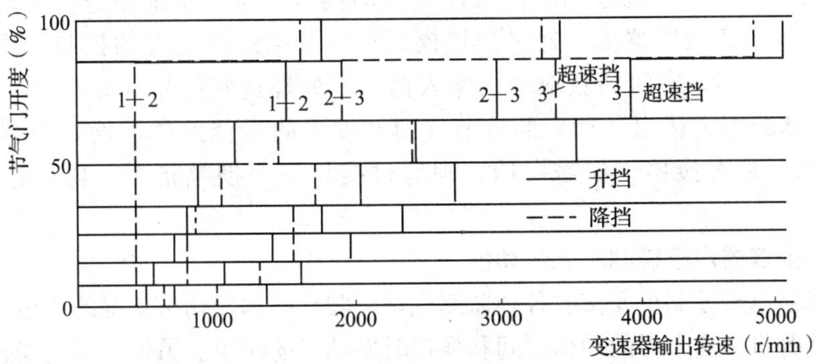

图 7—13　普通型换挡模式

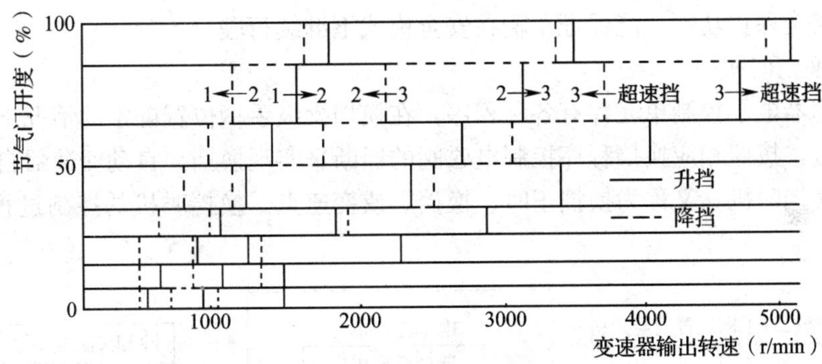

图 7—14　动力型换挡模式

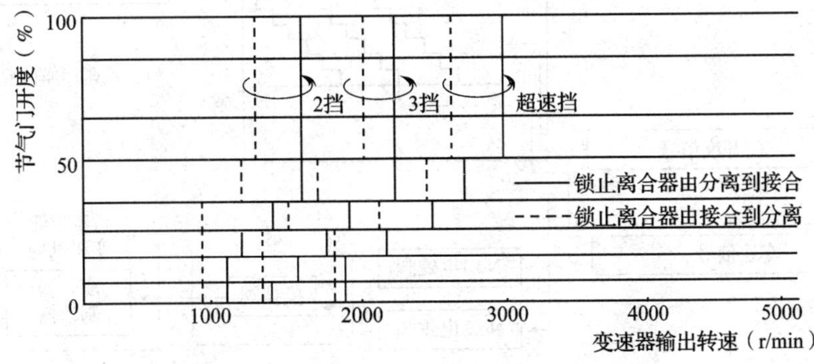

图 7—15　经济型换挡模式

自动变速器电子控制单元可存储多种控制参数，实现动态参数控制，从而获得最佳的动力性和燃油经济性。它可以只靠改变输入信号及程序来适应不同传动和不同换挡规律的需要，而不必改变机械加工工艺，使一种操纵装置适用于各种传动模式的需要。

二、自动变速器电子控制单元的工作原理

自动变速器电子控制单元根据传感器输送的信号确定换挡点和液力变矩器锁止时机，并控制相应电磁阀工作。自动变速器电子控制单元只允许换挡操纵手柄处于P挡或N挡时才能起动发动机。发动机起动后换入前进自动换挡挡位，系统便进入自动控制。驾驶人视路况、车速、负载等情况，通过换挡模式选择开关选择适宜的控制程序行驶。中央处理器（CPU）每隔一定时间获取一次输入信号、处理这些信号（如车速、节气门开度等），并从存储器中“读出”预置的该节气门开度下的最佳换挡速度，与当时采样的车速比较后，判断是否换挡。如需换挡，则通过接口发出换挡指令，再通过电磁阀实现升挡或降挡。

三、自动变速器电子控制单元的功能

自动变速器电子控制单元接收各种监测汽车行驶状况和发动机工况的传感器信号，可精确地控制换挡时机、离合器的动作时间和换挡时发动机的扭矩。另外，自动变速器电子控制单元还具有自诊断功能，自动监测和识别电子控制元件的故障，并通过指示灯、故障码的形式将自诊断信息输出。此外，自动变速器电子控制单元在电子电路发生故障和电磁阀失效时还具有失效安全保护功能，能保证车辆在安全模式下继续行驶。

1. 控制换挡时机

自动变速器电子控制单元存有各种程序，在换挡操纵手柄位置确定的情况下，根据传感器的输出信号，按照相应换挡程序控制电磁阀的通断来实现换挡。自动变速器自动切换挡位的时机称为换挡时机，又称为换挡正时、换挡点或变速点。换挡时机的控制过程如图7—16所示。

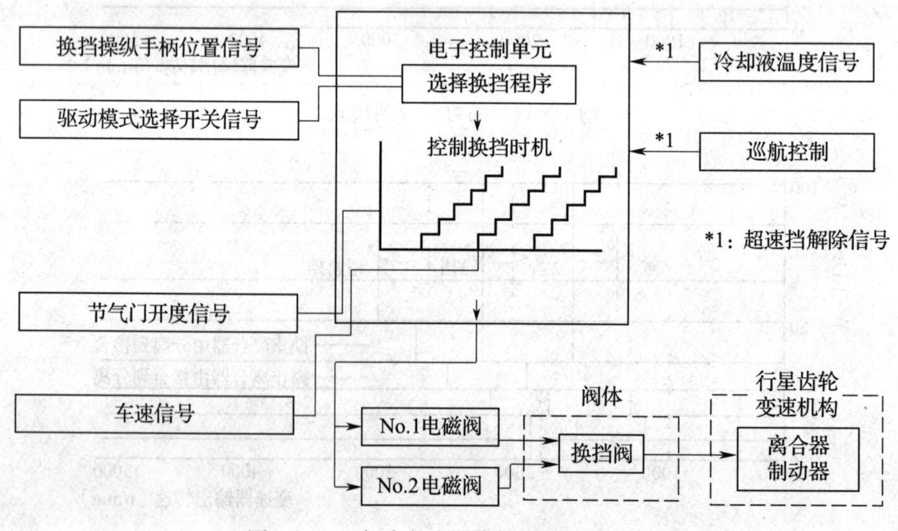

图7—16 自动变速器换挡时机的控制过程

自动变速器电子控制单元首先根据空挡起动开关提供的换挡操纵手柄位置（D、2 或 L 位）信号和驾驶人选择的驱动模式开关信号选择换挡程序，再将节气门位置传感器和车速传感器输入的信号与预先存储在只读存储器（ROM）中的节气门开度和车速数据进行比较，从而确定换挡时机。当车速和节气门开度达到选定换挡程序的最佳换挡时机时，自动变速器电子控制单元立即向电磁阀发出通电或断电指令，控制阀体中的换挡阀动作。换挡阀阀芯移动时，就会接通或关闭换挡执行元件离合器和制动器的控制油路，使离合器和制动器接合或分离，从而实现自动换挡。

2. 控制超速行驶

只有当换挡操纵手柄位于 D 位且超速开关接通时，汽车才有可能升入超速挡。当汽车以巡航方式在超速挡行驶时，若实际行驶速度低于设定速度 4 km/h 以上，巡航控制电子控制单元将向自动变速器电子控制单元发出信号，要求自动退出超速挡。这种控制功能还可以防止自动变速器在发动机冷却液温度低于 60 ℃时进入超速挡工作。

3. 控制锁止离合器

自动变速器电子控制单元存有在不同行驶模式下控制锁止离合器工作的程序。根据车速传感器和节气门位置传感器发出的信号，自动变速器电子控制单元可以控制锁止电磁阀的开和关，从而控制锁止离合器的接合与分离。

离合器锁止时机的控制过程如图 7—17 所示。空挡起动开关提供换挡操纵手柄的位置信号，驱动模式选择开关提供驾驶人选择的行驶模式信号，节气门位置传感器提供发动机节气门开度信号，车速传感器提供汽车行驶速度信号，制动灯开关、巡航控制电子控制单元、冷却液温度传感器、节气门位置传感器怠速触点向自动变速器电子控制单元输入离合器解除锁止信号。

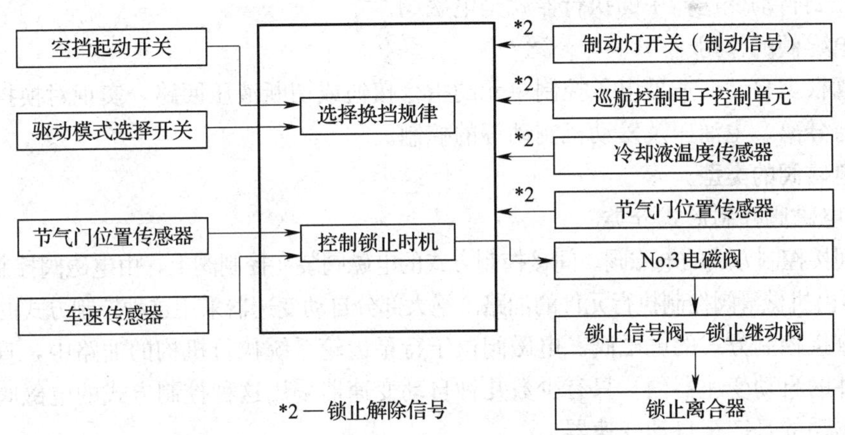

图 7—17　离合器锁止时机的控制过程

自动变速器电子控制单元在以下几种情况下可以对锁止离合器强制解除锁止：当汽车采取制动或节气门全闭时，为防止发动机失速，切断通向锁止信号阀的电路，强行解除锁止；在自动变速器升、降挡过程中，暂时解除锁止，以减少换挡冲击；如果发动机冷却液温度低于 60 ℃，锁止离合器处于分离状态，加速自动变速器预热，提高总体驾驶性能。

4. 控制换挡品质

在换挡时，自动变速器电子控制单元发出延迟发动机点火的信号，通过控制发动机扭矩保证换挡平顺。另外，自动变速器电子控制单元还可以通过调压电磁阀调节行星齿轮机构的工作压力，使执行元件柔和地接合，进一步提高换挡品质。

5. 自诊断

当电子控制系统的元件发生故障时，电子控制单元将故障信息储存起来，即使发动机熄火也不会消失。可利用检测仪从诊断接口读出故障码，根据故障码找到发生故障的部位。故障排除后，必须清除故障码。

6. 失效保护功能

电子控制系统的电磁阀和车速传感器都具有备用功能，可在电子控制系统出现故障的情况下，配合手动换挡机构使车辆在安全模式下继续行驶。有的自动变速器，当其电子控制系统出现故障后，电子控制单元自动切断电子控制系统，汽车被限制在一定车速范围内行驶，不能升挡、降挡。例如，装有丰田 A340 型自动变速器的车辆，在车速传感器中，No. 1 车速传感器为备用传感器。当 No. 1、No. 2 车速传感器正常时，自动变速器的电子控制单元只利用 No. 2 车速传感器的信号控制换挡；当 No. 2 车速传感器或其电路发生故障时，自动变速器电子控制单元将利用 No. 1 车速传感器的信号控制换挡；当 No. 1 和 No. 2 车速传感器都发生故障时，自动变速器电子控制单元将无法控制自动换挡，汽车只能在 1 挡行驶而无其他挡位。

第四节　执　行　器

电子控制自动变速器中的执行器就是电磁阀。

一、电磁阀的作用

电磁阀根据自动变速器电子控制单元的指令接通或切断液压回路，实现对换挡、锁止离合器锁止与分离、主油压及发动机制动等的控制。

二、电磁阀的类型

1. 按电磁阀控制形式分类

（1）间接控制方式的电磁阀。间接控制方式的电磁阀装在控制阀上，由电磁阀控制机械滑阀的动作，再由机械滑阀控制执行元件的油路。绝大部分自动变速器采用这种控制方式的电磁阀。

（2）直接控制方式的电磁阀。电磁阀位于行星齿轮系统执行机构的油路中，直接控制通向执行元件的自动变速器油。只有少数几种自动变速器采用这种控制方式的电磁阀，如本田车和后轮驱动的日产车自动变速器。

2. 按电磁阀作用不同分类

自动变速器电磁阀按作用不同一般分为 3 类，即换挡电磁阀、调压电磁阀和锁止电磁阀。

（1）换挡电磁阀。自动变速器电子控制单元根据车速传感器、节气门位置传感器的基本信号（升入超速挡时还需要参考发动机冷却液温度传感器和自动变速器油温度传感器的信号）控制电磁阀，执行油压便经换挡电磁阀作用在换挡阀上，进而接通换挡阀的油路，使离合器和制动器动作，从而完成换挡工作。

（2）调压电磁阀。电子控制自动变速器中，主油路油压由此种电磁阀控制。

（3）锁止电磁阀。锁止电磁阀通过对执行油压进行控制，以提高乘坐的舒适性。在锁止电磁阀被接通后，动作频率可达到 50 Hz，对锁止电磁阀通断频率进行控制，达到控制变矩器控制油压的目的。

3. 按电磁阀的工作方式不同分类

按电磁阀的工作方式不同，可分为脉冲式电磁阀和开关式电磁阀。

（1）脉冲式电磁阀。脉冲式电磁阀又称渐进式电磁阀，它可以精确控制油压的升高或下降，减少换挡或锁止离合器接合时的冲击，使车辆行驶平稳。脉冲宽度调制式电磁阀在电子控制自动变速器中的应用越来越多，主要用于油压调节、变矩器锁止离合器的接合与分离、换挡过程控制等。变速器电子控制单元向脉冲宽度调制式电磁阀提供一定频率但不同占空比的脉冲，通过调整脉冲宽度，也就调整了通过电磁阀线圈的平均电流，从而调整了流经电磁阀的油压。占空比控制原理如图 7—18 所示。图中 T 为调节器输出脉冲信号的周期，高电平脉冲宽度为 T_1，则占空比 $d=\frac{T_1}{T}\times100\%$，占空比的变化范围为 0～100%。在 4T65E 型自动变速器中，动力系统控制模块以固定频率（292.5 Hz）的方波信号驱动电磁阀，占空比增大时，通过电磁阀线圈的平均电流增大，主油压降低；反之，主油压升高。4T65E 型自动变速器主油压与脉冲式电磁阀平均电流的关系如图 7—19 所示。这种控制方式的特点是当电磁阀本身或其线路出现故障时，电磁阀断电，变速器的主油压升高，变速器还可以应急行驶。当动力系统控制模块检测到电磁阀故障时，将记忆故障码，控制模块给电磁阀断电，此时电磁阀电流为零，主油压最高，以保证变速器应急使用。

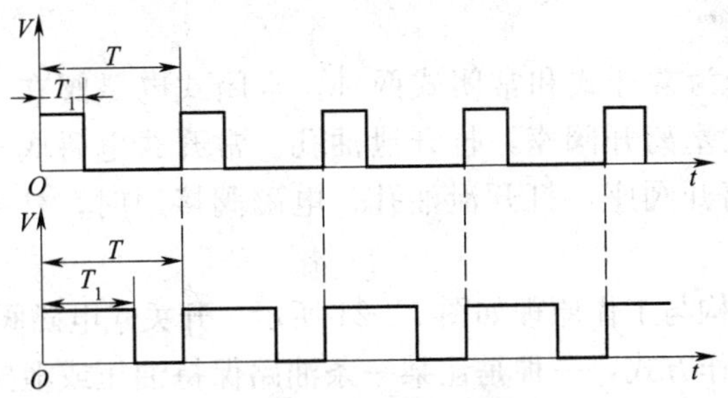

图 7—18 占空比控制原理

脉冲式电磁阀由电磁线圈、衔铁、阀芯和滑阀等组成，其结构如图 7—20 所示。其中，如图 7—20a 所示为普通脉冲式电磁阀，如图 7—20b 所示为滑阀式脉冲式电磁阀，它们的原理基本相同，只是结构上有区别。

如图 7—20 所示，电磁阀线圈通电时，阀被打开，液压油从泄油孔排出，主油路中油压随之下降；电磁阀断电时，阀在弹簧力的作用下关闭，主油路的油压上升。

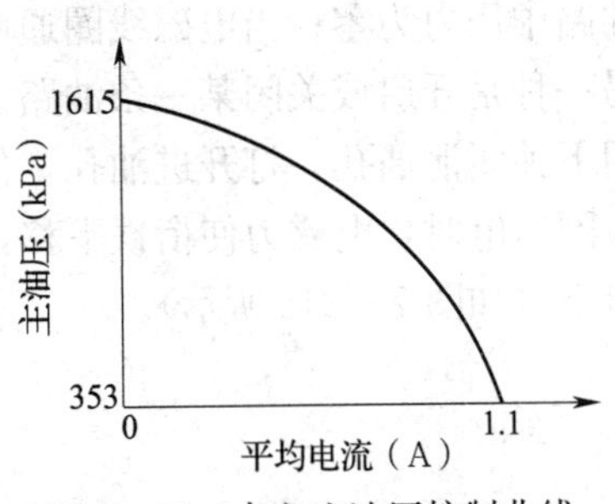

图 7—19 占空比油压控制曲线

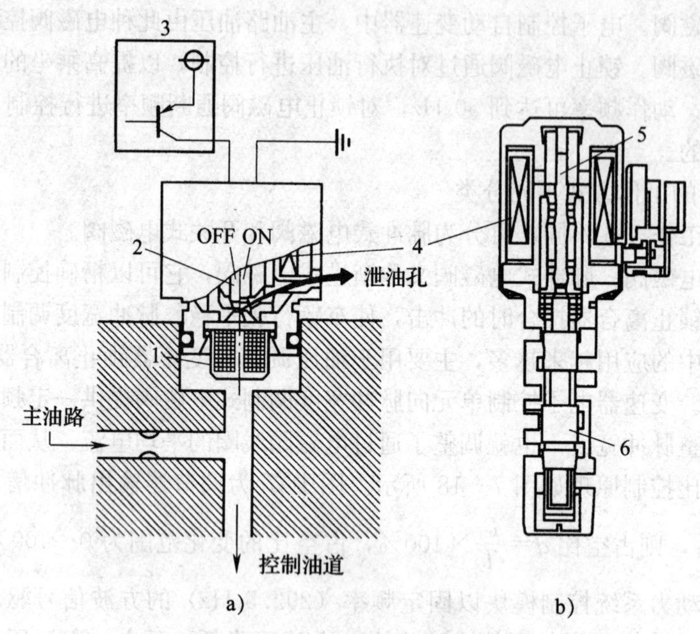

图 7—20 脉冲式电磁阀的结构

a）普通脉冲式电磁阀 b）滑阀式脉冲式电磁阀

1—滤网 2—阀芯 3—电子控制单元 4—电磁线圈 5—衔铁 6—滑阀

(2) 开关式电磁阀。开关式电磁阀有接通和断开两种状态，其功用是开启或关闭电子控制自动变速器的油路，以控制换挡阀及变矩器锁止离合器的锁止信号阀与锁止继动阀。

开关式电磁阀可分为常开式和常闭式两种。常闭式电磁阀在没接通前应保证完全密封，接通时，电磁阀柱塞离开阀座，打开泄油孔。常开式电磁阀是在没接通前，即电磁阀没有动作时，柱塞离开阀座，打开泄油孔，电磁阀接通时，柱塞关闭泄油孔，保证完全密封。

开关式电磁阀的结构与工作原理如图 7—21 所示。开关式电磁阀由电磁线圈、衔铁、阀芯等组成。它有两种工作方式，一种是让某一条油路保持油压或泄空（如图 7—21a 所示），即当电磁阀线圈不通电时，阀芯被油压推开，打开泄油孔，该油路的液压油经电磁阀泄空，油路中压力为零；当电磁线圈通电时，电磁力使阀芯下移，关闭泄油孔，使油路压力上升。另一种是开启或关闭某一条油路。当电磁线圈不通电时，油压将衔铁推开，阀芯在油压的作用下关闭泄油孔，打开进油孔，使主油路压力油进入控制油路（如图 7—21b 所示）；当电磁线圈通电时，电磁力使衔铁下移，推动阀芯关闭进油孔，打开泄油孔，控制油路内的压力油泄空（如图 7—21c 所示）。

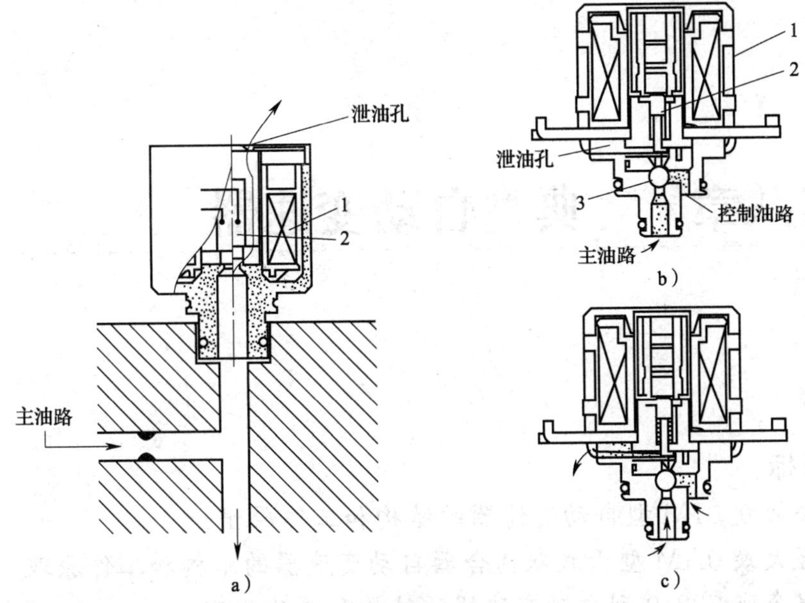

图 7—21　开关式电磁阀的结构与工作原理

a）保压　b）打开控制油路　c）关闭控制油路

1—电磁线圈　2—衔铁　3—阀芯

复习思考题

1. 电子控制系统由哪几部分组成？各部分的作用是什么？
2. 自动变速器电子控制单元有哪几项功能？试具体描述。
3. 节气门位置传感器是如何工作的？
4. 简述车速传感器的组成与工作原理。
5. 简述开关式电磁阀的结构与工作原理。
6. 简述脉冲式电磁阀的结构与工作原理。
7. 常用自动变速器的行驶模式有哪几种？试简单描述。

第八章　典型自动变速器

学习目标

1. 掌握大众 01M 型自动变速器的结构和工作原理。
2. 掌握大众 0AM 型干式双离合器自动变速器的结构和工作原理。
3. 掌握奔驰 722.9 型自动变速器的结构和工作原理。

第一节　大众 01M 型自动变速器结构和原理

一、概述

大众公司生产的 01M 型自动变速器主要用于捷达和宝来轿车。其结构先进，性能优良，采用计算机“模糊逻辑”控制技术，在换挡时以车速和发动机负荷信号为主要参数，同时又参照行驶阻力、驾驶人的驾驶习惯等因素，对换挡过程进行自动控制，从而使车辆具有良好的动力性、经济性和驾驶操纵性能。01M 型自动变速器的结构如图 8—1 所示。

01M 型自动变速器有 4 个前进挡和 1 个倒挡，可供换挡操纵手柄选择的位置有 7 个，分别是 P（驻车挡）、R（倒车挡）、N（空挡）、D（行驶挡）、3（坡路挡）、2（长坡挡）、1（陡坡挡），如图 8—2 所示。

二、01M 型自动变速器的组成及各部件的作用

1. 液力变矩器

液力变矩器由泵轮、涡轮、导轮、锁止离合器等部件组成，用于把发动机的动力传给齿轮变速系统。

2. 齿轮变速系统

齿轮变速系统包括换挡执行元件和行星齿轮机构。换挡执行元件由 3 个离合器（K_1、K_2、K_3）、2 个制动器（B_1、B_2）和一个单向离合器（F）组成。行星齿轮机构为拉威娜式，通过对大、小太阳轮及行星架的不同驱动与制动组合，实现 4 个前进挡及 1 个倒挡。

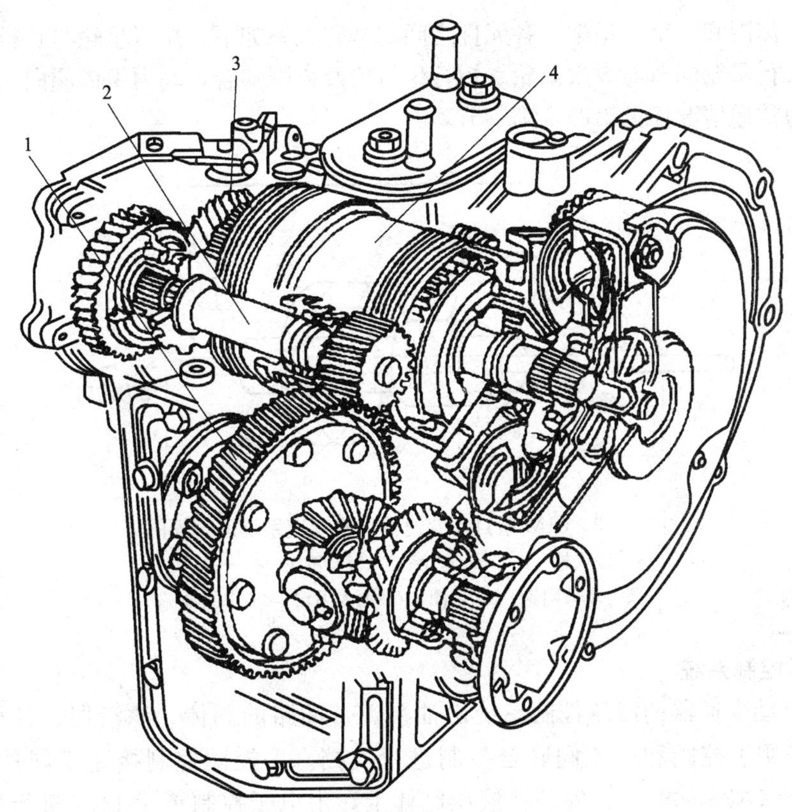

图 8—1　01M 型自动变速器的结构

1—主减速器　2—中间传动齿轮轴　3—中间传动主动齿轮　4—行星齿轮机构

3. 液压控制系统

液压控制系统由油泵、带油路的阀体、滤清器、各种滑阀等零部件组成，用于动力传递及作为液压元件的动力源。

4. 电子控制系统

电子控制系统由电子控制单元 J217 和相应的传感器组成，用于实现对变速器的自动控制。

三、液力变矩器

01M 型自动变速器装用的液力变矩器类型与多数汽车一样，是带锁止离合器的三元件式（即一个泵轮、一个涡轮、一个导轮）液力变矩器，其具体结构和工作原理详见第三章。

四、齿轮变速系统

01M 型自动变速器采用拉威娜式行星齿轮机构，如图 8—3 所示。它是一种双排复合式行星齿轮机构，前、

图 8—2　01M 型自动变速器挡位

后排共用一个齿圈和一个行星架。各元件之间的啮合关系如下：短行星轮与长行星轮及小太阳轮啮合；长行星轮同时与大太阳轮、短行星齿轮及齿圈啮合，动力由齿圈向后输出。具体各挡位的动力传递情况详见第四章第一节。

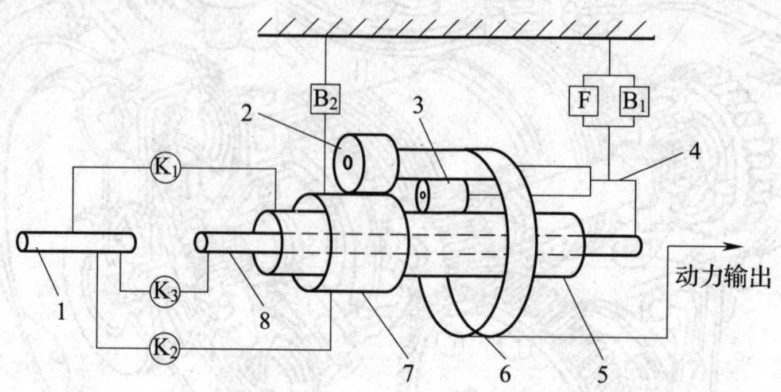

图 8—3　01M 型自动变速器齿轮变速系统原理简图

1—输入轴　2—长行星轮　3—短行星轮　4—行星架
5—小太阳轮　6—齿圈　7—大太阳轮　8—中间轴

五、液压控制系统

01M 型自动变速器的液压控制系统由油泵、带油路的阀体、滤清器、各种滑阀等零部件组成，采用手控阀和电磁阀联合控制进行换挡。手控阀控制接通不同挡位的油路。电磁阀有 7 个（N88～N94），安装在液压阀体上，由电子控制单元 J217 进行控制。其中 N88～N90 为换挡电磁阀，用于打开或关闭某一油路；N92、N94 的作用是使换挡平顺；N91、N93 是油压调节电磁阀，用来调节油压的大小。各电磁阀的作用、类型、作用条件见表 8—1。

表 8—1　　各电磁阀的作用、类型、作用条件

电磁阀	作用	类型	作用条件
N88	控制离合器 K_1	开关阀	断电起作用
N89	控制制动器 B_2	开关阀	通电起作用
N90	控制离合器 K_3	开关阀	断电起作用
N91	控制锁止离合器	渐进阀	通电起作用
N92	使换挡平顺	开关阀	通电起作用
N93	控制系统油压大小	渐进阀	通电起作用
N94	使换挡平顺	开关阀	通电起作用

当变速器位于不同挡位工作时，各电磁阀的工作情况见表 8—2，各换挡执行元件的工作情况见表 8—3。

表 8—2　　不同挡位工作时电磁阀的工作情况

挡位	N88	N89	N90	N91	N92	N93	N94
P	ON	OFF	ON	OFF	ON	MOD	OFF
R	OFF	OFF	ON	OFF	OFF	MOD	OFF
N	ON	OFF	ON	OFF	ON	MOD	OFF
1H	OFF	OFF	ON	OFF	ON	MOD	OFF
2H	OFF	ON	ON	OFF	OFF	MOD	OFF
3H	OFF	OFF	OFF	OFF	OFF	MOD	OFF
4H	ON	ON	OFF	OFF	OFF	MOD	OFF

H：液力传动。MOD：调节。

表 8—3　　各换挡执行元件的工作情况

挡位	B_1	B_2	K_1	K_2	K_3	F	K_0
R	◎			◎			
1H			◎			◎	
1M			◎			◎	◎
2H		◎	◎				
2M		◎	◎				◎
3H			◎		◎		
3M			◎		◎		◎
4H		◎			◎		
4M		◎			◎		◎

◎：参与工作。H：液力传动。M：机械传动。K_0：锁止离合器。F：单向离合器。

下面结合油路图来具体分析 01M 型自动变速器位于不同挡位时液压控制系统的工作情况。

1．P 挡油路分析

换挡操纵手柄位于 P 位时，变速器电子控制单元 J217 根据挡位信号判断自动变速器位于 P 挡。此时电磁阀 N88、N90、N92 工作。K_1 换挡阀、K_3 换挡阀、换挡平顺阀阀芯在油压作用下克服弹簧的弹力处于阀孔的上端，如图 8—4 所示。由油泵来的液压油经调压阀调压后分别流向液力变矩器、电磁阀压力调节阀和手控阀，又经手控阀流到制动器 B_2，B_2 工作，固定大太阳轮。此时无动力输出，变速器输入轴空转。具体流程如图 8—5 所示。

2．R 挡油路分析

换挡操纵手柄位于 R 位时，变速器电子控制单元 J217 根据挡位信号判断自动变速器位于 R 挡。此时电磁阀 N90 工作。K_3 换挡阀阀芯在油压的作用下克服弹簧的弹力处于阀孔的上端，如图 8—6 所示。由油泵来的液压油经调压阀调压后分别流向液力变矩器、电磁阀压力调节阀和手控阀，又经手控阀流到离合器 K_2、制动器 B_1。具体流程如图 8—7 所示。

3．N 挡油路分析

换挡操纵手柄位于 N 位时，变速器电子控制单元 J217 根据挡位信号判断自动变速器位

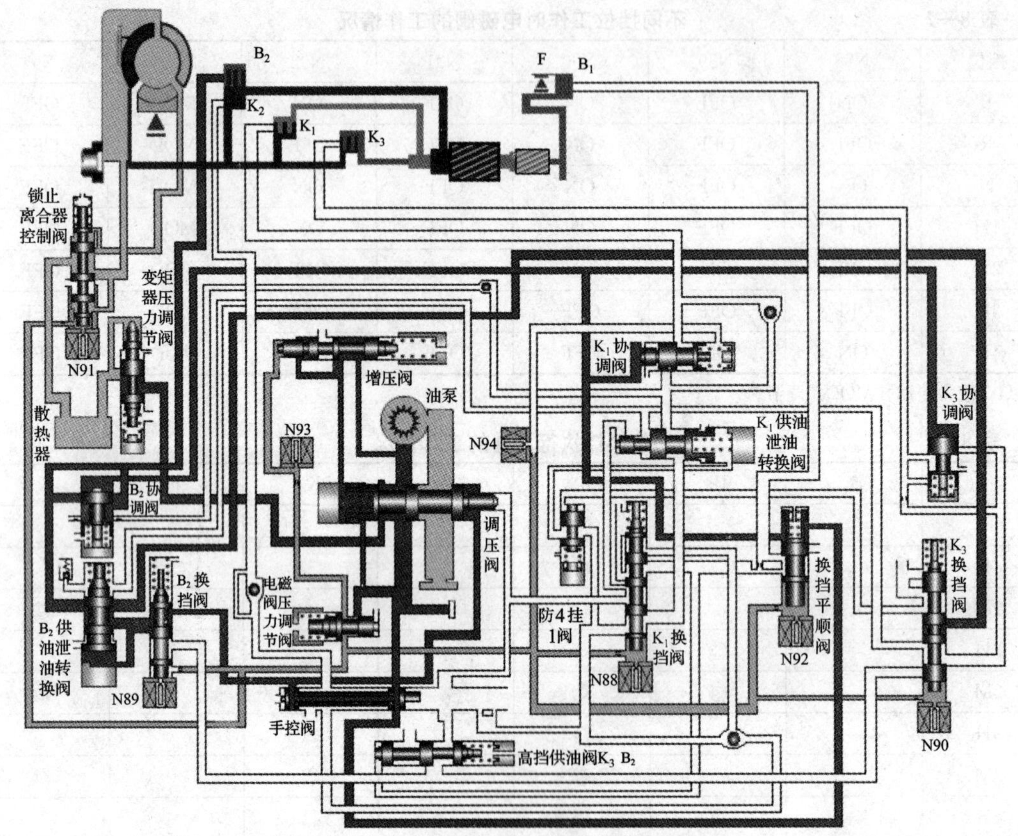

图 8—4　大众 01M 型自动变速器 P 挡油路图

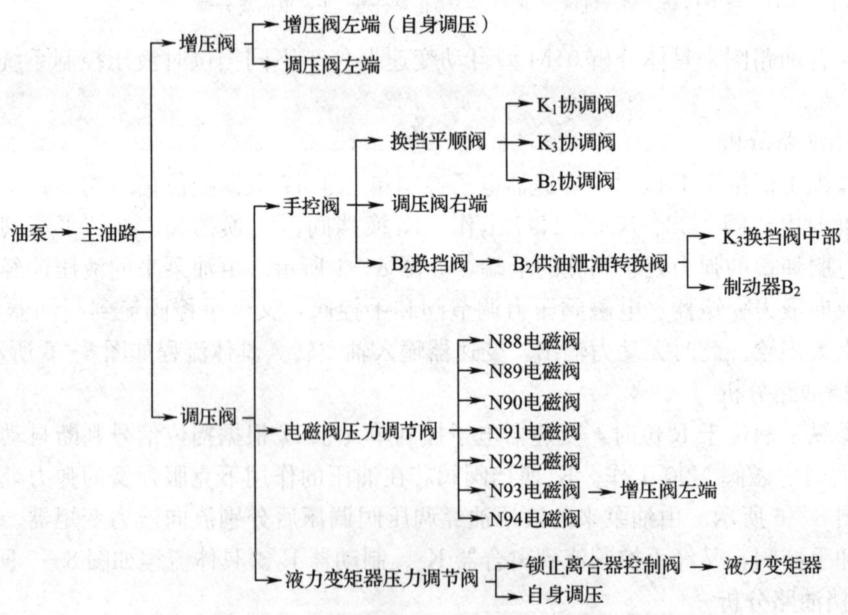

图 8—5　大众 01M 型自动变速器 P 挡流程

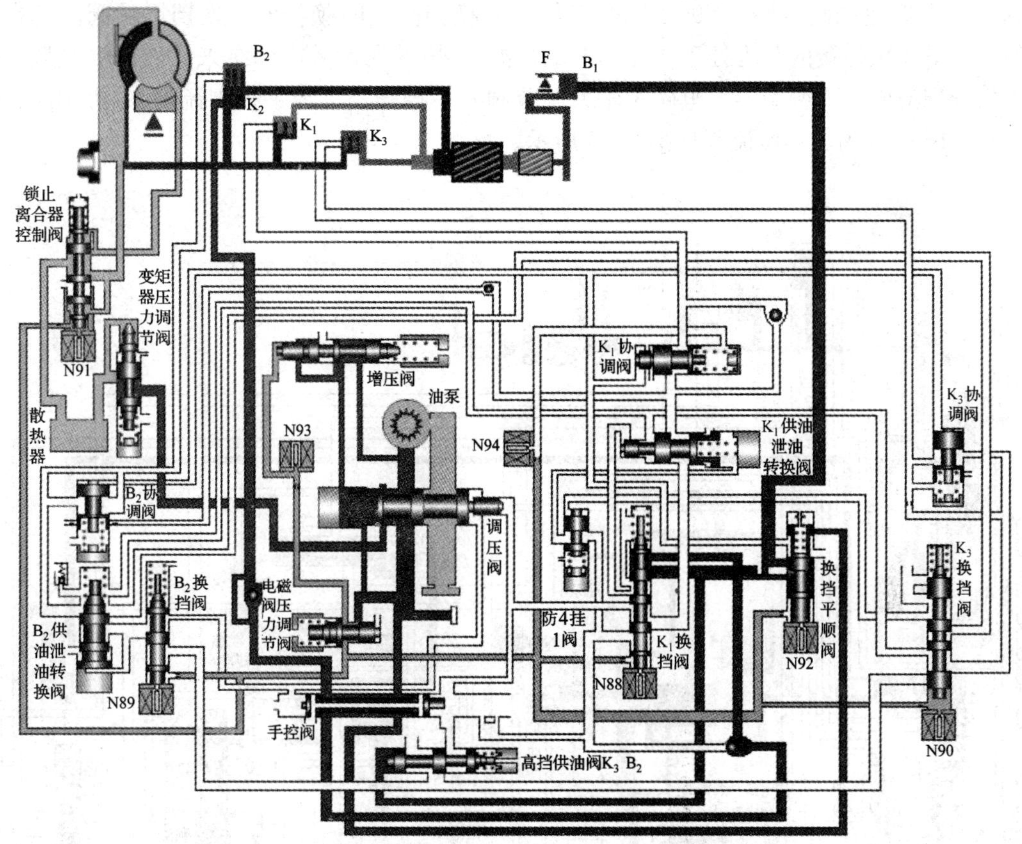

图 8—6　大众 01M 型自动变速器 R 挡油路图

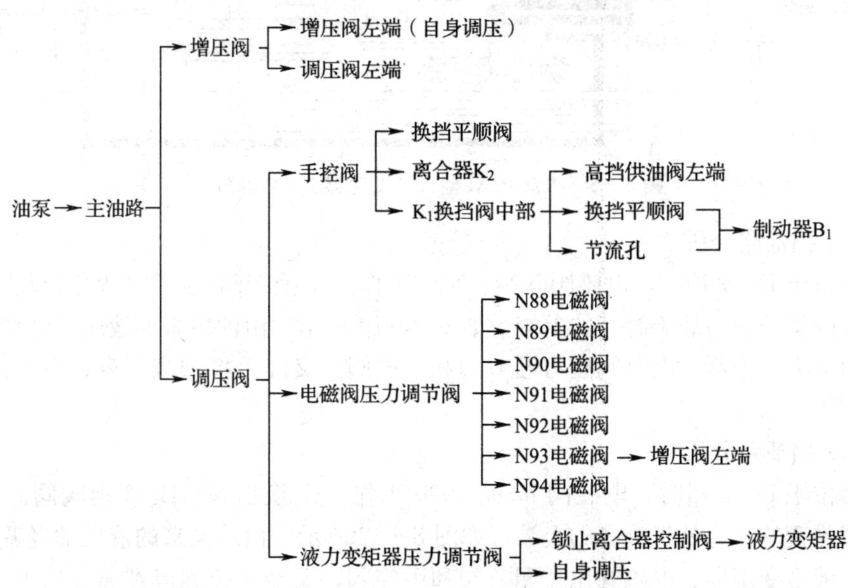

图 8—7　大众 01M 型自动变速器 R 挡流程

于 N 挡。此时电磁阀 N88、N90、N92 工作。K_1 换挡阀、K_3 换挡阀、换挡平顺阀阀芯在油压的作用下克服弹簧的弹力处于阀孔的上端，如图 8—8 所示。由油泵来的液压油经调压阀调压后分别流向液力变矩器、电磁阀压力调节阀和手控阀，又经手控阀流到 K_1 协调阀、B_2 协调阀、K_3 协调阀。具体流程如图 8—9 所示。

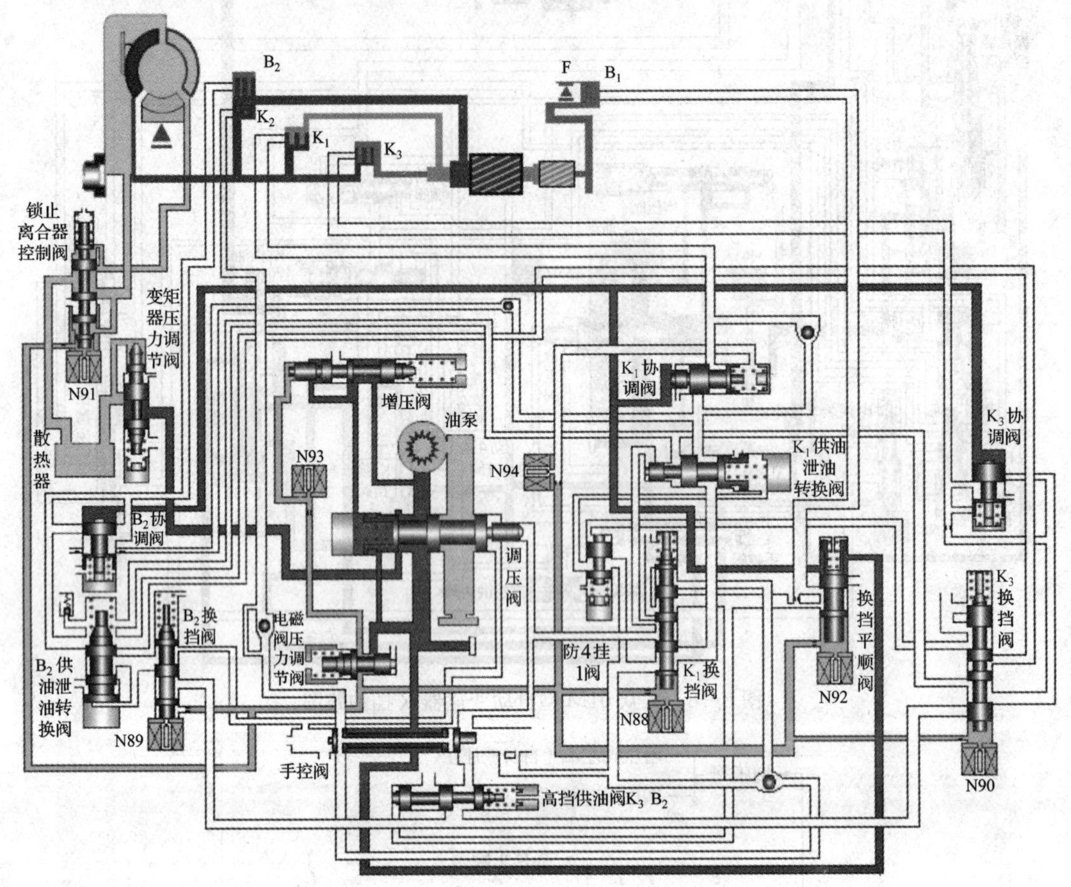

图 8—8　大众 01M 型自动变速器 N 挡油路图

4. D—1 挡油路分析

变速器位于 D—1 挡时，电磁阀 N90、N92 工作。K_3 换挡阀、换挡平顺阀阀芯在油压的作用下克服弹簧的弹力处于阀孔的上端，如图 8—10 所示。由油泵来的液压油经调压阀调压后分别流向液力变矩器、电磁阀压力调节阀和手控阀，又经手控阀流到离合器 K_1。具体流程如图 8—11 所示。

5. D—2 挡油路分析

变速器位于 D—2 挡时，电磁阀 N89、N90 工作。K_3 换挡阀、B_2 换挡阀阀芯在油压的作用下克服弹簧的弹力处于阀孔的上端，如图 8—12 所示。由油泵来的液压油经调压阀调压后分别流向液力变矩器、电磁阀压力调节阀和手控阀，又经手控阀流到离合器 K_1、制动器 B_2。具体流程如图 8—13 所示。

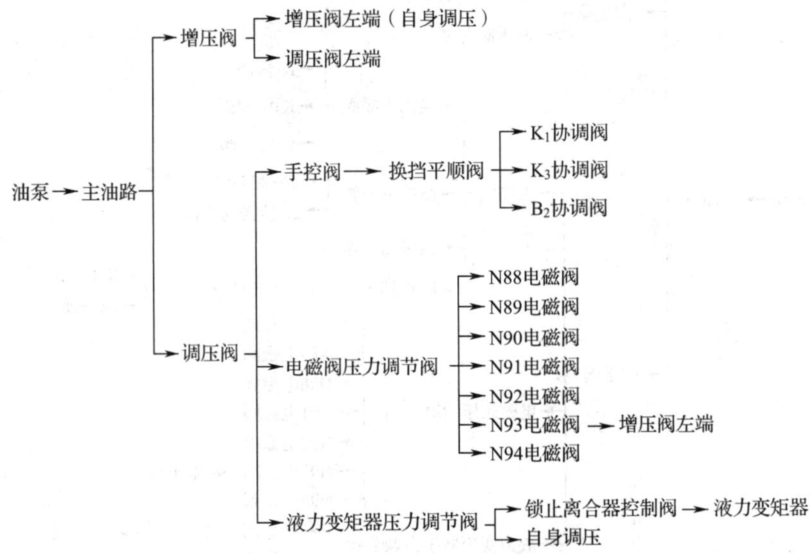

图 8—9　大众 01M 型自动变速器 N 挡流程

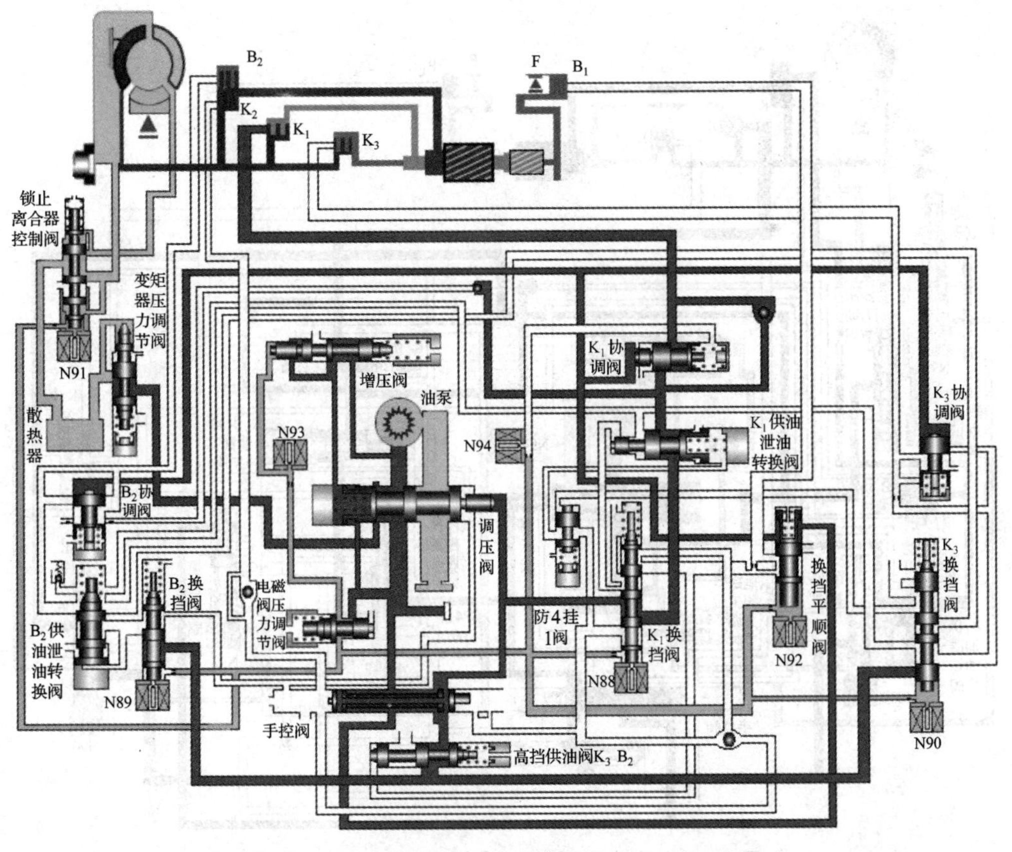

图 8—10　大众 01M 型自动变速器 D—1 挡油路图

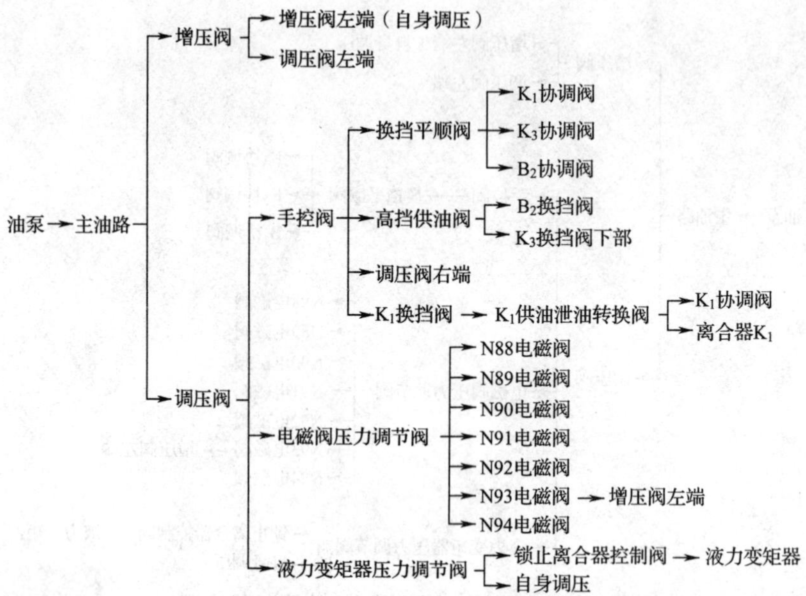

图 8—11　大众 01M 型自动变速器 D—1 挡流程

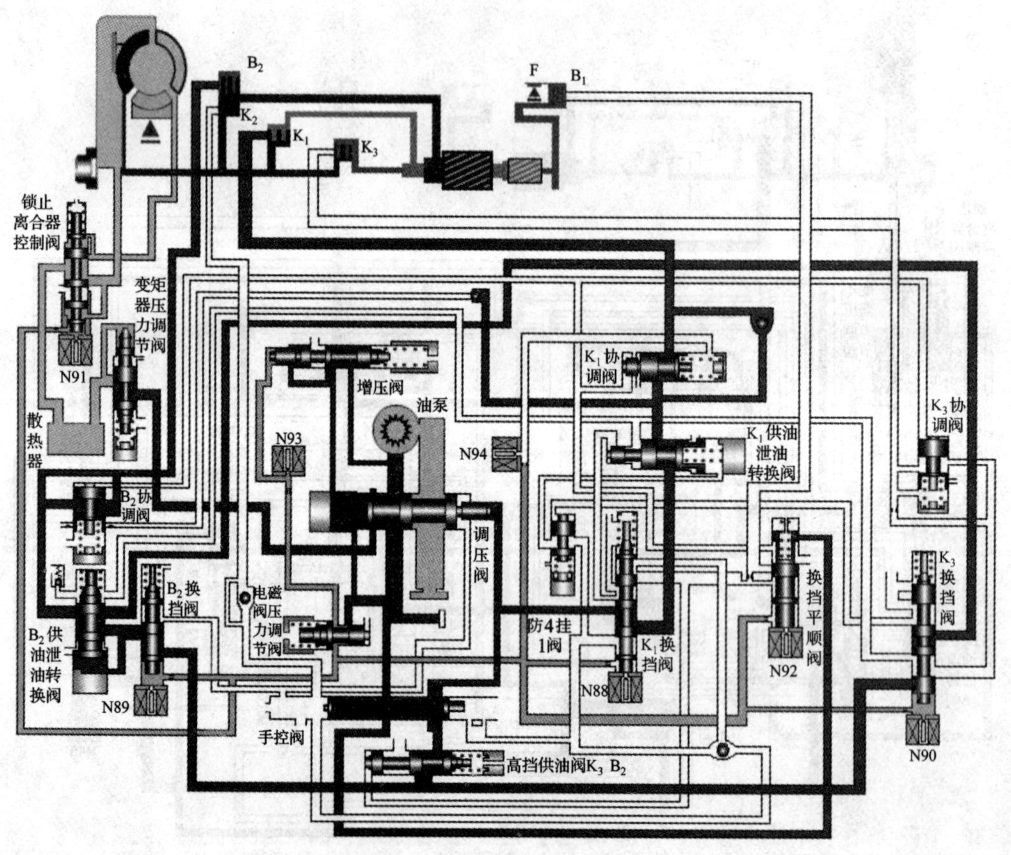

图 8—12　大众 01M 型自动变速器 D—2 挡油路图

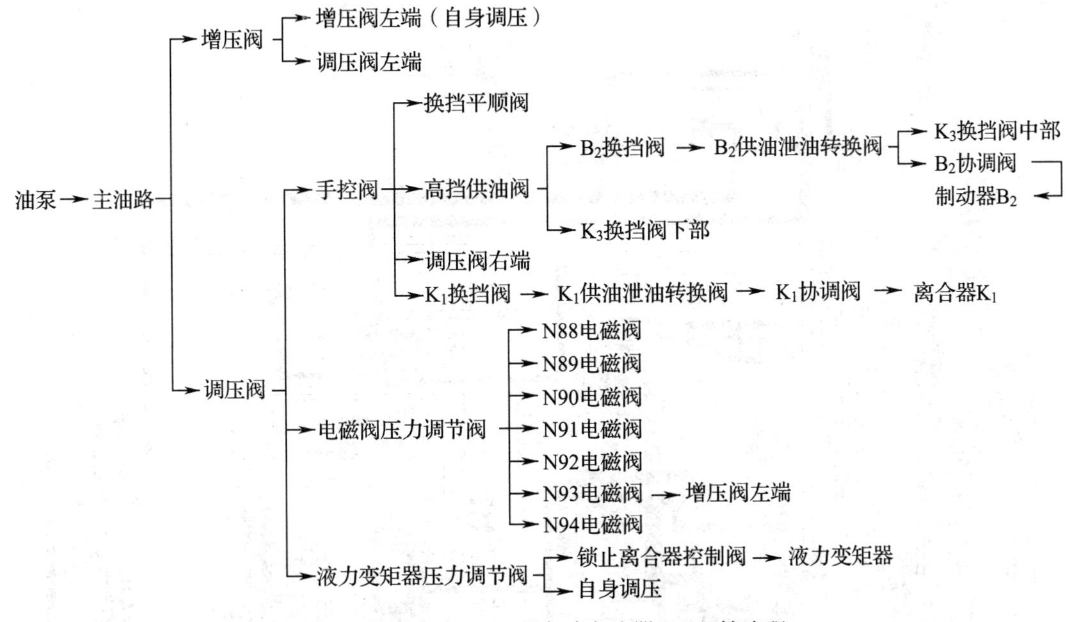

图 8—13 大众 01M 型自动变速器 D—2 挡流程

6. D—3 挡油路分析

变速器位于 D—3 挡时，电磁阀都不工作。各换挡阀阀芯在弹簧的作用下处于阀孔的下端，如图 8—14 所示。由油泵来的液压油经调压阀调压后分别流向液力变矩器、电磁阀压力调节阀和手控阀，又经手控阀流到离合器 K_1、离合器 K_3。具体流程如图 8—15 所示。

7. D—4 挡油路分析

变速器位于 D—4 挡时，电磁阀 N88、N89 工作。K_1 换挡阀、B_2 换挡阀阀芯在油压的作用下克服弹簧的弹力处于阀孔的上端，如图 8—16 所示。由油泵来的液压油经调压阀调压后分别流向液力变矩器、电磁阀压力调节阀和手控阀，又经手控阀流到制动器 B_2、离合器 K_3。具体流程如图 8—17 所示。

8. 1—1 挡油路分析

换挡操纵手柄位于 1 位时，电磁阀 N90、N92 工作。K_3 换挡阀、换挡平顺阀阀芯在油压的作用下克服弹簧的弹力处于阀孔的上端，如图 8—18 所示。由油泵来的液压油经调压阀调压后分别流向液力变矩器、电磁阀压力调节阀和手控阀，又经手控阀流到离合器 K_1、制动器 B_1。具体流程如图 8—19 所示。

六、电子控制系统

01M 型自动变速器的电子控制系统由传感器和自动变速器电子控制单元等部件组成，如图 8—20 所示。电子控制单元是电子控制系统的核心，它根据安装在发动机、自动变速器上的各种传感器所测得的节气门开度、汽车车速、变速器油温等运行参数，以及各控制开关传来的当前状态信号进行运算比较和分析，然后调用其内设定的控制程序，向各执行器发出指令，以使各液压控制阀动作，从而实现对自动变速器的控制。

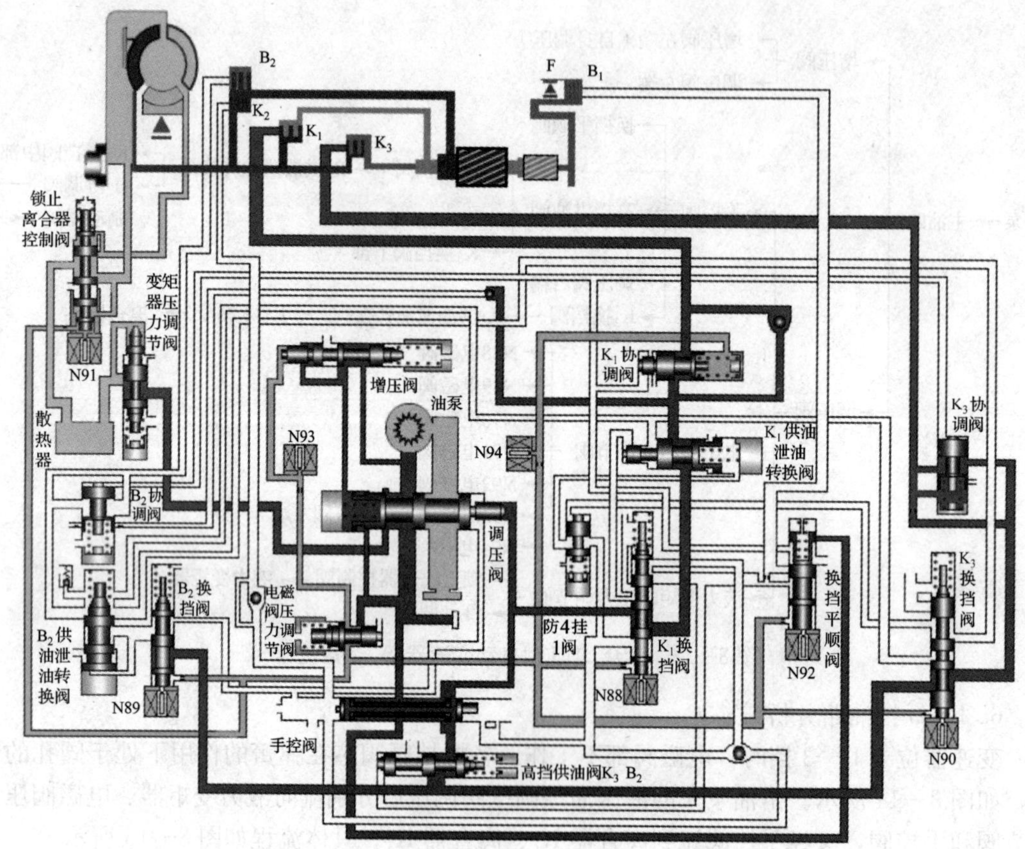

图 8—14　大众 01M 型自动变速器 D—3 挡油路图

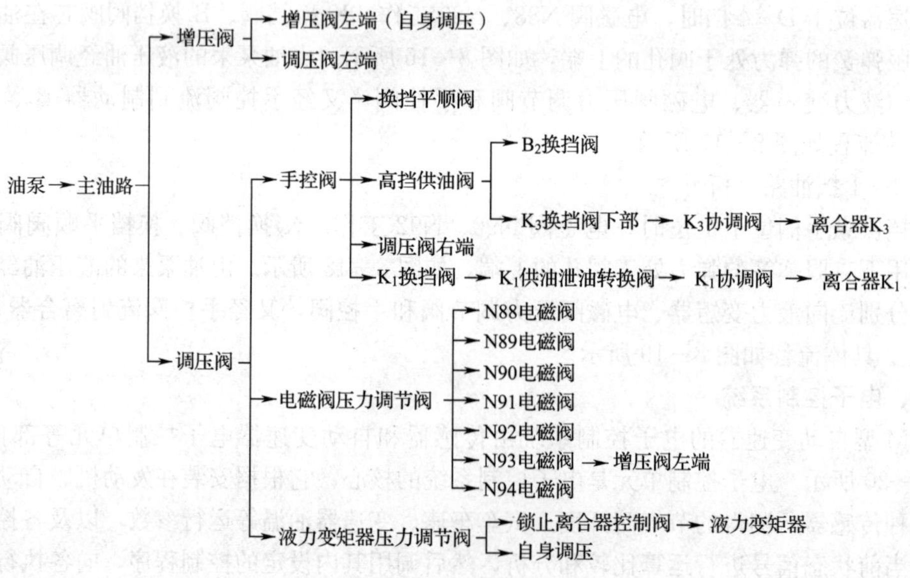

图 8—15　大众 01M 型自动变速器 D—3 挡流程

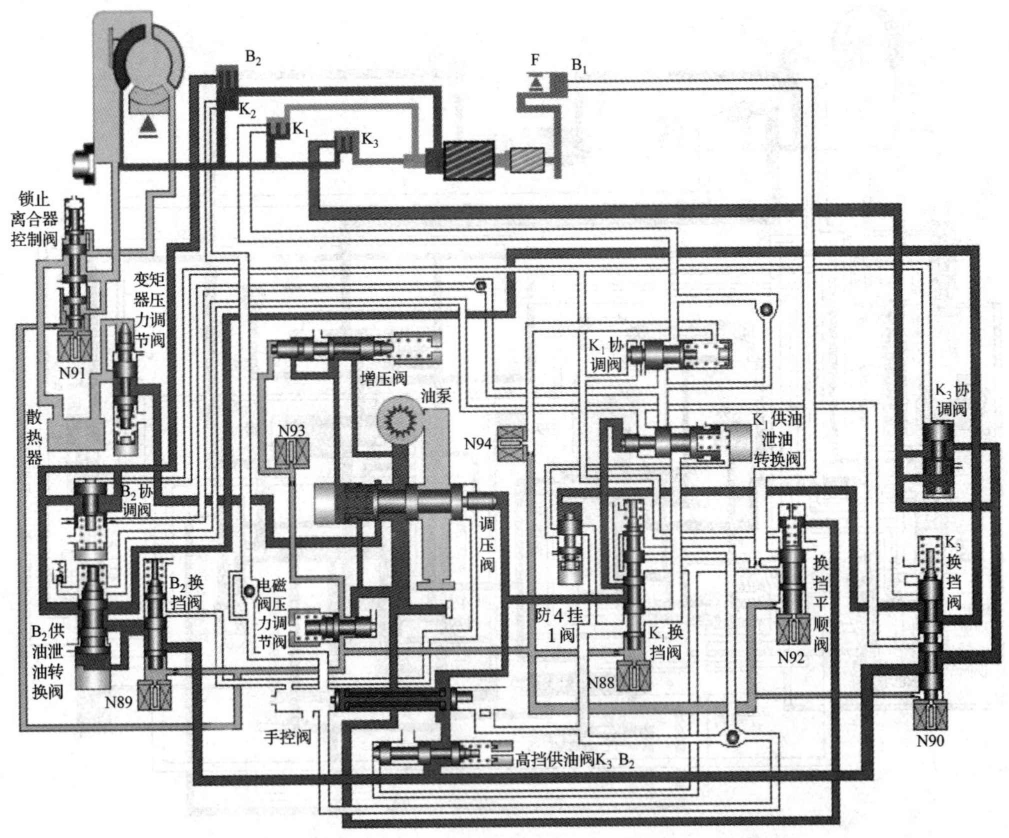

图 8—16 大众 01M 型自动变速器 D—4 挡油路图

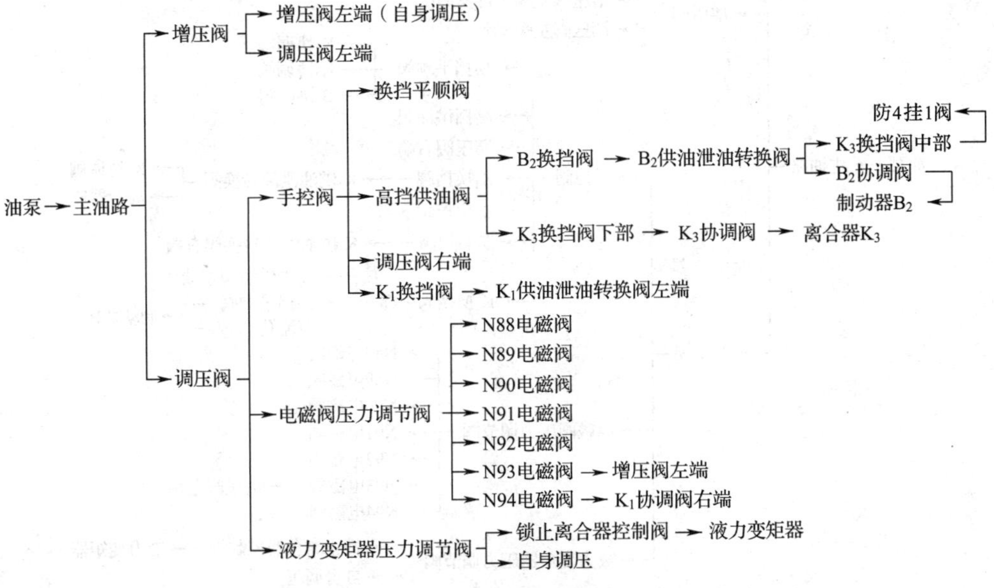

图 8—17 大众 01M 型自动变速器 D—4 挡流程

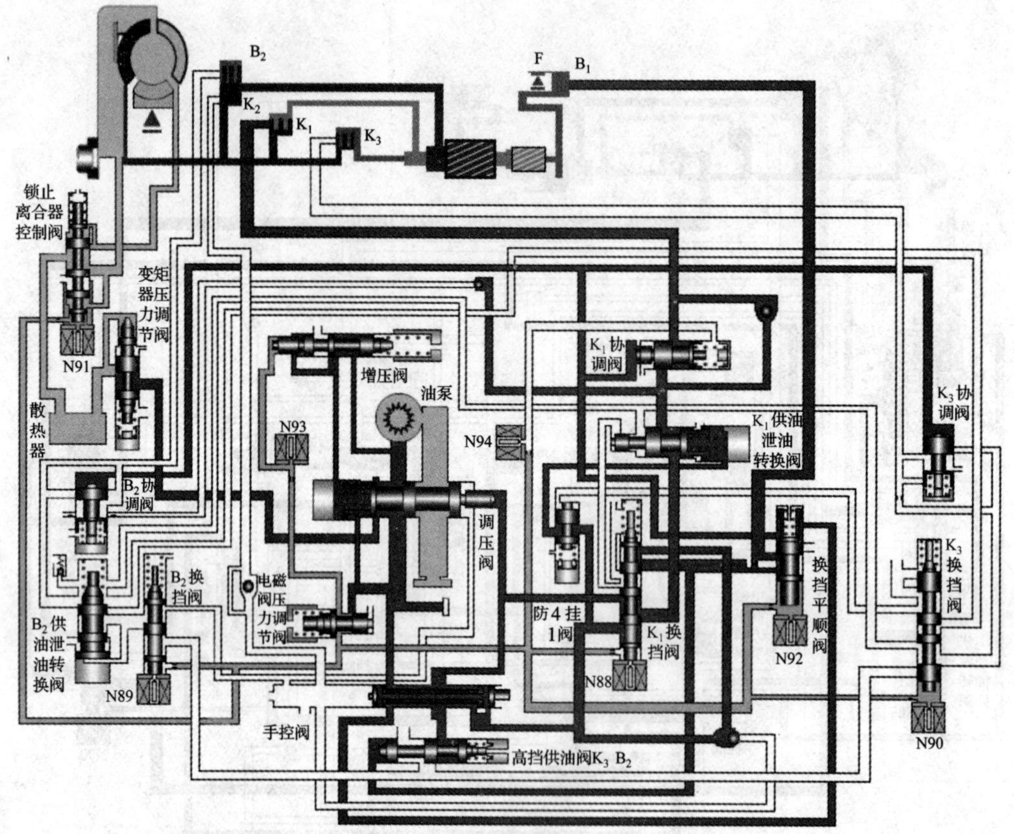

图 8—18　大众 01M 型自动变速器 1—1 挡油路图

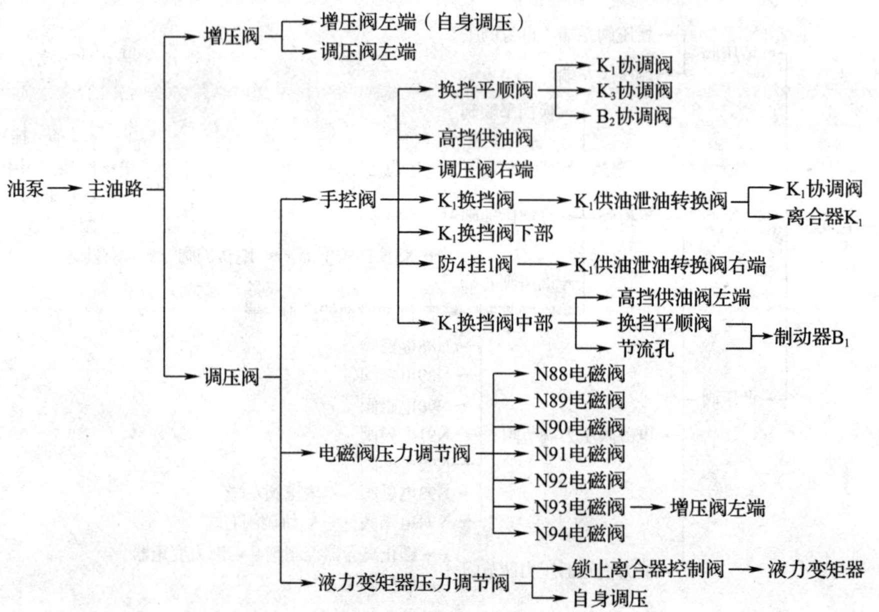

图 8—19　大众 01M 型自动变速器 1—1 挡流程

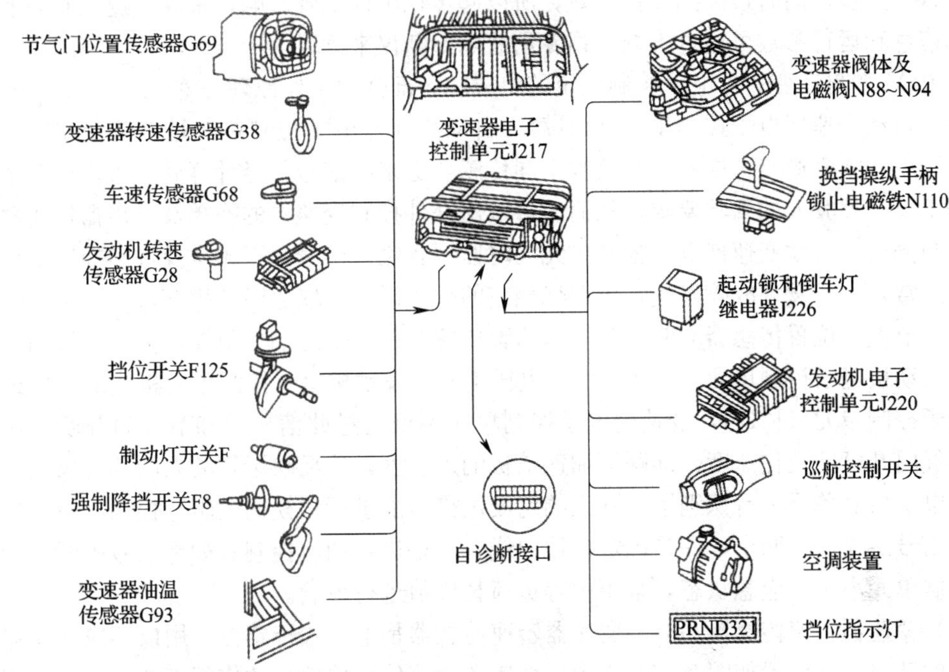

图 8—20　01M 型自动变速器电子控制系统的组成

1. 01M 型自动变速器电子控制系统的特点

(1)“模糊逻辑”控制技术。有的自动变速器有一个“Eco/Sport”开关，其含义是“经济/运动”换挡模式，也有的变速器标为“Eco/Power”，含义相似。在 Eco 模式，电子控制单元将提前一些挂入高挡和稍晚一些挂入低挡，这样发动机工作于低转速，虽有损动力性，但降低了油耗。在 Sport 模式，在相同的节气门开度下，车速较高时才挂入高挡，发动机工作于高转速，功率增大，动力增强。实际上，通过这个开关选择了电子控制单元内两条不同的换挡曲线。01M 型自动变速器采用计算机“模糊逻辑”控制技术，取消了“Eco/Sport”开关，电子控制单元根据以下因素确定最佳换挡时刻：

1）行驶阻力。即路面状况，如上坡、下坡及风向造成的不同空气阻力等。

2）行车状况。如车速、节气门开度、发动机转速、变速器油温等。

3）驾驶习惯。驾驶人踩下加速踏板，就产生了一个运动系数（如踩加速踏板的速度及加速度），计算机通过“模糊逻辑”算法识别出该系数，能识别驾驶类型，适配出最佳的换挡规律，从而按驾驶者的意愿确定最佳换挡时刻，这是“模糊逻辑”控制的关键。这也可以理解为在“Eco”和“Sport”模式之间存在许多任意的换挡时机，“Eco”和“Sport”两条换挡曲线被无数条曲线代替，因而对不同的行驶情况反应更灵敏。

(2) 应急程序与自诊断。自动变速器电子控制单元不断地对各传感器及执行元件的工作状态进行检测，如果某个重要元件出现故障，电子控制单元内的应急程序启动，自动变速器进入应急状态，此时可以通过操纵换挡手柄，液力传动 1 挡、液力传动 3 挡及 R 挡仍然有效，车辆可以跛行到就近的维修站维修。应急状态下，换挡操纵手柄位于 D 位时，车辆将以 3 挡直接起步，同时最高挡 4 挡失效，所以起步稳定性受到影响，最高车速受到限制。有关故障信息和运行参数可通过大众公司专用故障诊断仪来读取。

2. 01M 型自动变速器电子控制系统的组成和各部件的工作原理

（1）自动变速器电子控制单元（J217）。自动变速器电子控制单元是自动变速器的控制核心，采用“模糊逻辑”控制。它接收不同传感器送来的信号，经计算后，可识别车辆的不同行驶工况及驾驶人的驾驶要求，从而通过输出部件控制变速器的换挡及变矩器锁止离合器的接合与分离。自动变速器电子控制单元同时监视各输入信号是否正常及输出控制部件的工作是否正常，一旦发现故障发生，将记忆相应的故障码并采取适当的措施。

（2）节气门位置传感器 G69。节气门位置传感器是一个滑动变阻器，根据节气门位置不同，向发动机电子控制单元（J220）输出电压信号，发动机电子控制单元将此信号传递给变速器电子控制单元（J217），变速器电子控制单元不仅通过此信号得知节气门开度，还可以得知节气门开度的变化速度，即踩下加速踏板的加速度，这反映了驾驶人的驾驶风格。自动变速器电子控制单元只有识别了驾驶人的驾驶风格才能进行“模糊逻辑”控制。节气门位置传感器信号的作用有两个，一是确定换挡曲线，二是进行油压控制。如果信号中断，变速器电子控制单元不进入应急状态，采用中等负荷替代值进行控制。

（3）变速器转速传感器 G38。变速器转速传感器是电磁式传感器，用以感应变速器内大太阳轮的转速，其位置如图 8—21 所示。变速器转速传感器信号的作用有两个，一是识别换挡时机，在换挡过程中推迟点火提前角，以降低发动机扭矩，减小换挡冲击；二是在换挡过程中控制相关离合器的油压，其作用也是使换挡平顺。如果信号中断，自动变速器电子控制单元无替代值，进入应急状态。

（4）车速传感器 G68。车速传感器是电磁式传感器，如图 8—21 所示。它通过主动齿轮上的脉冲叶轮感应变速器内主动齿轮（即齿圈、行星齿轮机构的输出端）的转速，如图 8—22 所示。车速传感器的作用有两个，一是与节气门位置传感器 G69 一起确定换挡曲线；二是感知液力变矩器锁止离合器的滑差。对于装有定速巡航装置的车辆，它还用于速度调节。如果信号中断，变速器电子控制单元以发动机转速传感器 G28 的信号作为参考，不进入应急状态，但是锁止离合器不能锁止。

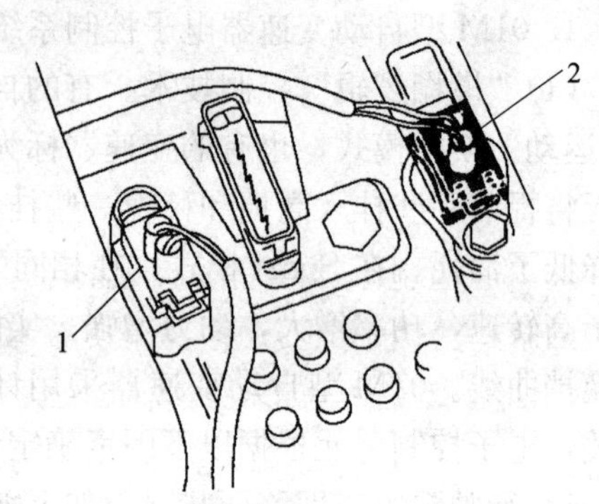

图 8—21　变速器转速传感器 G38 和车速传感器 G68
1—变速器转速传感器 G38
2—车速传感器 G68

注意

车速传感器 G68 和变速器转速传感器 G38 在变速器后端的位置很近，且两者的插头互换后也能插上，如果检修时不慎插反，会造成变速器不能升入高速挡的故障。G38 的插头是白色的，G68 的插头是黑色的。

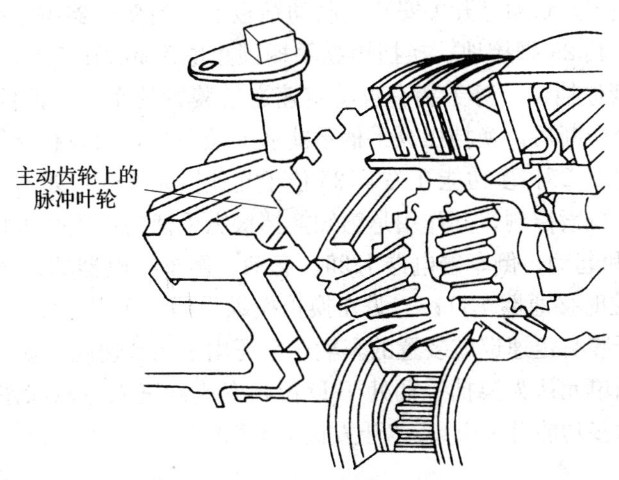

图 8—22　主动齿轮上的脉冲叶轮

（5）发动机转速传感器 G28。发动机转速传感器是电磁式传感器，安装于发动机缸体后部，如图 8—23 所示。它把发动机转速信号先传递给发动机电子控制单元 J220，再由 J220 传递给变速器电子控制单元 J217，J217 将发动机转速信号和车速信号进行比较，根据转速差识别出锁止离合器的打滑状态，如果滑动过大（即转速差过大），J217 将增大锁止离合器压力，使滑动相对减小，所以，发动机转速传感器 G28 的作用与车速传感器 G68 相近。G28 损坏后，用故障诊断仪 VAG1551 检查故障记录为“G28 无转速信号”，变速器进入应急状态。

（6）变速器油温传感器 G93。变速器油温传感器位于变速器内滑阀箱上的传输线上，用于感应变速器内的机油温度，如图 8—24 所示。变速器油温传感器是一个负温度系数电阻，随着温度的升高，阻值降低。其作用是控制变速器的工作温度。如果变速器油温高于 150 ℃时，变速器电子控制单元控制锁止离合器接合；如果油温还降不下来，变速器电子控制单元控制变速器降一个挡位。变速器油温传感器 G93 短路后，用故障诊断仪检查显示温度过高，变速器无法升入高挡；如果其断路，显示温度低，换挡迟缓，用故障诊断仪查询故障记录会显示油温传感器 G93“无法识别故障类型”。它损坏后无替代值，变速器不进入应急状态。

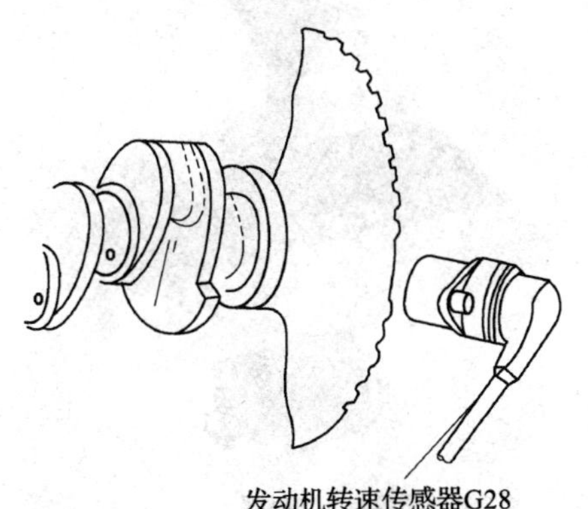

图 8—23　发动机转速传感器 G28

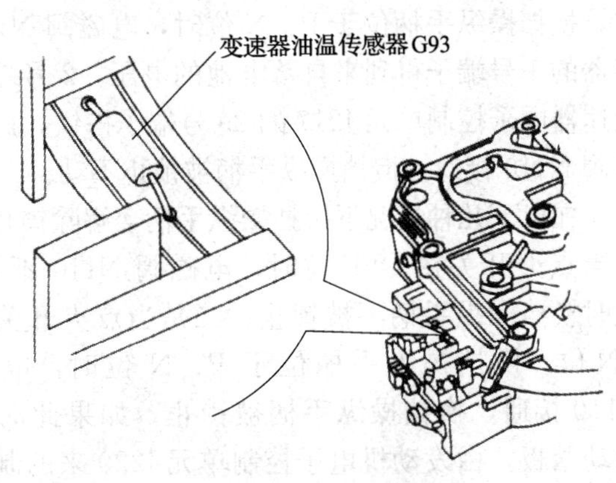

图 8—24　变速器油温传感器 G93

（7）制动灯开关 F。制动灯开关安装在制动踏板上。当变速器电子控制单元 J217 的 15 脚收到制动信号后，其 29 脚接地，换挡操纵手柄锁止电磁阀 N110 接通，解除锁止，方可从 P 位移出，挂入其他挡位。对于装有自动定速巡航装置的车辆，该信号用于解除定速巡航。制动灯开关信号中断后，换挡操纵手柄不能从 P 位移出，故障存储器中无故障记录。

（8）多功能开关 F125。多功能开关 F125 位于变速器壳体内，如图 8—25 所示。多功能开关由换挡操纵手柄拉索控制，其作用是感知换挡操纵手柄的位置并将状态信号送给变速器电子控制单元 J217 和起动、倒车继电器 J226。起动、倒车继电器的作用有两个，一是在换挡操纵手柄位于 R 位时接通倒车灯；二是在换挡操纵手柄位于 P 或 N 以外的挡位时，控制起动机不工作。对于装有定速巡航装置的车辆，它还用于调节速度。如果多功能开关信号中断，变速器电子控制单元认为换挡手柄处于 D 位，变速器进入应急状态。用故障诊断仪查询故障记录，会显示多功能开关 F125“开关状态不稳定”。

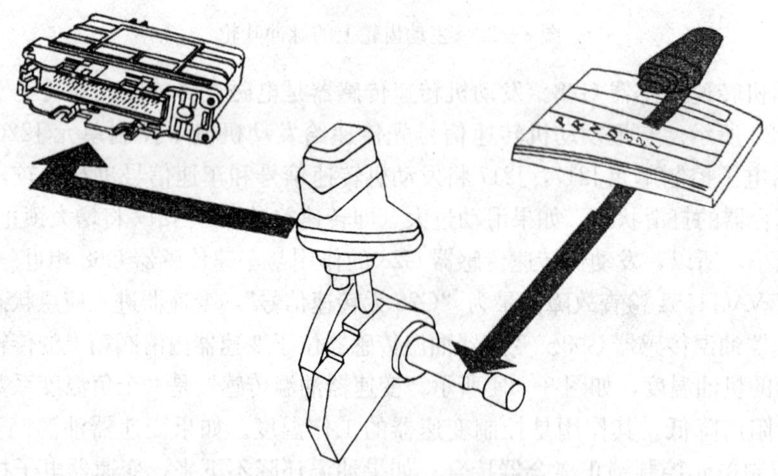

图 8—25　变速器多功能开关 F125

（9）换挡操纵手柄锁止电磁阀 N110。换挡操纵手柄锁止电磁阀位于换挡操纵手柄下端，如图 8—26 和图 8—27 所示。当点火开关移至 ON 位，换挡操纵手柄位于 P、N 位时，电磁阀 N110 插接器的 1 号端子得到来自蓄电池的电压，2 号端子到变速器电子控制单元 J217 的 29 号端子搭铁，此时电磁阀 N110 接通，换挡操纵手柄被锁止不动。

在以下几种情况下换挡操纵手柄会解除锁止：一是当点火开关在 OFF 位时，电磁阀 N110 不接通，此时换挡操纵手柄不被锁止；二是当点火开关移至 ON 位，换挡操纵手柄位于 P、N 位时，电磁阀 N110 接通，换挡操纵手柄被锁止，如果此时踩下制动踏板，由发动机电子控制单元 J220 来的制动信号传给变速器电子控制单元 J217 的 15 号端子，电子

图 8—26　换挡操纵手柄锁止电磁阀

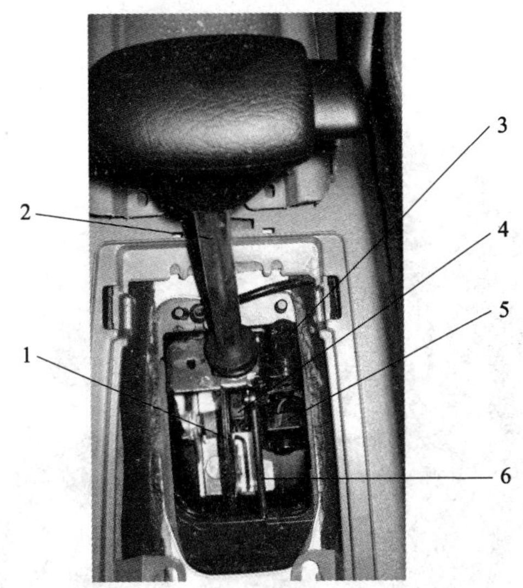

图 8—27　换挡操纵手柄锁止电磁阀实物

1—锁止板　2—换挡操纵手柄　3—挡位指示灯　4—锁止拨杆
5—换挡操纵手柄锁止电磁阀 N110　6—拉索

控制单元 J217 将会控制 29 号端子的搭铁断开，此时电磁阀 N110 不接通，换挡操纵手柄解除锁止；三是当车速超过 5 km/h 时，变速器电子控制单元 J217 将会控制 29 号端子的搭铁断开，此时电磁阀 N110 不接通，换挡操纵手柄解除锁止。

第二节　大众 0AM 型干式双离合器自动变速器结构和原理

一、概述

大众公司生产的 0AM 型干式双离合器自动变速器主要用于奥迪、迈腾、高尔夫及速腾轿车，如图 8—28 所示。

1. 双离合器自动变速器（Dual Clutch Transmission，DCT）的发展历程

1940 年，Darmstadt 大学教授 Rudolph Franke 第一个申请了双离合器变速器专利，该变速器曾经在卡车上试验过，但是没有投入批量生产。随后，保时捷也发明了专用于赛车的双离合器变速器（Porsche Doppel Kupplungen，PDK）。然而，未能投入批量生产。

1985 年，奥迪将双离合器技术应用于赛车上，当时被命名为“Audi Sport Quattro S1 赛车配合双离合器技术”。

到了 20 世纪 90 年代末期，大众公司和博格华纳携手合作开发第一个适用于大批量生产和应用于主流车型的 Dual Tronic（R）技术双离合器变速器。

2002 年，双离合器变速器应用到德国大众高尔夫 R32 和奥迪 TT V6 上。

2003 年，双离合器变速器应用到高尔夫等其他车型上。

2004 年，双离合器变速器在大众途安（Touran）车型上首次与 TDI 柴油发动机匹配。

图 8—28　0AM 型干式双离合器自动变速器

2007 年，博格华纳的双离合器变速器项目投产，主要为豪华型乘用车、跑车配套，全年产能为 60 万套。

2. 0AM 型干式双离合器变速器的基本情况

0AM 型干式双离合器变速器型号及生产信息如图 8—29 所示，其技术参数见表 8—4。

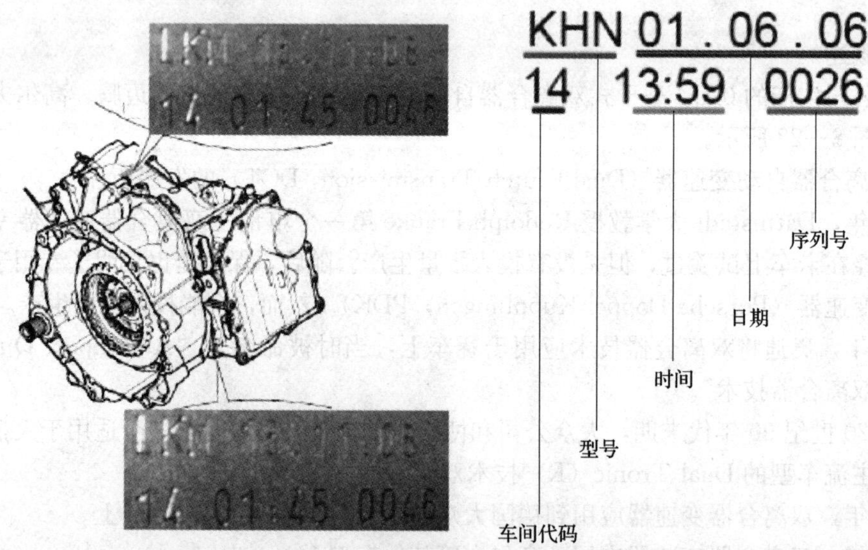

图 8—29　0AM 型干式双离合器变速器型号及生产信息

表 8—4　　0AM 型干式双离合器变速器技术参数

变速器名称	0AM
质量	约 70 kg
扭矩	250 N・m
挡位	7 个前进挡、1 个倒挡
速比	8.1
操作模式	自动＋Tiptronic（手自一体）
齿轮油	1.7 L（G 052 171）
液压油	1.1 L（G 004 000）

双离合器变速器的关键技术就在于双离合器，也就是有两个自动控制的离合器，分别由电子控制系统及液压控制系统控制其接合和分离，如图 8—30 所示。

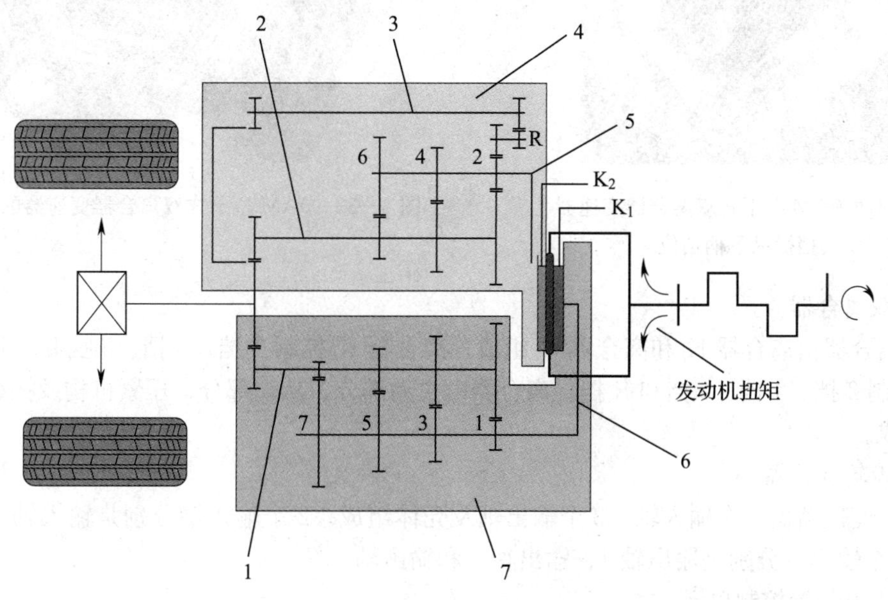

图 8—30　双离合器变速器基本原理

1—输出轴 1　2—输出轴 2　3—输出轴 3　4—变速器传动部分 2
5—输入轴 2　6—输入轴 1　7—变速器传动部分 1

双离合器变速器在工作时，一个挡位齿轮啮合传递动力，在接近换挡时，要被换入挡位的齿轮预先啮合，但控制此挡的离合器仍处于分离状态；当换挡时，控制正在使用挡位的离合器分离使齿轮退出啮合，另一个离合器接合换入该挡。在整个换挡期间能确保最少有一组齿轮在输出动力，从而不会出现动力中断的状况（理论上）。

双离合器变速器比手动变速器换挡更快速、顺畅，动力输出不间断，能带给驾驶者驾驶赛车般的感受。

0AM 型干式双离合器变速器有 7 个前进挡和 1 个倒挡。可供换挡操纵手柄选择的挡位有 5 个，分别是 P（驻车挡）、R（倒车挡）、N（空挡）、D（正常行驶挡）、S（运动模式挡），如图 8—31 所示。

二、0AM 型干式双离合器自动变速器的组成

0AM 型干式双离合器自动变速器由双离合器、齿轮变速器和机电装置控制单元组成，如图 8—32 所示。

图 8—31　0AM 型干式双离合器变速器换挡操纵手柄挡位

图 8—32　0AM 型干式双离合器变速器的组成

1. 双离合器

双离合器由离合器 K_1 和离合器 K_2 组成，离合器 K_1 控制 1 挡、3 挡、5 挡和 7 挡，离合器 K_2 控制 2 挡、4 挡、6 挡和 R 挡。离合器由主动部分、从动部分、压紧机构及操纵执行机构等组成。

2. 齿轮变速器

齿轮变速器由 2 个输入轴、3 个输出轴及壳体组成。2 个输入轴分别是输入轴 1 和输入轴 2，3 个输出轴分别是输出轴 1、输出轴 2 和输出轴 3。

3. 机电装置控制单元

机电装置控制单元由换挡执行机构、液压控制系统和电子控制系统组成。

三、双离合器

1. 离合器主动部分

双离合器主动部分与发动机曲轴连在一起，结构如图 8—33 所示。

在双质量飞轮内装配有内齿，与铆在连接环上的外齿啮合，如图 8—34 所示。

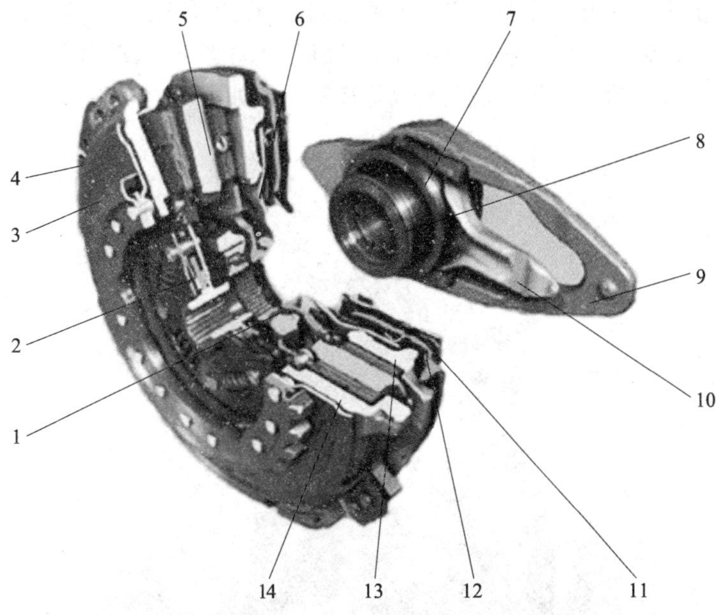

图 8—33　双离合器主动部分的结构

1—离合器 K_2 从动盘　2—离合器 K_1 从动盘　3—外齿　4—连接环　5—驱动盘　6—离合器 K_2 膜片弹簧　7—离合器 K_1 接合轴承　8—离合器 K_2 接合轴承　9—离合器 K_1 接合杠杆　10—离合器 K_2 接合杠杆　11—离合器 K_1 膜片弹簧　12—离合器盖　13—离合器 K_2 压盘　14—离合器 K_1 压盘

图 8—34　双离合器主动部分的组成

1—双质量飞轮　2—内齿　3—外齿　4—连接环

2. 离合器压紧机构

离合器压紧机构主要由膜片弹簧组成。离合器 K_1 膜片弹簧、离合器 K_2 膜片弹簧与主动部分一起旋转。膜片弹簧以离合器盖为依托，分别将离合器 K_1 从动盘和离合器 K_2 从动盘都压向驱动盘，从而将从动盘和驱动盘压紧以传递动力，如图 8—35 所示。

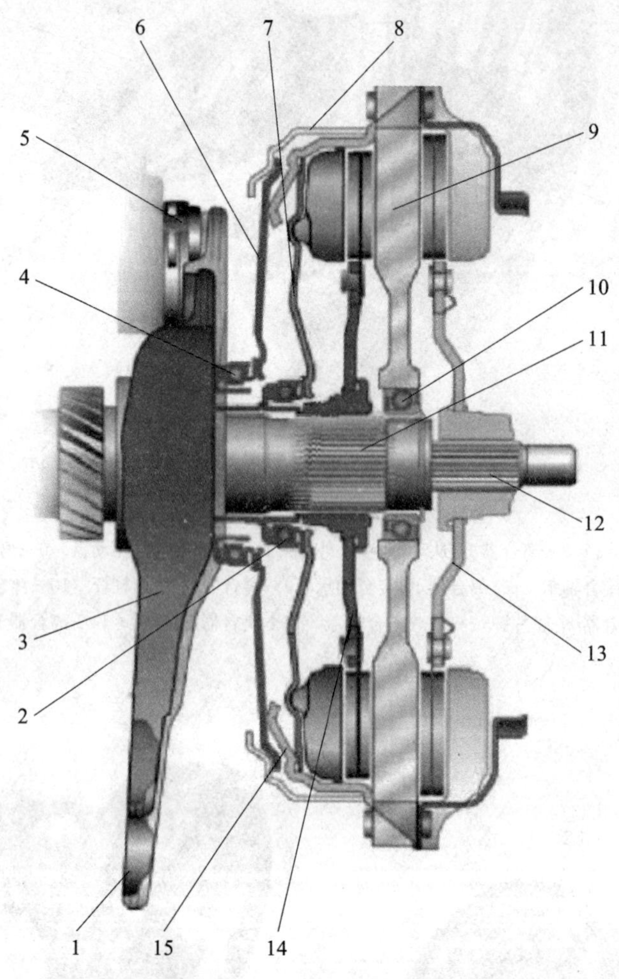

图 8—35　离合器压紧机构

1—离合器 K_1 接合杠杆　2—离合器 K_2 接合轴承　3—离合器 K_2 接合杠杆　4—离合器 K_1 接合轴承　5—固定架　6—离合器 K_1 膜片弹簧　7—离合器 K_2 膜片弹簧　8—离合器 K_1 压紧环（支承环）　9—驱动盘　10—驱动盘支承轴承　11—输入轴 2　12—输入轴 1　13—离合器 K_1 从动盘　14—离合器 K_2 从动盘　15—离合器盖

膜片弹簧用优质弹簧钢制成，形状为碟形，沿径向开有切槽，切槽将内端开通，外端为圆孔，防止应力集中，形成多个弹簧杠杆。膜片弹簧是压紧机构，又是分离杠杆，具有理想非线性特征，磨损后弹簧压力几乎保持不变。

离合器 K_1 膜片弹簧通过内端固定环固定在离合器盖上，如图 8—36 所示。离合器 K_1 压紧环装在离合器盖外侧，在离合器接合时膜片弹簧以其为支承点运动。膜片弹簧的外端支承在压紧环上，离合器 K_1 压紧环如图 8—37 所示。离合器 K_1 压紧环与离合器 K_1 的从动盘用铆钉铆在一起，这样膜片弹簧的运动通过压紧环传给离合器 K_1 从动盘，使驱动盘、离合器 K_1 从动盘压紧，以传递动力（离合器接合）。

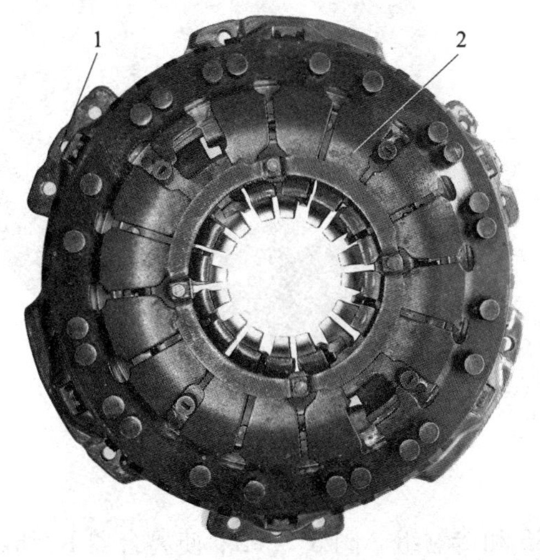

图 8—36 离合器 K_1 膜片弹簧

1—离合器盖 2—离合器 K_1 膜片弹簧

图 8—37 离合器 K_1 压紧环

离合器 K_2 膜片弹簧固定在离合器盖上，如图 8—38 所示。膜片弹簧压紧环支承在膜片弹簧的最外端，同时膜片弹簧中部的凸起部分抵靠在离合器 K_2 从动盘上，这样膜片弹簧内端的力就直接传递到从动盘上，使驱动盘、离合器 K_2 从动盘压紧，实现传递动力（离合器接合）。

3. 离合器从动部分

离合器从动部分包括离合器 K_1 从动盘和离合器 K_2 从动盘。

（1）离合器 K_1 从动盘。离合器 K_1 从动盘安装在驱动盘与离合器 K_1 压盘之间，从动盘钢片与扭转减振器盘通过齿啮合，安装时从动盘毂（齿毂）长毂朝向发动机，且从动盘钢片与从动盘毂标记对正，如图 8—39 所示。从动盘毂由内花键与变速器输入轴 1 的外花键啮合。

（2）离合器 K_2 从动盘。离合器 K_2 从动盘安装在驱动盘与离合器 K_2 压盘之间，从动盘与从动盘毂通过铆钉连接在一起，从动盘毂凸起部分朝后，如图 8—40 所示，从动盘毂由内花键与变速器输入轴 2 的外花键啮合。

图 8—38 离合器 K_2 膜片弹簧

1—离合器盖 2—离合器 K_2 膜片弹簧

图 8—39　离合器 K_1 从动盘钢片与从动盘毂标记对正

图 8—40　离合器 K_2 从动盘

4. 离合器操纵机构

机电装置控制单元控制传输组 1 阀 3－N435 和传输组 2 阀 3－N439 使离合器 K_1 和离合器 K_2 接合或分离。离合器 K_1 和离合器 K_2 分别由各自独立的循环油路控制。当发动机关闭或怠速时，两个离合器都处于分离状态；当车辆运行时，在这两个离合器中一个离合器处于接合状态，另一个离合器处于分离状态。

离合器操纵机构由离合器驱动液压缸、接合杠杆等组成，如图 8—41 所示。

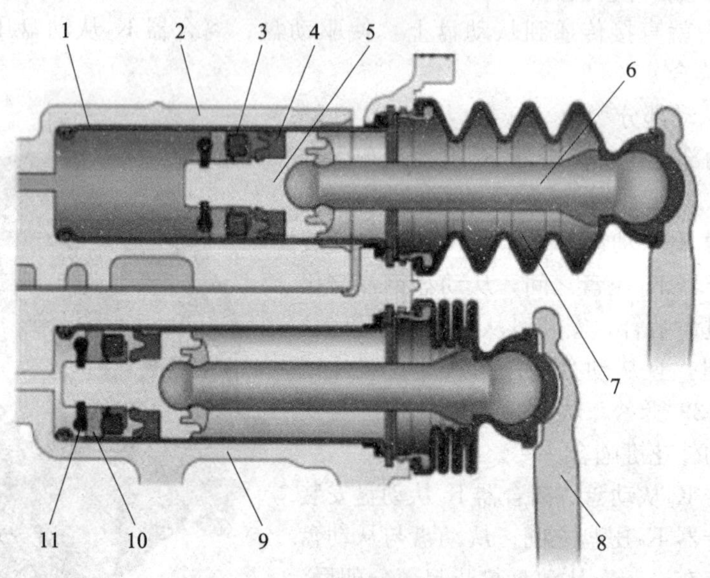

图 8—41　离合器操纵机构的组成

1—离合器 K_1 驱动液压缸　2—离合器 K_1 控制器　3—永久磁铁　4—防尘套
5—离合器控制活塞　6—活塞杆　7—防尘罩　8—接合杠杆
9—离合器 K_2 控制器　10—导向环　11—支承环

（1）离合器 K_1 工作原理

1）离合器 K_1 接合。机电装置控制单元控制传输组 1 阀 3－N435 打开通向离合器 K_1 控制器液压缸的油路，液压油经过系统压力调节阀 N436 调压后进入液压缸，活塞向右移动（如图 8—42 所示），通过活塞杆将力传递到接合杠杆上，再经接合杠杆传递给接合轴承，接合轴承向前移动，使驱动盘、离合器 K_1 从动盘和压盘压紧（如图 8—43 所示），发动机的扭矩由飞轮传到驱动盘和压盘，再由驱动盘和压盘通过从动盘摩擦面的摩擦作用传到从动盘，由从动盘传到变速器输入轴 1。

在离合器 K_1 控制器中，活塞位置由机电装置控制单元通过离合器 K_1 行程位置传感器 G167 的信号来确定。

2）离合器 K_1 分离。机电装置控制单元控制传输组 1 阀 3－N435，离合器 K_1 控制器液压缸中液压油与回油孔相通，将液压油流回变速器油底壳中，使控制器中活塞回到原始位置（最左侧）。离合器 K_1 接合杠杆一侧活塞的推动力解除，使驱动盘、从动盘和压盘有一定间隙，离合器 K_1 处于分离状态。

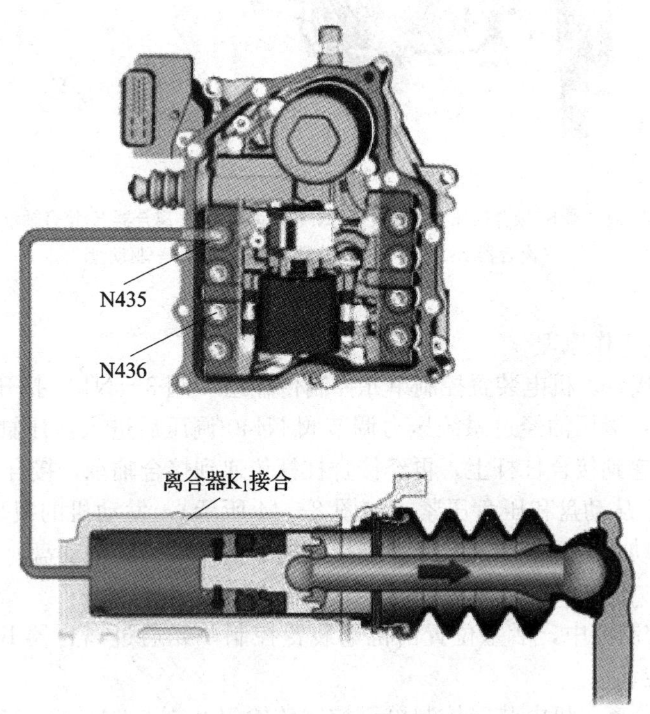

图 8—42　离合器 K_1 操纵机构工作过程

3）离合器 K_1 打滑率控制。离合器 K_1 打滑率即发动机转速（驱动盘转速）和变速器输入轴 1 转速（从动盘转速）之差与发动机转速的比值。机电装置控制单元根据离合器转速传感器 G182 和变速器输入轴 1 转速传感器 G632 的转速差，通过传输组 1 阀 3－N435 控制离合器控制器中活塞压力，即控制离合器驱动盘、从动盘和压盘的压紧力，从而实现对离合器 K_1 打滑率的控制。

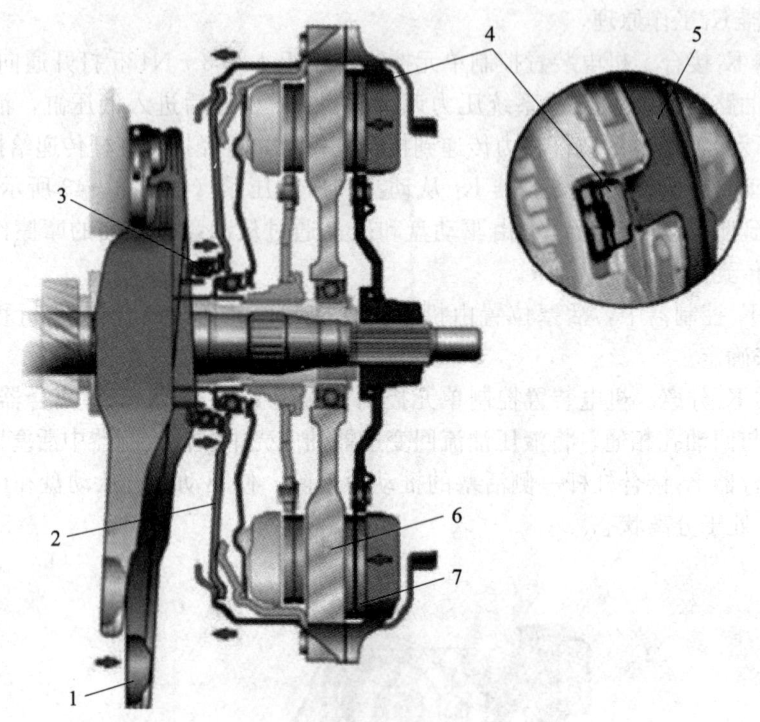

图 8—43　离合器 K_1 接合状态

1—离合器 K_1 接合杠杆　2—离合器 K_1 膜片弹簧　3—离合器 K_1 接合轴承
4—离合器 K_1 压盘　5—离合器 K_1 压紧环　6—驱动盘
7—离合器 K_1 从动盘

（2）离合器 K_2 工作原理

1）离合器 K_2 接合。机电装置控制单元控制传输组 2 阀 3－N439 打开通向离合器 K_2 控制器液压缸的油路，液压油经过系统压力调节阀 N440 调压后进入液压缸，活塞向右移动，通过活塞杆将力传递到接合杠杆上，再经接合杠杆传递到接合轴承，接合轴承向前移动，使驱动盘、离合器 K_2 从动盘和压盘压紧（如图 8—44 所示），发动机的扭矩由飞轮传到驱动盘和压盘，再由驱动盘和压盘通过从动盘摩擦面的摩擦作用传到从动盘，由从动盘传到变速器输入轴 2。

在离合器 K_2 控制器中，活塞位置由机电装置控制单元通过离合器 K_2 行程位置传感器 G168 的信号来确定。

2）离合器 K_2 分离。机电装置控制单元控制传输组 2 阀 3－N439，离合器 K_2 控制器液压缸中液压与回油孔相通，将液压油流回变速器油底壳中，使控制器中活塞回到原始位置，离合器 K_2 接合杠杆一侧活塞的推动力解除，使驱动盘、从动盘和压盘有一定间隙，离合器 K_2 处于分离状态。

3）离合器 K_2 打滑率控制。机电装置控制单元根据离合器转速传感器 G182 和变速器输入轴 2 转速传感器 G612 的转速差，通过传输组 2 阀 3－N439 控制离合器控制器中活塞压力，实现对离合器 K_2 打滑率的控制。

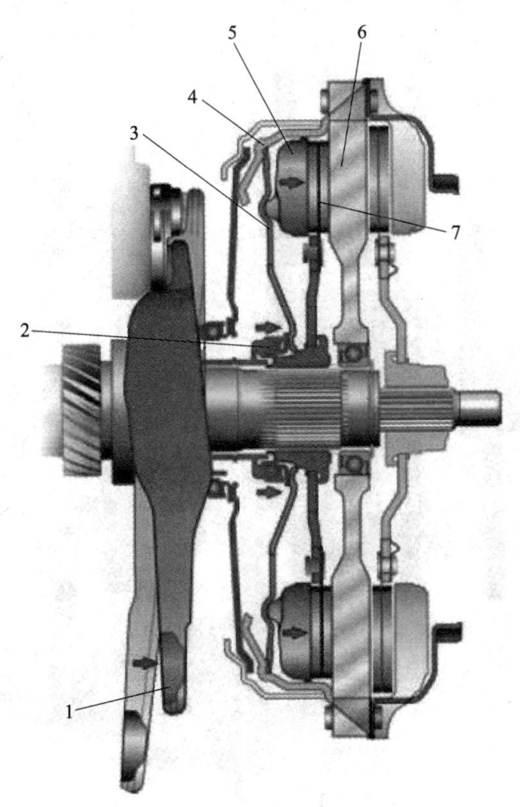

图 8—44 离合器 K_2 接合状态

1—离合器 K_2 接合杠杆 2—离合器 K_2 接合轴承 3—离合器 K_2 膜片弹簧 4—离合器 K_2 膜片弹簧支承 5—离合器 K_2 压盘 6—驱动盘 7—离合器 K_2 从动盘

四、齿轮变速器

0AM 型干式双离合器变速器齿轮变速器由 2 个输入轴、3 个输出轴及壳体组成。2 个输入轴分别是输入轴 1 和输入轴 2，3 个输出轴分别是输出轴 1、输出轴 2 和输出轴 3，如图 8—45 所示。

1. 变速器输入轴

变速器输入轴包括输入轴 1 和输入轴 2，如图 8—46 所示。输入轴 2 套在输入轴 1 上，并用 2 个轴承支承在输入轴 1 上，组合后输入轴用 2 个轴承支承在变速器壳体上。

（1）变速器输入轴 1。输入轴 1 通过花键与离合器 K_1 从动盘相连，在输入轴 1 上有 1 挡齿轮、3 挡齿轮、5 挡齿轮和 7 挡齿轮，所有齿轮都与输入轴 1 是一体的，用于驱动 1 挡、3 挡、5 挡和 7 挡。为了监测输入轴 1 的转速，在输入轴 1 上安装有输入轴 1 转速传感器 G632 的脉冲磁性靶轮，如图 8—47 所示。

（2）变速器输入轴 2。输入轴 2 是空心轴，通过花键与离合器 K_2 从动盘相连。在输入轴 2 上有 2/R 挡齿轮和 4/6 挡齿轮，所有齿轮都与输入轴 2 是一体的，用于驱动 2 挡、4 挡、6 挡和 R 挡。为了监测输入轴 2 的转速，在输入轴 2 上安装有输入轴 2 转速传感器 G612 的齿形靶轮，如图 8—48 所示。

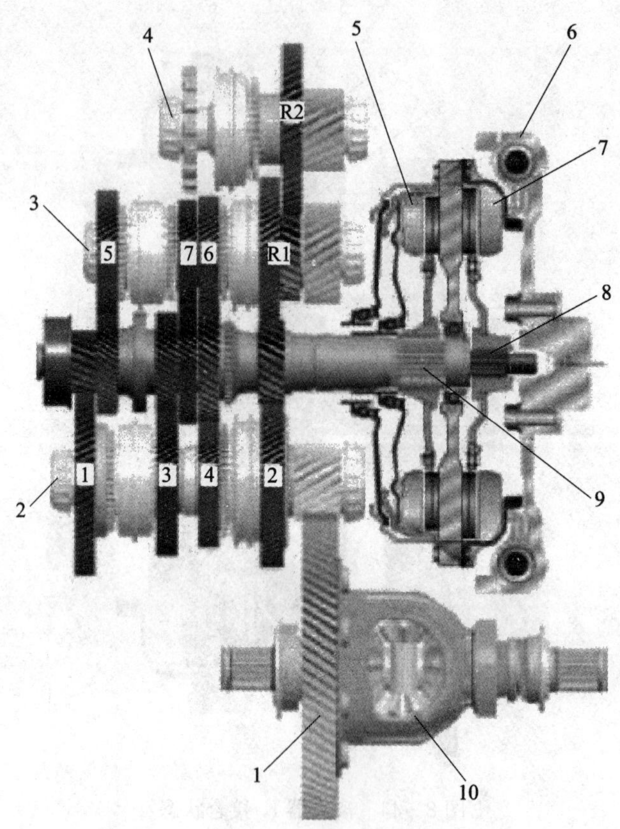

图 8—45　齿轮变速器的结构

1—主减速齿轮　2—输出轴 1　3—输出轴 2　4—输出轴 3
5—离合器 K_2　6—双质量飞轮　7—离合器 K_1
8—输入轴 1　9—输入轴 2　10—差速器

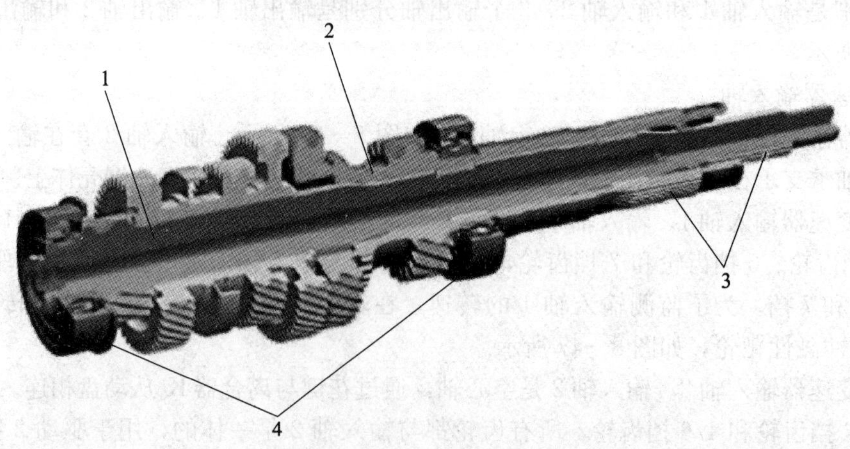

图 8—46　变速器输入轴的结构

1—输入轴 1　2—输入轴 2　3—花键　4—球轴承

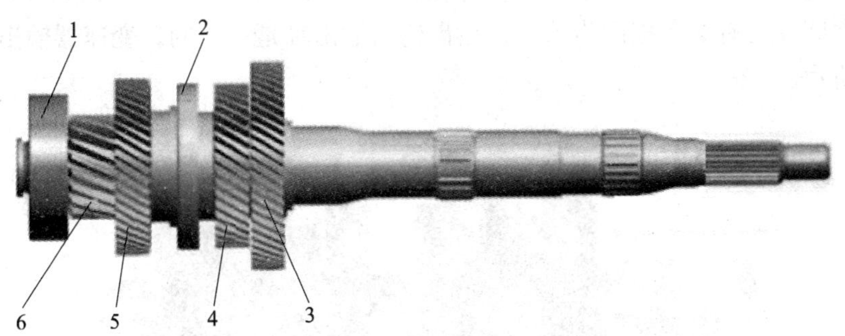

图 8—47　输入轴 1 的结构

1—轴承　2—G632 脉冲磁性靶轮　3—7 挡齿轮　4—3 挡齿轮　5—5 挡齿轮　6—1 挡齿轮

图 8—48　输入轴 2 的结构

1—4/6 挡齿轮　2—G612 齿形靶轮　3—轴承　4—2/R 挡齿轮

2. 变速器输出轴

变速器输出轴有输出轴 1、输出轴 2 和输出轴 3，3 根输出轴都与主减速齿轮啮合，如图 8—49 所示，发动机扭矩从变速器输入轴传到输出轴，经输出轴上的输出齿轮传到主减速齿轮。

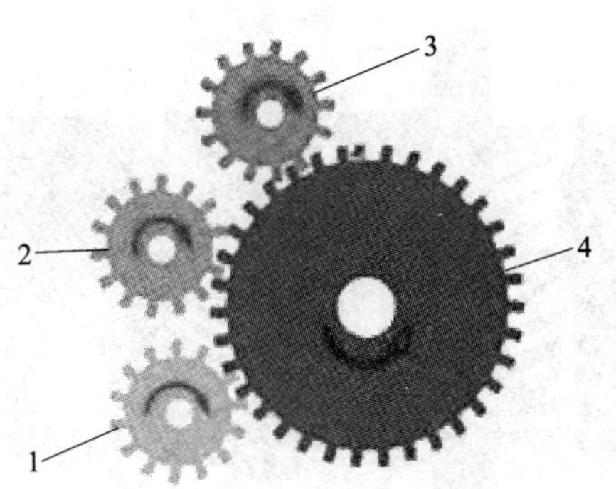

图 8—49　变速器输出轴输出齿轮啮合图

1—输出轴 1 输出齿轮　2—输出轴 2 输出齿轮　3—输出轴 3 输出齿轮　4—主减速齿轮

(1) 变速器输出轴 1。输出轴 1 通过 2 个轴承支承在变速器壳体上。输出轴上有 1 挡齿轮、2 挡齿轮、3 挡齿轮、4 挡齿轮和输出齿轮。4 个换挡齿轮都制有外齿圈，通过轴承支承在轴上，能相对于轴自由转动。在1挡齿轮和3挡齿轮之间安装有1/3挡同步器，2挡齿轮和4挡齿轮之间安装有2/4挡同步器。输出齿轮与输出轴是一体的。变速器输出轴1的结构如图8—50所示。

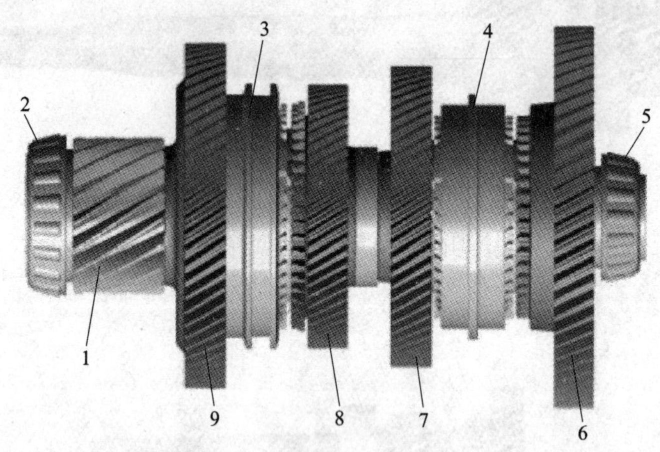

图8—50 变速器输出轴1的结构

1—输出齿轮 2，5—轴承 3—2/4挡同步器 4—1/3挡同步器 6—1挡齿轮 7—3挡齿轮 8—4挡齿轮 9—2挡齿轮

（2）变速器输出轴2。输出轴2通过2个轴承支承在变速器壳体上。输出轴2上有5挡齿轮、6挡齿轮、7挡齿轮、R挡中间齿轮和输出齿轮。5挡齿轮、6挡齿轮和7挡齿轮都制有外齿圈，R挡中间齿轮包括R挡中间齿轮1和R挡中间齿轮2（这两个齿轮制成一体），这5个齿轮都通过轴承支承在轴上，能相对于轴自由转动。在5挡齿轮和7挡齿轮之间安装有5/7挡同步器，6挡齿轮和R挡中间齿轮之间安装有6/R挡同步器。输出齿轮与输出轴是一体的。变速器输出轴2的结构如图8—51所示。

图8—51 变速器输出轴2的结构

1—6/R挡同步器 2—5/7挡同步器 3—5挡齿轮 4—7挡齿轮 5—6挡齿轮 6—R挡中间齿轮1 7—R挡中间齿轮2 8—输出齿轮

(3) 变速器输出轴 3。输出轴 3 通过 2 个轴承支承在变速器壳体上。输出轴上有 R 挡齿轮、P 挡锁止齿轮和输出齿轮。R 挡齿轮制有外齿圈并通过轴承支承在轴上，能相对于轴自由转动。在 R 挡齿轮一侧安装有 R 挡同步器。输出齿轮与输出轴是一体的。P 挡锁止齿轮与输出轴通过花键连接。变速器输出轴 3 的结构如图 8—52 所示。

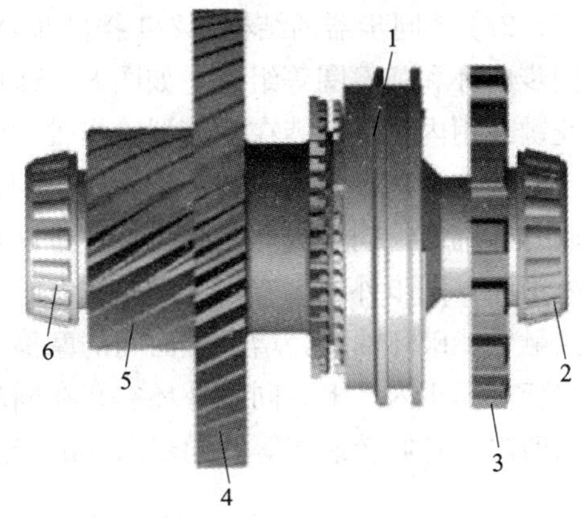

图 8—52　变速器输出轴 3 的结构

1—R 挡同步器　2，6—轴承　3—P 挡锁止齿轮　4—R 挡齿轮　5—输出齿轮

3. 同步器

由于换挡时各挡齿轮转动惯量不同，低挡齿轮转动惯量大而高挡齿轮转动惯量小，因此 1 挡同步器、2 挡同步器和 3 挡同步器采用 3 个摩擦锥面的锁环式同步器，4 挡同步器采用 2 个摩擦锥面的锁止式同步器，5 挡同步器、6 挡同步器、7 挡同步器和 R 挡同步器采用一个摩擦锥面的锁止环同步器。2/4 挡同步器和 R 挡同步器的结构如图 8—53 所示。

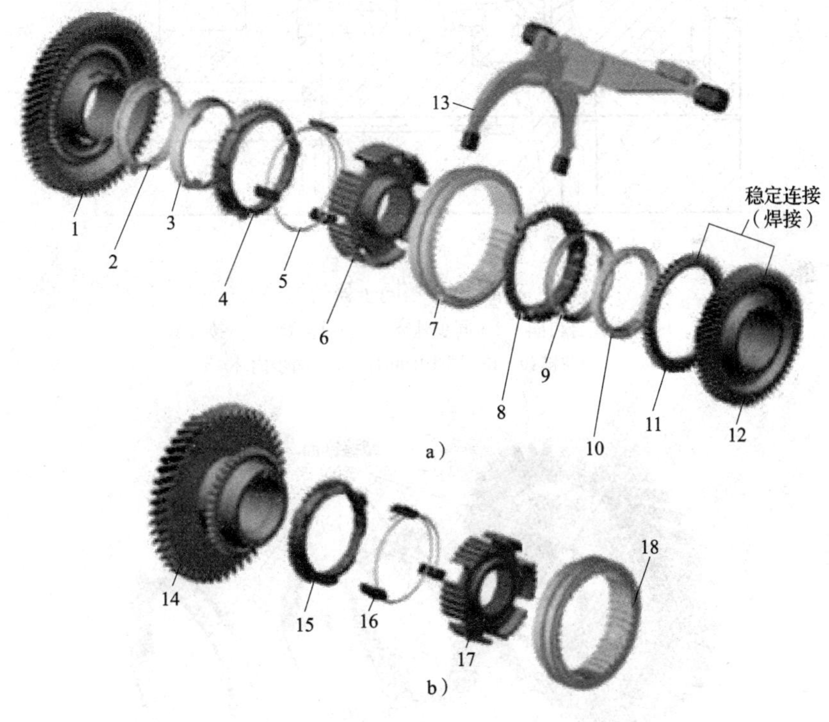

图 8—53　2/4 挡同步器和 R 挡同步器的结构

a）2/4 挡同步器　b）R 挡同步器

1—2 挡齿轮　2—同步内环　3—同步中间环　4—同步外环　5—弹簧圈　6—同步器毂（花键毂）　7—接合套　8—同步外环　9—同步中间环　10—同步内环　11—齿轮（齿圈）　12—4 挡齿轮　13—拨叉　14—R 挡齿轮　15—同步环　16—锁块（滑块）　17—同步器毂　18—接合套

（1）2/4 挡同步器的结构。2/4 挡同步器主要由接合套、花键毂、同步外环、同步中间环、同步内环和弹簧圈等组成，如图 8—54 所示。

花键毂用内花键套装在变速器输出轴 1 的外花键上，用垫圈、卡环轴向定位。花键毂 2 挡齿轮一端与 2 挡齿轮之间有带钼涂层黄铜材质的同步外环、同步中间环和同步内环，2 挡齿轮制有外锥面，同步内环制有内、外锥面且在内、外锥面上车有螺纹，同步中间环也制有内、外锥面，同步外环制有内锥面且车有螺纹，以上锥面锥度相等。锥面上螺纹的作用是当锥面接触后能破坏油膜，增大锥面间的摩擦力。同步内环空套在 2 挡齿轮的锥面上，同步中间环空套在同步内环上，同步外环空套在同步中间环上。同步中间环的卡爪插入 2 挡齿轮锥面的凹槽内，它们转速相等。同步内环的卡爪插入同步外环的凹槽内，如图 8—55 所示。

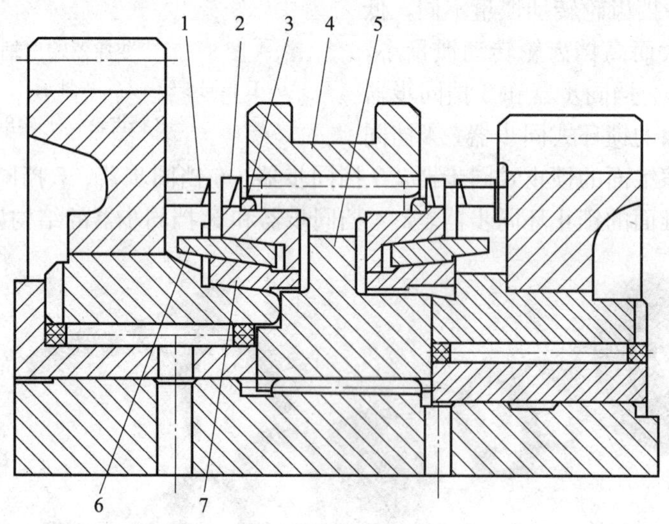

图 8—54　2/4 挡同步器的结构

1—2 挡接合齿圈　2—同步外环　3—弹簧圈　4—接合套
5—花键毂　6—同步中间环　7—同步内环

图 8—55　2 挡同步器的结构

1—带外齿圈的 2 挡齿轮　2—同步内环　3—同步中间环　4—同步外环

花键毂 4 挡齿轮一端与 4 挡齿轮之间有带钼涂层黄铜材质的同步内环、同步中间环和同步外环。同步内环制有外锥面且车有螺纹，同步中间环制有内、外锥面，同步外环制有内锥面且车有螺纹，以上锥面锥度相等。同步中间环空套在同步内环上，同步外环空套在同步中间环上。同步中间环的卡爪插入 4 挡齿轮的凹槽内，它们转速相等。同步内环的卡爪插入同步外环的凹槽内。

2 挡、4 挡同步外环上制有齿圈，齿圈的尺寸和齿数与 2 挡齿轮、4 挡齿轮的外齿圈及接合套对应端内齿相同。2 挡齿轮、4 挡齿轮和同步外环上的齿圈在靠近接合套的一端都有倒角（锁止角），与接合套齿端的倒角相同。同步外环上有 3 个均布的缺口，3 个滑块分别装在花键毂上 3 个均布的轴向槽内，沿槽可以轴向移动。滑块被 2 个外胀式弹簧圈的径向力压向接合套，滑块中部的凸起部位压嵌在接合套中部的定位凹槽内，保证接合套在变速器处于空挡位置时滑块两端伸入同步外环的缺口中，滑块窄，同步外环缺口宽，两者之差等于同步外环齿圈的齿宽。同步外环相对滑块顺时针旋转和逆时针旋转都只能转动半个齿宽，且只有当滑块位于同步外环缺口的中央时接合套与同步外环齿圈才能接合。

（2）同步器的工作原理。以 1 挡换 2 挡为例，如图 8—56 所示。

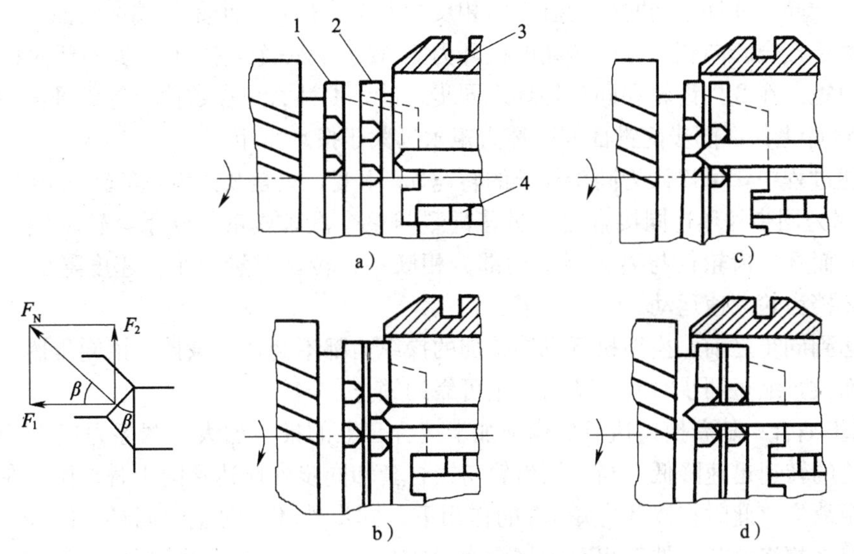

图 8—56　同步器的工作原理

a）处于空挡位置时的同步器　b）同步器锁止　c）接合套与同步器外环啮合　d）接合套与 2 挡齿轮啮合

1—2 挡齿轮　2—同步外环　3—接合套　4—滑块

1）同步器处于空挡位置。接合套刚从 1 挡退入空挡时（如图 8—56a 所示），2 挡齿轮、同步内环、同步中间环、同步外环及接合套因惯性作用按原来转速沿原方向继续旋转（接近 1 挡转速），此时 2 挡齿轮和同步中间环转速相等，接合套、同步内环及同步外环三者转速相等。设 2 挡齿轮、接合套、同步外环的转速分别为 n_2、$n_{套}$、$n_{环}$，由于 $n_{套}=n_{环}$，$n_2>n_{套}$，故 $n_2>n_{环}$。由于 2 挡齿轮外锥面、同步内环、同步中间环、同步外环锥面间有一定的间隙，其相互锥面间没有摩擦力矩。

2）摩擦力矩的形成与同步器锁止过程。在变速器换入 2 挡时，换挡执行机构推动接合套连同滑块一起向左移动（如图 8—56b 所示），滑块又推动同步外环移向 2 挡齿轮，使 2 挡齿轮、同步内环、同步中间环及同步外环锥面接触。由于作用在接合套上的轴向推力使锥面间有正压力，又因为 2 挡齿轮、同步中间环和同步内环、同步外环有转速差（$n_2 > n_{环}$），所以锥面接触产生摩擦力矩 M_1。通过摩擦作用，2 挡齿轮和同步中间环带动同步内环和同步外环锁环相对于接合套向前转动一个角度，使滑块靠向同步外环缺口的另一侧，此时接合套的内齿与同步外环的外齿错开约半个齿宽，接合套的齿端倒角与同步外环的齿端倒角互相抵住，接合套暂时不能向前移动进入啮合，可以防止接合套与待啮合齿圈在未达到同步前进入啮合。

轴向推力使接合套的齿端倒角面与锁环的齿端倒角面之间产生正压力 F_N，F_N可分解为轴向力 F_1和与轴垂直方向力 F_2。F_2形成一个企图拨动同步外环相对于接合套反转的力矩，称为拨环力矩 M_2。F_1使同步外环、同步中间环、同步内环和 2 挡齿轮的锥面进一步压紧，锥面间的摩擦力矩 M_1使 2 挡齿轮相对于同步外环迅速减速而趋向于与同步外环同步，由于 2 挡齿轮以及与其相关联的零件的减速，便产生了一个与旋转方向相同的惯性力矩，又通过摩擦锥面以摩擦力矩的方式传到同步内环和同步外环上，阻碍同步外环相对于接合套反方向转动。可见，同步外环上同时作用着方向相反的两个力矩：一个是齿端倒角面上力图拨动同步外环相对于接合套向相反方向转动的拨环力矩 M_2；另一个是阻止同步外环向相反方向转动的惯性力矩。在 2 挡齿轮和同步外环未同步之前，惯性力矩在数值上等于锥面间摩擦力矩 M_1。结构设计上保证同步前锥面间摩擦力矩永远大于拨环力矩。

在上述过程中，可以认为同步外环的转速 $n_{环}$ 不变，只是 2 挡齿轮的转速 n_2 减速趋近于 $n_{环}$。这是因为同步外环连同接合套通过花键毂与整个汽车质量相联系，转动惯量大，转速下降得慢；而 2 挡齿轮仅与离合器从动部分相联系，转动惯量很小，速度降低较前者快得多，因而 2 挡齿轮减速运动。

在未达到同步之前，换挡执行机构施加的操纵力都不会挂上该挡。该同步器作用就是增加了摩擦面数，缩短同步时间，从而产生可靠的锁止。

3）同步啮合。随着换挡执行机构施加于接合套上的推力加大，摩擦力矩 M_1不断增大，使 2 挡齿轮的转速迅速降低。当 2 挡齿轮与接合套和同步外环达到同步时，作用在同步环上的惯性力矩消失。此时在拨环力矩 M_2的作用下，同步外环、同步中间环、同步内环、2 挡齿轮以及与之相连的各零件都相对于接合套反方向转一定角度（因轴向力 F_1仍存在，使锥面间以静摩擦方式贴合在一起），使滑块处于同步外环缺口的中央，如图 8—56c 所示。接合套键齿与同步外环齿圈齿槽对正，锁环的锁止作用消除；接合套压下弹簧圈继续左移，使接合套键齿与同步外环的外齿圈啮合。若接合套花键齿与 2 挡齿轮的齿端相抵触，齿端倒角面上的与轴垂直方向的分力拨动 2 挡齿轮相对于接合套转过一角度，让接合套与 2 挡齿轮进入啮合（如图 8—56d 所示），即换入 2 挡。

若由 2 挡换入 1 挡，上述过程也适用。不过，1 挡齿轮应被加速到与同步外环、接合套同步，接合套进入啮合换入 1 挡。

4. 换挡执行机构

（1）换挡执行机构的结构。换挡执行机构由换挡拨叉、挡位选择器等组成。换挡拨叉有

1/3 挡拨叉、2/4 挡拨叉、5/7 挡拨叉和 6/R 挡拨叉，如图 8—57 所示。换挡拨叉安装在变速器壳体内，与挡位选择器中的活塞相连，通过活塞能够驱动换挡拨叉移动，如图 8—58 所示。换挡拨叉上安装有挡位传感器的永久磁铁，挡位传感器集成在机电装置控制单元中。挡位选择器中的活塞由挡位选择器换挡阀控制，每个换挡阀控制挡位选择器活塞有 3 个位置，分别是空挡和相应的 2 个挡位。有传输组 1 阀1－1/3 换挡阀 N433 控制 1/3 挡挡位选择器，传输组 1 阀 2－5/7 换挡阀 N434 控制 5/7 挡挡位选择器，传输组 2 阀 1－2/4 换挡阀 N437 控制 2/4 挡挡位选择器，传输组 2 阀 2－6/R 换挡阀 N438 控制 6/R 挡挡位选择器，如图 8—59 所示。挡位选

图 8—57　变速器换挡拨叉

1—6/R 挡拨叉　2—5/7 挡拨叉　3—1/3 挡拨叉　4—2/4 挡拨叉

图 8—58　变速器换挡执行机构

1—挡位传感器　2—挡位选择器　3—挡位选择活塞　4—接合套

5—同步器齿毂（花键毂）　6—拨叉　7—永久磁铁

择器活塞位置由挡位传感器检测，从而使机电装置控制单元识别换挡执行机构的精确位置。

（2）换挡执行机构的工作原理

1）变速器在空挡。传输组 1 阀 1—1/3 换挡阀 N433 控制 1/3 挡挡位选择器的活塞在 N 挡（空挡）位置（如图 8—60 所示），1 挡和 3 挡齿轮没有啮合，不能传递动力。

图 8—59　换挡执行机构液压控制换挡阀组成

1—传输组 1 阀 1—1/3 换挡阀 N433
2—传输组 1 阀 2—5/7 换挡阀 N434
3—传输组 2 阀 2—6/R 换挡阀 N438
4—传输组 2 阀 1—2/4 换挡阀 N437

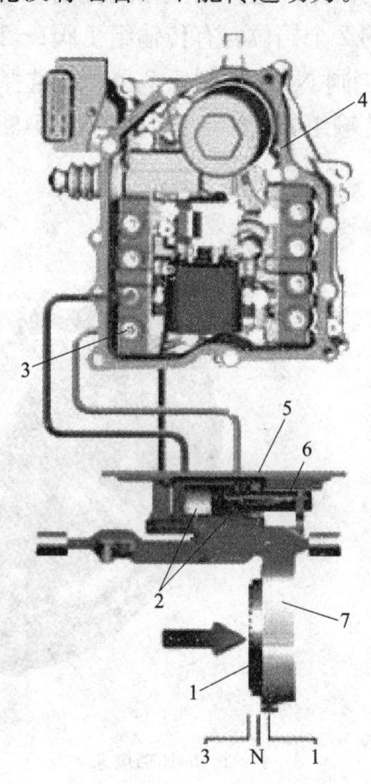

图 8—60　换挡执行机构的工作原理

1—接合套　2—挡位选择器油腔
3—传输组 1 阀 1—1/3 换挡阀 N433
4—滑阀箱　5—挡位选择器
6—挡位选择器活塞
7—拨叉

2）变速器选择 1 挡。传输组 1 阀 1—1/3 换挡阀 N433 控制 1/3 挡挡位选择器，提升活塞左侧的油压，使活塞向右移动，推动换挡拨叉使接合套向右移动，接合套与 1 挡齿轮的齿圈啮合形成 1 挡，离合器 K_1 接合传递动力。

3）变速器选择 2 挡

①机电装置控制单元选择 2 挡，离合器 K_2 分离，传输组 2 阀 1—2/4 换挡阀 N437 控制 2/4 挡挡位选择器，提升活塞一侧的油压，使活塞移动，推动换挡拨叉使接合套向右移动，接合套与 2 挡齿轮的齿圈啮合形成 2 挡。

②离合器 K_1 分离，传输组 1 阀 1—1/3 换挡阀 N433 控制 1/3 挡挡位选择器，提升活塞右侧的油压，使活塞向左移动，推动换挡拨叉使接合套向左移动，接合套与 1 挡齿轮的齿圈脱开，1/3 挡挡位选择器活塞停留在空挡位置。

③离合器 K_2 接合，进入 2 挡传递动力。

5. 各挡动力传递路线

0AM 型干式双离合器变速器各挡的传动比见表 8—5。

表 8—5　0AM 型干式双离合器变速器各挡的传动比

挡位	传动比
1	3.765
2	2.273
3	1.531
4	1.122
5	1.176
6	0.951
7	0.795
R	4.170

（1）1 挡动力传递路线。1 挡动力传递路线如图 8—61 所示，1/3 挡接合套与 1 挡齿轮的齿圈啮合进入 1 挡。

1 挡动力传递路线如下：离合器 K_1→输入轴 1→输入轴 1 的 1 挡齿轮→输出轴 1 的 1 挡齿轮→输出轴 1 的 1 挡齿轮的外齿圈→接合套→花键毂→输出轴 1→输出轴 1 的输出齿轮→主传动器从动齿轮→差速器。

（2）2 挡动力传递路线。2 挡动力传递路线如图 8—62 所示，2/4 挡接合套与 2 挡齿轮的齿圈啮合进入 2 挡。

图 8—61　1 挡动力传递路线

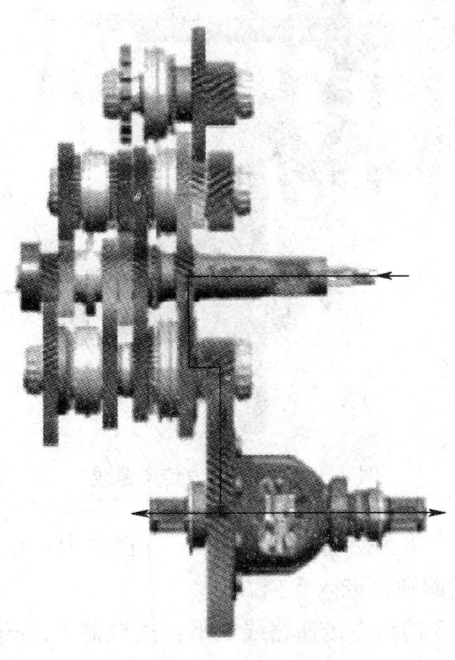

图 8—62　2 挡动力传递路线

2 挡动力传递路线如下：离合器 K_2→输入轴 2→输入轴 2 的 2/R 挡齿轮→输出轴 1 的 2 挡齿轮→输出轴 1 的 2 挡齿轮的外齿圈→接合套→花键毂→输出轴 1→输出轴 1 的输出齿轮→主传动器从动齿轮→差速器。

（3）3 挡动力传递路线。3 挡动力传递路线如图 8—63 所示，1/3 挡接合套与 3 挡齿轮的齿圈啮合进入 3 挡。

3 挡动力传递路线如下：离合器 K_1→输入轴 1→输入轴 1 的 3 挡齿轮→输出轴 1 的 3 挡齿轮→输出轴 1 的 3 挡齿轮的外齿圈→接合套→花键毂→输出轴 1→输出轴 1 的输出齿轮→主传动器从动齿轮→差速器。

（4）4 挡动力传递路线。4 挡动力传递路线如图 8—64 所示，2/4 挡接合套与 4 挡齿轮的齿圈啮合进入 4 挡。

4 挡动力传递路线如下：离合器 K_2→输入轴 2→输入轴 2 的 4/6 挡齿轮→输出轴 1 的 4 挡齿轮→输出轴 1 的 4 挡齿轮的外齿圈→接合套→花键毂→输出轴 1→输出轴 1 输出齿轮→主传动器从动齿轮→差速器。

图 8—63　3 挡动力传递路线　　　图 8—64　4 挡动力传递路线

（5）5 挡动力传递路线。5 挡动力传递路线如图 8—65 所示，5/7 挡接合套与 5 挡齿轮的齿圈啮合进入 5 挡。

5 挡动力传递路线如下：离合器 K_1→输入轴 1→输入轴 1 的 5 挡齿轮→输出轴 2 的 5 挡齿轮→输出轴 2 的 5 挡齿轮的外齿圈→接合套→花键毂→输出轴 2→输出轴 2 的输出齿轮→

主传动器从动齿轮→差速器。

（6）6 挡动力传递路线。6 挡动力传递路线如图 8—66 所示，6/R 挡接合套与 6 挡齿轮的齿圈啮合进入 6 挡。

6 挡动力传递路线如下：离合器 K_2→输入轴 2→输入轴 2 的 4/6 挡齿轮→输出轴 2 的 6 挡齿轮→输出轴 2 的 6 挡齿轮的外齿圈→接合套→花键毂→输出轴 2→输出轴 2 的输出齿轮→主传动器从动齿轮→差速器。

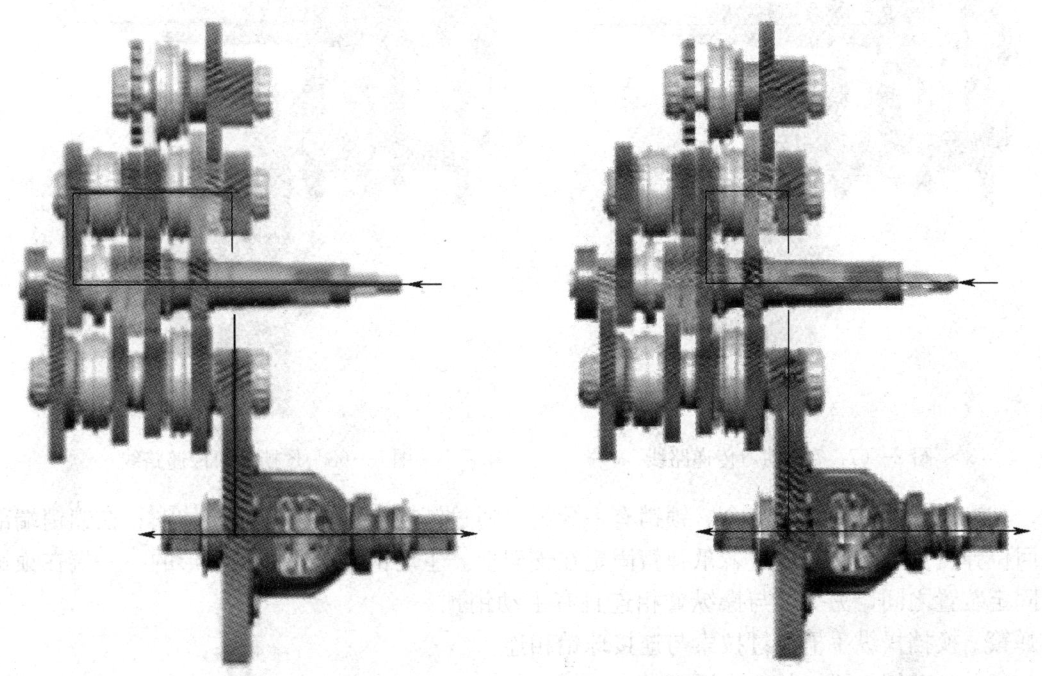

图 8—65　5 挡动力传递路线　　　　图 8—66　6 挡动力传递路线

（7）7 挡动力传递路线。7 挡动力传递路线如图 8—67 所示，5/7 挡接合套与 7 挡齿轮的齿圈啮合进入 7 挡。

7 挡动力传递路线如下：离合器 K_1→输入轴 1→输入轴 1 的 7 挡齿轮→输出轴 2 的 7 挡齿轮→输出轴 2 的 7 挡齿轮的外齿圈→接合套→花键毂→输出轴 2→输出轴 2 的输出齿轮→主传动器从动齿轮→差速器。

（8）R 挡动力传递路线。R 挡动力传递路线如图 8—68 所示，R 挡接合套与 R 挡齿轮的齿圈啮合进入 R 挡。

R 挡动力传递路线如下：离合器 K_2→输入轴 2→输入轴 2 的 2/R 挡齿轮→R 挡中间齿轮 1→R 挡中间齿轮 2→输出轴 3 的 R 挡齿轮→输出轴 3 的 R 挡齿轮外齿圈→接合套→花键毂→输出轴 3→输出轴 3 的输出齿轮→主传动器从动齿轮→差速器。

6. 驻车锁止机构

驻车锁止机构是驻车制动器的辅助制动装置，用于使汽车稳定地停在路面上。

（1）驻车锁止机构的结构。驻车锁止机构的结构如图 8—69 所示。驻车锁止齿轮有内花

图 8—67　7 挡动力传递路线

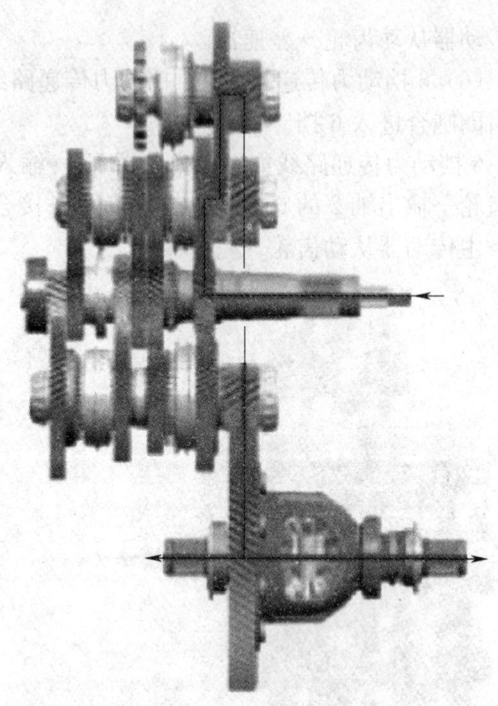

图 8—68　R 挡动力传递路线

键，与输出轴 3 的外花键啮合。锁销有一牙齿，通过销轴支承在变速器壳体上；在锁销端部有回位弹簧。下压装置通过棘爪弹簧固定在支架上。主动销的工作面是锥形的，一端在锁销与固定装置之间，另一端与操纵臂相连且有主动销预紧弹簧。换挡操纵手柄通过拉索与连接球销相连。

（2）驻车锁止机构的工作原理

1）锁止机构锁止。换挡操纵手柄拨到 P 位时（如图 8—70 所示），通过主动销预紧弹簧使主动销向左移动，主动销对锁销产生一个压向驻车锁止齿轮的力。如果此时锁销的牙齿正好与驻车锁止齿轮的齿顶相对，主动销无法向左移动，使主动销预紧弹簧被压缩，有一定预紧力，锁止机构没有锁止；如果车辆继续运行，驻车锁止齿轮旋转，就使锁销的牙齿与驻车锁止齿轮牙齿的齿槽相对，使锁销的牙齿进入驻车锁止齿轮牙齿的齿槽，锁止机构锁止。

图 8—69　驻车锁止机构的结构

1—锁止齿轮　2—锁销回位弹簧　3—锁销　4—连接球销　5—下压装置　6—棘爪弹簧　7—主动销　8—主动销预紧弹簧

2）锁止机构解锁。换挡操纵手柄拨到 R、N、D、S 位时（如图 8—71 所示），主动销在主动销预紧弹簧作用下回位，使锁销在锁销回位弹簧作用下向上抬起（回位），锁销的牙齿从驻车锁止齿轮牙齿的齿槽脱开，锁止机构解锁。

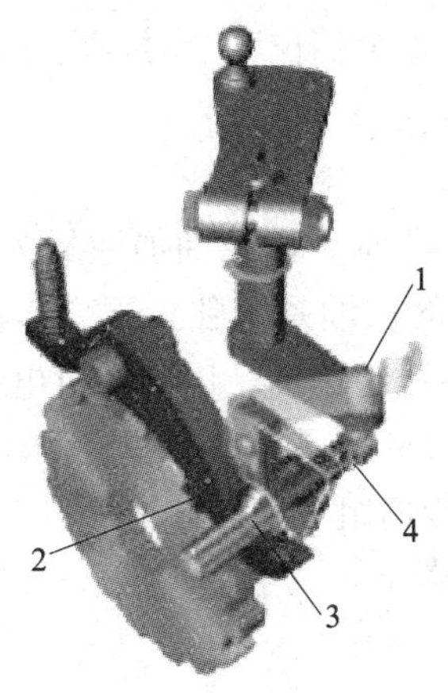

图 8—70 锁止机构锁止

1—锁止装置 2—锁销 3—主动销
4—主动销预紧弹簧

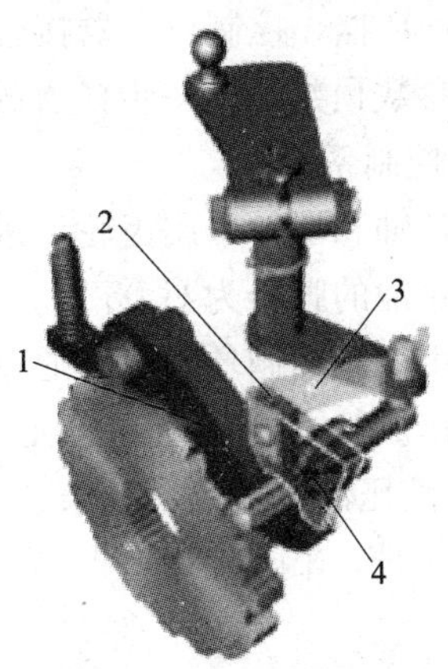

图 8—71 锁止机构解锁

1—锁销 2—下压装置
3—棘爪弹簧 4—主动销

五、机电装置控制单元

0AM 型干式双离合器变速器机电装置控制单元由液压控制系统和电子控制系统组成，如图 8—72 所示。电子控制单元接收所有传感器信号和其他控制单元的信号来执行预存在电子控制单元内的程序。电子控制单元集成了 11 个传感器，只有离合器转速传感器 G182 安装于控制单元的外面。液压控制系统有 8 个电磁阀用于调节液压系统管路的压力，切换 7 个

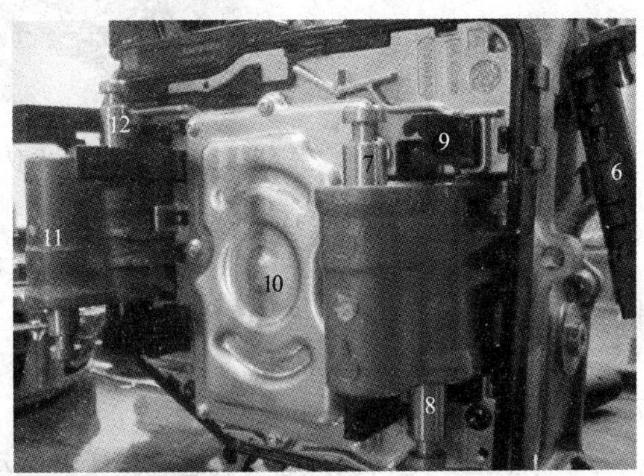

图 8—72 机电装置控制单元的组成

1—蓄压器 2—油泵 3—油泵电动机 4—传输组 1 控制阀 5—传输组 2 控制阀 6—离合器转速传感器 7—5/7 挡挡位选择器 8—6/R 挡挡位选择器 9—传感器 10—电子控制单元 11—2/4 挡挡位选择器 12—1/3 挡挡位选择器 13—离合器 K_1 操纵机构 14—离合器 K_2 操纵机构 15—电气连接插头

前进挡、1个R挡，控制离合器接合和分离。当变速器有1个挡位啮合时，电子控制单元根据接收到的参数预判断下一步换入的挡位。

1. 液压控制系统

变速器各轴和齿轮采用齿轮油进行润滑，如图8—73所示。齿轮油加注量为1.7 L，无须更换，齿轮油的牌号为G 052 171。机电装置控制单元的供油系统独立于变速器齿轮的润滑系统，采用液压油循环管路，通过一个液压泵按需要输送液压油，以确保机电装置控制单元能正常工作。机电装置控制单元的液压油加注量为1.1 L，无须更换；液压油的牌号为G 004 000。液压油循环采用两条独立循环管路，分别是传输组1和传输组2，传输组1控制离合器K_1、1挡、3挡、5挡和7挡，传输组2控制离合器K_2、2挡、4挡、6挡和R挡。

图8—73　0AM型干式双离合器变速器液压控制系统供油方式

（1）液压泵。液压泵的作用是使液压油具有一定的压力和流量，以供给离合器操纵机构、挡位选择器。

液压泵是齿轮泵，如图8—74所示，将液压油以约70 bar（7 MPa）的压力泵入液压系统管路中。

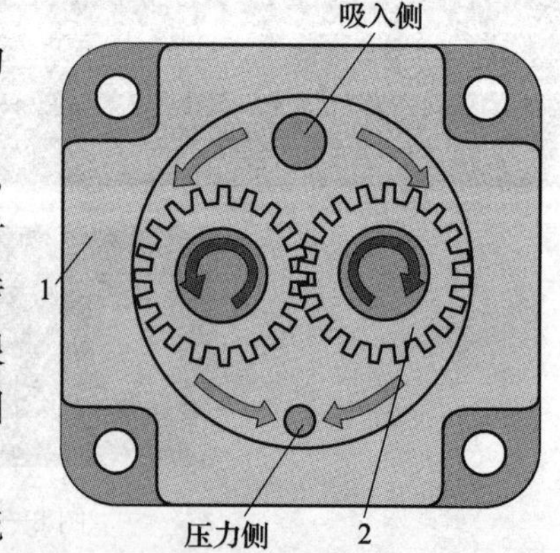

图8—74　液压泵的结构
1—壳体　2—驱动齿轮

（2）液压泵电动机。电动机通过连接器驱动液压泵。电动机是无刷直流电动机，如图8—75所示。转子为6对永久磁铁，定子有6对电磁绕组。在定子上安装有霍尔传感器，当转子转动时电子控制单元能确定其位置，进而根据转子的位置对定子绕组进行通电来调节转子的磁场，如图8—76所示，即工作时转子的磁场一直在追赶定子的磁场。

（3）压力限制阀。压力限制阀的作用是防止液压系统压力过高。当液压系统的管路压力超过70 bar（7 MPa）时压力限制阀泄压，如图8—77所示。

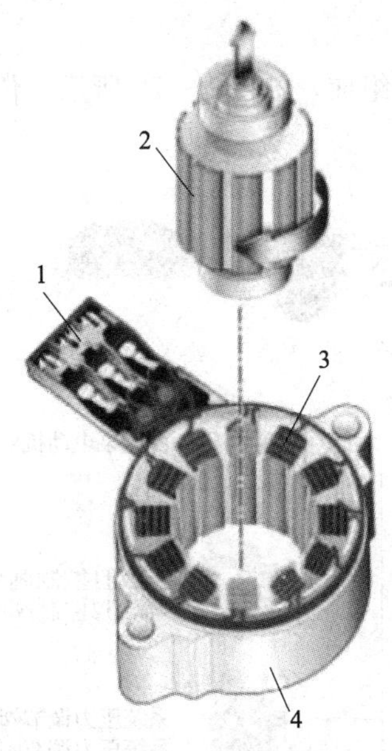

图 8—75　液压泵电动机的结构

1—电气连接　2—带永久磁铁的转子

3—电磁绕组　4—定子

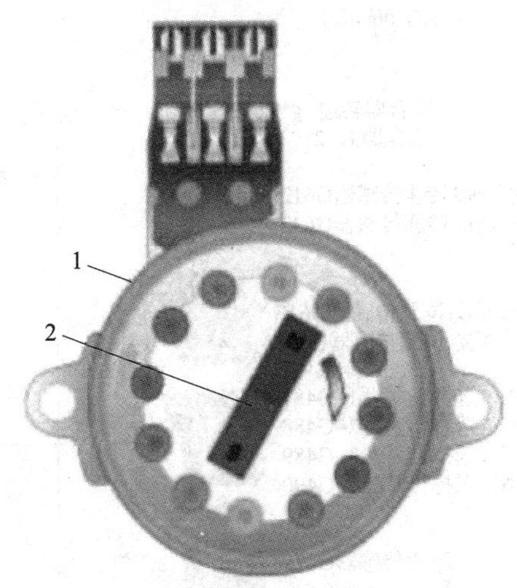

图 8—76　液压泵电动机工作原理

1—定子　2—转子

（4）蓄压器。蓄压器的作用是存储能量，减少液压泵的工作时间，衰减液压系统管路压力的脉动。活塞式蓄压器如图 8—78 所示。蓄压器能储存 0.2 L 液压油，最大承受压力为 100 bar（10 MPa）。

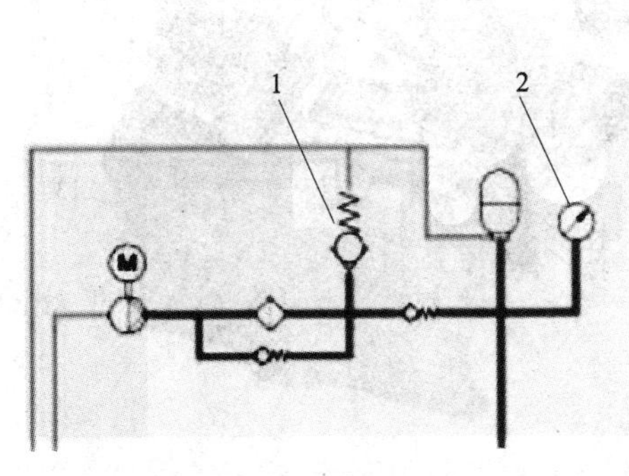

图 8—77　液压泵压力限制阀及压力传感器布置图

1—压力限制阀　2—压力传感器

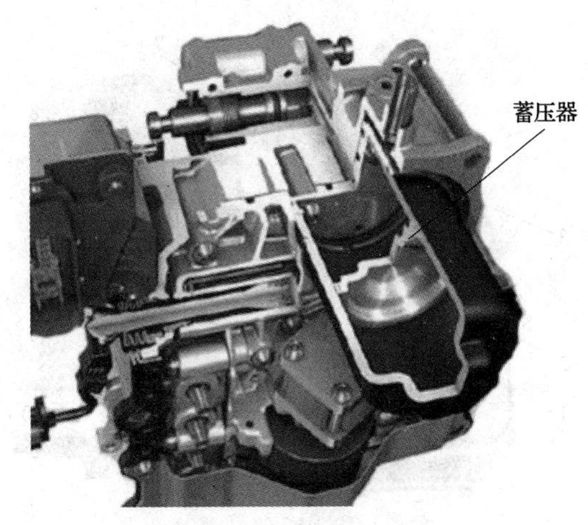

图 8—78　活塞式蓄压器

技术提示
拆卸蓄压器前必须卸压，蓄压器处于压力状态时不得打开。

2. 电子控制系统

电子控制系统由电子控制单元、传感器和执行器等组成，如图 8—79 所示。传感器和执行器如图 8—80 所示。

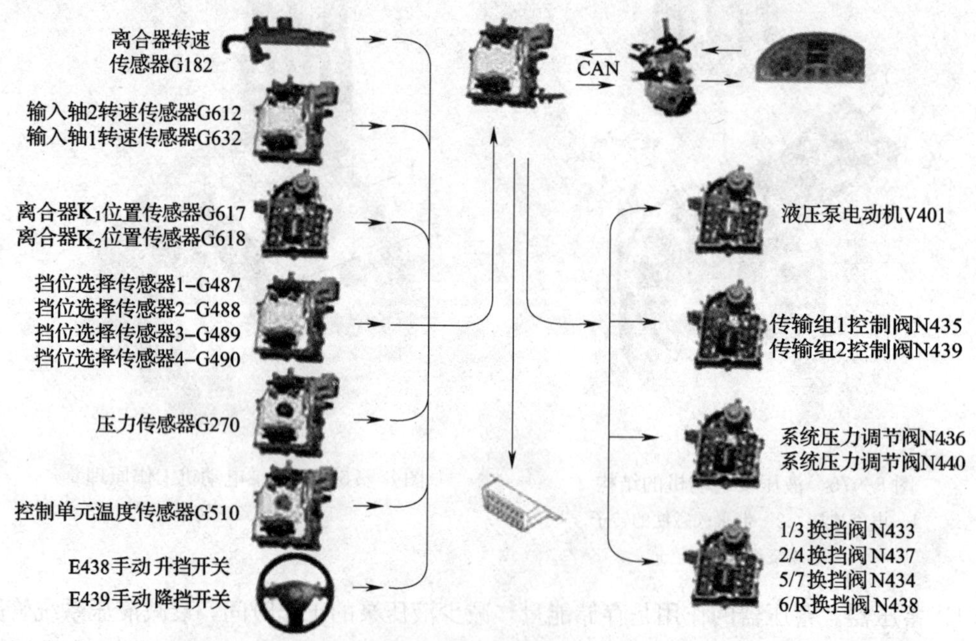

图 8—79　0AM 型干式双离合器变速器电子控制系统的组成

图 8—80　0AM 型干式双离合器变速器的传感器和执行器

1—1/3 挡挡位选择传感器 G488　2—电子控制单元　3—输入轴 1 转速传感器 G632　4—5/7 挡挡位选择传感器 G489　5—控制单元温度传感器 G510　6—6/R 挡挡位选择传感器 G490　7—输入轴 2 转速传感器 G612　8—线束连接器　9—2/4 挡挡位选择传感器 G487　10—离合器转速传感器 G182　11—离合器 K_1 位置传感器 G617　12—离合器 K_2 位置传感器 G618　13—压力传感器 G270

（1）离合器位置传感器。离合器位置传感器包括离合器 K_1 位置传感器 G617 和离合器 K_2 位置传感器 G618，安装在离合器操纵机构上，如图 8—81 所示。离合器位置传感器的作用是监测离合器操纵机构操控活塞精确位置（离合器行程），记录离合器操纵机构的状态，采集的信号分别用于控制传输组 1 阀控制阀 N435 和传输组 2 阀控制阀 N439。

图 8—81　离合器位置传感器

离合器位置传感器工作原理如图 8—82 所示，在铁芯外缠绕 1 个一次线圈和 2 个二次测量线圈，在离合器操控活塞上安装 1 个永久磁铁。

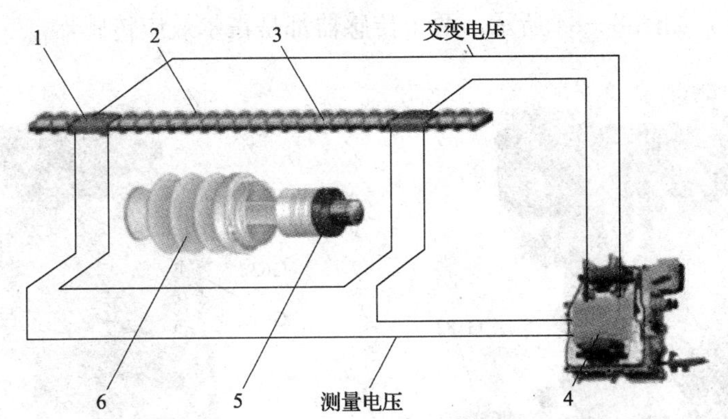

图 8—82　离合器位置传感器工作原理

1—二次测量线圈　2—一次线圈　3—铁芯　4—电子控制单元　5—永久磁铁　6—离合器活塞

电子控制单元给一次线圈提供交变电压，在铁芯中产生磁通，在左、右 2 个二次测量线圈中感应出交流电压。当离合器操控活塞带动永久磁铁移动时，左、右 2 个二次测量线圈中的磁通量变化不同，致使电压值变化也不同，所以左、右 2 个测量线圈产生的电压值取决于永久磁铁所处的位置，电子控制单元根据左、右 2 个测量线圈的电压值就能确定离合器操控活塞位置，即离合器操控机构的行程。

技术提示

G617 失效，变速器传输组 1 被关闭，1 挡、3 挡、5 挡、7 挡将无法啮合，不能传递动力。

G618 失效，变速器传输组 2 被关闭，2 挡、4 挡、6 挡、R 挡将无法啮合，不能传递动力。

（2）离合器转速传感器 G182。G182 安装在变速器壳体内，是唯一没有集成在机电装置控制单元上的传感器，如图 8—83 所示。

离合器转速传感器监测双质量飞轮的转速，以双质量飞轮的起动齿圈为信号转子，记录的是离合器主动部分的转速。

电子控制单元对离合器转速传感器 G182 与变速器输入轴 1 转速传感器 G632 进行比较，计算出离合器 K_1 驱动盘、K_1 从动盘和 K_1 压盘之间的打滑率，从而控制传输组 1 控制阀 N435 来调节离合器 K_1 操控机构的油压。

电子控制单元对离合器转速传感器 G182 与变速器输入轴 2 转速传感器 G612 进行比较，计算出离合器 K_2 驱动盘、K_2 从动盘和 K_2 压盘之间的打滑率，从而控制传输组 2 控制阀 N439 来调节离合器 K_2 操控机构的油压。

技术提示

G182 失效，电子控制单元利用发动机转速信号替代。

（3）输入轴转速传感器。输入轴 1 转速传感器 G632 和输入轴 2 转速传感器 G612 都集成在滑阀箱单元上，如图 8—84 所示，两个传感器都是霍尔效应传感器。

图 8—83　离合器转速传感器 G182

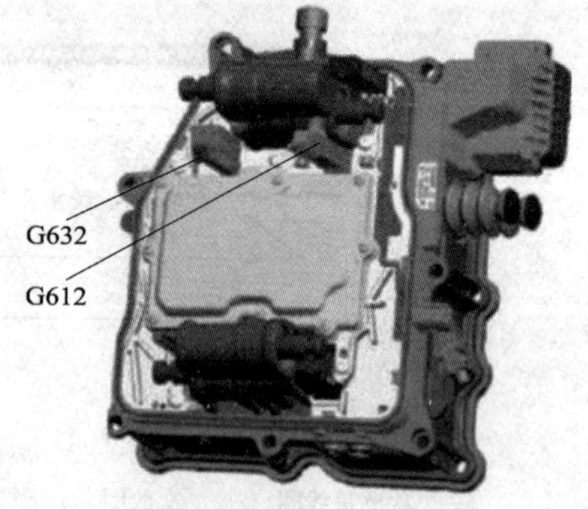

图 8—84　输入轴转速传感器

1）输入轴 1 转速传感器 G632。输入轴 1 转速传感器 G632 监测输入轴 1 的转速信号，用来控制离合器 K_1 的打滑率。输入轴 1 转速传感器 G632 采用永磁性脉冲靶轮，安装在输入轴 1 上，它的传感头集成在滑阀箱单元上。

技术提示
强磁性物体接触永磁性脉冲靶轮将影响其磁性。

2）输入轴 2 转速传感器 G612。输入轴 2 转速传感器 G612 监测输入轴 2 的转速信号，用来控制离合器 K_2的打滑率。输入轴 2 转速传感器 G612 采用齿形脉冲靶轮，安装在输入轴 2 上。

技术提示
G632 失效：变速器传输组 1 被关闭，1 挡、3 挡、5 挡、7 挡将无法工作，不能传递动力，只能在 2 挡、4 挡、6 挡、R 挡驱动。 G612 失效：变速器传输组 2 被关闭，2 挡、4 挡、6 挡、R 挡将无法工作，不能传递动力，只能在 1 挡、3 挡、5 挡、7 挡驱动。

（4）压力传感器 G270。压力传感器 G270 集成在滑阀箱单元的液压油路中，如图 8—85 所示。压力传感器监测液压系统管路压力，将其信号传给控制单元，控制电动液压泵。液压系统的管路压力达到 70 bar（7 MPa）时电动液压泵停止工作，液压系统的压力由蓄压器提供。当液压系统的管路压力降低到某一数值时，电动液压泵起动工作。

技术提示
G270 失效：液压泵电动机持续运转，系统压力由压力控制阀控制。

（5）控制单元温度传感器 G510。控制单元温度传感器 G510 安装在控制单元内，如图 8—86 所示。它是一个负温度系数热敏电阻，用以检测机电装置控制单元的温度，当温度过高时会降低发动机的扭矩进行散热，防止电子元器件温度过高而影响电子控制系统的性能。

图 8—85　压力传感器 G270

图 8—86　控制单元温度传感器 G510

技术提示
G510 失效：控制单元使用一个内在的替代值工作。

（6）挡位选择传感器。挡位选择传感器有 2/4 挡挡位选择传感器 G487、1/3 挡挡位选择传感器 G488、5/7 挡挡位选择传感器 G489 和 6/R 挡挡位选择传感器 G490。挡位选择传感器传感头集成在滑阀箱单元上，如图 8—87 所示。永久磁铁安装在换挡拨叉上，确定换挡拨叉的准确位置，电子控制单元需要获知换挡拨叉的位置，用以实现挡位的变换。电子控制单元接收 4 个挡位选择传感器的信号，控制传输组 1 阀 1－1/3 挡换挡阀 N433、阀 2－5/7 挡换挡阀 N434、传输组 1 控制阀 N435 及系统压力调节阀 N436 和传输组 2 阀 1－2/4 挡换挡阀 N437、阀 2－6/R 挡换挡阀 N438、传输组 2 控制阀 N439 及系统压力调节阀 N440 进行换挡，实现动力的传递。

技术提示

1/3 挡挡位选择传感器 G488 失效：变速器传输组 1 被关闭，1 挡、3 挡、5 挡、7 挡将无法工作，不能传递动力，只能在 2 挡、4 挡、6 挡、R 挡驱动。

2/4 挡挡位选择传感器 G487 失效：变速器传输组 2 被关闭，2 挡、4 挡、6 挡、R 挡将无法工作，不能传递动力，只能在 1 挡、3 挡、5 挡、7 挡驱动。

5/7 挡挡位选择传感器 G489 失效：变速器传输组 1 被关闭，1 挡、3 挡、5 挡、7 挡将无法工作，不能传递动力，只能在 2 挡、4 挡、6 挡、R 挡驱动。

6/R 挡挡位选择传感器 G490 失效：变速器传输组 2 被关闭，2 挡、4 挡、6 挡、R 挡将无法工作，不能传递动力，只能在 1 挡、3 挡、5 挡、7 挡驱动。

（7）控制阀。控制阀如图 8—88 所示，包括传输组 1－1/3 挡换挡阀 N433、5/7 挡换挡阀 N434、控制阀 N435、系统压力调节阀 N436 和传输组 2－2/4 挡换挡阀 N437、6/R 挡换挡阀 N438、控制阀 N439、系统压力调节阀 N440。

1）系统压力调节阀

①传输组 1 系统压力调节阀 N436。系统压力调节阀 N436 根据传输组 1 在换 1 挡、3 挡、5 挡、7 挡时电子控制单元信号调节传输组 1 的油压，保证换挡时的品质。

②传输组 2 系统压力调节阀 N440。系统压力调节阀 N440 根据传输组 2 在换 2 挡、4 挡、6 挡、R 挡时电子控制单元信号调节传输组 2 的油压，保证换挡时的品质。

2）控制阀

①传输组 1－1/3 挡换挡阀 N433。传输组 1－1/3 挡换挡阀 N433 根据电子控制单元接收到的变速器参数，控制 1/3 挡挡位选择器，实现 1 挡、N 挡、3 挡换挡。

图 8—87　挡位选择传感器

1—2/4 挡挡位选择传感器 G487
2—5/7 挡挡位选择传感器 G489
3—6/R 挡挡位选择传感器 G490
4—1/3 挡挡位选择传感器 G488

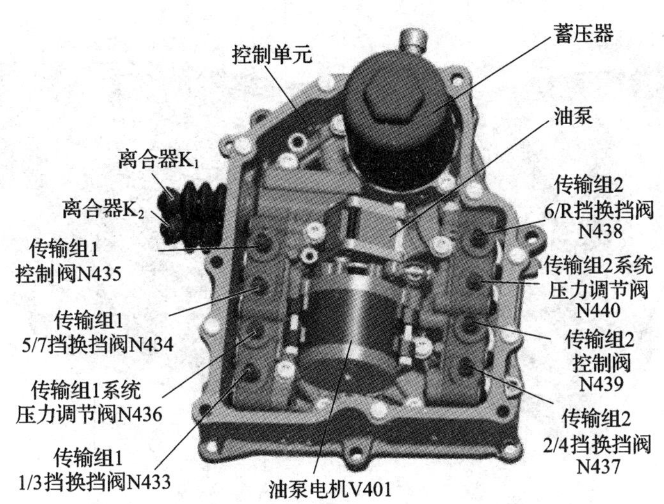

图 8—88　液压控制系统控制阀的组成

②传输组 1—5/7 挡换挡阀 N434。传输组 1—5/7 挡换挡阀 N434 根据电子控制单元接收到的变速器参数，控制 5/7 挡挡位选择器，实现 5 挡、N 挡、7 挡换挡。

③传输组 1 控制阀 N435。传输组 1 控制阀 N435 根据传输组 1 在换入或脱开 1 挡、3 挡、5 挡、7 挡时电子控制单元的信号，控制传输组 1 的油压。

④传输组 2—2/4 挡换挡阀 N437。传输组 2—2/4 挡换挡阀 N437 根据电子控制单元接收到的变速器参数，控制 2/4 挡挡位选择器，实现 2 挡、N 挡、4 挡换挡。

⑤传输组 2—6/R 挡换挡阀 N438。传输组 2—6/R 挡换挡阀 N438 根据电子控制单元接收到的变速器参数，控制 6/R 挡挡位选择器，实现 6 挡、N 挡、R 挡换挡。

⑥传输组 2 控制阀 N439。传输组 2 控制阀 N439 根据传输组 2 在换入或脱开 2 挡、4 挡、6 挡、R 挡时电子控制单元的信号，控制传输组 2 的油压。

第三节　奔驰 722.9 型自动变速器结构和原理

一、概述

722.9 型自动变速器如图 8—89 所示。该自动变速器有 7 个前进挡和 2 个倒挡，换挡执行机构由 4 组制动器和 3 组离合器组成，齿轮变速系统由一个拉威娜式行星齿轮机构和两个单排行星齿轮机构组成，电子控制单元和液压控制系统集成一体。

722.9 型自动变速器的 7 个前进挡都具有液力变矩器离合器锁止功能，从而提高传动效率。在强制降挡的过程中，它能越一挡降挡（如由 7 挡直接降到 5 挡），从而简化了变速器的降挡操作，提高了加速性能。

722.9 型自动变速器由液力变矩器、齿轮变速系统、换挡执行机构和电子/液压控制装置组成。

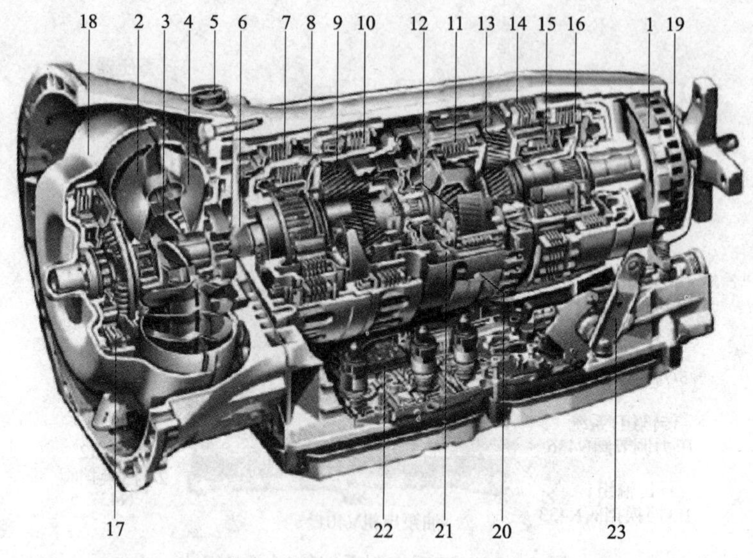

图 8—89　722.9 型自动变速器的组成

1—驻车挡锁止齿轮　2—涡轮　3—导轮　4—泵轮　5—变速器通风口　6—油泵　7—制动器 B_1　8—离合器 K_1　9—拉威娜式行星齿轮机构　10—制动器 B_3　11—离合器 K_2　12—中间排行星齿轮机构　13—后排行星齿轮机构　14—制动器 B_R　15—多片式离合器 K_3　16—制动器 B_2　17—液力变矩器锁止离合器　18—变矩器壳体　19—用于转速测量的信号环　20，21—用于测量转速的环形磁铁　22—电子/液压控制单元　23—挡位选择杆

二、液力变矩器

如图 8—90 所示，722.9 型自动变速器装备的液力变矩器与大多数自动变速器液力变矩器一样，由泵轮、导轮、涡轮组成的三元件及锁止离合器构成，其具体结构和工作原理详见第三章。

图 8—90　722.9 型自动变速器液力变矩器的结构

1—带扭转减振器的锁止离合器　2—涡轮　3—导轮　4—泵轮

三、齿轮变速系统

1. 单排行星齿轮机构

单排行星齿轮机构的结构与工作原理详见第四章。

2. 拉威娜式行星齿轮机构

722.9 型自动变速器拉威娜式行星齿轮机构的结构如图 8—91 所示。太阳轮与长行星轮啮合，长行星轮与短行星轮和小齿圈啮合且与短行星轮共用一个行星架，短行星轮与大齿圈啮合。

图 8—91　722.9 型自动变速器拉威娜式行星齿轮机构的结构

1—短行星轮　2—长行星轮　3—太阳轮　4—行星架　5—大齿圈　6—小齿圈

3. 齿轮变速系统

722.9 型自动变速器齿轮变速系统由一个拉威娜式行星齿轮机构和 2 个单排行星齿轮机构组成，如图 8—92 所示。拉威娜式行星齿轮机构的行星架与后行星排齿圈相连，中间行星排齿圈与后行星排的行星架相连，通过拉威娜式齿轮机构的小齿圈、中间排齿圈和后排行星架输入动力，中间排行星架输出动力。

四、换挡执行机构

722.9 型自动变速器换挡执行机构由 3 组离合器和 4 组制动器组成。离合器有 K_1、K_2 和 K_3，制动器有 B_1、B_2、B_3 和 B_R。

1. 离合器

722.9 型自动变速器离合器的结构如图 8—93 所示。

(1) 离合器的作用

1) 离合器 K_1 的作用是连接拉威娜式行星齿轮机构的大齿圈和太阳轮。

2) 离合器 K_2 的作用是连接输入轴与中间排齿圈。

3) 离合器 K_3 的作用是连接中间排太阳轮和后排太阳轮。

(2) 离合器的结构特点。离合器 K_1、K_2、K_3 摩擦盘的一侧粘有摩擦片，另一侧没有粘摩擦片，如图 8—94 所示。

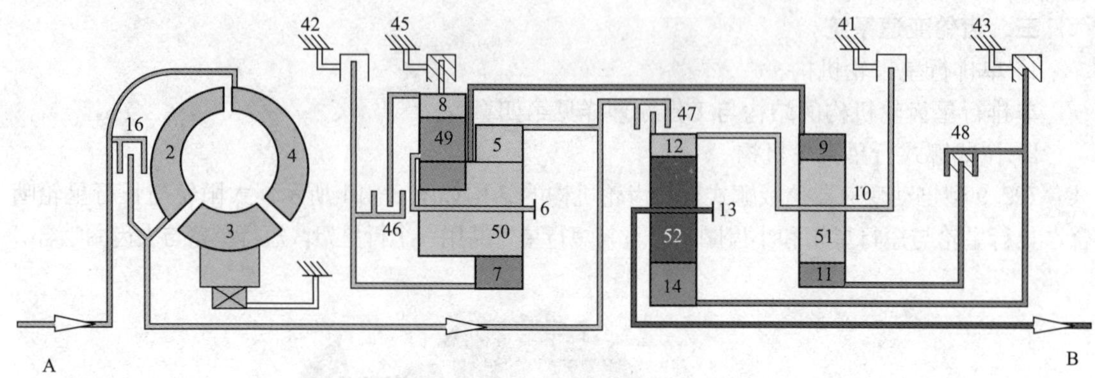

图 8—92　722.9 型自动变速器齿轮变速系统

2—涡轮　3—导轮　4—泵轮　5—小齿圈　6—行星架　7—太阳轮　8—大齿圈　9—后排齿圈　10—后排行星架　11—后排太阳轮　12—中间排齿圈　13—中间排行星架　14—中间排太阳轮　16—液力变矩器锁止离合器　41—制动器 B_R　42—制动器 B_1　43—制动器 B_2　45—制动器 B_3　46—离合器 K_1　47—离合器 K_2　48—离合器 K_3　49—短行星轮　50—长行星轮　51—后排行星轮　52—中间排行星轮

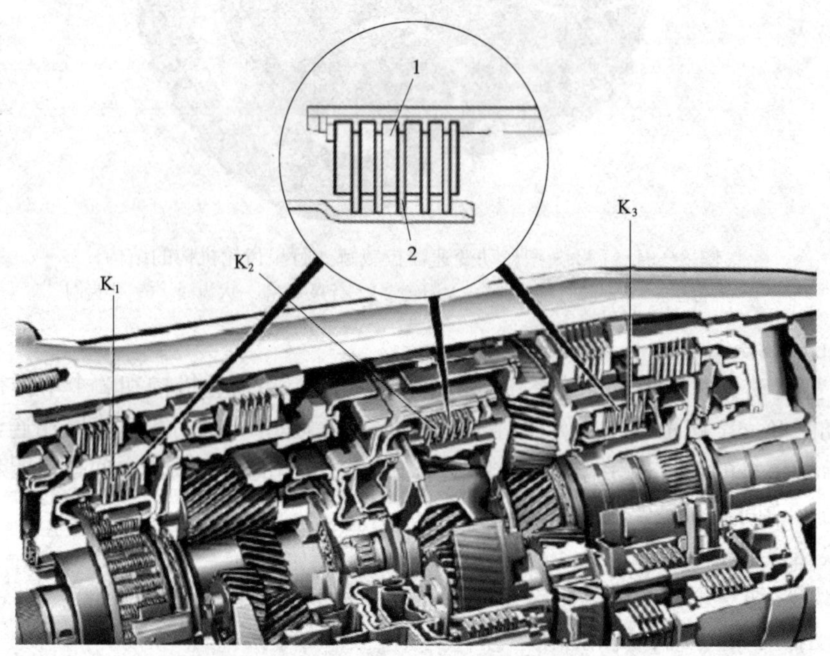

图 8—93　722.9 型自动变速器离合器的结构

1—摩擦盘外片　2—摩擦盘内片

2. 制动器

722.9 型自动变速器制动器的结构如图 8—95 所示。

（1）制动器的作用

1）制动器 B_1 的作用是固定拉威娜式行星齿轮机构的太阳轮。

2）制动器 B_2 的作用是固定中间排的太阳轮。

3）制动器 B_3 的作用是固定拉威娜式行星齿轮机构的大齿圈。

图 8—94　722.9 型自动变速器离合器摩擦盘的结构

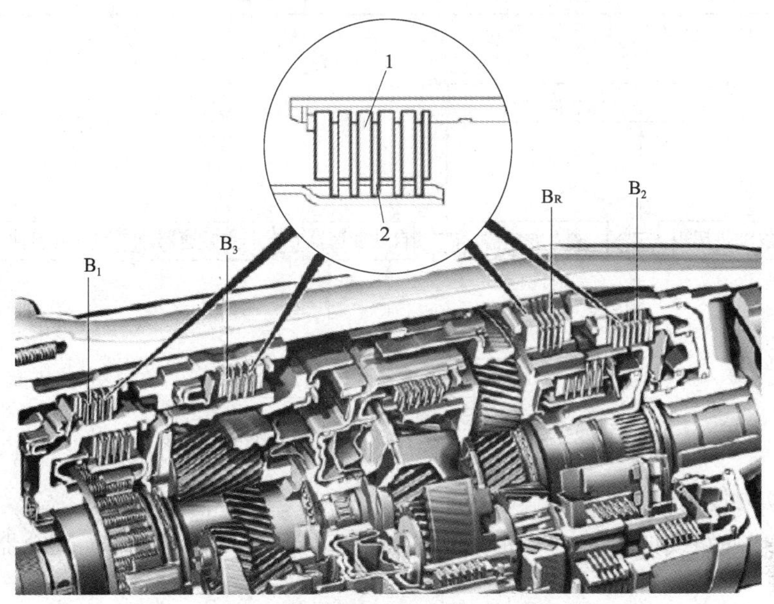

图 8—95　722.9 型自动变速器制动器的结构

1—摩擦盘外片　2—摩擦盘内片

4）制动器 B_R 的作用是固定中间排的齿圈和后排行星架。

（2）制动器的结构特点。制动器 B_1、B_3 摩擦盘的一侧粘有摩擦片，另一侧没有粘摩擦片，安装摩擦盘时有摩擦片的面与另一摩擦盘没有摩擦片的面相对安装。制动器 B_2、B_R 摩擦盘的两侧都粘有摩擦片，安装时摩擦盘与摩擦钢片交替安装。

五、各挡动力传递路线

722.9 型自动变速器各挡传动比及换挡执行元件工作情况见表 8—6。

722.9 型自动变速器动力传递路线如图 8—96 所示。

表 8—6　　722.9 型自动变速器各挡传动比及换挡执行元件工作情况

挡位	传动比	B_1	B_2	B_3	B_R	K_1	K_2	K_3
1	4.377		●	●				●
2	2.859	●	●					●

续表

挡位	传动比	B_1	B_2	B_3	B_R	K_1	K_2	K_3
3	1.921		●			●		●
4	1.368		●			●	●	
5	1.000					●	●	●
6	0.820	●					●	●
7	0.728			●			●	●
N				●				●
R（S）	−3.416			●	●			●
R（C）	−2.231	●			●			●

S：标准模式。C：舒适模式。

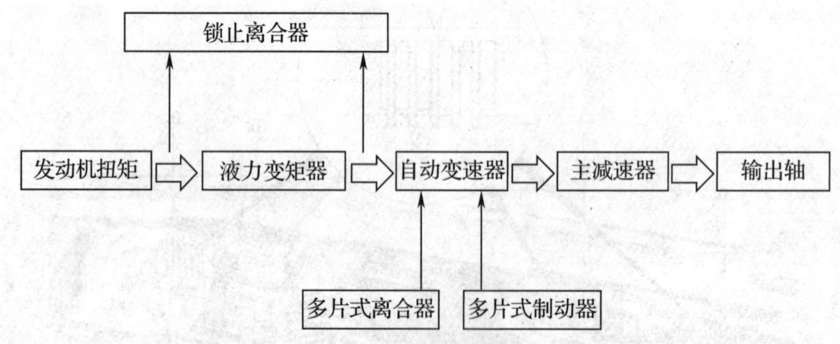

图 8—96　722.9 型自动变速器动力传递路线

1. 1 挡动力传递路线

1 挡动力传递路线如图 8—97 所示。1 挡时制动器 B_2、制动器 B_3、离合器 K_3 工作，如图 8—98 所示。

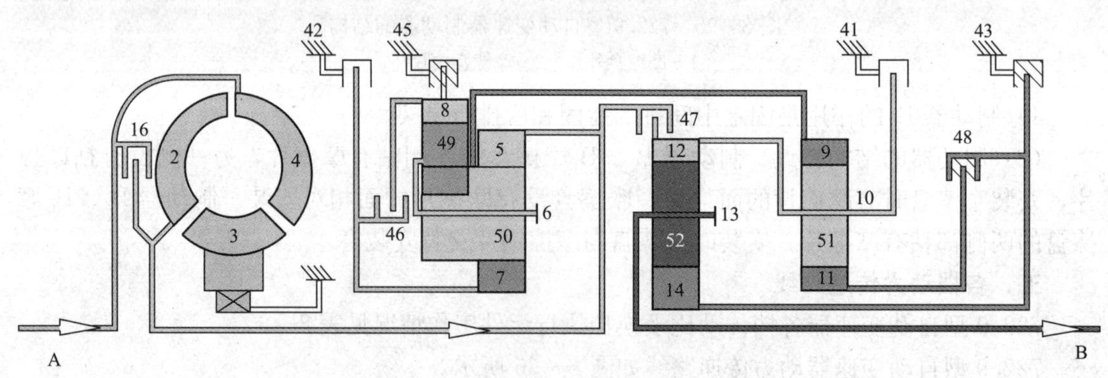

图 8—97　722.9 型自动变速器 1 挡工作原理

2—涡轮　3—导轮　4—泵轮　5—小齿圈　6—行星架　7—太阳轮　8—大齿圈　9—后排齿圈　10—后排行星架　11—后排太阳轮　12—中间排齿圈　13—中间排行星架　14—中间排太阳轮　16—液力变矩器锁止离合器　41—制动器 B_R　42—制动器 B_1　43—制动器 B_2　45—制动器 B_3　46—离合器 K_1　47—离合器 K_2　48—离合器 K_3　49—短行星轮　50—长行星轮　51—后排行星轮　52—中间排行星轮

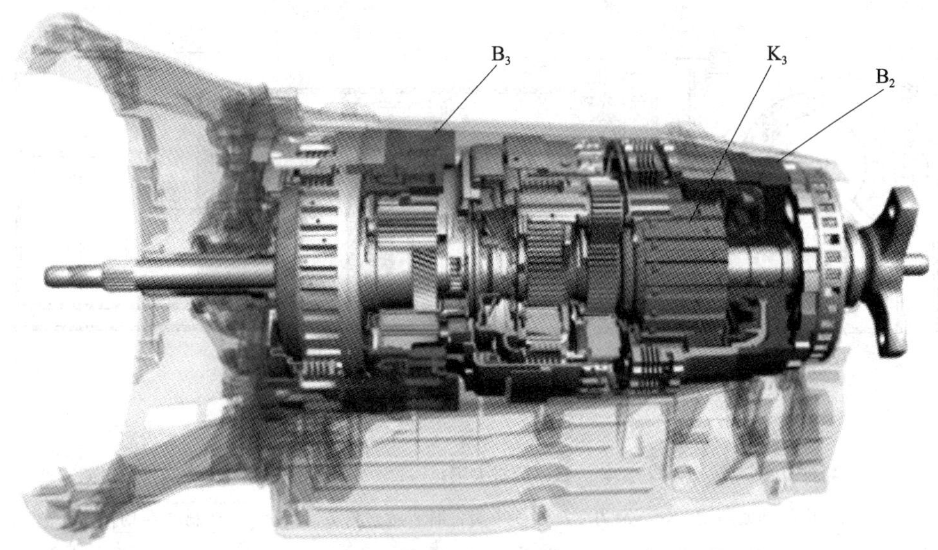

图 8—98　722.9 型自动变速器 1 挡工作的离合器和制动器

由 A 经液力变矩器传来的动力经输入轴传到拉威娜式行星齿轮机构的小齿圈，小齿圈顺时针旋转，长行星轮顺时针旋转，短行星轮逆时针旋转，驱动大齿圈有逆时针旋转的趋势。此时制动器 B_3 工作，将大齿圈固定，则行星架顺时针减速旋转，将动力传到后排齿圈。

在后排行星齿轮机构中，后排齿圈顺时针旋转，后排行星轮顺时针旋转，后排太阳轮有逆时针旋转的趋势。由于 B_2、K_3 工作，将中间排太阳轮和后排太阳轮固定，则后排行星架顺时针减速旋转，将动力传到中间排齿圈，中间排齿圈顺时针旋转。

在中间排行星齿轮机构中，中间排齿圈顺时针旋转，中间排行星轮顺时针旋转，中间排太阳轮有逆时针旋转的趋势。由于中间排太阳轮被固定，所以中间排行星架顺时针减速旋转，将动力输出至 B，动力经三级减速后输出 1 挡。

1 挡动力传递路线如下：A→液力变矩器→输入轴→拉威娜式行星齿轮机构小齿圈→拉威娜式行星齿轮机构长行星轮→拉威娜式行星齿轮机构短行星轮→拉威娜式行星齿轮机构行星架→后排齿圈→后排行星轮→后排行星架→中间排齿圈→中间排行星轮→中间排行星架→B。

2. 2 挡动力传递路线

2 挡动力传递路线如图 8—99 所示。2 挡时制动器 B_1、制动器 B_2、离合器 K_3 工作，如图 8—100 所示。

由 A 经液力变矩器传来的动力经输入轴传到拉威娜式行星齿轮机构的小齿圈，小齿圈顺时针旋转，长行星轮顺时针旋转，太阳轮有逆时针旋转的趋势。此时制动器 B_1 工作，将太阳轮固定，则行星架顺时针减速旋转，将动力传到后排齿圈。

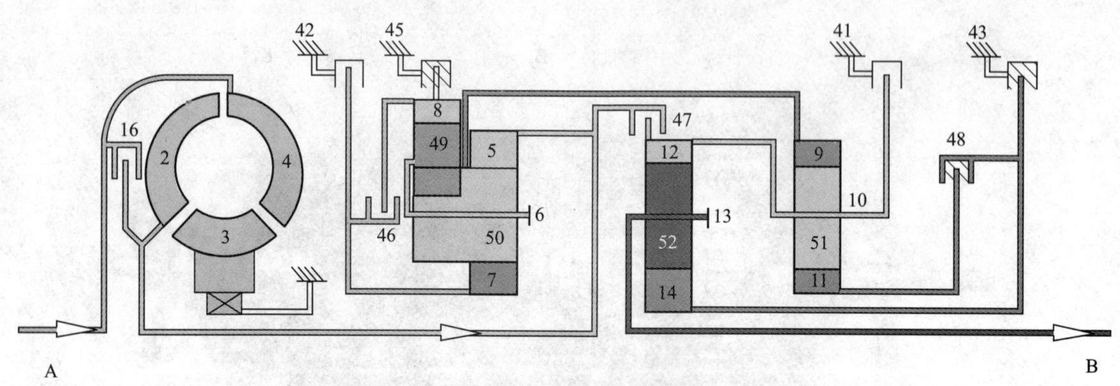

图 8—99 722.9 型自动变速器 2 挡工作原理

2—涡轮 3—导轮 4—泵轮 5—小齿圈 6—行星架 7—太阳轮 8—大齿圈 9—后排齿圈 10—后排行星架 11—后排太阳轮 12—中间排齿圈 13—中间排行星架 14—中间排太阳轮 16—液力变矩器锁止离合器 41—制动器 B_R 42—制动器 B_1 43—制动器 B_2 45—制动器 B_3 46—离合器 K_1 47—离合器 K_2 48—离合器 K_3 49—短行星轮 50—长行星轮 51—后排行星轮 52—中间排行星轮

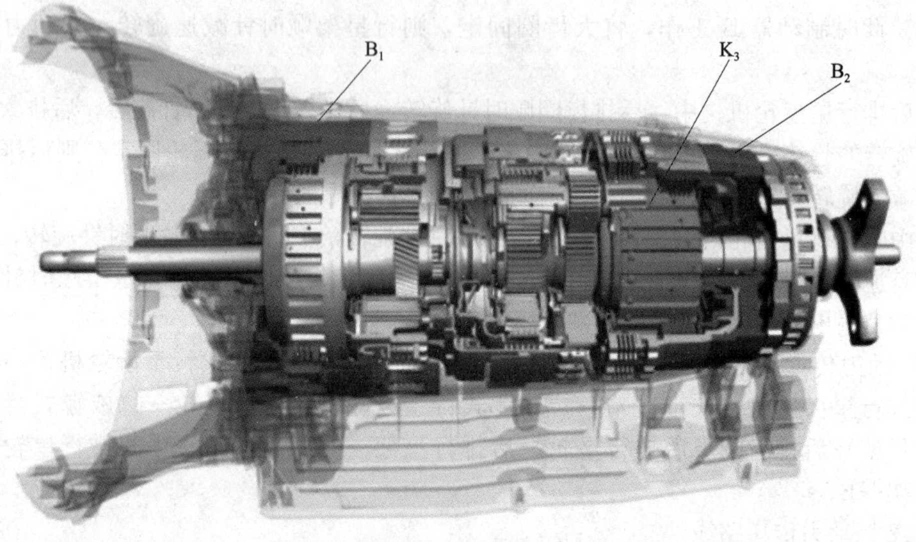

图 8—100 722.9 型自动变速器 2 挡工作的离合器和制动器

在后排行星齿轮机构中，后排齿圈顺时针旋转，后排行星轮顺时针旋转，后排太阳轮有逆时针旋转的趋势。由于 B_2、K_3 工作，将中间排太阳轮和后排太阳轮固定，则后排行星架顺时针减速旋转，将动力传到中间排齿圈。

在中间排行星齿轮机构中，中间排齿圈顺时针旋转，中间排行星轮顺时针旋转，中间排太阳轮有逆时针旋转的趋势。由于中间排太阳轮被固定，所以中间排行星架顺时针减速旋转，将动力输出至B，动力也是经三级减速后输出2挡。

在1挡和2挡时，中间排和后排行星齿轮机构的工作元件是相同的，其减速比也是相同的。拉威娜式行星齿轮机构中，输入的元件和输出的元件是相同的，而工作的制动器不同，在1挡时大齿圈被固定，而在2挡时太阳轮被固定。所以1挡时行星架绕着大齿圈转，而2挡时行星架绕着太阳轮转。因为绕着小轮转要比绕着大轮转快，所以2挡比1挡快。

2挡动力传递路线如下：A→液力变矩器→输入轴→拉威娜式行星齿轮机构小齿圈→拉威娜式行星齿轮机构长行星轮→拉威娜式行星齿轮机构行星架→后排齿圈→后排行星轮→后排行星架→中间排齿圈→中间排行星轮→中间排行星架→B。

3. 3挡动力传递路线

3挡动力传递路线如图8—101所示。3挡时制动器B_2、离合器K_1、离合器K_3工作，如图8—102所示。

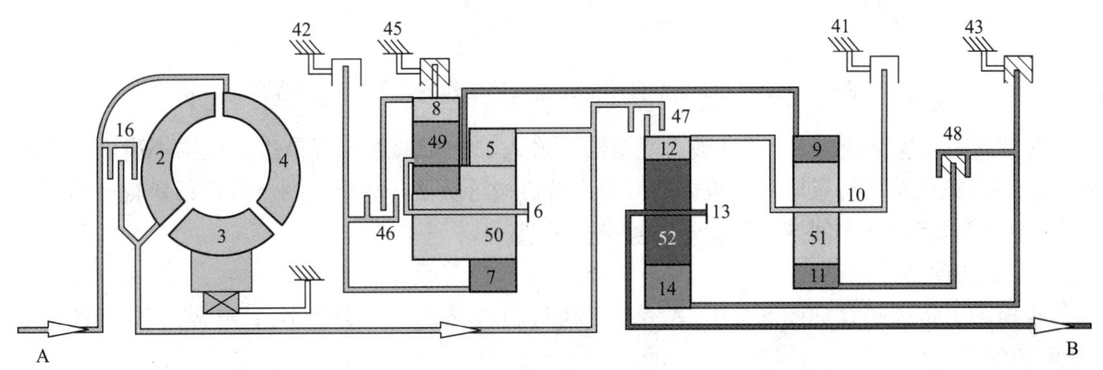

图8—101　722.9型自动变速器3挡工作原理

2—涡轮　3—导轮　4—泵轮　5—小齿圈　6—行星架　7—太阳轮　8—大齿圈　9—后排齿圈　10—后排行星架　11—后排太阳轮　12—中间排齿圈　13—中间排行星架　14—中间排太阳轮　16—液力变矩器锁止离合器　41—制动器B_R　42—制动器B_1　43—制动器B_2　45—制动器B_3　46—离合器K_1　47—离合器K_2　48—离合器K_3　49—短行星轮　50—长行星轮　51—后排行星轮　52—中间排行星轮

由A经液力变矩器传来的动力经输入轴传到拉威娜式行星齿轮机构的小齿圈，小齿圈顺时针旋转，此时离合器K_1工作，将大齿圈与太阳轮锁在一起，拉威娜式行星齿轮机构元件之间没有相对运动（相当于一根轴），动力1∶1由行星架顺时针旋转输出，传到后排齿圈。

在后排行星齿轮机构中，后排齿圈顺时针旋转，后排行星轮顺时针旋转，后排太阳轮有逆时针旋转的趋势。由于B_2、K_3工作，将中间排太阳轮和后排太阳轮固定，则后排行星架顺时针减速旋转，将动力传到中间排齿圈。

在中间排行星齿轮机构中，中间排齿圈顺时针旋转，中间排行星轮顺时针旋转，中间排太阳轮有逆时针旋转的趋势。由于中间排太阳轮被固定，所以中间排行星架顺时针减速旋转，将动力输出至B，动力经两级减速后输出3挡。

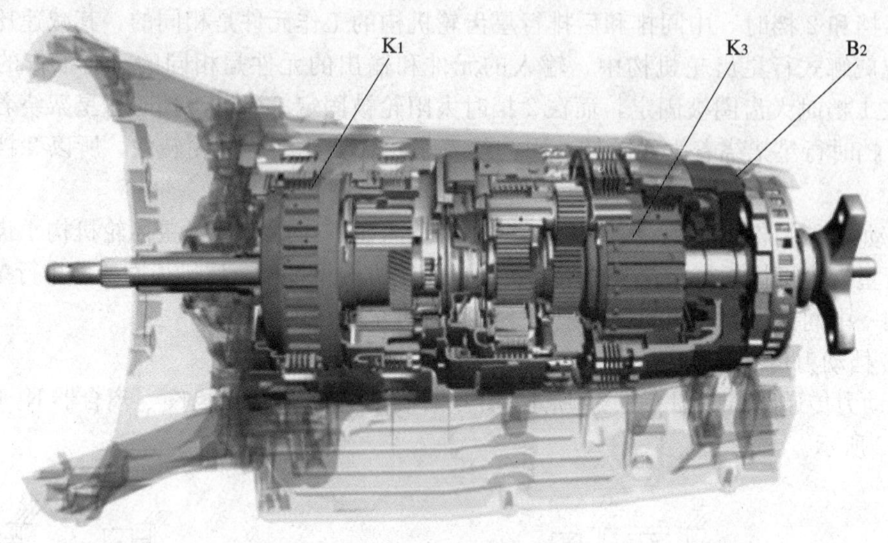

图 8—102　722.9 型自动变速器 3 挡工作的离合器和制动器

3 挡动力传递路线如下：A→液力变矩器→输入轴→拉威娜式行星齿轮机构小齿圈→拉威娜式行星齿轮机构长行星轮→拉威娜式行星齿轮机构行星架→后排齿圈→后排行星轮→后排行星架→中间排齿圈→中间排行星轮→中间排行星架→B。

4．4 挡动力传递路线

4 挡动力传递路线如图 8—103 所示。4 挡时制动器 B_2、离合器 K_1、离合器 K_2 工作，如图 8—104 所示。

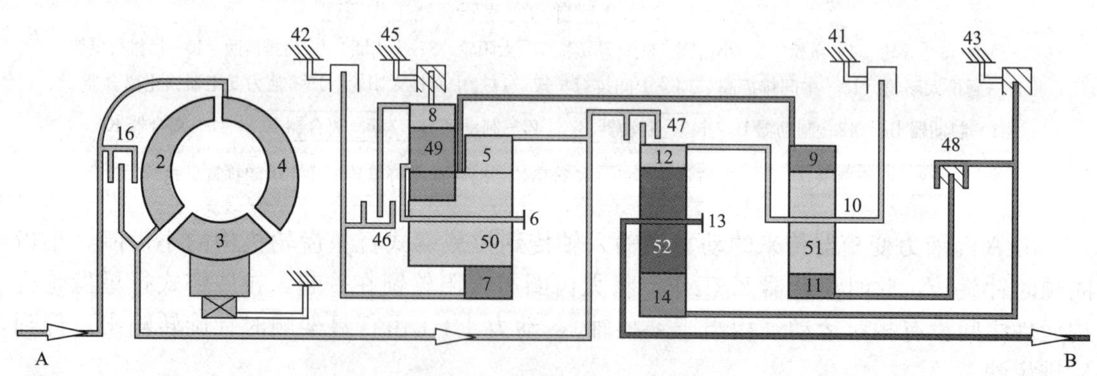

图 8—103　722.9 型自动变速器 4 挡工作原理

2—涡轮　3—导轮　4—泵轮　5—小齿圈　6—行星架　7—太阳轮　8—大齿圈　9—后排齿圈　10—后排行星架　11—后排太阳轮　12—中间排齿圈　13—中间排行星架　14—中间排太阳轮　16—液力变矩器锁止离合器　41—制动器 B_R　42—制动器 B_1　43—制动器 B_2　45—制动器 B_3　46—离合器 K_1　47—离合器 K_2　48—离合器 K_3　49—短行星轮　50—长行星轮　51—后排行星轮　52—中间排行星轮

图 8—104 722.9 型自动变速器 4 挡工作的离合器和制动器

由 A 经液力变矩器传来的动力经输入轴传到拉威娜式行星齿轮机构的小齿圈，小齿圈顺时针旋转，此时 K_1工作，将大齿圈与太阳轮锁在一起，拉威娜式行星齿轮机构元件之间没有相对运动（相当于一根轴），动力 1∶1 由行星架顺时针旋转输出，传到后排齿圈，后排齿圈顺时针旋转且转速与输入轴的转速相等。

由于离合器 K_2工作，动力由输入轴经 K_2传递到中间排齿圈，由中间排齿圈直接传递到后排行星架，后排行星架顺时针旋转且转速与输入轴的转速相等。

在后排行星齿轮机构中，齿圈与行星架转速相等，就相当于行星齿轮机构 3 个元件中 2 个元件被锁在一起，元件之间没有相对运动（相当于一根轴），动力 1∶1 由行星架顺时针旋转输出，直接传递到中间排齿圈。

在中间排行星齿轮机构中，由于离合器 K_2工作，齿圈被输入轴和后排行星架共同驱动顺时针旋转（输入轴与后排行星架转速相等），中间排行星轮顺时针旋转，太阳轮有逆时针旋转的趋势。此时制动器 B_2工作，太阳轮被固定，则中间排行星架顺时针减速旋转输出至 B，动力经一级减速后输出 4 挡。

4 挡动力传递路线如下：

A→液力变矩器→输入轴—{ →离合器 K_2→ ; →拉威娜式行星齿轮机构小齿圈→拉威娜式行星齿轮机构长行星轮→拉威娜式行星齿轮机构行星架→后排齿圈→后排行星轮→后排行星架→ }—中间排齿圈→中间排行星轮→中间排行星架→B。

5. 5 挡动力传递路线

5 挡动力传递路线如图 8—105 所示。5 挡时离合器 K_1、离合器 K_2、离合器 K_3工作，如图 8—106 所示。

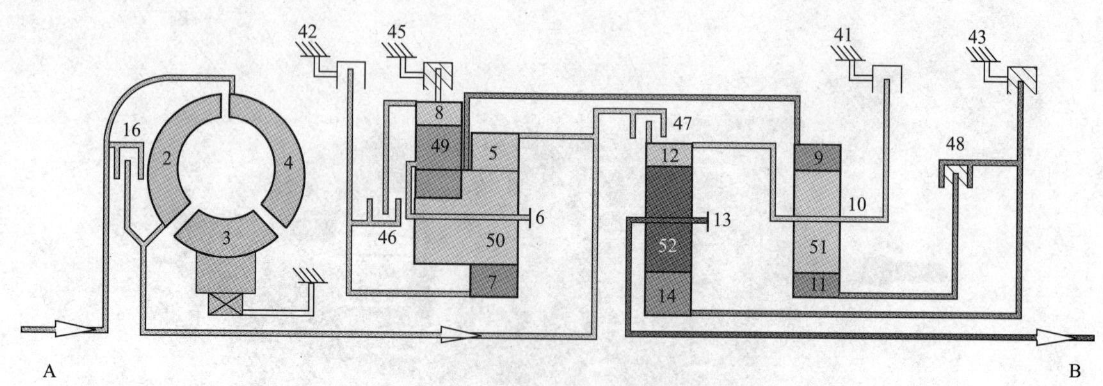

图 8—105　722.9 型自动变速器 5 挡工作原理

2—涡轮　3—导轮　4—泵轮　5—小齿圈　6—行星架　7—太阳轮　8—大齿圈　9—后排齿圈　10—后排行星架　11—后排太阳轮　12—中间排齿圈　13—中间排行星架　14—中间排太阳轮　16—液力变矩器锁止离合器　41—制动器 B_R　42—制动器 B_1　43—制动器 B_2　45—制动器 B_3　46—离合器 K_1　47—离合器 K_2　48—离合器 K_3　49—短行星轮　50—长行星轮　51—后排行星轮　52—中间排行星轮

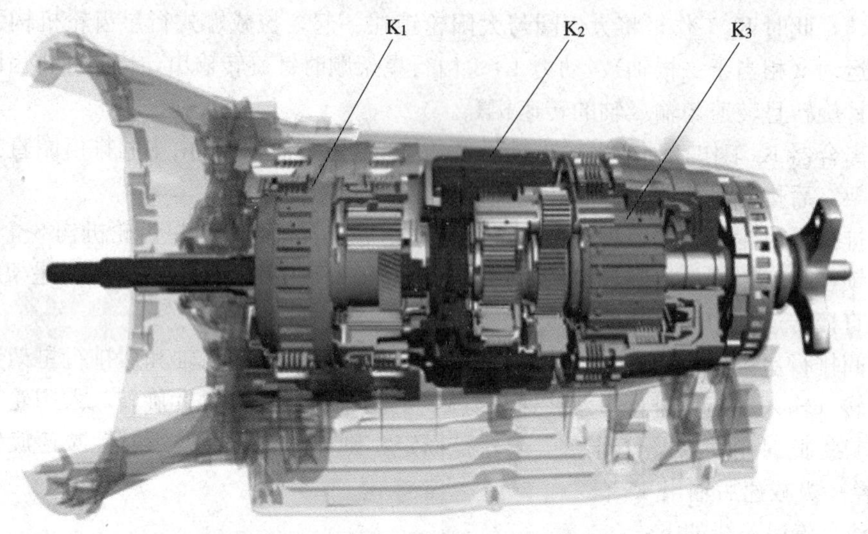

图 8—106　722.9 型自动变速器 5 挡工作的离合器

由 A 经液力变矩器传来的动力经输入轴传到拉威娜式行星齿轮机构的小齿圈，小齿圈顺时针旋转，此时离合器 K_1 工作，将大齿圈与太阳轮锁在一起，拉威娜式行星齿轮机构元件之间没有相对运动（相当于一根轴），动力 1∶1 由行星架顺时针旋转输出，传到后排齿圈，后排齿圈顺时针旋转且转速与输入轴的转速相等。

由于离合器 K_2 工作，动力由输入轴经 K_2 传递到中间排齿圈，由中间排齿圈直接传递到后排行星架，后排行星架顺时针旋转且转速与输入轴的转速相等。

在后排行星齿轮机构中，齿圈与行星架转速相等，就相当于行星齿轮机构 3 个元件中 2

个元件被锁在一起，元件之间没有相对运动（相当于一根轴），因此后排太阳轮的转速也与输入轴转速相等。

在中间排行星齿轮机构中，由于离合器 K_3 工作，将中间排太阳轮与后排太阳轮锁在一起，所以中间排太阳轮的转速是输入轴的转速；由于离合器 K_2 工作，中间排齿圈转速也是输入轴的转速。中间排太阳轮转速与齿圈转速相等，就相当于行星齿轮机构 3 个元件中 2 个元件被锁在一起，元件之间没有相对运动（相当于一根轴），动力由中间排行星架 1∶1 顺时针旋转输出，动力以直接挡输出 5 挡。

5 挡动力传递路线如下：

A→液力变矩器→输入轴—{→离合器 K_2→中间排齿圈→
→拉威娜式行星齿轮机构小齿圈→拉威娜式行星齿轮机构长行星轮→拉威娜式行星齿轮机构行星架→后排齿圈→后排行星轮→后排太阳轮→离合器 K_3→中间排太阳轮→}—中间排行星轮→中间排行星架→B。

6. 6 挡动力传递路线

6 挡动力传递路线如图 8—107 所示。6 挡时制动器 B_1、离合器 K_2、离合器 K_3 工作，如图 8—108 所示。

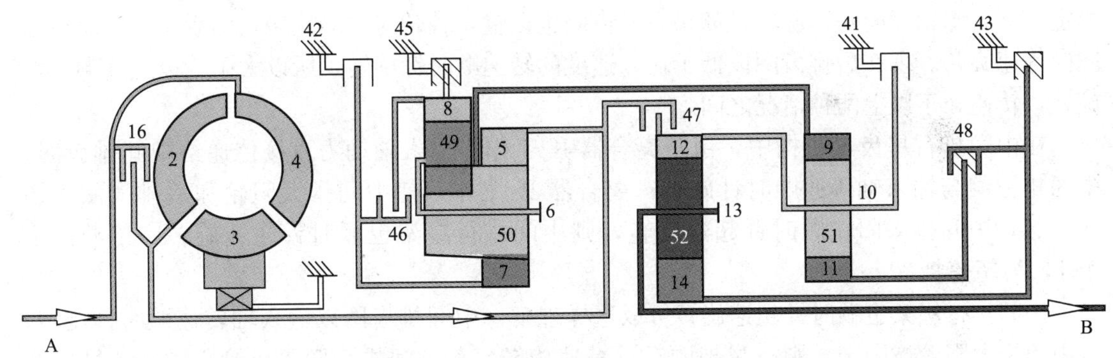

图 8—107　722.9 型自动变速器 6 挡工作原理

2—涡轮　3—导轮　4—泵轮　5—小齿圈　6—行星架　7—太阳轮　8—大齿圈　9—后排齿圈　10—后排行星架　11—后排太阳轮　12—中间排齿圈　13—中间排行星架　14—中间排太阳轮　16—液力变矩器锁止离合器　41—制动器 B_R　42—制动器 B_1　43—制动器 B_2　45—制动器 B_3　46—离合器 K_1　47—离合器 K_2　48—离合器 K_3　49—短行星轮　50—长行星轮　51—后排行星轮　52—中间排行星轮

由 A 经液力变矩器传来的动力经输入轴传到拉威娜式行星齿轮机构的小齿圈，小齿圈顺时针旋转，长行星轮顺时针旋转，太阳轮有逆时针旋转的趋势。此时 B_1 工作，将太阳轮固定，则行星架顺时针减速旋转，将动力传到后排齿圈，后排齿圈顺时针旋转。

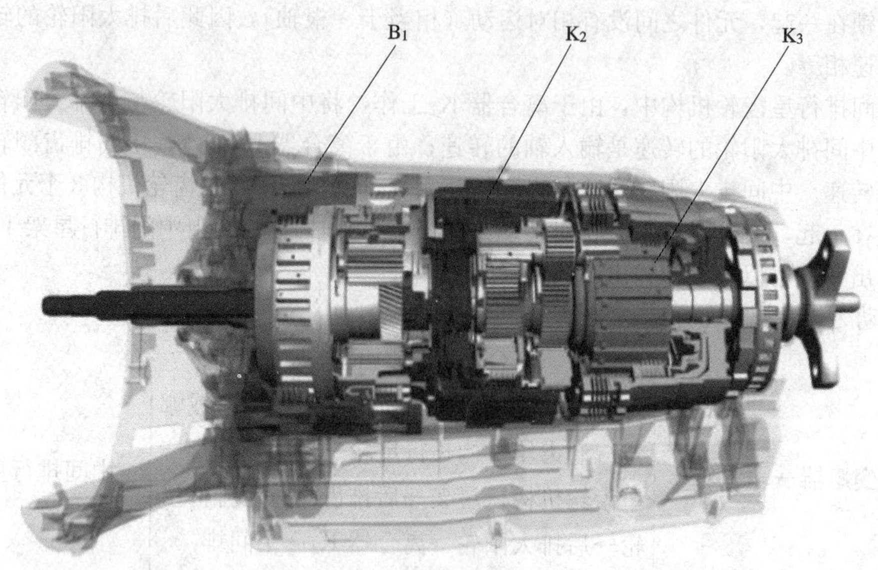

图 8—108　722.9 型自动变速器 6 挡工作的离合器和制动器

在后排行星齿轮机构中，由于离合器 K_2 工作，动力由输入轴经 K_2 传递到中间排齿圈，由中间排齿圈直接传递到后排行星架，后排行星架顺时针旋转且转速与输入轴的转速相等。由于后排齿圈的转速小于后排行星架的转速且都为顺时针旋转，所以后排太阳轮顺时针超速旋转。

后排太阳轮顺时针超速旋转可以这样理解：后排行星架以输入轴转速旋转，若后排齿圈固定，则太阳轮同向超速旋转；如果后排齿圈也以输入轴转速同向旋转，则后排太阳轮也是同向等速旋转。现在后排齿圈以低于输入速度的转速顺时针旋转，所以太阳轮以超速顺时针旋转，转速介于以上两种情况之间。

在中间排行星齿轮机构中，由于离合器 K_2 工作，输入轴动力直接传递给中间排齿圈，中间排齿圈与输入轴等速顺时针旋转；离合器 K_3 工作，使中间排太阳轮和后排太阳轮锁在一起，中间排太阳轮顺时针超速旋转，则中间排行星架也顺时针超速旋转，传动比小于 1，为超速挡。

中间排行星架也顺时针超速旋转可以这样理解：中间排齿圈以输入轴转速顺时针旋转，若中间排太阳轮被固定，则行星架顺时针减速旋转；若中间排太阳轮以输入轴转速同向旋转，则中间排行星架以输入轴速度同向等速旋转。现在中间排太阳轮的转速大于输入轴的转速且都以顺时针方向旋转，则中间排行星架顺时针超速旋转。

6 挡动力传递路线如下：

A→液力变矩器→输入轴－{→离合器 K_2→中间排齿圈→
→拉威娜式行星齿轮机构小齿圈→拉威娜式行星齿轮机构长行星轮→拉威娜式行星齿轮机构行星架→后排齿圈→后排行星轮→后排太阳轮→离合器 K_3→中间排太阳轮→}－中间排行星轮→中间

排行星架→B。

7. 7挡动力传递路线

7挡动力传递路线如图8—109所示。7挡时制动器B_3、离合器K_2、离合器K_3工作，如图8—110所示。

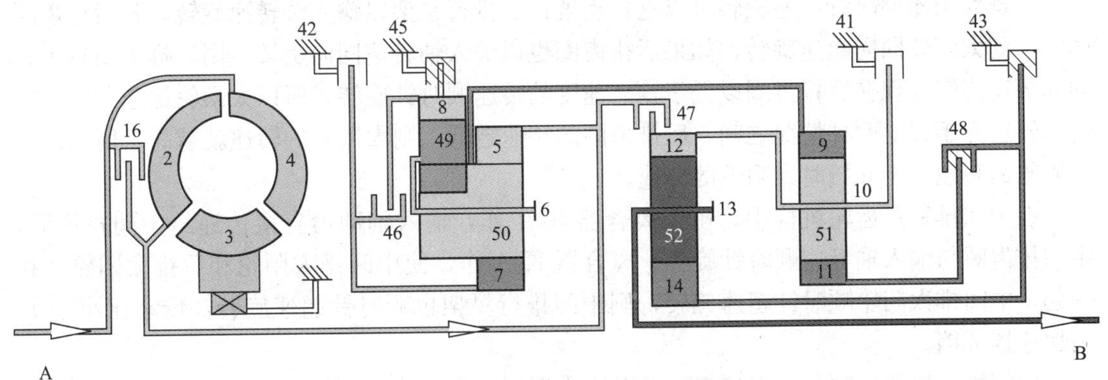

图8—109　722.9型自动变速器7挡工作原理

2—涡轮　3—导轮　4—泵轮　5—小齿圈　6—行星架　7—太阳轮　8—大齿圈　9—后排齿圈　10—后排行星架　11—后排太阳轮　12—中间排齿圈　13—中间排行星架　14—中间排太阳轮　16—液力变矩器锁止离合器　41—制动器B_R　42—制动器B_1　43—制动器B_2　45—制动器B_3　46—离合器K_1　47—离合器K_2　48—离合器K_3　49—短行星轮　50—长行星轮　51—后排行星轮　52—中间排行星轮

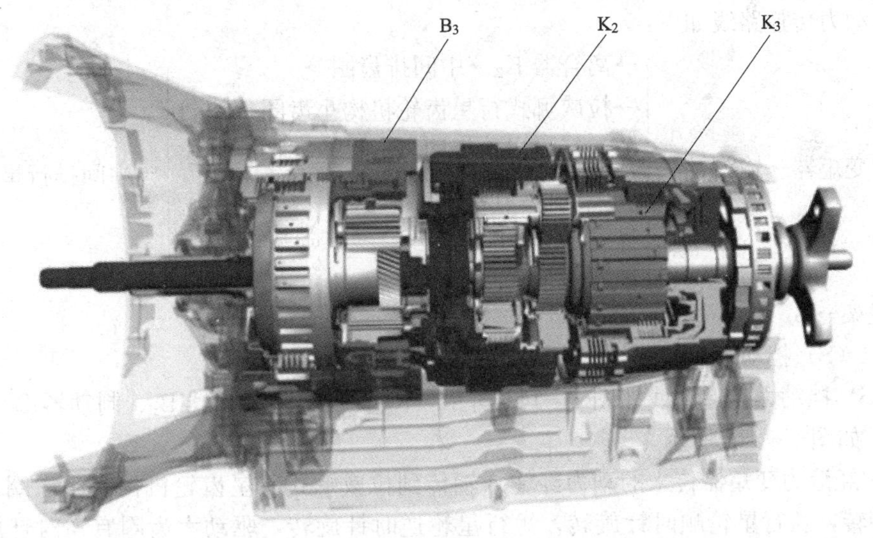

图8—110　722.9型自动变速器7挡工作的离合器和制动器

由A经液力变矩器传来的动力经输入轴传到拉威娜式行星齿轮机构的小齿圈，小齿圈顺时针旋转，长行星轮顺时针旋转，短行星轮逆时针旋转，驱动大齿圈有逆时针旋转的趋势。此时制动器B_3工作，将大齿圈固定，则行星架顺时针减速旋转，将动力传到后排齿圈，后排齿圈顺时针旋转。与6挡相比，此时后排齿圈旋转得更慢。

在后排行星齿轮机构中，由于离合器 K_2 工作，动力由输入轴经 K_2 传递到中间排齿圈，由中间排齿圈直接传递到后排行星架，后排行星架顺时针旋转且转速与输入轴的转速相等。由于后排齿圈的转速小于后排行星架的转速且都为顺时针旋转，所以后排太阳轮顺时针超速旋转。此时后排太阳轮的转速要大于 6 挡时后排太阳轮的转速。

后排太阳轮顺时针超速旋转可以这样理解：后排行星架以输入轴转速旋转，若后排齿圈固定，则太阳轮同向超速旋转；如果后排齿圈也以输入轴转速同向旋转，则后排太阳轮也是同向等速旋转。现在后排齿圈以低于输入速度的转速顺时针旋转，所以太阳轮超速顺时针旋转，转速介于以上两种情况之间。后排齿圈的转速越低，则太阳轮的转速就越高，所以此时太阳轮的转速大于 6 挡时太阳轮的转速。

在中间排行星齿轮机构中，由于离合器 K_2 工作，输入轴动力直接传递给中间排齿圈，中间排齿圈与输入轴等速顺时针旋转；离合器 K_3 工作，使中间排太阳轮和后排太阳轮锁在一起，中间排太阳轮顺时针超速旋转，则中间排行星架也顺时针超速旋转，传动比小于 1，为超速挡 7 挡。

中间排行星架也顺时针超速旋转可以这样理解：中间排齿圈以输入轴转速顺时针旋转，若中间排太阳轮被固定，则行星架顺时针减速旋转；若中间排太阳轮以输入轴转速同向旋转，则中间排行星架以输入轴速度同向等速旋转。现在中间排太阳轮的转速大于中间排齿圈的转速（输入轴的转速）且都顺时针旋转，则中间排行星架也顺时针超速旋转。由于中间排太阳轮的转速越高则行星架转速也就越高，而此时中间排太阳轮的转速比 6 挡时中间排太阳轮的转速高，所以中间排行星架的转速要比 6 挡时中间排行星架的转速高。

7 挡动力传递路线如下：

A→液力变矩器→输入轴—{ →离合器 K_2→中间排齿圈→ ；→拉威娜式行星齿轮机构小齿圈→拉威娜式行星齿轮机构长行星轮→拉威娜式行星齿轮机构行星架→后排齿圈→后排行星轮→后排太阳轮→离合器 K_3→中间排太阳轮→ }—中间排行星齿轮→中间排行星架→B。

8. R（S）挡动力传递路线

R（S）挡动力传递路线如图 8—111 所示。R（S）挡时制动器 B_3、制动器 B_R、离合器 K_3 工作，如图 8—112 所示。

由 A 经液力变矩器传来的动力经输入轴传到拉威娜式行星齿轮机构的小齿圈，小齿圈顺时针旋转，长行星轮顺时针旋转，短行星轮逆时针旋转，驱动大齿圈有逆时针旋转的趋势。此时制动器 B_3 工作，将大齿圈固定，则行星架顺时针减速旋转，将动力传到后排齿圈，后排齿圈顺时针旋转。

在后排行星齿轮机构中，后排齿圈顺时针旋转，后排行星轮顺时针旋转，则后排行星架有顺时针旋转的趋势。由于 B_R 工作，把后排行星架固定，因此后排太阳轮逆时针加速旋转。

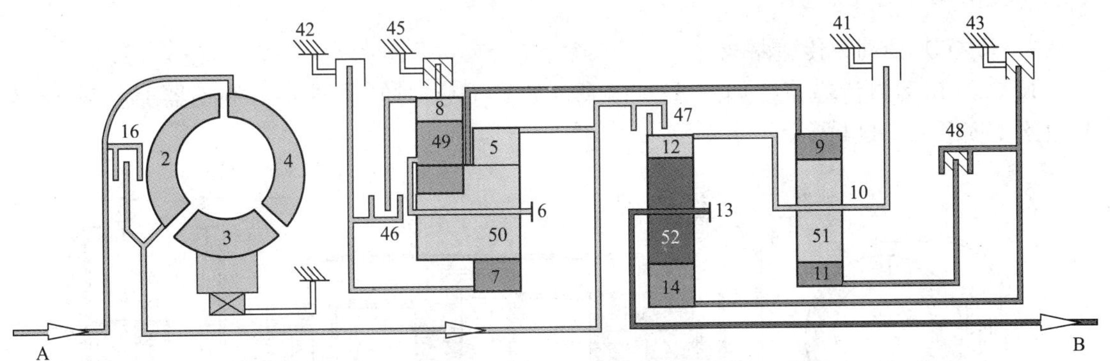

图 8—111　722.9 型自动变速器 R（S）挡工作原理

2—涡轮　3—导轮　4—泵轮　5—小齿圈　6—行星架　7—太阳轮　8—大齿圈　9—后排齿圈　10—后排行星架　11—后排太阳轮　12—中间排齿圈　13—中间排行星架　14—中间排太阳轮　16—液力变矩器锁止离合器　41—制动器 B_R　42—制动器 B_1　43—制动器 B_2　45—制动器 B_3　46—离合器 K_1　47—离合器 K_2　48—离合器 K_3　49—短行星轮　50 长行星轮　51—后排行星轮　52—中间排行星轮

图 8—112　722.9 型自动变速器 R（S）挡工作的离合器和制动器

在中间排行星齿轮机构中，由于离合器 K_3 工作，将后排太阳轮和中间排太阳轮锁在一起，则中间排太阳轮逆时针旋转；制动器 B_R 工作，固定中间排齿圈，中间排行星轮沿着中间排齿圈顺时针自转，带动中间排行星架逆时针旋转，则中间排行星架逆时针减速旋转。

由上面的分析可知，前排行星齿轮机构为同向减速旋转，后排行星齿轮机构为反向增速旋转，中间排行星齿轮机构为同向减速旋转，总的传动效果为反向减速。中间排行星架逆时针减速旋转，与前进挡时旋转方向相反，即为倒挡。

R（S）挡动力传递路线如下：A→液力变矩器→输入轴→拉威娜式行星齿轮机构小齿圈→拉威娜式行星齿轮机构长行星轮→拉威娜式行星齿轮机构短行星轮→拉威娜式行星齿轮机构行星架→后排齿圈→后排行星轮→后排太阳轮→离合器 K_3→中间排太阳轮→中间排

行星轮→中间排行星架→B。

9. R（C）挡动力传递路线

R（C）挡动力传递路线如图 8—113 所示。R（C）时制动器 B_1、制动器 B_R、离合器 K_3 工作，如图 8—114 所示。

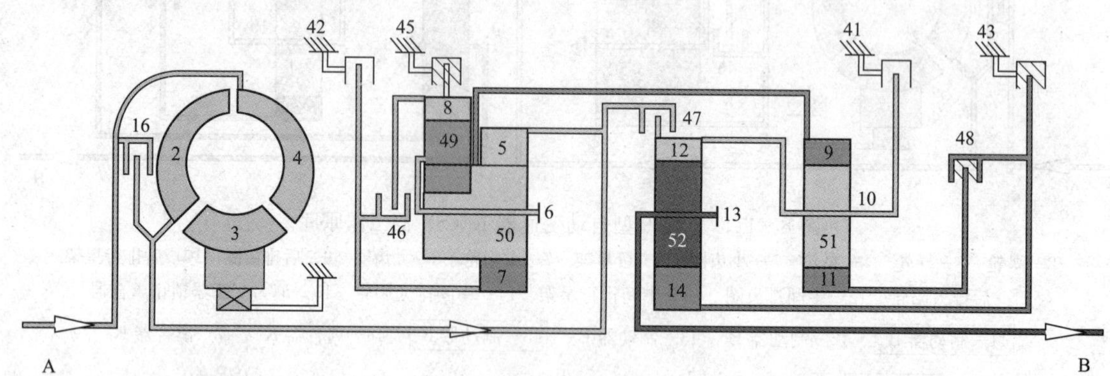

图 8—113　722.9 型自动变速器 R（C）挡工作原理

2—涡轮　3—导轮　4—泵轮　5—小齿圈　6—行星架　7—太阳轮　8—大齿圈　9—后排齿圈　10—后排行星架　11—后排太阳轮　12—中间排齿圈　13—中间排行星架　14—中间排太阳轮　16—液力变矩器锁止离合器　41—制动器 B_R　42—制动器 B_1　43—制动器 B_2　45—制动器 B_3　46—离合器 K_1　47—离合器 K_2　48—离合器 K_3　49—短行星轮　50—长行星轮　51—后排行星轮　52—中间排行星轮

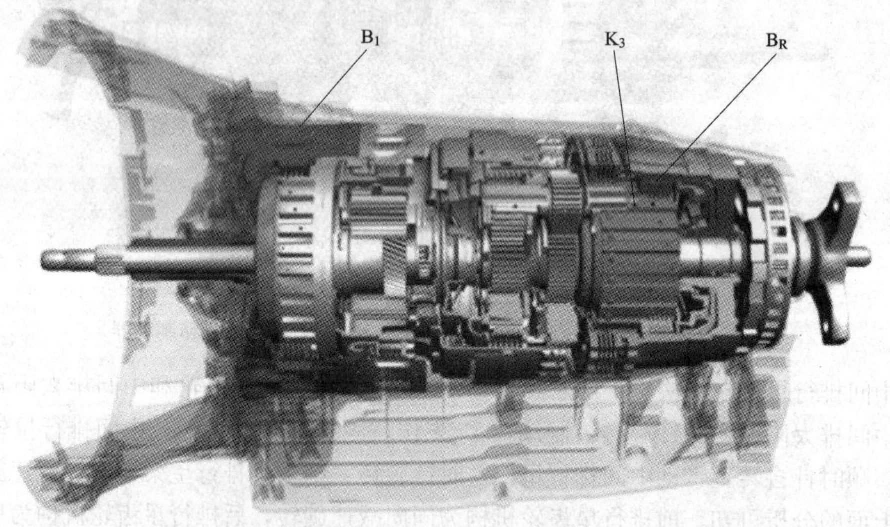

图 8—114　722.9 型自动变速器 R（C）挡工作的离合器和制动器

由 A 经液力变矩器传来的动力经输入轴传到拉威娜式行星齿轮机构的小齿圈，小齿圈顺时针旋转，长行星轮顺时针旋转，太阳轮有逆时针旋转的趋势。此时 B_1 工作，将太阳轮固定，则行星架顺时针减速旋转，将动力传到后排齿圈，后排齿圈顺时针旋转。

在后排行星齿轮机构中，后排齿圈顺时针旋转，后排行星轮顺时针旋转，则后排行星架有顺时针旋转的趋势。由于 B_R 工作，把后排行星架固定，因此后排太阳轮逆时针加速旋转。

在中间排行星齿轮机构中，由于 K_3 工作，将后排太阳轮和中间排太阳轮锁在一起，则中间排太阳轮逆时针旋转；B_R 工作，固定中间排齿圈，中间排行星轮沿着中间排齿圈顺时针自转，带动中间排行星架逆时针旋转，则中间排行星架逆时针减速旋转。

由上面的分析可知，前排行星齿轮机构为同向减速旋转，后排行星齿轮机构为反向加速旋转，中间排行星齿轮机构为同向减速旋转，总的传动效果为反向减速。中间排行星架逆时针减速旋转，与前进挡时旋转方向相反，即为倒挡。由于拉威娜式行星齿轮机构中行星架减速输出，在 R（C）挡时行星架转速比 R（S）挡时转速高，而后排行星齿轮机构和中间排行星齿轮机构两个挡位转速相同，所以 R（C）挡比 R（S）挡转速提高了。

R（C）挡动力传递路线如下：A→液力变矩器→输入轴→拉威娜式行星齿轮机构小齿圈→拉威娜式行星齿轮机构长行星轮→拉威娜式行星齿轮机构行星架→后排齿圈→后排行星轮→后排太阳轮→离合器 K_3→中间排太阳轮→中间排行星轮→中间排行星架→B。

10. N 挡动力传递路线

N 挡动力传递路线如图 8—115 所示。N 挡时制动器 B_3、离合器 K_3 工作，如图 8—116 所示。由于 B_3 工作，拉威娜式行星齿轮机构将动力传递到后排行星齿轮机构齿圈。后排行星齿轮机构齿圈有动力输入，但太阳轮和行星架都为自由轮，动力无法传递。

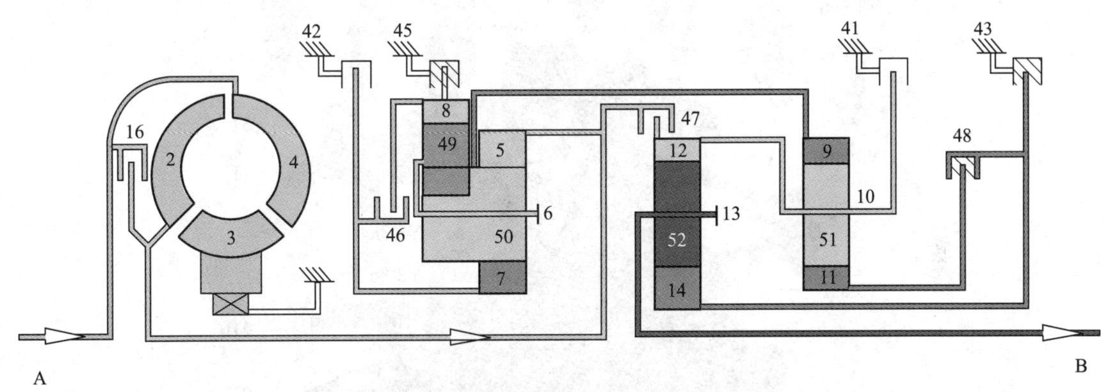

图 8—115　722.9 型自动变速器 N 挡工作原理

2—涡轮　3—导轮　4—泵轮　5—小齿圈　6—行星架　7—太阳轮　8—大齿圈　9—后排齿圈　10—后排行星架　11—后排太阳轮　12—中间排齿圈　13—中间排行星架　14—中间排太阳轮　16—液力变矩器锁止离合器　41—制动器 B_R　42—制动器 B_1　43—制动器 B_2　45—制动器 B_3　46—离合器 K_1　47—离合器 K_2　48—离合器 K_3　49—短行星轮　50—长行星轮　51—后排行星轮　52—中间排行星轮

当变速器处于 N 挡时，B_3、K_3 两个换挡执行元件工作，所以当选择了 1 挡和 R（S）挡时，仅需要另一个换挡执行元件工作即可完成动力传递。

六、电子/液压控制装置

722.9 型自动变速器的控制装置 VGS 与控制装置 Y3/8n4 组合在电子控制装置上，同时与液压控制系统组合在一起，实现了真正意义的全集成自动变速器。电子/液压控制总成的电子控制系统及液压控制系统的构成如图 8—117 所示。

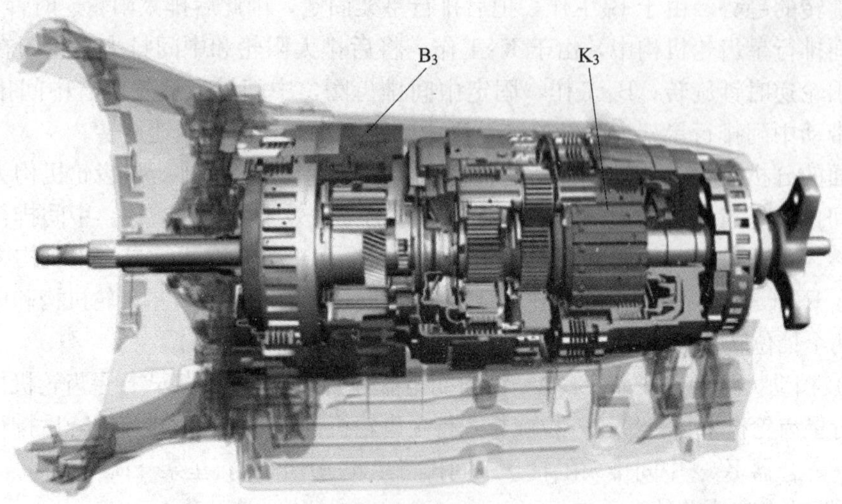

图 8—116　722.9 型自动变速器 N 挡工作的离合器和制动器

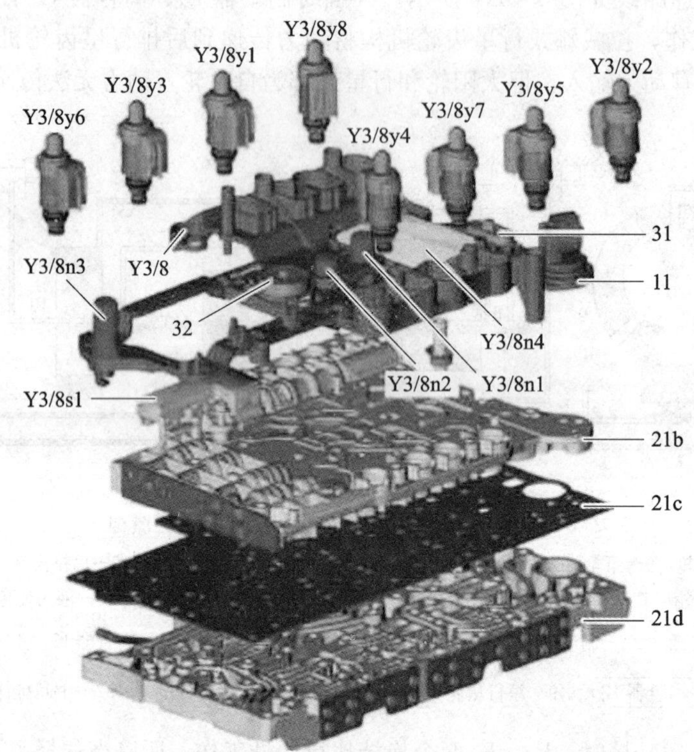

图 8—117　722.9 型自动变速器电子/液压控制系统的构成

11—接线器　21b—上阀体　21c—中间隔板　21d—下阀体　31—液压油控制浮子 1　32—液压油控制浮子 2
Y3/8—电液控制元件　Y3/8n1—涡轮转速传感器　Y3/8n2—中间转速传感器　Y3/8n3—输出轴转速传感器
Y3/8n4—变速器控制模块　Y3/8s1—选挡范围传感器　Y3/8y1—主油压控制电磁阀　Y3/8y2—离合器 K_1 控制电磁阀
Y3/8y3—离合器 K_2 控制电磁阀　Y3/8y4—离合器 K_3 控制电磁阀　Y3/8y5—制动器 B_1 控制电磁阀
Y3/8y6—制动器 B_2/B_R 控制电磁阀　Y3/8y7—制动器 B_3 控制电磁阀　Y3/8y8—液力变矩器锁止离合器控制电磁阀

1. 液压控制系统

722.9 型自动变速器液压控制系统主要由油泵、阀体（如图 8—118 所示）、滤清器等组成。

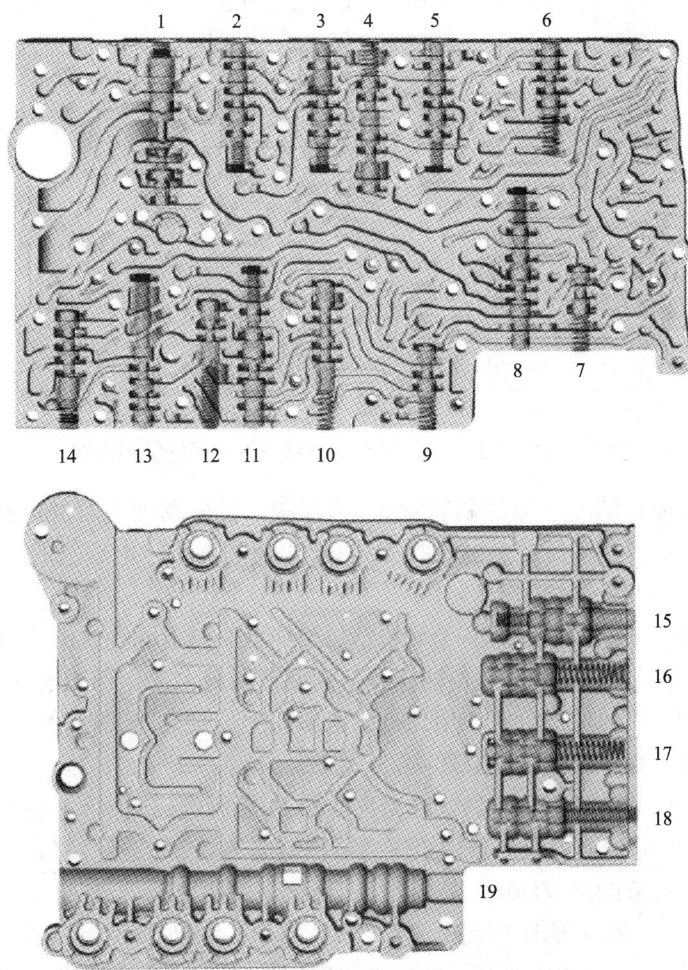

图 8—118 722.9 型自动变速器液压控制系统阀体的结构

1—主油压调节阀 2—离合器 K_1 调节阀 3—制动器 B_1 调节阀 4—制动器 B_1/B_3 换挡阀 5—制动器 B_3 调节阀 6—离合器 K_3 换挡阀 7—制动器 B_2 换挡阀 2 8—制动器 B_2/B_R 调节阀 9—离合器 K_2 换挡阀 10—应急（跛行）模式换挡阀 11—离合器 K_2 调节阀 12—润滑油压调节阀 13—液力变矩器锁止离合器调节阀 14—液力变矩器锁止内部压力调节阀 15—离合器 K_3 调节阀 16—供给压力 1 调节阀 17—供给压力 2 调节阀 18—制动器 B_2 换挡阀 1 19—选挡阀（手控阀）

（1）液压控制系统结构说明。液压控制系统结构如图 8—119 所示。液压油经滤清器被油泵泵入管路，通过制动器和离合器控制变速器齿轮的啮合，完成换挡工作。图中 M 为原厂油压测试孔，测试变速器特性时使用，出厂时已经用钢球密封。

（2）压力调节阀

1）主供油压力调节。主油压控制电磁阀 Y3/8y1 是一个常开式电磁阀，在断电时阀门打开（控制油压最大），将油压作用到主油压调节阀的一端。当电流逐渐增大时，控制油压减小。

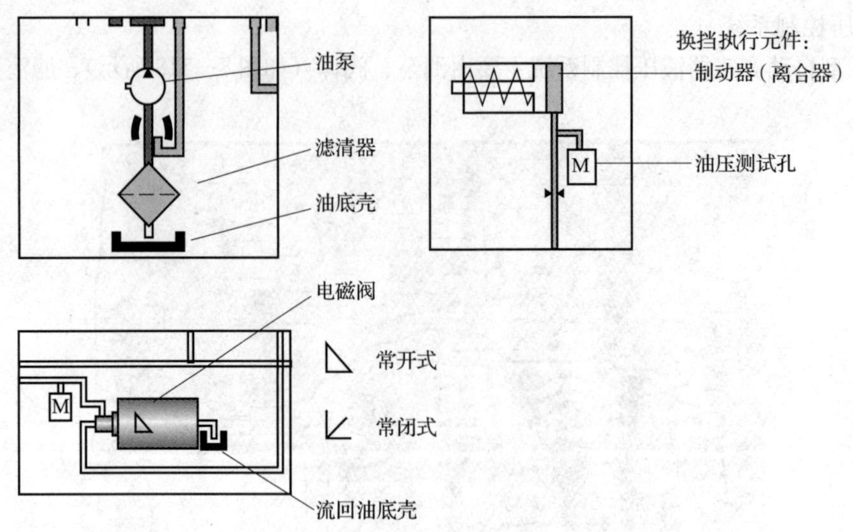

图 8—119 722.9 型自动变速器液压控制系统结构简图

主油压由全集成自动变速器控制装置 VGS 控制，根据驾驶人驾驶风格、发动机负荷、变速器挡位信号，调节主油压控制电磁阀 Y3/8y1 电流的大小，电磁阀的阀芯位置随电流大小而改变，输出不同的主供油油压。

2）供给油压调节阀。供给油压调节阀包括供给压力 1 调节阀和供给压力 2 调节阀。主油压控制电磁阀调压后的液压油经过供给油压调节阀调节至最大油压不超过 8 bar（0.8 MPa）。供给油压调节阀调节后的油压分别作用到控制电磁阀上。控制电磁阀分为两组并相互独立，当换挡时控制电磁阀组之间不会相互影响。

①供给压力 1 调节阀调节油压后，供给离合器 K_2 控制电磁阀（Y3/8y3）、制动器 B_2/B_R 控制电磁阀（Y3/8y6）、液力变矩器锁止离合器控制电磁阀（Y3/8y8）。

②供给压力 2 调节阀调节油压后，供给离合器 K_1 控制电磁阀（Y3/8y2）、离合器 K_3 控制电磁阀（Y3/8y4）、制动器 B_1 控制电磁阀（Y3/8y5）、制动器 B_3 控制电磁阀（Y3/8y7）。

3）润滑油压调节。主油压调节阀处过剩的液压油通过润滑油压调节阀调节油压后，润滑及冷却自动变速器机械部分和液力变矩器，同时供给液力变矩器使其工作。

（3）控制电磁阀。全集成自动变速器控制装置 VGS 根据换挡信号控制控制电磁阀，从而控制换挡阀，换挡阀使离合器、制动器接合及分离，实现自动换挡，保证换挡品质。

制动器 B_1 控制电磁阀（Y3/8y5）、离合器 K_2 控制电磁阀（Y3/8y3）、离合器 K_3 控制电磁阀（Y3/8y4）是常开式电磁阀，在断电时阀门打开（控制油压最大），控制油压随控制电流的增大而减小。

离合器 K_1 控制电磁阀（Y3/8y2）、制动器 B_2/B_R 控制电磁阀（Y3/8y6）、制动器 B_3 控制电磁阀（Y3/8y7）是常闭式电磁阀，在断电时阀门关闭（控制油压为零），控制油压随控制电流的增大而增大。

（4）液力变矩器锁止离合器控制过程。液力变矩器锁止离合器控制电磁阀 Y3/8y8 是一个常闭式电磁阀，在断电时阀门关闭（控制油压为零），在液力变矩器锁止离合器调节阀一端无油压；当电流逐渐增大时，控制油压增大。

全集成自动变速器控制装置 VGS 根据液力变矩器锁止信号，控制液力变矩器锁止离合器控制电磁阀 Y3/8y8 电流的大小，将油压作用到锁止离合器调节阀阀芯的一端，使阀芯移动，将主控油压作用到液力变矩器锁止活塞上使锁止离合器锁止（接合），同时还能根据液力变矩器锁止离合器控制电磁阀 Y3/8y8 电流的大小，控制锁止离合器的打滑率。

（5）各挡位液压系统控制原理。各挡位电磁阀及相应执行元件工作情况见表 8—7。

表 8—7　　各挡位电磁阀及相应执行元件工作情况

换挡执行元件		B_1	B_2^*	B_3	B_R^*	K_1	K_2	K_3
控制电磁阀		Y3/8y5	Y3/8y6	Y3/8y7	Y3/8y6	Y3/8y2	Y3/8y3	Y3/8y4
控制电磁阀类型		常开式	常闭式	常闭式	常闭式	常闭式	常开式	常开式
控制电磁阀特性		压力/电流	压力/电流	压力/电流	压力/电流	压力/电流	压力/电流	压力/电流
挡位	传动比							
1	4.377	C=Max P=0	X：C=V P=V	X：C=V P=V		C=0 P=0	C=Max P=0	X：C=V P=V
2	2.859	X：C=V P=V	X：C=V P=V	C=0 P=0		C=0 P=0	C=Max P=0	X：C=V P=V
3	1.921	C=Max P=0	X：C=V P=V	C=0 P=0		X：C=V P=V	C=Max P=0	X：C=Max P=0
4	1.368	C=Max P=0	X：C=V P=V	C=0 P=0		X：C=V P=V	X：C=V P=V	C=V P=V
5	1.000	C=Max P=0	C=0 P=0	C=0 P=0		X：C=V P=V	X：C=V P=V	X：C=V P=V
6	0.820	X：C=V P=V	C=0 P=0	C=0 P=0		C=0 P=0	X：C=V P=V	X：C=V P=V
7	0.728	C=Max P=0	C=0 P=0	X：C=V P=V		C=0 P=0	X：C=V P=V	X：C=V P=V
N		C=Max P=0	C=0 P=0	X：C=V P=V	C=0 P=0	C=0 P=0	C=Max P=0	X：C=V P=V
R（S）	−3.416	C=Max P=0		X：C=V P=V	X：C=V P=V	C=0 P=0	C=Max P=0	X：C=V P=V
R（C）	−2.231	X：C=V P=V		C=0 P=0	X：C=V P=V	C=0 P=0	C=Max P=0	X：C=V P=V

X：执行元件工作。C：供给控制电磁阀的电流。P：从控制电磁阀到换挡元件的油压。0：无油压或无电流。V：变化的量。Max：最大值。S：标准模式。C：舒适模式。

*：B_2 和 B_R 共用一个电磁阀，由手控阀位置决定液压油分配到哪个执行元件。

注：当在驾驶中变速器进入应急（跛行）模式时，全部电磁阀的供电将被切断，变速器换入 2 挡，这是因为 B_1、K_2、K_3 的控制电磁阀在无电流的时候调制出最大油压，当挂入过 P 挡后，只有 2 挡或 R 挡可使用。

1）1 挡液压系统控制原理。液压控制系统如图 8—120 所示。当变速器位于 1 挡时，制动器 B_2、离合器 K_3、制动器 B_3 工作，制动器 B_1 控制电磁阀、离合器 K_2 控制电磁阀、制动器 B_2/B_R 控制电磁阀、制动器 B_3 控制电磁阀通电，而离合器 K_1 控制电磁阀、离合器 K_3 控制电磁阀断电。

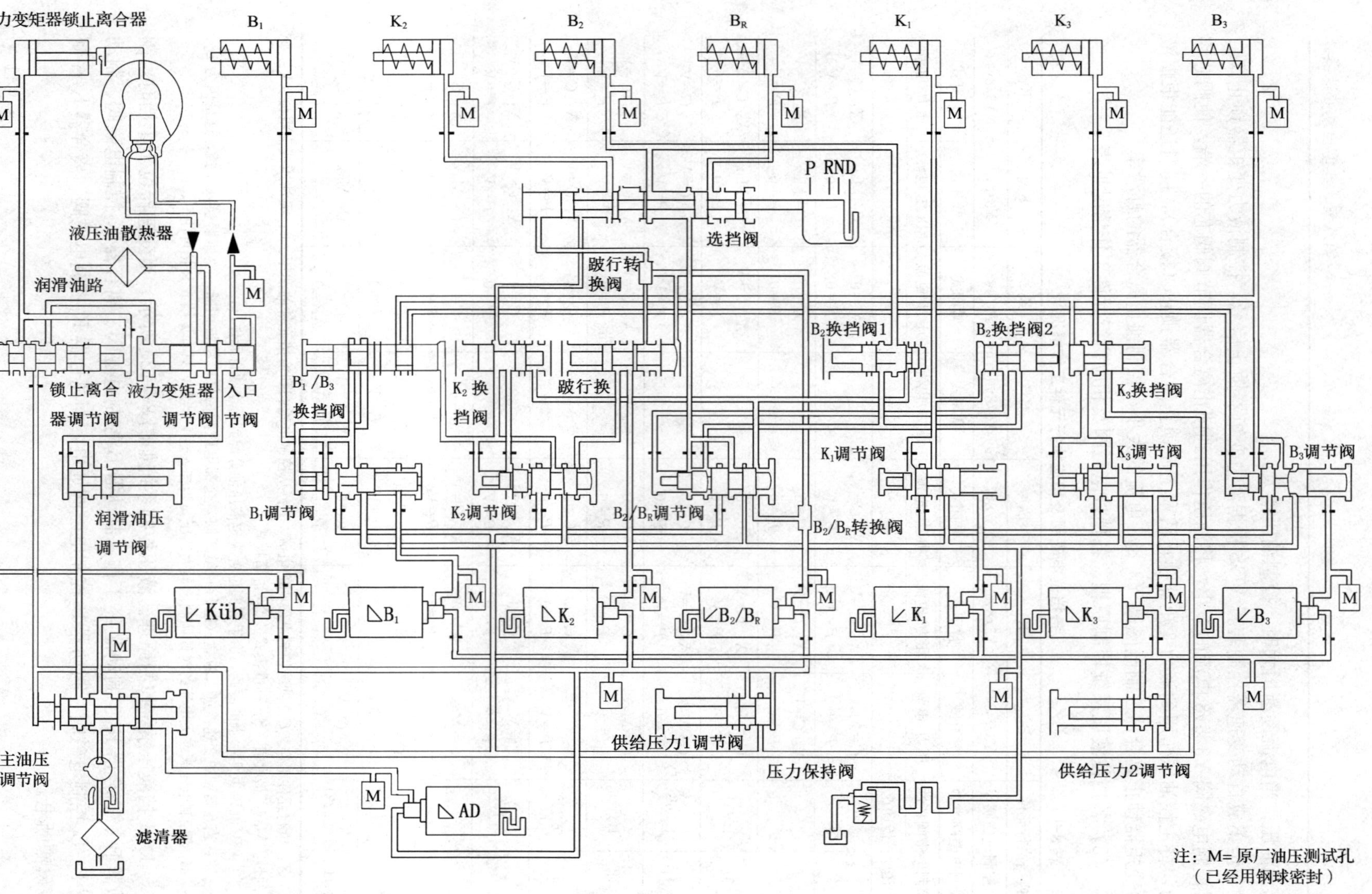

图 8—120　722.9 型自动变速器液压控制系统

①制动器 B_1 控制电磁阀通电。由于制动器 B_1 控制电磁阀为常开式电磁阀，通电的结果是通往制动器 B_1 换挡阀的控制油路被关闭，而通往制动器 B_1 换挡阀的控制油路与制动器 B_1 控制电磁阀的泄油口相通，制动器 B_1 换挡阀阀芯在弹簧弹力作用下保持在原位，切断通往制动器 B_1 的油路，使制动器 B_1 不工作。

②离合器 K_2 控制电磁阀通电。离合器 K_2 控制电磁阀为常开式电磁阀，通电的结果是通往离合器 K_2 换挡阀的控制油路被关闭，而通往离合器 K_2 换挡阀的控制油路与离合器 K_2 控制电磁阀的泄油口相通，离合器 K_2 换挡阀阀芯在弹簧弹力作用下保持在原位，切断通往离合器 K_2 的油路，使离合器 K_2 不工作。

③制动器 B_2/B_R 控制电磁阀通电。由于制动器 B_2/B_R 控制电磁阀为常闭式电磁阀，通电的结果是通往制动器 B_2/B_R 换挡阀的控制油路被打开，而通往制动器 B_2/B_R 换挡阀的控制油路与制动器 B_2/B_R 控制电磁阀的泄油口被关闭，制动器 B_2/B_R 换挡阀阀芯受控制油压作用，克服弹簧弹力打开通往制动器 B_2 的油路，使制动器 B_2 工作。

④离合器 K_1 控制电磁阀断电。离合器 K_1 控制电磁阀也为常闭式电磁阀，断电的结果是通往离合器 K_1 换挡阀的控制油路被关闭，而通往离合器 K_1 换挡阀的油路与离合器 K_1 控制电磁阀的泄油口相通，离合器 K_1 换挡阀阀芯在弹簧弹力作用下保持在原位，切断通往离合器 K_1 的油路，使离合器 K_1 不工作。

⑤离合器 K_3 控制电磁阀断电。离合器 K_3 控制电磁阀也为常开式电磁阀，断电的结果是通往离合器 K_3 换挡阀的控制油路被打开，而通往离合器 K_3 换挡阀的控制油路与离合器 K_3 控制电磁阀的泄油口被关闭，离合器 K_3 换挡阀阀芯受控制油压作用，克服弹簧弹力打开通往离合器 K_3 的油路，使离合器 K_3 工作。

⑥制动器 B_3 控制电磁阀通电。由于制动器 B_3 控制电磁阀为常闭式电磁阀，通电的结果是通往制动器 B_3 换挡阀的控制油路被打开，而通往制动器 B_3 换挡阀的控制油路与制动器 B_3 控制电磁阀的泄油口被关闭，制动器 B_3 换挡阀阀芯受控制油压作用，克服弹簧弹力打开通往制动器 B_3 的油路，使制动器 B_3 工作。

通往制动器 B_3 的工作油压同时还流向离合器 K_3 换挡调节阀，离合器 K_3 换挡调节阀阀芯受工作油压的作用克服弹簧弹力，关闭离合器 K_3 与离合器 K_3 换挡阀之间的油路，打开了离合器 K_3 与主油路工作油压，离合器 K_3 能在较短时间内获得最大的摩擦效果，从而避免由 K_3 换挡阀油路传递过程中有可能发生的节流孔泄压作用。

由以上分析可知，制动器 B_2、离合器 K_3、制动器 B_3 工作，其他离合器和制动器均不工作为 1 挡。

技术提示
控制电磁阀根据通电电流的大小改变控制油压，从而能控制执行元件的工作油压，提高变速器的换挡品质。

2）2 挡液压系统控制原理。液压控制系统如图 8—120 所示。由 1 挡升到 2 挡，1 挡时制动器 B_2、离合器 K_3、制动器 B_3 工作，而 2 挡时制动器 B_2、离合器 K_3、制动器

B_1工作，与1挡时的区别只是制动器B_1工作而制动器B_3不工作，其他换挡执行元件均一样。

2挡时离合器K_2控制电磁阀、制动器B_2/B_R控制电磁阀通电，而制动器B_1控制电磁阀、制动器B_3控制电磁阀、离合器K_1控制电磁阀、离合器K_3控制电磁阀断电。在2挡时控制电磁阀工作情况与1挡时比较，制动器B_1控制电磁阀、制动器B_3控制电阀由通电变为断电，其他均相同。

①制动器B_1控制电磁阀断电。由于制动器B_1控制电磁阀为常开式电磁阀，断电的结果是通往制动器B_1换挡阀的控制油路被打开，通往制动器B_1换挡阀的控制油路与制动器B_1控制电磁阀的泄油口被关闭，制动器B_1换挡阀阀芯受控制油压作用，克服弹簧弹力打开通往制动器B_1的油路，使制动器B_1工作。

②制动器B_3控制电磁阀断电。由于制动器B_3控制电磁阀为常闭式电磁阀，断电的结果是通往制动器B_3换挡阀的控制油路被关闭，通往制动器B_3换挡阀的控制油路与制动器B_3控制电磁阀的泄油口相通，制动器B_3换挡阀阀芯在弹簧弹力作用下保持在原位，切断通往离合器B_3的油路，使制动器B_3不工作。

由以上分析可知，制动器B_2、离合器K_3、制动器B_1工作，其他离合器和制动器均不工作为2挡。

3）3挡液压系统控制原理。液压控制系统如图8—120所示。由2挡升到3挡，2挡时制动器B_2、离合器K_3、制动器B_1工作，而3挡时制动器B_2、离合器K_3、离合器K_1工作，与2挡时的区别只是离合器K_1工作，而制动器B_1不工作，其他换挡执行元件均一样。

3挡时离合器K_1控制电磁阀、离合器K_2控制电磁阀、制动器B_1控制电磁阀、制动器B_2/B_R控制电磁阀通电，而制动器B_3控制电磁阀、离合器K_3控制电磁阀断电，在3挡时控制电磁阀工作情况与2挡时比较，制动器B_1控制电磁阀、离合器K_1控制电阀由断电变为通电，其他均相同。

①离合器K_1控制电磁阀通电。离合器K_1控制电磁阀为常闭式电磁阀，通电的结果是通往离合器K_1换挡阀的控制油路被打开，而通往离合器K_1换挡阀的油路与离合器K_1控制电磁阀的泄油口被关闭，离合器K_1换挡阀阀芯受控制油压作用，克服弹簧弹力打开通往离合器K_1的油路，使离合器K_1工作。

②制动器B_1控制电磁阀通电。由于制动器B_1控制电磁阀为常开式电磁阀，通电的结果是通往制动器B_1换挡阀的控制油路被关闭，而通往制动器B_1换挡阀的控制油路与制动器B_1控制电磁阀的泄油口相通，制动器B_1换挡阀阀芯在弹簧弹力作用下保持在原位，切断通往制动器B_1的油路，使制动器B_1不工作。

由以上分析可知，制动器B_2、离合器K_3、离合器K_1工作，其他离合器和制动器均不工作为3挡。

4）4挡液压系统控制原理。液压控制系统如图8—120所示。由3挡升到4挡，3挡时制动器B_2、离合器K_3、离合器K_1工作，而4挡时制动器B_2、离合器K_2、离合器K_1工作，与3挡时的区别只是离合器K_2工作，而离合器K_3不工作，其他换挡执行元件均一样。

4 挡时离合器 K_1 控制电磁阀、离合器 K_3 控制电磁阀、制动器 B_1 控制电磁阀、制动器 B_2/B_R 控制电磁阀通电，而制动器 B_3 控制电磁阀、离合器 K_2 控制电磁阀断电，在 4 挡时控制电磁阀工作情况与 3 挡时比较，离合器 K_2 控制电磁阀由通电变为断电，离合器 K_3 控制电阀由断电变为通电，其他均相同。

①离合器 K_2 控制电磁阀断电。离合器 K_2 控制电磁阀为常开式电磁阀，断电的结果是通往离合器 K_2 换挡阀的控制油路被打开，而通往离合器 K_2 换挡阀的控制油路与离合器 K_2 控制电磁阀的泄油口被关闭，离合器 K_2 换挡阀阀芯受控制油压作用，克服弹簧弹力打开通往离合器 K_2 的油路，使离合器 K_2 工作。

②离合器 K_3 控制电磁阀通电。离合器 K_3 控制电磁阀为常开式电磁阀，通电的结果是通往离合器 K_3 换挡阀的控制油路被关闭，而通往离合器 K_3 换挡阀的控制油路与离合器 K_3 控制电磁阀的泄油口相通，离合器 K_3 换挡阀阀芯在弹簧弹力作用下保持在原位，切断通往离合器 K_3 的油路，使离合器 K_3 不工作。

由以上分析可知，制动器 B_2、离合器 K_2、离合器 K_1 工作，其他离合器和制动器均不工作为 4 挡。

5）5 挡液压系统控制原理。液压控制系统如图 8—120 所示。由 4 挡升到 5 挡，4 挡时制动器 B_2、离合器 K_2、离合器 K_1 工作，而 5 挡时离合器 K_3、离合器 K_2、离合器 K_1 工作。与 4 挡时的区别只是离合器 K_3 工作，而制动器 B_2 不工作，其他换挡执行元件均一样。

5 挡时离合器 K_1 控制电磁阀、制动器 B_1 控制电磁阀通电，而制动器 B_2 控制电磁阀、制动器 B_3 控制电磁阀、离合器 K_2 控制电磁阀、离合器 K_3 控制电磁阀断电。在 5 挡时控制电磁阀工作情况与 4 挡时比较，制动器 B_2 控制电磁阀、离合器 K_3 控制电磁阀由通电变为断电，其他均相同。

①离合器 K_3 控制电磁阀断电。离合器 K_3 控制电磁阀为常开式电磁阀，断电的结果是通往离合器 K_3 换挡阀的控制油路被打开，而通往离合器 K_3 换挡阀的控制油路与离合器 K_3 控制电磁阀的泄油口被关闭，离合器 K_3 换挡阀阀芯受控制油压作用，克服弹簧弹力打开通往离合器 K_3 的油路，使离合器 K_3 工作。

②制动器 B_2 控制电磁阀断电。由于制动器 B_2 控制电磁阀为常闭式电磁阀，断电的结果是通往制动器 B_2 换挡阀的控制油路被关闭，而通往制动器 B_2/B_R 换挡阀的控制油路与制动器 B_2 控制电磁阀的泄油口相通，制动器 B_2 换挡阀阀芯在弹簧弹力作用下保持在原位，切断通往制动器 B_2 的油路，使制动器 B_2 不工作。

由以上分析可知，离合器 K_3、离合器 K_2、离合器 K_1 工作，其他离合器和制动器均不工作为 5 挡。

6）6 挡液压系统控制原理。液压控制系统如图 8—120 所示。由 5 挡升到 6 挡，5 挡时离合器 K_3、离合器 K_2、离合器 K_1 工作，而 6 挡时离合器 K_3、离合器 K_2、制动器 B_1 工作，与 5 挡时的区别只是制动器 B_1 工作，而离合器 K_1 不工作，其他换挡执行元件均一样。

6 挡时离合器 K_1 控制电磁阀、制动器 B_1 控制电磁阀、制动器 B_2 控制电磁阀、制动器 B_3

控制电磁阀、离合器 K_2 控制电磁阀、离合器 K_3 控制电磁阀都断电，在 6 挡时控制电磁阀工作情况与 5 挡时比较，制动器 B_1 控制电磁阀、离合器 K_1 控制电磁阀均由通电变为断电，其他均相同。

①制动器 B_1 控制电磁阀断电。由于制动器 B_1 控制电磁阀为常开式电磁阀，断电的结果是通往制动器 B_1 换挡阀的控制油路被打开，而通往制动器 B_1 换挡阀的控制油路与制动器 B_1 控制电磁阀的泄油口被关闭，制动器 B_1 换挡阀阀芯受控制油压作用，克服弹簧弹力打开通往制动器 B_1 的油路，使制动器 B_1 工作。

②离合器 K_1 控制电磁阀断电。离合器 K_1 控制电磁阀为常闭式电磁阀，断电的结果是通往离合器 K_1 换挡阀的控制油路被关闭，而通往离合器 K_1 换挡阀的油路与离合器 K_1 控制电磁阀的泄油口相通，离合器 K_1 换挡阀阀芯在弹簧弹力作用下保持在原位，切断通往离合器 K_1 的油路，使离合器 K_1 不工作。

由以上分析可知，离合器 K_3、离合器 K_2、制动器 B_1 工作，其他离合器和制动器均不工作为 6 挡。

技术提示
当汽车行驶中变速器进入应急（跛行）模式时，全部电磁阀的供电将被切断，变速器被换入 6 挡继续行驶。因为在全部控制电磁阀断电时为 6 挡，但此时无油压调节功能，变速器工作油压为最大。 若在应急模式挂入过 P 挡，再挂入 D 位时只有 2 挡可用，R 挡可使用。

7）7 挡液压系统控制原理。液压控制系统如图 8—120 所示。由 6 挡升到 7 挡，6 挡时离合器 K_3、离合器 K_2、制动器 B_1 工作，而 7 挡时离合器 K_3、离合器 K_2、制动器 B_3 工作，与 6 挡时的区别只是制动器 B_3 工作，而制动器 B_1 不工作，其他换挡执行元件均一样。

7 挡时制动器 B_1 控制电磁阀、制动器 B_3 控制电磁阀通电，离合器 K_1 控制电磁阀、制动器 B_2 控制电磁阀、离合器 K_2 控制电磁阀、离合器 K_3 控制电磁阀断电。在 7 挡时控制电磁阀工作情况与 6 挡时比较，制动器 B_1 控制电磁阀、制动器 B_3 控制电磁阀由断电变为通电，其他均相同。

①制动器 B_3 控制电磁阀通电。由于制动器 B_3 控制电磁阀为常闭式电磁阀，通电的结果是通往制动器 B_3 换挡阀的控制油路被打开，而通往制动器 B_3 换挡阀的控制油路与制动器 B_3 控制电磁阀的泄油口被关闭，制动器 B_3 换挡阀阀芯受控制油压作用，克服弹簧弹力打开通往制动器 B_3 的油路，使制动器 B_3 工作。

②制动器 B_1 控制电磁阀通电。由于制动器 B_1 控制电磁阀为常开式电磁阀，通电的结果是通往制动器 B_1 换挡阀的控制油路被关闭，而通往制动器 B_1 换挡阀的控制油路与制动器 B_1 控制电磁阀的泄油口相通，制动器 B_1 换挡阀阀芯在弹簧弹力作用下保持在原位，切断通往制动器 B_1 的油路，使制动器 B_1 不工作。

由以上分析可知，离合器 K_3、离合器 K_2、制动器 B_3 工作，其他离合器和制动器均不工作为 7 挡。

8）R（S）挡液压系统控制原理。液压控制系统如图 8—120 所示。R（S）挡时制动器 B_R、制动器 B_3、离合器 K_3 工作，而在 1 挡时制动器 B_2、制动器 B_3、离合器 K_3 工作。与 1 挡时的区别只是制动器 B_R 工作而制动器 B_2 不工作，其他换挡执行元件均一样，选挡阀（手控阀）在 R 位为 R（S）挡。

R（S）挡时制动器 B_1 控制电磁阀、制动器 B_3 控制电磁阀、制动器 B_2/B_R 控制电磁阀、离合器 K_2 控制电磁阀通电，离合器 K_1 控制电磁阀、离合器 K_3 控制电磁阀断电，控制电磁阀工作情况与 1 挡相同。只要制动器 B_2/B_R 控制电磁阀通电，制动器 B_2 和制动器 B_R 是否工作是由手控阀决定的，即手控阀在 R 位，将油压引到制动器 B_R 的油路，使制动器 B_R 工作，而制动器 B_2 不工作。

R（S）挡与 1 挡控制原理相同，只是手控阀位置不同。手控阀在 R 位时，制动器 B_3、制动器 B_R、离合器 K_3 工作，其他离合器和制动器均不工作为 R（S）挡。

9）R（C）挡液压系统控制原理。液压控制系统如图 8—120 所示。R（C）挡时制动器 B_R、制动器 B_1、离合器 K_3 工作，而在 2 挡时制动器 B_2、制动器 B_1、离合器 K_3 工作。与 2 挡时的区别只是制动器 B_R 工作而制动器 B_2 不工作，其他换挡执行元件均一样，手控阀在 R 位为 R（C）挡。

R（C）挡时离合器 K_2 控制电磁阀、制动器 B_2/B_R 控制电磁阀通电，而制动器 B_1 控制电磁阀、制动器 B_3 控制电磁阀、离合器 K_1 控制电磁阀、离合器 K_3 控制电磁阀断电，电磁阀工作情况与 2 挡相同。只要制动器 B_2/B_R 控制电磁阀通电，制动器 B_2 和制动器 B_R 是否工作是由手控阀决定的，即手控阀在 R 位，将油压引到制动器 B_R 的油路，使制动器 B_R 工作，而制动器 B_2 不工作。

R（C）挡与 2 挡控制原理相同，只是手控阀位置不同。手控阀在 R 位时，制动器 B_R、制动器 B_1、离合器 K_3 工作，其他离合器和制动器均不工作为 R（C）挡。

（6）自动变速器油位控制。自动变速器油位控制如图 8—121 所示。当变速器油位增加时，油位浮子 1 和 2 将密封下油室与齿轮室之间的通道。因此，当油位增加时，旋转的齿轮组件也不会搅动变速器，减小了动力损失，并防止在变速器温度高时从壳体中溢出。

图 8—121　自动变速器油位控制

1，2—油位浮子　3—变速器壳体　4—下油室

2. 电子控制系统

722.9 型自动变速器电子控制系统的组成如图 8—122 所示。

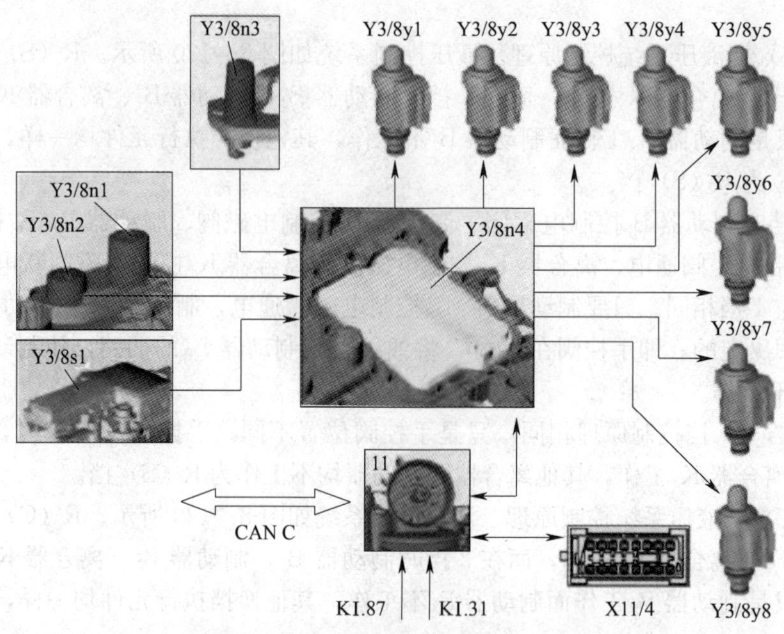

图 8—122　722.9 型自动变速器电子控制系统组成

Y3/8n1—涡轮转速传感器　Y3/8n2—中间转速传感器　Y3/8n3—输出轴转速传感器　Y3/8n4—变速器控制模块　Y3/8s1—选挡范围传感器　Y3/8y1—主油压控制电磁阀　Y3/8y2—离合器 K_1 控制电磁阀　Y3/8y3—离合器 K_2 控制电磁阀　Y3/8y4—离合器 K_3 控制电磁阀　Y3/8y5—制动器 B_1 控制电磁阀　Y3/8y6—制动器 B_2/B_R 控制电磁阀　Y3/8y7—制动器 B_3 控制电磁阀　Y3/8y8—液力变矩器锁止离合器控制电磁阀　X11/4—诊断座　CAN C—信号线　11—线束插接器　KI. 87—经过熔断器和继电器的 12 V 电源　KI. 31—接地

（1）传感器

1）涡轮转速传感器（Y3/8n1）。涡轮转速传感器的功用是监测拉威娜式行星齿轮机构小齿圈的旋转速度（即输入轴的旋转速度）。

变速器转速传感器的位置如图 8—123 所示。转速传感器的组成及信号如图 8—124 所示。环形磁铁粘接在铝壳体内并与拉威娜式行星齿轮机构的小齿圈一起旋转，转子的旋转将引起磁场的不断变化，磁阻元件在磁场的作用下其电阻也相应地变化，电子电路分析系统传递此信号至变速器控制模块（Y3/8n4），进行液力变矩器锁止离合器打滑率的控制，同时作为变速器的输入信号进行换挡控制。

2）中间转速传感器（Y3/8n2）。中间转速传感器的功用是监测拉威娜式行星齿轮机构行星架的旋转速度。

中间转速传感器的结构与涡轮转速传感器相同。环形磁铁粘接在铝壳体内并与后排行星齿轮机构的齿圈一起旋转，转子的旋转将引起磁场的不断变化，磁阻元件在磁场的作用下其电阻也相应地变化，电子电路分析系统传递此信号至变速器控制模块（Y3/8n4）进行处理。

3）输出轴转速传感器（Y3/8n3）。输出轴转速传感器的功用是监测变速器输出轴的转速。

图 8—123　变速器转速传感器的位置

Y3/8n1—涡轮转速传感器　Y3/8n2—中间转速传感器　Y3/8n3—输出轴转速传感器

1—环形磁铁　2—集成环形磁铁的筒形法兰　3—信号圈　4—驻车挡锁止齿轮

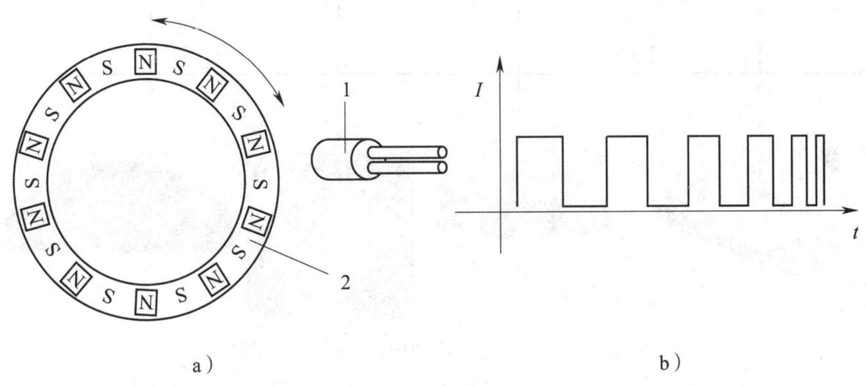

图 8—124　转速传感器的组成及信号

a）转速传感器的组成　b）传感器输出信号

1—传感器　2—环形磁铁

由两个霍尔发生器和一个条形磁铁组成输出轴转速传感器（Y3/8n3），信号齿圈与输出轴一起旋转，当信号齿圈转动时传感器周围的磁场发生改变，结果在霍尔发生器中两个霍尔元件之间产生感应差动，产生信息，此信号通过电子分析系统被传递至变速器控制模块（Y3/8n4），控制换挡点、监测变速器打滑率并改善换挡的反应时间。

4）选挡范围传感器（Y3/8s1）。选挡范围传感器的功用是监测换挡操纵手柄在 P、R、N、D 位。

选挡范围传感器由线圈环绕一个软磁中心和两个附加线圈组成，在选挡阀（手控阀）阀芯上有永久磁铁，当阀芯带动永久磁铁移动时，传感器周围的磁场发生变化，输出电压也改变，将此信号传递至变速器控制模块（Y3/8n4），其信号将与ESM（换挡控制模块）内的信号作对比，进行自动变速器控制。

技术提示
如果选挡范围传感器有故障，变速器将进入应急（跛行）模式。

（2）变速器控制模块。变速器控制模块的功用如下：计算不同的输入信号，依据程序计算变速器的换挡点和液力变矩器的锁止点，进行换挡点自适应，控制电磁阀，实现液压系统油压的调节、自动换挡、换挡品质控制及液力变矩器锁止离合器的锁止控制。

变速器控制模块直接接收的信号是转速传感器信号、换挡范围传感器信号、变速器油温传感器信号。

变速器控制模块经过信号线与相关控制模块进行数据交换，如图8—125所示。

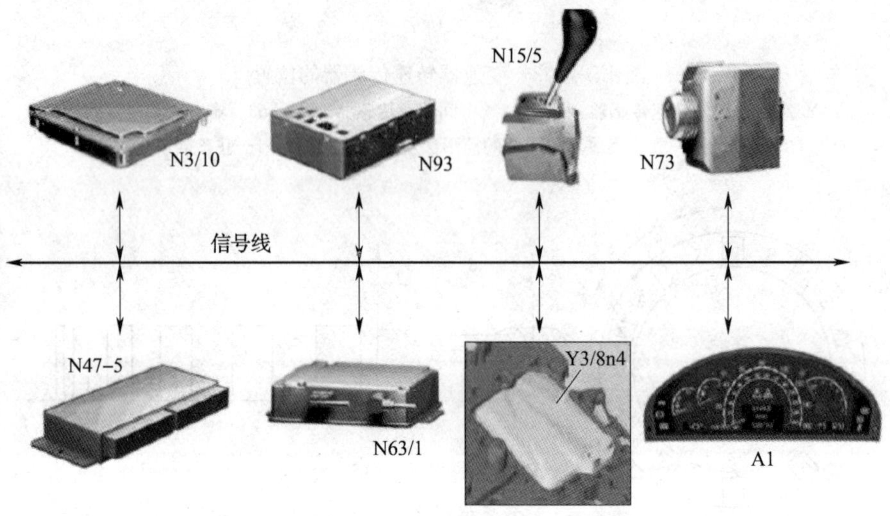

图8—125　变速器控制模块网络通信简图

A1—仪表板　N3/10—发动机控制模块　N15/5—换挡操纵手柄控制模块
N47−5—车身稳定/防抱死制动控制模块　N63/1—射频无线数据控制模块
N73—电子点火开关模块　N93—中央网关模块　Y3/8n4—变速器控制模块

变速器控制模块通过信号线接收的信号是发动机转速信号、发动机冷却液温度信号、节气门位置传感器信号、发动机负荷、车身稳定信号、巡航控制信号、换挡操纵手柄信号等，进行自动变速器的控制。

变速器控制模块控制的换挡时机曲线如图8—126所示。

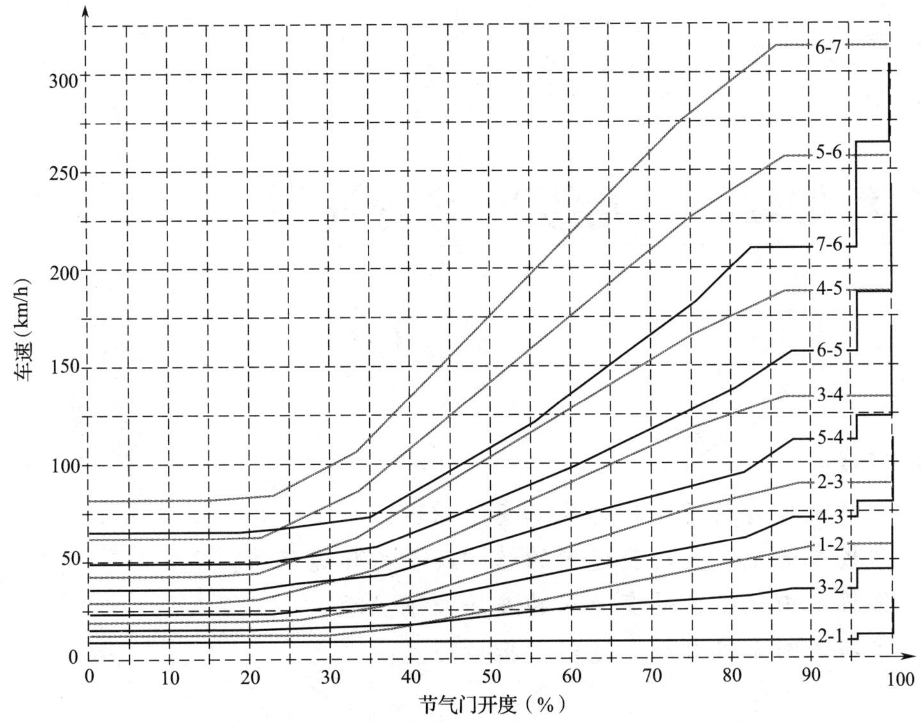

图 8—126　节气门开度、车速与换挡时机曲线

复习思考题

1. 大众 01M 型自动变速器中“模糊逻辑”控制是指什么?
2. 分析大众 01M 型自动变速器各挡动力传递路线。
3. 分析大众 0AM 型干式双离合器变速器各挡动力传递路线。
4. 分析奔驰 722.9 型自动变速器各挡动力传递路线。
5. 大众 01M 型自动变速器液压系统的压力是如何进行调节的?

第九章 无级自动变速器

学习目标

1. 了解无级自动变速器的基本变速原理。
2. 掌握本田无级自动变速器的结构及动力传递路线。
3. 掌握本田无级自动变速器的液压控制原理。
4. 了解本田无级自动变速器电控原理。

第一节 无级自动变速器概述

广州本田飞度（FIT）轿车装用了无级自动变速器（CVT），结构紧凑，传动效率高，在前进挡实现无级变速，在倒挡实现二级变速，并且采用手动/自动一体的操纵模式，提高了驾乘乐趣。与其他自动变速器不同的是，它取消了液力变矩器，同时增加了一个起步离合器，以满足对自动变速器的要求。以下讲解无级自动变速器均以广州本田飞度无级自动变速器为例。

一、无级自动变速器的基本原理

在无级自动变速器内部没有固定传动比的齿轮，但有一个主动带轮和一个从动带轮，通过液压可以改变主动、从动带轮的有效直径，进而改变传动比，钢带在两个带轮间起动力传递的作用。在高传动比时，主动带轮的直径增大，从动带轮的直径减小，如图9—1a所示。在低传动比时，主动带轮的直径减小，而从动带轮的直径增大，如图 9—1b 所示。无级自动变速器的控制系统采用电控液动控制模式，由动力系统控制模块接收各传感器的信号，然后通过电磁阀控制液压滑阀动作，从而实现离合器的接合或分离，以及向主动、从动带轮施加自动变速器油压。

二、广州本田飞度无级自动变速器的结构特点

广州本田飞度无级自动变速器的总体构造如图 9—2 所示。

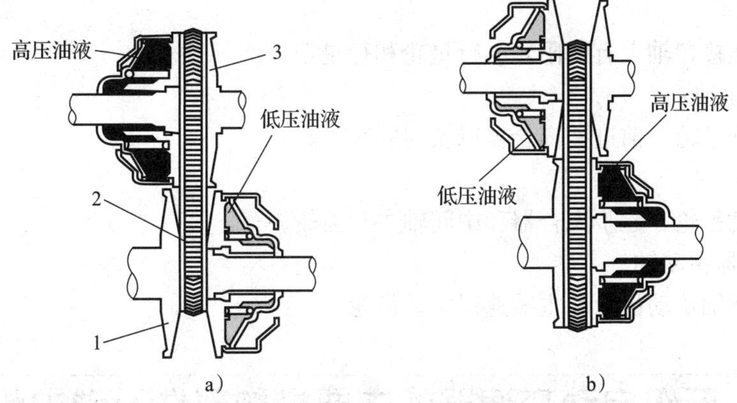

图 9—1　无级自动变速器原理

a）高传动比　b）低传动比

1—从动带轮　2—钢带　3—主动带轮

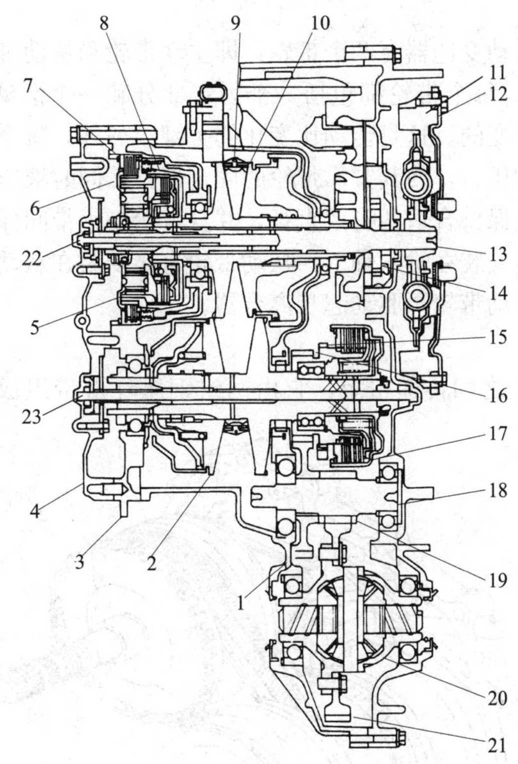

图 9—2　本田飞度自动变速器的总体构造

1—中间轴从动齿轮　2—从动带轮　3—中间壳体　4—端盖　5—行星轮　6—行星架　7—倒挡制动器　8—前进挡离合器　9—钢带　10—主动带轮　11—飞轮　12—驱动板　13—输入轴　14—油泵　15—驻车齿轮　16—中间轴主动齿轮　17—起步离合器　18—主减速器主动轴　19—主减速器主动齿轮　20—差速器　21—主减速器从动齿轮　22—主动带轮轴　23—从动带轮轴

1. 输入轴

与飞轮相连接，轴上有太阳轮、行星轮和行星架。

2. 主动带轮轴

轴上有主动带轮、前进挡离合器以及与驻车齿轮。

3. 从动带轮轴

轴上有从动带轮、起步离合器和中间轴主动齿轮。

4. 主减速器主动轴

轴上有中间轴从动齿轮和主减速器主动齿轮。

第二节　无级自动变速器的主要机械部件及动力传递分析

一、无级自动变速器主要机械部件

1. 带轮

广州本田飞度无级自动变速器有两个带轮，即主动带轮和从动带轮，它们通过钢带连接在一起，如图 9—3 所示。每个带轮都包括一个固定部分和一个活动部分，之间夹有钢带。带轮的有效工作直径是可变的，这是传动比变化的关键。另外，每个带轮上均装有弹簧，用于向带轮的活动部件施加压力，使其紧靠带轮的固定部分，同时液压系统向每个带轮施加变化的液压力，使两个带轮保持合适的有效直径，并且带轮与钢带间保持有足够的侧压力，以防止钢带打滑。主动带轮安装在输入轴上，从动带轮直接安装在从动带轮轴上，主动带轮通过钢带驱动从动带轮，从动带轮再驱动起步离合器。

2. 钢带

钢带用于在两个带轮之间传递扭矩，它由两组钢质环形带组成，如图 9—4 所示。每

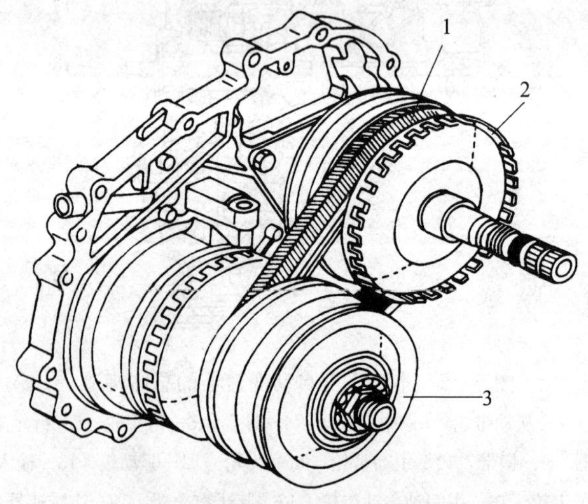

图 9—3　本田飞度自动变速器的带轮

1—钢带　2—主动带轮　3—从动带轮

组环形带分为 12 层，采用约 400 个钢质连接构件将它们组装在一起。钢带部件因受主动、从动带轮的运动载荷而压缩在一起，这也增加了钢带与带轮表面间的摩擦力，防止钢带打滑。

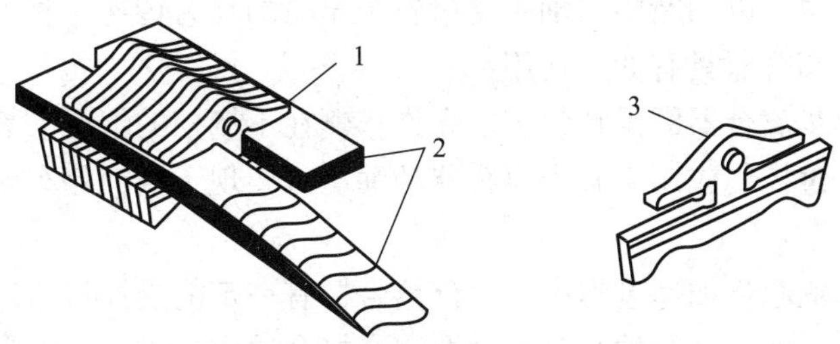

图 9—4　本田飞度无级自动变速器的钢带

1—钢带　2—钢质环形带　3—连接构件

3. 行星齿轮机构

在无级自动变速器的内部有一组单排行星齿轮机构，用于形成前进挡和倒挡，如图 9—5 所示。太阳轮通过花键与输入轴相连，同时，它又是前进挡离合器的内毂；行星架同时是倒挡制动器的内毂；齿圈通过凸键与前进挡离合器外鼓啮合。

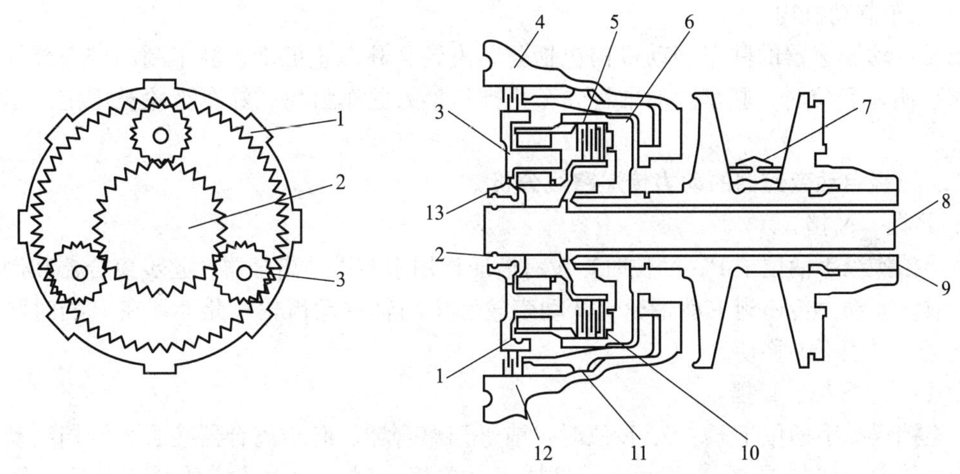

图 9—5　本田飞度无级自动变速器的行星齿轮机构

1—齿圈　2—太阳轮　3—行星架　4—变速器壳体　5—前进挡离合器　6—前进挡离合器外鼓　7—钢带　8—输入轴　9—主动带轮轴　10—前进挡离合器活塞　11—倒挡制动器活塞　12—倒挡制动器　13—行星轮

4. 前进挡离合器

前进挡离合器内毂是太阳轮，外鼓通过凸键与齿圈啮合。前进挡离合器工作时，将太阳轮和内齿圈连接为一体，使整个行星齿轮机构以一个整体同向旋转，传动比为 1∶1。

5. 倒挡制动器

倒挡制动器内毂是行星架，外鼓是自动变速器壳体。倒挡制动器工作时，将行星架与自动变速器壳体连接为一体，使行星架固定不能旋转，此时内齿圈会反向减速旋转，形成倒挡。

6. 起步离合器

起步离合器是一个湿式多片式离合器，安装在从动带轮轴上，它可以将中间轴主动齿轮的动力传递至车轮，也可以切断中间轴主动齿轮至车轮的动力传递，相当于普通自动变速器的液力变矩器。起步离合器具有如下功用：

（1）滑转。在起步离合器的滑转状态，允许车辆在不摘挡的情况下静止。

（2）“蠕动”。通过控制作用于起步离合器的油压可实现不摘挡停车或踩下制动踏板让车辆低速行驶。

（3）加速。在车辆起步加速过程中，允许离合器有一定的受控打滑。

（4）正常行驶。车辆正常行驶时，离合器完全接合锁定，以便最大限度地向车轮传递动力。

技术提示
2008 年本田公司新款飞度已经把起步离合器换成了液力变矩器，目的是改善汽车坡道起步和起步加速性能（因液力变矩器可以增大扭矩，而起步离合器不具备这一功能）。

7. 驻车制动机构

无级自动变速器的驻车制动机构包括驻车齿轮、驻车止推爪、驻车制动锥等部件。换挡操纵手柄在 P 位时，驻车制动锥将驻车止推爪推入驻车齿轮，驻车齿轮被固定，车辆不能移动。

二、无级自动变速器的动力传递路线分析

1. P 挡、N 挡

当换挡操纵手柄位于 P、N 位时，没有液压作用于前进挡离合器、起步离合器和倒挡制动器，故没有动力传递到主动带轮、从动带轮和中间轴主动齿轮；此外，在 P 挡时驻车齿轮被锁定，车辆不能移动。

2. D 挡、S 挡、L 挡

当换挡操纵手柄位于 D、S、L 位时，前进挡离合器、起步离合器接合，倒挡制动器分离，动力传递路线如图 9—6 所示。前进挡离合器接合时，动力传递路线为：输入轴→太阳轮→前进挡离合器→内齿圈同向输出→主动带轮→钢带→从动带轮；同时，起步离合器接合，动力由从动带轮轴→起步离合器→中间轴主动齿轮→中间轴从动齿轮→主减速器输出。

3. R 挡动力传递路线

当换挡操纵手柄位于 R 位时，倒挡制动器、起步离合器接合，前进挡离合器分离，动力传递路线如图 9—7 所示。倒挡制动器接合时，动力传递路线为：输入轴→太阳轮→倒挡制动器固定行星架→内齿圈反向减速输出→主动带轮→钢带→从动带轮。同时，起步离合器接合，动力由从动带轮轴→起步离合器→中间轴主动齿轮→中间轴从动齿轮→主减速器输出。

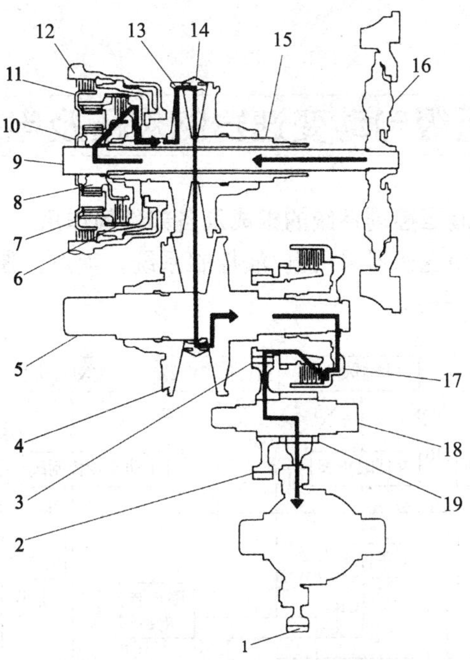

图 9—6　D、S、L 挡动力传递路线

1—主减速器从动齿轮　2—中间轴从动齿轮　3—中间轴主动齿轮　4—从动带轮　5—从动带轮轴　6—前进挡离合器　7—齿圈　8—太阳轮　9—输入轴　10—行星轮　11—行星架　12—倒挡制动器　13—主动带轮　14—钢带　15—主动带轮轴　16—飞轮　17—起步离合器　18—主减速器主动轴　19—主减速器主动齿轮

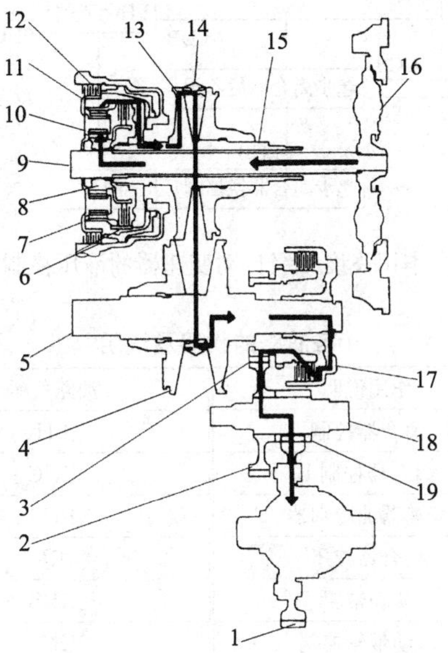

图 9—7　R 挡动力传递路线

1—主减速器从动齿轮　2—中间轴从动齿轮　3—中间轴主动齿轮　4—从动带轮　5—从动带轮轴　6—前进挡离合器　7—齿圈　8—太阳轮　9—输入轴　10—行星轮　11—行星架　12—倒挡制动器　13—主动带轮　14—钢带　15—主动带轮轴　16—飞轮　17—起步离合器　18—主减速器主动轴　19—主减速器主动齿轮

第三节　无级自动变速器的液压及电子控制系统

一、无级自动变速器液压控制系统的组成及各部件的作用

广州本田飞度无级自动变速器采用电/液控制系统，液压控制系统流程如图 9—8 所示，各油路的代码及说明见表 9—1。

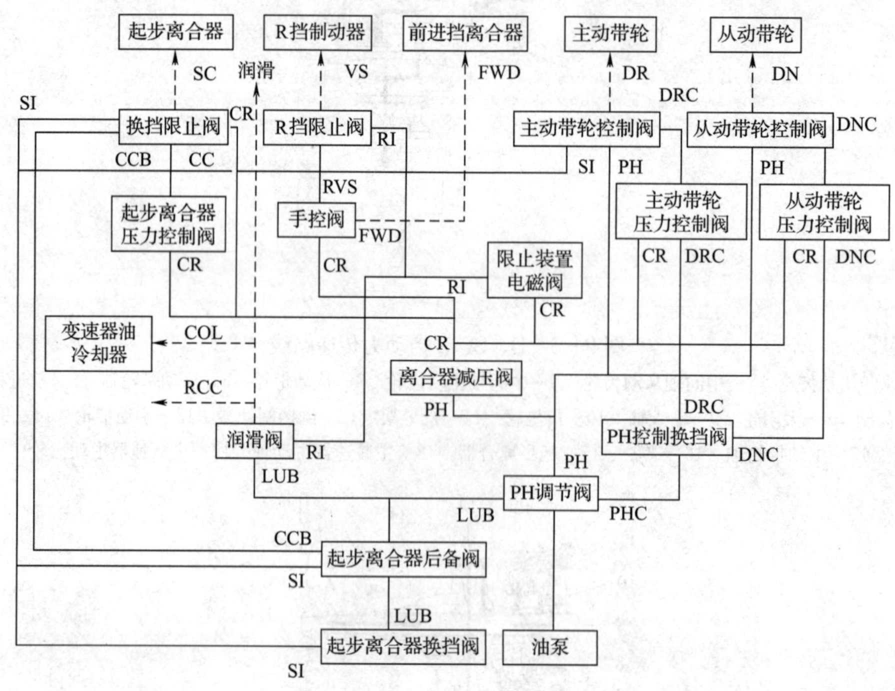

图 9—8　本田飞度无级自动变速器的液压控制系统流程

表 9—1　　各油路的代码及说明

油路代码	作用说明	油路代码	作用说明
CC	离合器控制	PH	高压
CCB	离合器控制 B	PHC	高压控制
COL	变速器油冷却器	RCC	循环
CR	离合器减压	RI	R 挡限止装置
DN	从动带轮	RVS	R 挡制动器
DNC	从动带轮控制	SC	起步离合器控制
DR	主动带轮	SI	换挡限止装置
DRC	主动带轮控制	X	排放
FWD	前进挡离合器	HX	高位排放
LUB	润滑	AX	排气

液压控制系统主要包括主阀体、油泵、控制阀体、变速器油道体、手控阀体等。主阀体通过螺栓固定在飞轮壳上，变速器油泵固定在主阀体上，控制阀体位于自动变速器箱体外部，变速器油道体固定在主阀体上，并与控制阀体、主阀体及内部液压回路相连，手控阀体固定在中间壳体上。带轮和离合器分别由各自的供油管路供油，R 挡离合器由内部液压回路供油。主阀体各部件如图 9—9 所示，控制阀体及各部件如图 9—10 所示，手控阀体如图 9—11 所示。自动变速器油泵为转子式油泵，其内转子通过花键与输入轴相连。

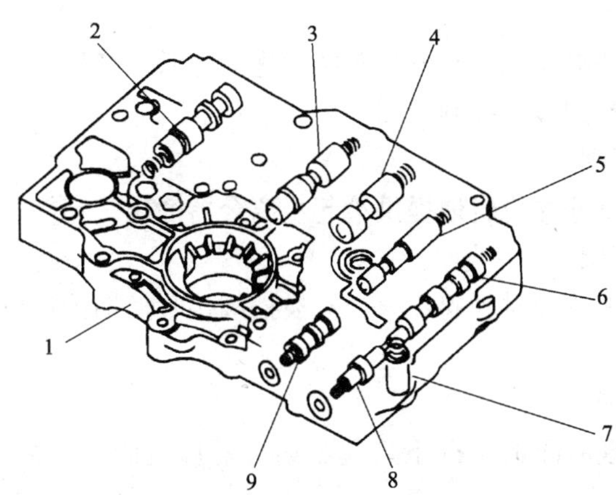

图 9—9　主阀体各部件位置

1—主阀体　2—润滑阀　3—PH 调节阀　4—起步离合器换挡阀　5—离合器减压阀　6—换挡锁定阀　7—起步离合器蓄压阀　8—起步离合器后备阀　9—PH 控制换挡阀

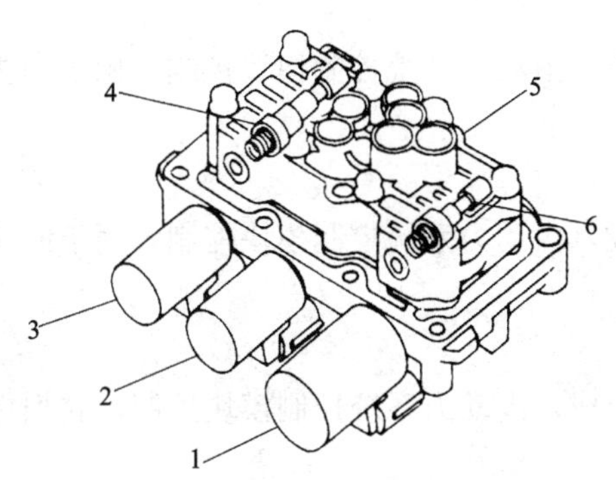

图 9—10　控制阀体各部件

1—起步离合器压力控制阀　2—从动带轮压力控制阀　3—主动带轮压力控制阀　4—主动带轮控制阀　5—控制阀体　6—从动带轮控制阀

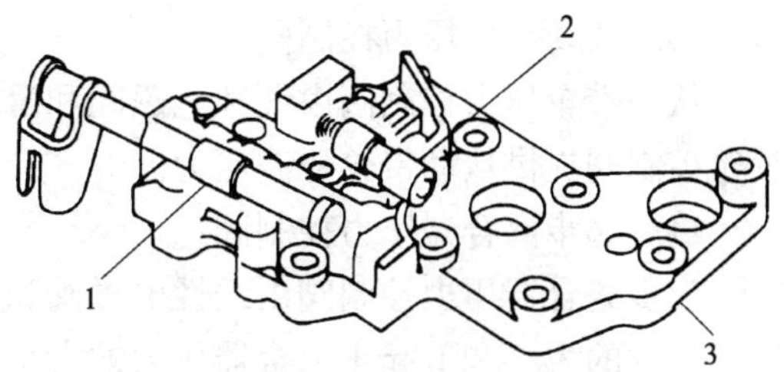

图 9—11　手控阀体

1—手控阀　2—倒挡限止阀　3—手控阀体

发动机运转时，自动变速器油泵开始运转。自动变速器油泵输出的油液进入 PH 调节阀并形成 PH 油压，PH 油压传至带轮控制阀，最终传至带轮。动力系统控制模块通过电磁阀进行液压力控制，最终实现带轮传动比的变换及起步离合器的接合。

1. PH 调节阀

PH 调节阀用于调节油泵输出的油压，并向液压控制回路及润滑回路提供 PH 油压。

PH 油压是 PH 调节阀根据 PH 控制换挡阀提供的控制压力进行调节的。

2. PH 控制换挡阀

根据主动带轮控制压力和从动带轮控制压力向 PH 调节阀提供 PH 控制压力，PH 调节阀据此来调节 PH 压力。

3. 离合器减压阀

接收 PH 压力并对离合器减压压力进行控制。

4. 换挡锁定阀

换挡锁定阀又称换挡限止阀。在电控系统发生故障时，换挡锁定阀切换相应油路，将起步离合器从电子控制切换到液压控制。

5. 起步离合器蓄压阀

起步离合器蓄压阀缓冲并稳定地提供给起步离合器油压。

6. 起步离合器换挡阀

在电子控制系统出现故障时，起步离合器换挡阀接收换挡锁定压力，并将润滑油液旁路转换至起步离合器后备阀。

7. 起步离合器后备阀

在电子控制系统出现故障的情况下，起步离合器后备阀提供离合器控制 B 的压力，以对起步离合器进行控制。

8. 润滑阀

润滑阀稳定内部润滑液压回路的压力。

9. 主动带轮压力控制阀

主动带轮压力控制阀由线性电磁阀和滑阀组成，由动力系统控制模块控制，用于向主动带轮控制阀提供主动带轮控制压力。

10. 从动带轮压力控制阀

从动带轮压力控制阀由线性电磁阀和滑阀组成，由动力系统控制模块控制，用于向从动带轮控制阀提供从动带轮控制压力。

11. 起步离合器压力控制阀

起步离合器压力控制阀由线性电磁阀和滑阀组成，由动力系统控制模块控制，它根据节气门开度的大小调节起步离合器压力的大小。

12. 主动带轮控制阀

主动带轮控制阀对主动带轮压力进行调节。

13. 从动带轮控制阀

从动带轮控制阀对从动带轮压力进行调节，并向从动带轮提供压力。

14. 手控阀

手控阀根据换挡操纵手柄的位置开启或关闭相应的油路。

15. 倒挡限止阀

倒挡限止阀由限止装置电磁阀提供的倒挡锁定压力进行控制。当车辆速度大于 10 km/h 时，倒挡限止阀将切断通向倒挡制动器的液压回路。

二、各挡位油路分析

1. N挡

如图9—12所示，油泵输出的液压在PH调节阀处经高压调节形成高压压力，高压压力在离合器减压阀处形成离合器减压压力，并传递给主动带轮压力控制阀和从动带轮压力控制阀。主动带轮压力控制阀将离合器减压压力转变为主动带轮控制压力，并将主动带轮控制压力提供给PH控制换挡阀和主动带轮控制阀。同样，从动带轮压力控制阀也将从动带轮控制压力提供给PH控制换挡阀和从动带轮控制阀。动力系统控制模块对主动带轮压力控制阀和从动带轮压力控制阀进行控制，将从动带轮控制压力调节至高于主动带轮控制压力时，从动带轮受到的从动带轮压力要高于作用于主动带轮上的主动带轮压力，此时具有低带轮传动比。

手控阀将前进挡离合器的压力截止，在这种情况下，前进挡离合器和R挡制动器无液压作用。

2. D挡低速

在N挡时，主动带轮和从动带轮具有相同的液流回路，并且带轮保持在低传动比。手控阀换入D挡，开启前进挡离合器压力，前进挡离合器接合；前进挡离合器驱动输入轴和主动带轮轴，如图9—13所示。动力系统控制模块操纵起步离合器压力控制阀，向换挡锁定阀提供离合器控制压力，起步离合器接合，车辆起步。

3. D挡中速

车速达到规定值时，主动带轮压力控制阀和从动带轮压力控制阀由动力系统控制模块激活。主动带轮压力控制阀调节主动带轮控制压力，从动带轮压力控制阀则调节从动带轮控制压力，以便向带轮施加相同大小的压力，受到相同压力的主动带轮和从动带轮将以相同的带轮直径连接钢带，此时，带轮传动比正好处于中间值，前进挡离合器和起步离合器仍然受到液压作用。

4. D挡高速

车速进一步提高后，主动带轮压力控制阀和从动带轮压力控制阀采取的控制将使主动带轮压力高于从动带轮压力，主动带轮受到的压力将高于从动带轮受到的压力。主动带轮采用较大带轮直径连接钢带，具有高带轮传动比，前进挡离合器和起步离合器仍然受到液压作用。

5. R挡

如图9—14所示，手控阀换入R挡后，开启R挡制动器（RVS）压力通向R挡保护阀的油口。限制装置电磁阀由动力系统控制模块断开，R挡限止装置（RI）压力施加于R挡保护阀的右端；R挡保护阀移至左侧，并开启通向R挡制动器的油口。离合器减压压力变成R挡制动器压力，并通过R挡保护阀传递至R挡制动器。R挡制动器施加制动，锁定行星架，同时，液压也作用于起步离合器。

当车速大于10 km/h时，自动变速器R挡不会工作，这是一种安全措施，这一功能由限止电磁阀实现。限止电磁阀在正常挂R挡时处于断电状态，R挡限止装置油压建立，R挡限止阀被R挡限止装置油压推向左侧，手控阀的R挡制动器油压通过R挡限止阀到达R挡

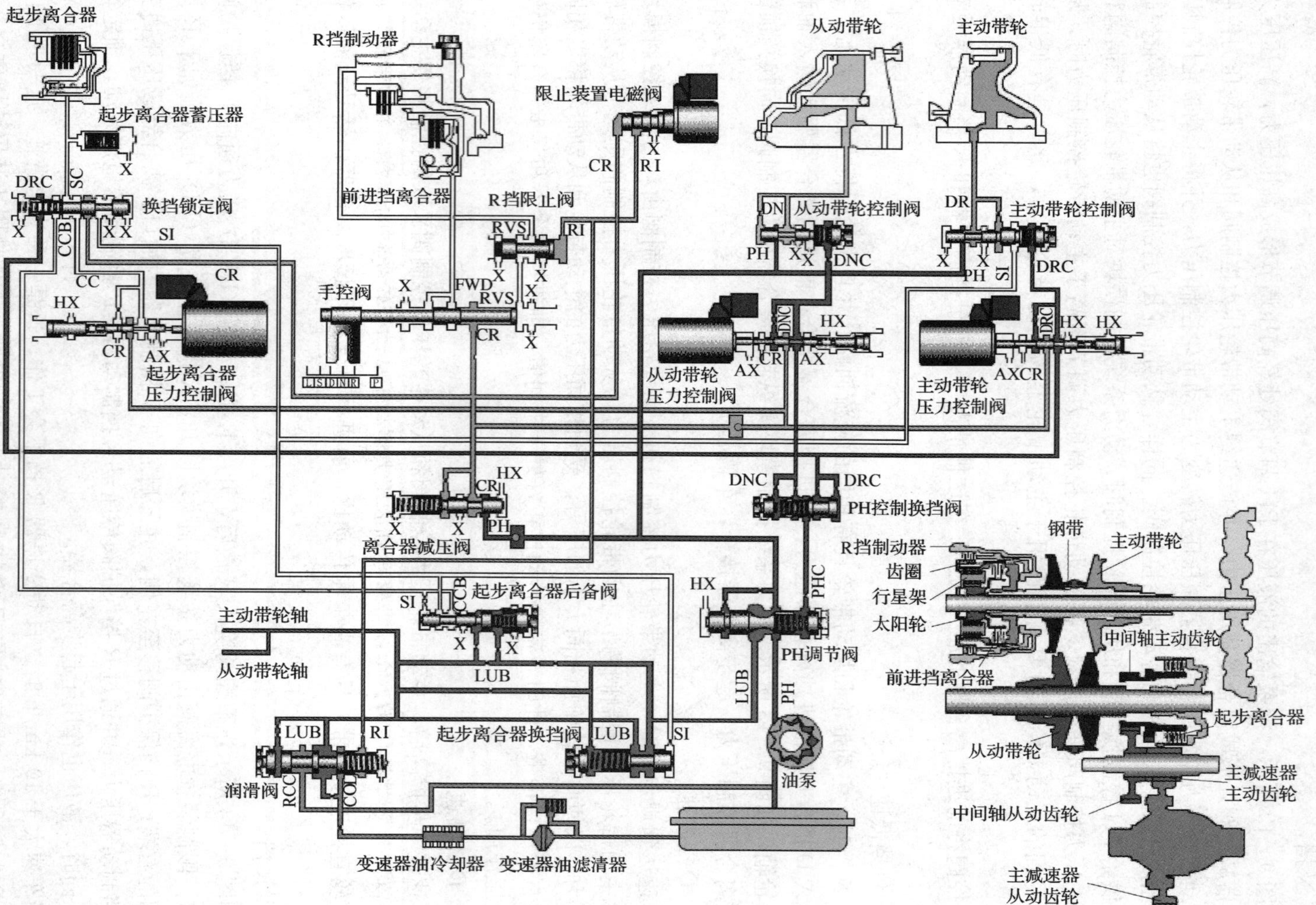

图 9—12　本田飞度无级自动变速器 N 挡油路图

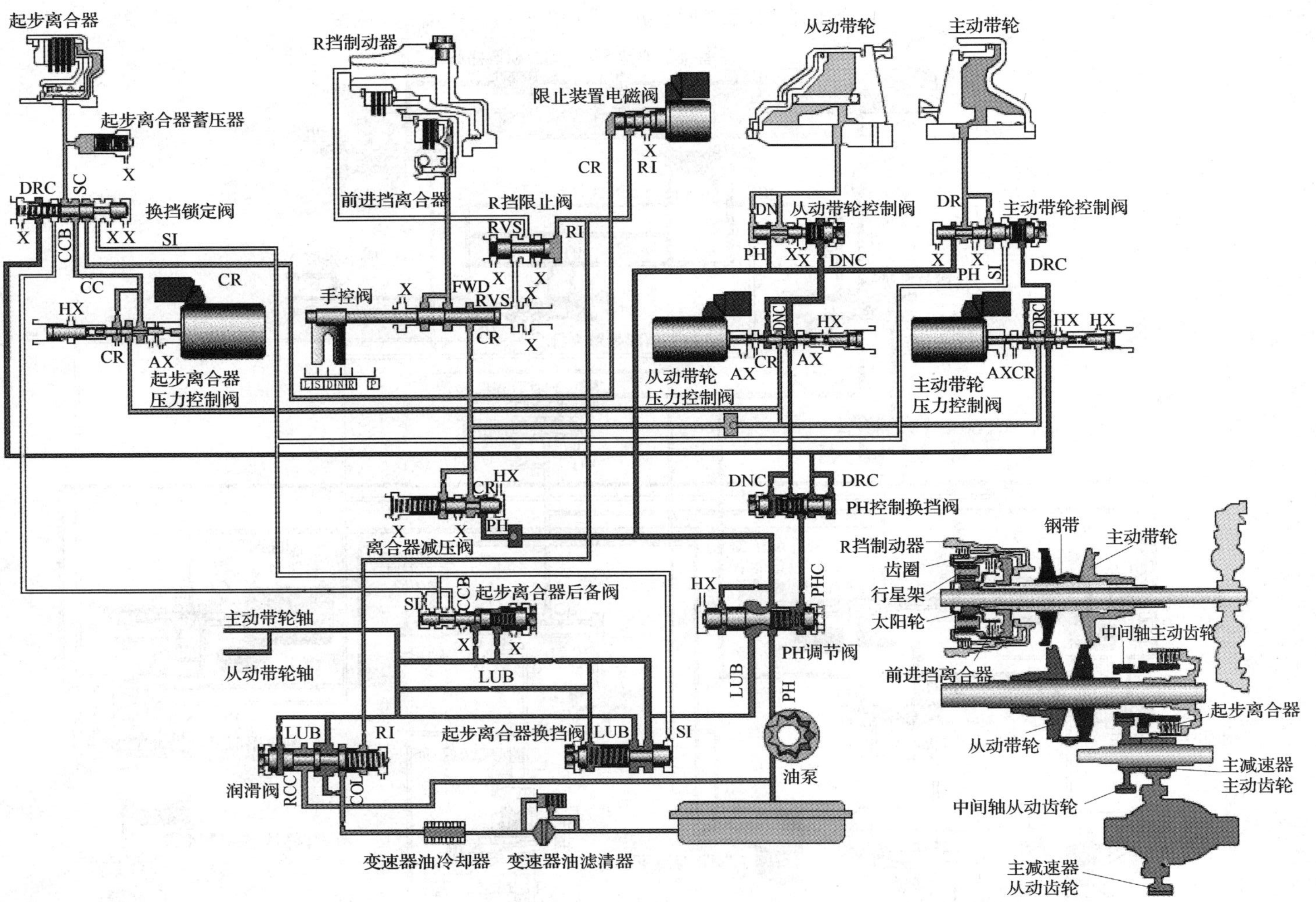

图 9—13　本田飞度无级自动变速器 D 挡低速油路图

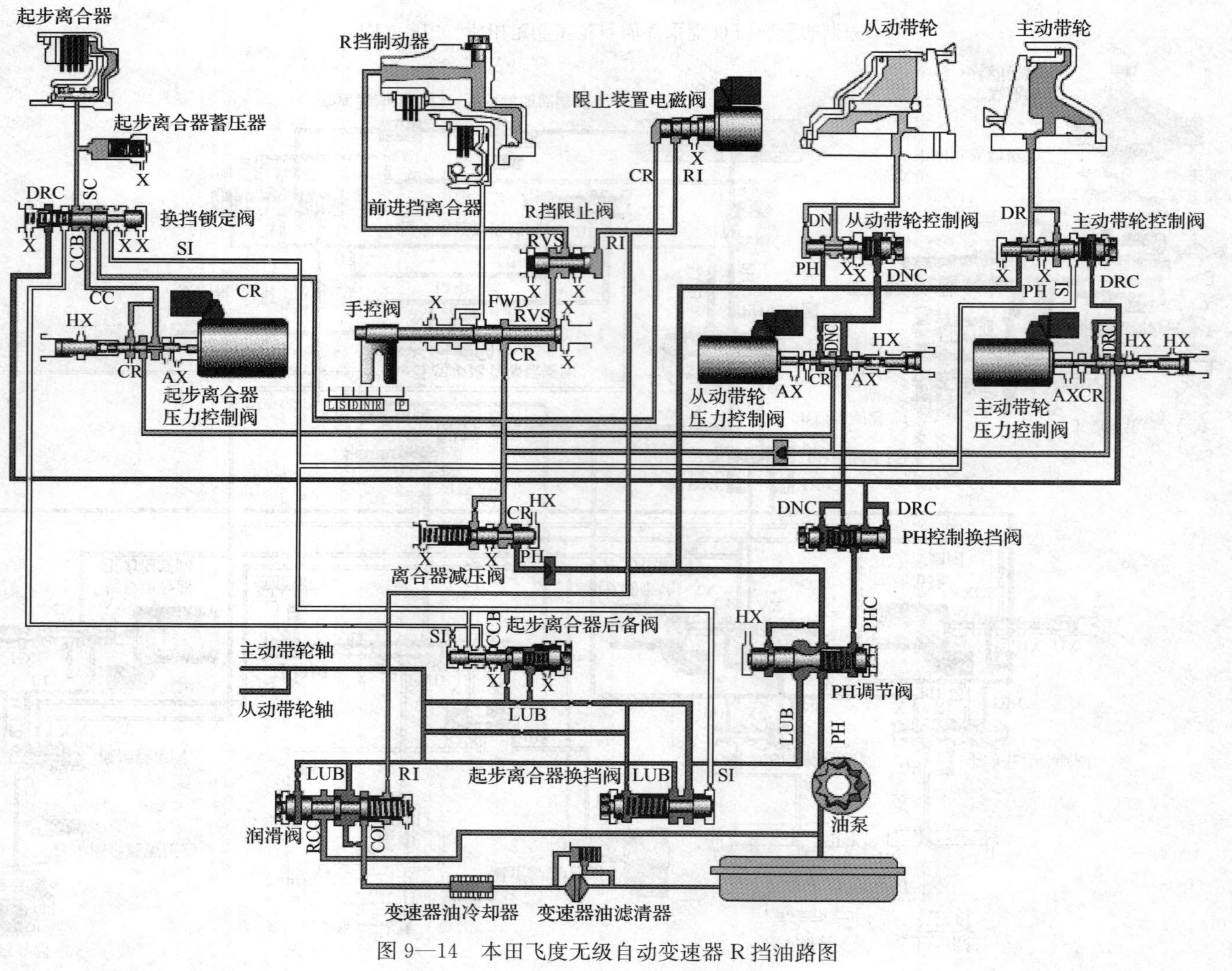

图 9—14　本田飞度无级自动变速器 R 挡油路图

制动器，R 挡制动器接合。如果在车辆前进速度高于 10 km/h 时选择了 R 挡，动力控制模块控制限止电磁阀接通，R 挡限止装置油压泄放，R 挡限止阀移至右侧，手控阀的 R 挡制动器油压无法通过 R 挡限止装置限止阀到达 R 挡制动器，R 挡制动器不接合。

6. P 挡

手控阀换入 P 挡位后，封闭通向前进挡离合器和 R 挡制动器的液压油口。主动带轮和从动带轮的液压回路与 N 挡时相同，起步离合器、前进挡离合器和 R 挡制动器无液压作用。

7. D 挡（电控系统发生故障）

在电控系统发生故障的情况下，将建立一条临时液压回路，允许车辆继续行驶。主动带轮压力控制阀处的主动带轮控制压力将超过规定值，使主动带轮控制压力通向换挡限止阀，换挡限止阀被移至左侧，来自离合器减压阀的压力形成换挡限止阀处的换挡限止装置压力；换挡限止装置压力通向起步离合器换挡阀和起步离合器后备阀，并在起步离合器后备阀处成为离合器控制 B 压力；离合器控制 B 压力变成换挡锁定阀处的起步离合器压力，而起步离合器压力使起步离合器接合，车辆即可起步。

8. R 挡（电控系统发生故障）

在电控系统发生故障的情况下，将建立一条临时液压回路，允许车辆倒车。此时，通向 R 挡制动器的液压回路与 R 挡位时相同。无级主动带轮压力控制阀处的主动带轮控制压力将超过规定值，使主动带轮控制压力通向换挡限止阀，使换挡限止阀被移至左侧，来自离合器减压阀的压力形成换挡限制阀处的换挡限止装置压力；换挡限止装置压力通向起步离合器换挡阀和起步离合器后备阀，并在起步离合器后备阀处成为离合器控制 B 压力；离合器控制 B 压力变成换挡限止阀处的起步离合器压力，而起步离合器压力将通向起步离合器，使起步离合器接合，车辆即可倒车。

三、电子控制系统

广州本田飞度无级自动变速器电子控制系统包括动力系统控制模块、主换挡开关、变速器转速传感器、主动带轮转速传感器、从动带轮转速传感器、选择换挡开关、主动带轮压力控制线性电磁阀、从动带轮压力控制线性电磁阀、起步离合器压力控制阀、限止电磁阀、制动开关、仪表挡位显示等。动力控制模块根据各传感器和开关信号及发动机运行参数，对自动变速器传动比、七速模式、起步离合器压力、R 挡限止及仪表挡位置等进行控制，控制框图如图 9—15 所示。

1. 传动比控制（换挡控制）

动力系统控制模块根据实际行驶条件与存储的行驶条件进行比较，进行传动比（换挡）控制，通过连续地变化主动、从动带轮的传动比，满足发动机目标转速的要求，传动比控制框图如图 9—16 所示。换挡操纵手柄位于 D 位时，无级自动变速器的传动比变化范围为 0.407～2.36；换挡操纵手柄在 R 位时，如果踩下加速踏板，传动比被设定为 1.326，松开加速踏板为 2.367。如果在较大节气门开度时，发动机的目标转速较高，会有较好的加速性；在部分节气门开度下，发动机的目标转速较低，以实现较好的燃油经济性。此外，发动机的目标转速还考虑换挡操纵手柄的位置。动力系统控制模块在各挡位采用了不同的发动机目标转速，同时，自动变速器有不同的换挡曲线，包括常规特性曲线、节气门全开特性曲

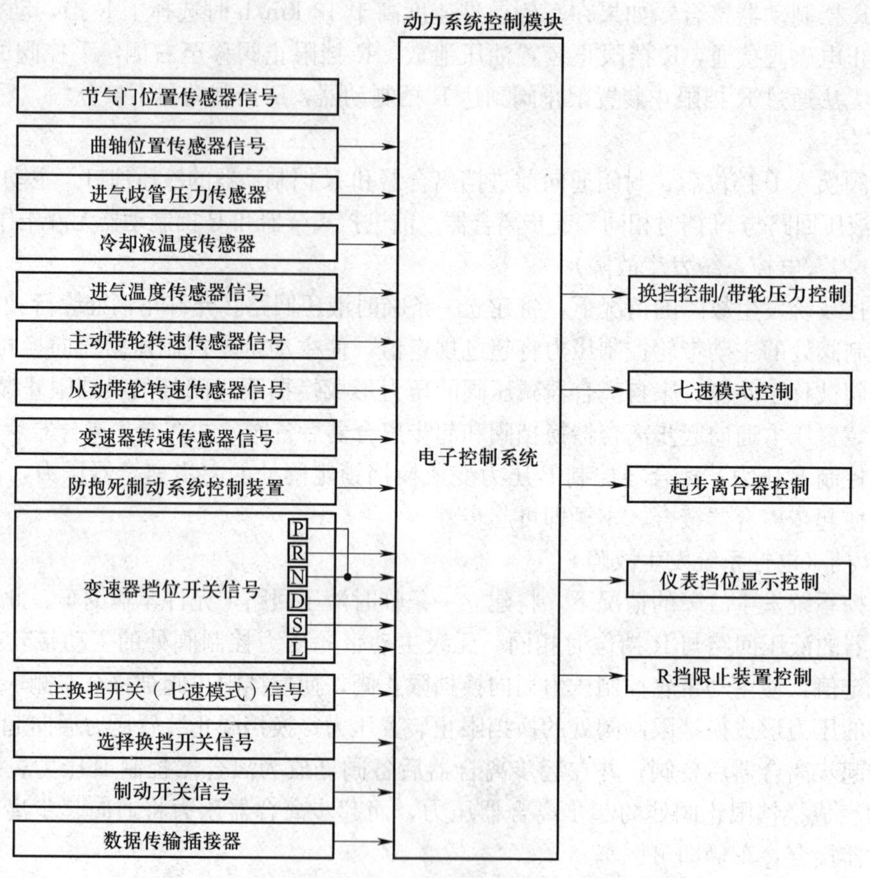

图 9—15　本田飞度无级自动变速器电子控制系统框图

线、低速特性曲线、市区特性曲线、运动特性曲线、弯道特性曲线。当换挡操纵手柄处于D位且节气门部分开启时，无级自动变速器会在常规特性曲线和市区特性曲线间切换；如果节气门全开，则会切换至节气门全开特性曲线。换挡操作手柄在S位，自动变速器会在运动特性曲线和弯道特性曲线间切换。另外，在发动机温度较低时，带轮被设置为高传动比，以便迅速暖机。在持续运转时，无级自动变速器的油液温度可能升高至预期限值以上，动力控制模块将对发动机高转速运转时间进行监测，必要时改变带轮的传动比，直至油温回到正常。

2. 带轮压力控制

无级自动变速器的带轮压力由动力系统控制模块控制，控制部件包括压力控制电磁阀和滑阀。动力系统控制模块从进气歧管压力传感器、节气门位置传感器等信号获得发动机负荷，进而确定合适的带轮压力。在爬坡或加速等高负荷条件下，动力系统控制模块会检测到较高的节气门开度和进气歧管压力，从而向带轮提供较高的压力，以防止钢带打滑。在中速行驶等低负荷条件下，动力系统控制模块检测到低的节气门开度和进气歧管压力，从而向带轮提供较低的压力，以减小钢带摩擦并改善燃油经济性。

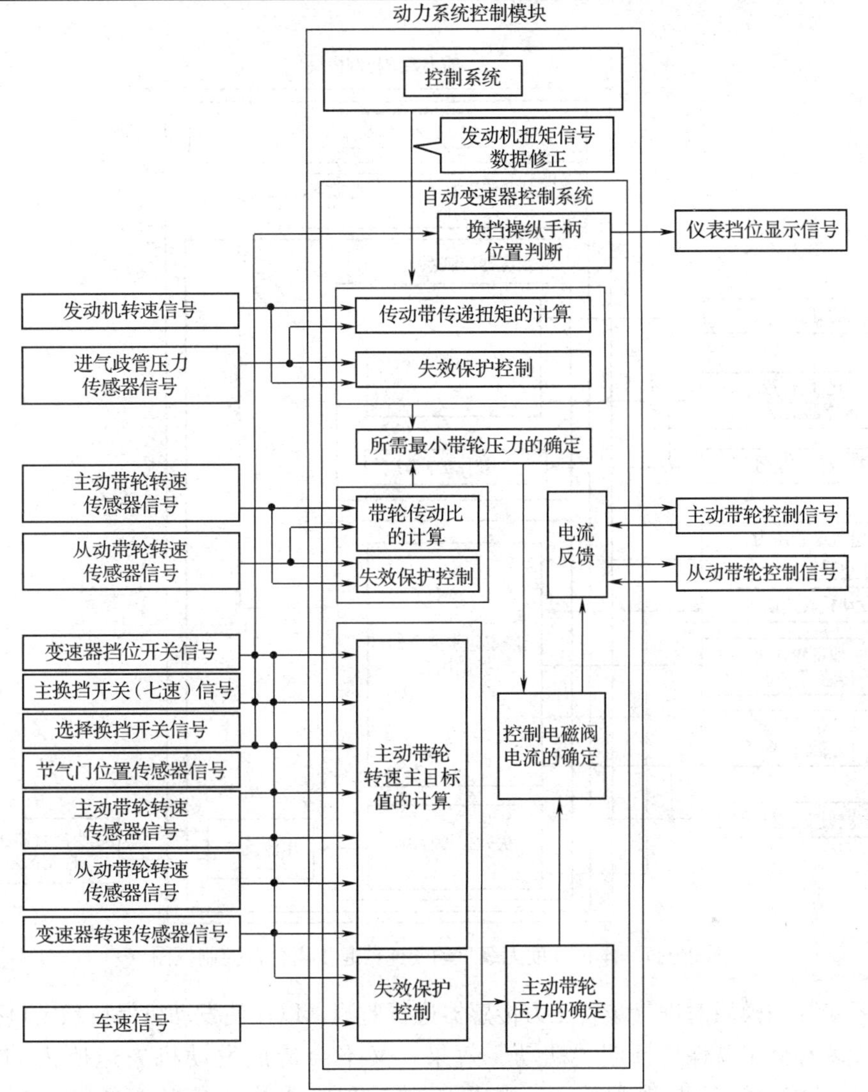

图 9—16　本田飞度自动变速器传动比控制框图

3. 起步离合器控制

动力系统控制模块通过起步离合器控制电磁阀来控制起步离合器的工作油压，从而保证起步、加速平稳，并在D挡、S挡、L挡和R挡产生与液力变矩器相同的“蠕动”效果。起步离合器控制框图如图 9—17 所示。动力系统控制模块接收来自变速器转速传感器、挡位开关、节气门位置传感器、进气歧管压力传感器、制动开关、主动带轮转速传感器、从动带轮转速传感器的信号输入，以确定施加于起步离合器的正确压力值，从而正确操纵起步离合器压力控制电磁阀，为起步离合器提供合适的油压。当节气门关闭且车辆处于停止状态或车辆在前进挡下以非常低的车速行驶时，动力系统控制模块操纵起步离合器控制电磁阀，向起步离合器施加少量的压力，从而产生“蠕动”效果，允许驾驶人通过制动踏板以非常低的车速控制车辆行进。

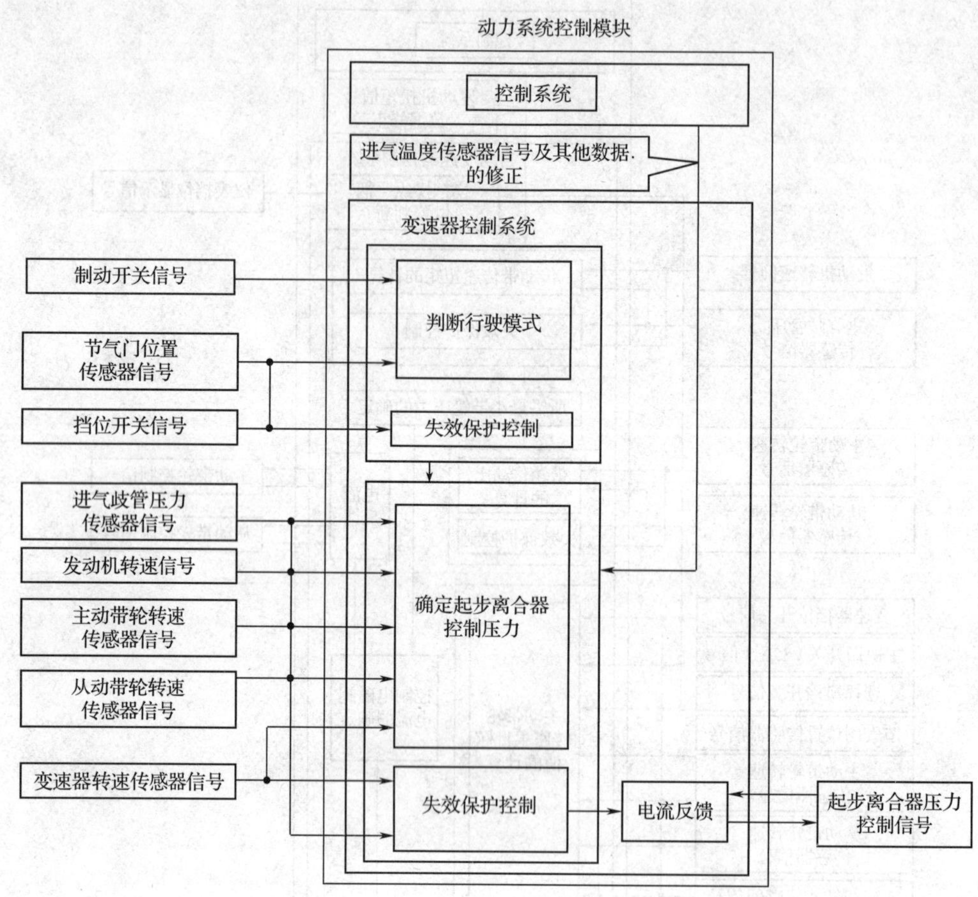

图 9—17　本田飞度无级自动变速器起步离合器控制框图

动力系统控制模块对进气歧管压力传感器进行监测，以便使发动机保持预定负荷。动力系统控制模块存储了既保持预期“蠕动”效果，又不会造成发动机失速所需的压力值，并根据情况对该值进行监视和修正。如果行驶过程中失去进气歧管压力传感器信号，动力系统控制模块会监视其他传感器的信号，并按预先存储的数据控制起步离合器压力。如果动力系统控制模块断电，必须执行起步离合器校正程序，使动力系统控制模块记忆正确的数值，实现正确的“蠕动”控制。在行驶过程中，当节气门关闭且车速降至 60 km/h 以下时，动力系统控制模块将慢慢降低起步离合器压力，同时监视起步离合器打滑率，然后存储起步离合器所需的正确压力值。当节气门关闭且车辆停车时，动力系统控制模块将监视进气歧管压力传感器，并存储起步离合器所需的正确压力值。

4. 七速模式控制

广州本田飞度无级自动变速器在 D 挡或 S 挡下具备七速模式，在七速模式下又可分为七速自动模式和七速手动模式。如图 9—18 所示，按下主换挡开关，变速器切换至七速自动模式，在此模式下，变速器可在七级速比范围内上下变化。在七速自动模式，挡位选择开关随时可被激活，如果此开关被激活，则七速自动模式被取消，进入七速手动模式。在七速手动模式下，可通过挡位选择开关以手动方式控制自动变速器在七级速比范围内换挡，这与手动变速器相似。再次按下主换挡开关或将换挡操纵手柄移至其他挡位，七速模式取消。在仪表盘上有挡位和换挡模式的显示，如图 9—19 所示。在七速自动模式下，仪表挡位显示器显示当前的速度等级，且“M”指示灯不亮；在七速手动换挡模式下，“M”指示灯亮，换挡指示器显示所选的速度等级。

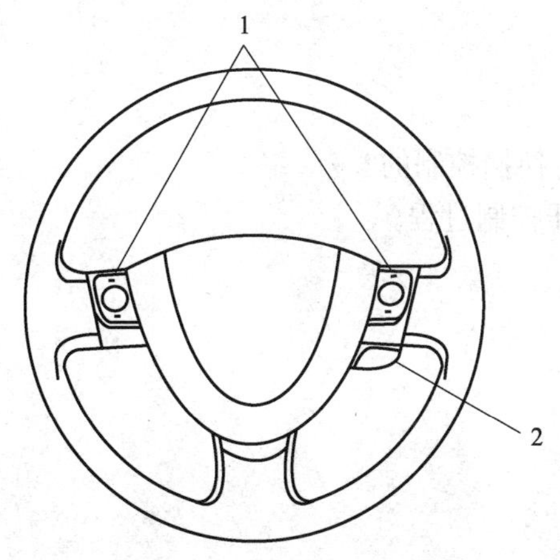

图 9—18　挡位开关
1—挡位选择开关　2—主换挡开关

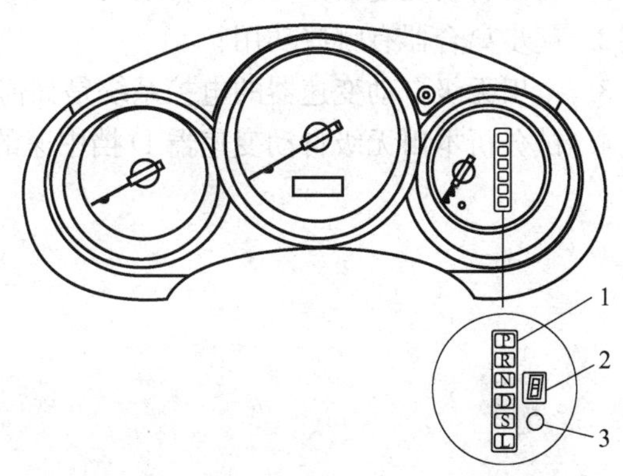

图 9—19　仪表挡位显示器
1—换挡操纵手柄位置指示　2—速度等级指示
3—手动模式指示

如果车辆在 D 挡或 S 挡行驶时按下主换挡开关选择七速自动换挡模式，则自动变速器将根据节气门开度和车速等条件自动选择最佳速度等级。如果在车辆停止时选择七速自动模式，则自动变速器切换至第一速度等级，且车辆以一级速比起步。在七速自动模式下，按下挡位选择开关，变速器被切换至七速手动换挡模式，且“M”指示灯点亮。按“＋”开关，自动变速器调至下一更高的速度等级；按“－”开关，自动变速器会调至上一个速度等级，换挡指示器会显示所选的速度等级。如果所选速度等级会使发动机失速或超速，自动变速器的速比不会变化，直到车速在允许的范围内。

5. 自诊断

动力系统控制模块对电控系统的传感器与执行器进行检测，如果发现故障，会记忆相应的故障码，并使仪表板上的挡位指示灯闪烁。另外，动力系统控制模块还可以通过一些传感器提供的数据判断出某些机械故障。例如，通过对两个带轮转速传感器的输入信号进行比较，可以确定钢带与带轮之间是否出现打滑。动力系统控制模块还通过对从动带轮转速传感器和变速器转速传感器的输入信号进行比较，确定起步离合器是否打滑。

当电控部件出现故障后，为保证汽车继续行驶，电控系统提供了备用的失效保护模式，例如，当无级自动变速器转速传感器出现故障时，动力系统控制模块会参考 ABS 系统车速数据。按照设计，传感器出现故障时电磁阀被设定至一个默认位置，允许自动变速器仍可工作。如果动力系统控制模块检测到电子控制系统故障，则电子控制系统停止工作，同时启用失效保护模式，此时无级自动变速器变为液压控制。在失效保护模式下，前进挡时带轮传动比范围缩小为1.0～1.8，R挡时带轮传动比范围缩小为1.0～2.37。

复习思考题

1. 无级自动变速器如何改变传动比的大小？
2. 起步离合器有哪些功用？
3. 本田无级自动变速器的电控系统是如何进行换挡控制的？
4. 试分析本田无级自动变速器D挡中速的液压控制过程。

第十章　自动变速器的使用与维护

学习目标

1. 掌握自动变速器的使用方法及注意事项。
2. 掌握自动变速器的维护方法。

第一节　自动变速器的使用

一、各挡位名称及使用

以大众 01M 变速器为例，各挡名称及功能如下。

1. P 挡——驻车挡

前轮被机械装置锁止，车辆只有在完全停住时才能进入该挡。若想移出和进入 P 挡，在车辆静止状态、点火开关接通的情况下，需踩下制动踏板并按下换挡操纵手柄上的锁止按钮。

2. R 挡——倒车挡

车辆只有在完全停住时才能进入该挡。若想移出和进入 R 挡，在车辆静止状态、点火开关接通的情况下，需踩下制动踏板并按下换挡操纵手柄上的锁止按钮。

3. N 挡——空挡

在车辆静止状态、点火开关接通的情况下，需踩下制动踏板并按下换挡操纵手柄上的锁止按钮方可移出 N 挡；在行车中只需按下换挡操纵手柄上的锁止按钮即可进入或移出 N 挡。在车速大于 5 km/h 时可自由进入或移出 N 挡。

4. D 挡——前进挡

D 挡是通常情况下的前进挡。此时自动变速器根据节气门的开度和车速等自动在 D—1 挡、D—2 挡、D—3 挡和 D—4 挡实现换挡。

5. 3 挡——坡度挡

如遇坡路可选用此挡。在行车状态下车速大于 5 km/h，需按下换挡操纵手柄上的锁止按钮换入 3 挡。此时自动变速器根据节气门的开度和车速等自动在 3—1 挡、3—2 挡和 3—3 挡实现换挡。

6. 2 挡——长坡挡

遇到较长距离爬坡或下坡时选用此挡。在行车状态下车速大于 5 km/h，需按下换挡操纵手柄上的锁止按钮换入 2 挡。此时自动变速器根据节气门的开度和车速等自动在 2—1 挡和 2—2 挡实现换挡，下坡时换入此挡可以利用发动机进行制动。

7. 1 挡——陡坡挡

在上、下非常陡的坡时选用此挡。在行车状态下车速大于 5 km/h，需按下换挡操纵手柄上的锁止按钮换入 1 挡，此时汽车永远处于 1—1 挡。1 挡时可以最大限度地利用了发动机的扭矩和制动效果。

二、操作注意事项

(1) 只有换挡操纵手柄置于 P 挡或 N 挡位置时发动机方可起动；在点火开关打开的状态下若想移出 P 挡或 N 挡，须踩下制动踏板，同时按下换挡操纵手柄上的锁止按钮。

(2) 装备自动变速器的车辆无法用牵引的方法起动发动机。

(3) 车辆被牵引时的注意事项

1) 换挡操纵手柄置于 N 挡。

2) 牵引速度小于 50 km/h，牵引距离小于 50 km。

3) 若需长距离牵引，要将前轮置于牵引车上。

(4) P 挡可作为驻车制动器的辅助制动器，但不可代替驻车制动器。

(5) 若短时停车，踩下制动踏板或拉起驻车制动器即可，不必换入 N 挡。

(6) 在很冷的季节起动时应进行 1 min 预热。

第二节　自动变速器的维护

下面以大众 01M 型自动变速器为例，讲述自动变速器的维护。

自动变速器油是特殊的高级润滑油，不仅具有润滑、冷却作用，还具有传递扭矩和液压，以控制自动变速器的离合器和制动器工作的能力。如果不按规定使用自动变速器油，将影响自动变速器的使用寿命。自动变速器型号很多，各国使用自动变速器油的要求也不同。

一、自动变速器油使用要求

(1) 必须使用汽车厂商推荐的自动变速器油。

(2) 要定期更换自动变速器油。

二、自动变速器换油里程

公务及商务用车一般情况下 50 000～60 000 km 更换一次自动变速器油；对于出租车或经常在较恶劣条件下工作的车辆，要把换油里程缩短为 25 000 km；对于家庭用车，由于行驶里程较短，因此要求每两年更换一次自动变速器油。

三、自动变速器油位检查

自动变速器油量的多少对自动变速器使用性能和使用寿命均有较大影响。若油位低于标准，油泵会吸入空气，导致空气混入工作液，降低油压，使各控制阀和执行元件动作失准、操纵失灵，也可能造成离合器、制动器打滑，加速性能变差和润滑不良等情况；若油位高于标准，控制阀体浸于自动变速器油中，则制动器和离合器的泄油口会被自动变速器油堵塞，使泄油不畅，导致离合器和制动器分离不彻底和发生换挡冲击等故障。

1. 油位检查条件

（1）自动变速器不得进入故障应急状态。

（2）油温不许超过 30 ℃。

（3）换挡操纵手柄处于 P 挡。

2. 油位检查方法

（1）将故障诊断仪连接到诊断接口上。

（2）水平举升汽车，使发动机在怠速工况下运转。

（3）将换挡操纵手柄从 P 挡、R 挡、N 挡、D 挡、3 挡、2 挡、1 挡均挂一遍，在各挡位下都停留几秒钟，其目的是使各挡油路充分排气和充油，然后再挂回 P 挡。

（4）拧下自动变速器油底壳放油螺塞，如图 10—1 所示。

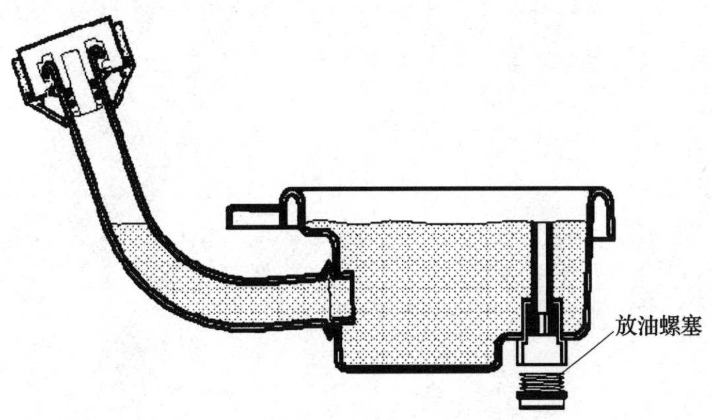

图 10—1　自动变速器油的检查与更换

（5）用故障诊断仪读取自动变速器油温度（02—08—005 一区即为自动变速器油温度）。

（6）当自动变速器油温度达到 35～45 ℃时，溢流管刚好有油滴出，则油位高度符合标准；如没有油滴出，则要加以补充。

（7）用 15 N・m 的力矩拧紧放油螺塞。

若油位过高，应从加油口吸出或从油底壳放出多余的自动变速器油；若油位过低，应加注相同牌号的自动变速器油。

四、更换自动变速器油的方法

（1）用举升机举起汽车。

（2）拆下变速器油底壳，放掉自动变速器油。

（3）更换过滤器。

技术提示
更换自动变速器油时，必须更换自动变速器油过滤器。

（4）装上油底壳。

（5）从加注口加注 3 L 左右自动变速器油。

（6）起动发动机并在车辆静止状态下将自动变速器所有挡位都试挂一次。

（7）重新检查自动变速器油的油位高度并补充自动变速器油。

复习思考题

1. 自动变速器操作的注意事项有哪些？
2. 大众 01M 型自动变速器如何维护？

第十一章　自动变速器的检修

学习目标

1. 掌握自动变速器故障自诊断方法。
2. 掌握自动变速器电控部件检测方法。
3. 掌握自动变速器故障诊断、分析及排除方法。
4. 学会自动变速器维修工艺及操作方法。

第一节　概　　述

自动变速器结构较为复杂，一旦出现故障，检修的难度较大。要使自动变速器恢复正常工作，就必须修复发生故障的部位，因此首先要确定故障部件。

一、准确判断故障部位

在进行自动变速器检修时，首先应考虑常见的故障部位。自动变速器许多故障原因可能涉及机、电、液各个系统，但自动变速器电子控制系统、液压阀、液力变矩器一般出现故障的概率很小，较为常见的故障如下：

（1）自动变速器油液面高度不当或自动变速器油变质、换挡操纵手柄联动机构松旷或调整不当。

（2）液压控制系统出现漏油使油压降低。

（3）电子控制系统线路插接器松动使电路接触不良。

（4）离合器和制动器摩擦片磨损严重使其打滑。

二、不要盲目解体自动变速器

在确定故障的大致范围之前，不要盲目解体自动变速器。自动变速器在未拆卸时，可通过试验的方法确定故障是在电子控制系统还是其他系统。通过试验还可以判断液压控制系统和执行机构哪一部分有故障。这样就可以避免不必要的拆卸，对迅速排除故障有利。

第二节　自动变速器基础检查

自动变速器基础检查的目的是检查自动变速器是否有影响其正常工作的问题，主要有自动变速器外观检查、发动机怠速检查、自动变速器油位与油的品质检查、换挡操纵手柄位置检查和空挡起动开关检查。

一、自动变速器外观检查

外观检查是通过目视检查传动系统部件是否松动及自动变速器是否泄漏，检查线束和插接器是否松动和脱落。

二、发动机怠速检查

发动机怠速转速为 800～1 000 r/min。如果怠速过高，会造成换挡冲击和汽车出现“蠕动”（不加油时汽车移动）过快现象；如果怠速过低，当换挡操纵手柄从 N 挡或 P 挡换到其他挡时，车身振动甚至会熄火，因此必须检查发动机怠速。

发动机怠速检查时，在发动机达到正常工作温度后将自动变速器换挡操纵手柄置于 N 挡或 P 挡，关闭空调，起动发动机，检查发动机运转情况，发动机应该运转平稳，转速在规定的范围内，若不符合标准，应对其进行检查与调整。

三、自动变速器油位与油的品质检查

1. 自动变速器油位检查

（1）将汽车停在平坦场地上，使用驻车制动，起动发动机在怠速工况下运转。

（2）将自动变速器换挡操纵手柄从 P 挡、R 挡、N 挡、D 挡、3 挡、2 挡、1 挡均挂一遍，在各挡位都停留几秒钟，其目的是使各挡油路充分排气和充油，然后再回到 P 挡。

（3）拔出油尺，擦拭干净，插回原位。

（4）拉出油尺检查油位，正常的油位应在两刻线之间。正常的油位如图 11—1 所示。

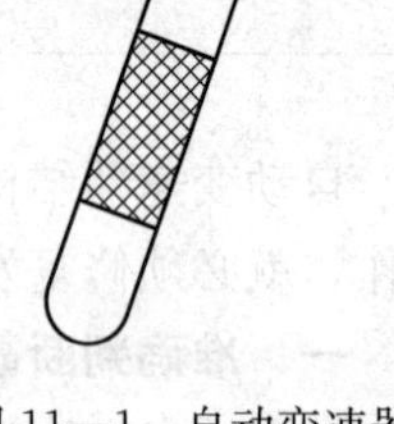

图 11—1　自动变速器油位检查

2. 自动变速器油的品质检查

自动变速器油的品质变差将使自动变速器不能正常工作。通过自动变速器油的气味和状态可以说明自动变速器的工作状态。

（1）油液品质的检查方法。仔细观察颜色，用手指捻一下油液，看是否有杂质，并闻一下气味。如自动变速器油有焦味并且呈棕黑色，说明已经变质了。

（2）油液品质的分析

1）油变成深棕色或棕褐色。原因是没有及时更换自动变速器油或由于重负荷运转，某些部件打滑或损坏造成自动变速器油过热。

2）油中有金属屑。原因是单向离合器或轴承严重损坏。

3）油中有胶状油膏胶质。原因是自动变速器油长期过热或混加过其他油，导致化学变化，形成絮状物。

4）油有烧焦味道。原因可能是油温过高、油位过低、冷却器或管路堵塞导致离合器或制动器摩擦片烧蚀。

四、换挡操纵手柄位置检查

换挡操纵手柄挡位位置不正确会影响自动变速器正常工作。检查方法是将换挡操纵手柄从P挡位置换至其他挡位，检查挡位是否正确，如果不正确应对传动机构进行调整。

五、空挡起动开关检查

将换挡操纵手柄从P挡位置换至其他挡位时，检查挡位指示信号是否正确，同时检查换挡操纵手柄在P挡和N挡是否能起动发动机。正常情况下换挡操纵手在P挡和N挡时能起动发动机，而在其他挡位时不能起动发动机。

第三节　自动变速器的试验

一、自动变速器手动换挡试验

1. 手动换挡试验的目的

通过手动换挡试验可判断自动变速器的故障是发生在电子控制系统还是其他系统（液力变矩器、液压控制系统、换挡执行机构和行星齿轮机构）。

2. 手动换挡试验方法

将自动变速器换挡电磁阀线束插接器或电子控制单元插接器拔下（发动机和自动变速器各用一个电子控制单元），使自动变速器电子控制单元失去自动控制换挡的功能，然后通过手动换挡进行试验，检查自动变速器是否能正常工作。各挡位下发动机转速与车速的关系见表11—1，通过此表可确定自动变速器实际挡位。

表11—1　　自动变速器各挡位下发动机转速与车速的关系

自动变速器挡位	1	2	3	4
发动机转速（r/min）	2 000	2 000	2 000	2 000
车速（km/h）	18～22	34～38	50～55	70～75

将自动变速器换挡电磁阀线束插接器或电子控制单元插接器拔下后，自动变速器电子控制单元失去自动控制换挡的功能，自动变速器换挡操纵手柄位置与实际挡位的对应关系见表11—2。

表11—2　　自动变速器换挡操纵手柄位置与实际挡位的对应关系

自动变速器换挡操纵手柄的位置		D	3	2	L（1）	R	P
自动变速器实际挡位	丰田A341E	O/D挡		3挡	1挡	R挡	爪锁定
	通用4L60E	O/D挡		3挡	1挡	R挡	爪锁定
	丰田A43DE	O/D挡		2挡	1挡	R挡	爪锁定
	大众01M	3挡	3挡	1挡	1挡	R挡	爪锁定

手动换挡试验可以直接路试，也可以将驱动轮架空后进行试验。如果手动换挡试验结果正常，说明自动变速器的换挡执行元件、液压控制系统、行星齿轮机构和液力变矩器正常，故障在自动变速器电子控制系统。如果手动换挡试验出现工作异常，则说明自动变速器电子控制系统正常，故障在自动变速器的换挡执行元件、液压控制系统、行星齿轮机构和液力变矩器。试验结束并插上换挡电磁阀线束后，要清除电子控制单元中的故障码。

二、自动变速器失速试验

所谓失速，是指液力变矩器涡轮因负荷过大而停止转动时的泵轮转速。失速试验通过挂挡和制动使液力变矩器的涡轮不转，测得泵轮（发动机）转速进行，如图 11—2 所示。

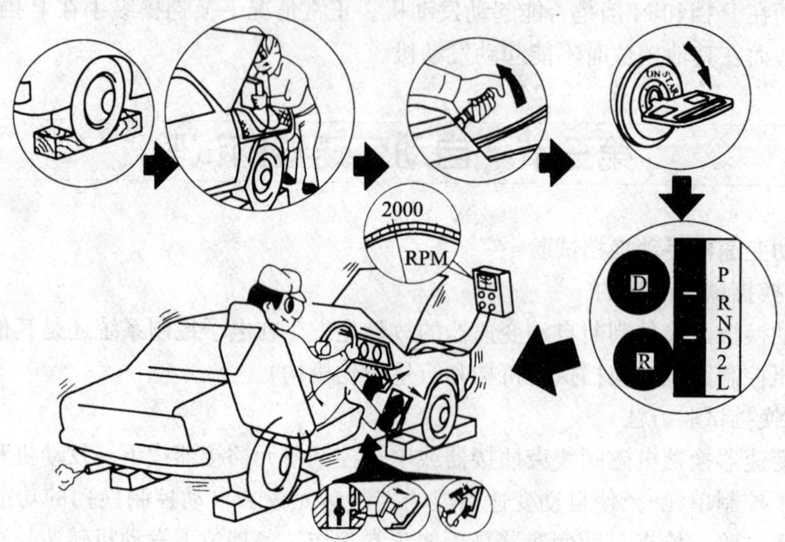

图 11—2　自动变速器失速试验

1. 失速试验的目的

(1) 检查发动机功率输出大小。

(2) 检查液力变矩器（主要是导轮单向离合器）性能。

(3) 检查自动变速器离合器和制动器是否打滑。

2. 失速试验条件

(1) 发动机水温达到正常温度。

(2) 自动变速器油温达到正常温度（50～80 ℃）。

(3) 汽车轮胎气压正常。

(4) 汽车制动系统工作正常。

3. 失速试验方法

(1) 将汽车停在平坦的场地。

(2) 拉紧驻车制动手柄，起动发动机。

(3) 用左脚踩住制动踏板，将换挡操纵手柄置于 D 挡。

(4) 迅速将加速踏板踩到底，使发动机全负荷运转。

(5) 当发动机转速上升至稳定值时发动机的转速即为失速转速，读取数值后迅速放松加速踏板。

(6) 将换挡操纵手柄置于 N 挡或 P 挡，让发动机怠速运转 1 min。

(7) 将换挡操纵手柄置于R挡，再测一次R挡时的失速转速。

自动变速器失速转速见表11—3。

表11—3　　自动变速器失速转速

车型（发动机类型）	变速器类型	失速转速（r/min）
丰田 Corolla	A245E	2 300～2 400
丰田 Lexus LS400	A341E	2 050～2 400
丰田 Lexus LS300	A340E	2 300～2 600
丰田 Previa	A340H	1 900～2 200
丰田 Camry DX LE XLE	A140E	2 300～2 600
丰田 Camry V6	A540E	2 250～2 550
福特 2.5 L发动机	ATX	2 470～2 830
福特 2.3 L发动机（前驱）	ATX	2 155～2 500
福特 2.5 L发动机	AXOD	2 260～2 600
福特 3.0L V6	AXOD	1 870～2 180
福特 3.8 L V8	AXOD	1 800～2 100
克莱斯勒 1.7 L	A404	2 300～3 500
克莱斯勒 2.2 L	A413	2 200～2 410
克莱斯勒 2.6 L	A407	2 400～2 630
克莱斯勒 2.6 L	AW4	2 100～2 400
克莱斯勒 2.6 L	A727 或 A998	1 700～2 100
通用 GEO－stom1.6 L或1.8 L	JF403－E	2 050～2 350
通用 GEO－stom1.6 L或1.8 L	4L30－E	2 000～2 300
三菱	F3A20	1 800～2 800
三菱	F4A33	1 800～3 200
日产 VG30E	RE4F02A	2 050～2 350
日产 VG30DE	RE4F04A	1 850～2 150
日产 J30	RE4R01A	2 320～2 720
日产 Q45	RE4R03A	2 100～2 300
本田 Accord　2.2L（93型）	MPXA	2 350～2 650
Accord　2.2L（94型）	MPOA	2 500～2 800
大众 PASSAT	APE	2 750～2 950
大众 JETA	096CFF	2 350～3 050
奔驰 420 系列		1 450～1 650

4. 失速试验注意事项

(1) 从迅速踩下加速踏板到读出失速转速后放松加速踏板全过程不得超过5 s。

(2) 在完成一个挡位的失速试验后，应使发动机在N挡或P挡下怠速运转1 min左右，使自动变速器油充分冷却。

(3) 在失速试验过程中，如果出现车轮转动的情况，应立刻放松加速踏板，停止试验。

5. 失速试验性能分析

(1) D挡和R挡转速均低于正常值。原因如下：

1) 发动机输出动力不足。

2) 液力变矩器导轮的单向离合器打滑。

(2) D挡和R挡转速均高于正常值。原因如下：

1) 主油路油压过低。

2) 液力变矩器叶片损坏。

3) 离合器或制动器打滑（辛普森式行星齿轮机构变速器）。

(3) 只有D挡转速高于正常值。原因如下：

1) 前进挡控制油路油压低。

2) 前进挡离合器或单向离合器打滑。

(4) 只有R挡转速高于正常值。原因如下：

1) R挡控制油路油压低。

2) R挡离合器或制动器打滑。

6. 案例分析

丰田A341E型自动变速器失速试验结果分析见表11—4。

表11—4　　丰田A341E型自动变速器失速试验结果分析

故障现象	故障原因
D挡和R挡转速均低于正常值	发动机输出动力不足 液力变矩器导轮的单向离合器因损坏而打滑
D挡和R挡转速均高于正常值	自动变速器油质不佳 自动变速器油位过低 滤油器滤网堵塞 油泵主动、从动齿轮磨损或损坏 主调压阀阀芯卡滞 主控制油路泄漏 超速挡离合器摩擦片磨损打滑 超速挡离合器活塞密封圈损坏漏油
只有D挡转速高于正常值	前进挡控制油路泄漏 前进挡离合器C_1摩擦片磨损打滑 前进挡离合器C_1活塞密封圈损坏漏油 单向离合器F_2磨损严重或损坏打滑
只有R挡转速高于正常值	R挡控制油路泄漏 R挡离合器C_2摩擦片磨损打滑 R挡离合器C_2活塞密封圈损坏漏油 R挡制动器B_3摩擦片磨损打滑 R挡制动器B_3活塞密封圈损坏漏油

大众 01M 型自动变速器失速试验结果分析见表 11—5。

表 11—5　大众 01M 型自动变速器失速试验结果分析

故障现象	故障原因
D挡和R挡转速均低于正常值	发动机输出动力不足 液力变矩器导轮的单向离合器损坏打滑
D挡和R挡转速均高于正常值	自动变速器油质不佳 自动变速器油位过低 滤油器滤网堵塞 油泵主动、从动齿轮磨损或损坏 主调压阀阀芯卡滞 主控制油路泄漏
只有D挡转速高于正常值	前进挡控制油路泄漏 离合器 K_1 摩擦片磨损打滑 离合器 K_1 活塞密封圈损坏漏油 单向离合器 F 磨损严重或损坏打滑
只有R挡转速高于正常值	R挡控制油路泄漏 R挡离合器 K_2 摩擦片磨损打滑 R挡离合器 K_2 活塞密封圈损坏漏油 R挡制动器 B_1 摩擦片磨损打滑 R挡制动器 B_1 活塞密封圈损坏漏油

三、自动变速器时滞试验

1. 时滞试验的目的

时滞试验的目的是进一步验证自动变速器失速试验的结果，通过测量从挂挡开始到执行元件完成动作的时间差来分析自动变速器中离合器和制动器的工作情况，如图 11—3 所示。

2. 时滞试验条件

(1) 自动变速器油温正常（50～80 ℃）。

(2) 驻车制动器工作正常。

3. 时滞试验方法

(1) 拉紧驻车制动手柄，将换挡操纵手柄置于 N 挡，起动发动机怠速运转。

(2) 分别将换挡操纵手柄从 N 挡挂入 D 挡和 R 挡，同时按下秒表计时，当感到车身振动时，停住秒表并记录时间。

(3) 将换挡操纵手换入 N 挡，使发动机怠速运转 1 min，再做下一次试验。

N 挡→D 挡和 N 挡→R 挡各做 3 次试验，取 3 次试验结果的平均值。

正常时滞时间：N 挡→D 挡的时滞时间为 1.2 s，N 挡→R 挡的时滞时间为 1.6 s。

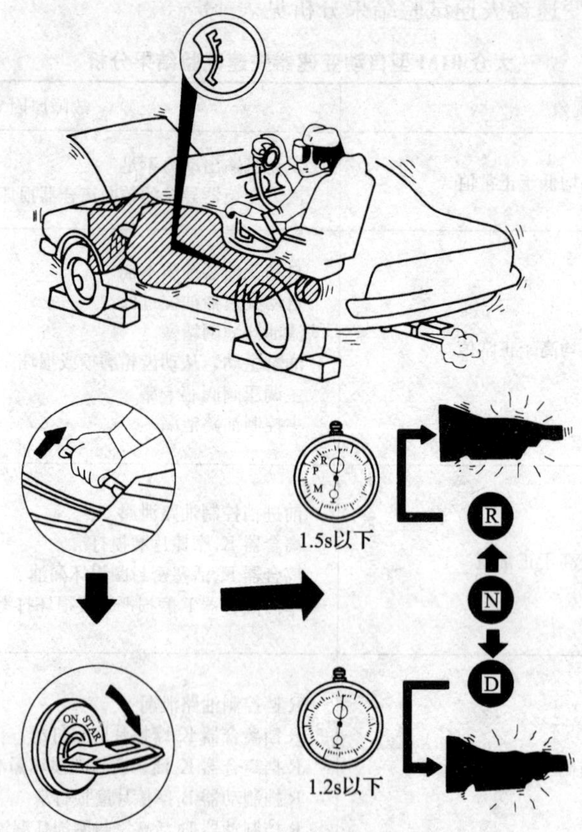

图 11—3　自动变速器时滞试验

4. 时滞试验结果分析

(1) N 挡→D 挡和 N 挡→R 挡时滞时间均过长。原因如下：

1) 主油路油压过低。

2) 离合器或制动器摩擦片磨损严重（辛普森式行星齿轮机构变速器）。

(2) N 挡→D 挡的时滞时间过长。原因如下：

1) 前进挡控制油路油压低。

2) 前进挡离合器摩擦片磨损严重。

3) 单向离合器摩擦片磨损严重。

(3) N 挡→R 挡的时滞时间过长。原因如下：

1) R 挡控制油路油压低。

2) R 挡离合器摩擦片磨损严重。

3) R 挡制动器摩擦片磨损严重。

5. 案例分析

丰田 A341E 型自动变速器时滞试验结果分析见表 11—6。

表 11—6　　丰田 A341E 型自动变速器时滞试验结果分析

故障现象	故障原因
N 挡→D 挡和 N 挡→R 挡时滞时间均过长	自动变速器油质不佳 自动变速器油位过低 滤油器滤网堵塞 油泵主动、从动齿轮磨损或损坏 主调压阀阀芯卡滞 主控制油路泄漏 超速挡离合器 C_0 摩擦片磨损严重
只有 N 挡→D 挡时滞时间过长	前进挡控制油路泄漏 前进挡离合器 C_1 摩擦片磨损严重 前进挡离合器 C_1 活塞密封圈损坏漏油 单向离合器 F_2 磨损严重
只有 N 挡→R 挡时滞时间过长	R 挡控制油路泄漏 R 挡离合器 C_2 摩擦片磨损严重 R 挡离合器 C_2 活塞密封圈损坏漏油 R 挡制动器 B_3 摩擦片磨损严重 R 挡制动器 B_3 活塞密封圈损坏漏油

大众 01M 型自动变速器时滞试验结果分析见表 11—7。

表 11—7　　大众 01M 型自动变速器时滞试验结果分析

故障现象	故障原因
N 挡→D 挡和 N 挡→R 挡时滞时间均过长	自动变速器油质不佳 自动变速器油位过低 滤油器滤网堵塞 油泵主动、从动齿轮磨损或损坏 主调压阀阀芯卡滞 主控制油路泄漏
只有 N 挡→D 挡时滞时间过长	前进挡控制油路泄漏 1 挡离合器 K_1 摩擦片磨损严重 1 挡离合器 K_1 活塞密封圈损坏漏油 单向离合器 F 磨损或损坏
只有 N 挡→R 挡时滞时间过长	R 挡控制油路泄漏 R 挡离合器 K_2 摩擦片磨损严重 R 挡离合器 K_2 活塞密封圈损坏漏油 R 挡制动器 B_1 摩擦片磨损严重 R 挡制动器 B_1 活塞密封圈损坏漏油

四、自动变速器油压试验

1. 油压试验的目的

油压试验的目的是测量液压控制管路中的油压，用来判断各泵、阀工作性能好坏。

自动变速器控制油压过高，会造成自动变速器换挡时有较大冲击，密封件易过早损坏；自动变速器控制油压过低，会使自动变速器打滑，导致加速无力，加剧离合器和制动器摩擦片的磨损，严重时会导致摩擦片烧坏。

2. 油压试验方法

自动变速器油压试验操作步骤如图 11—4 所示。

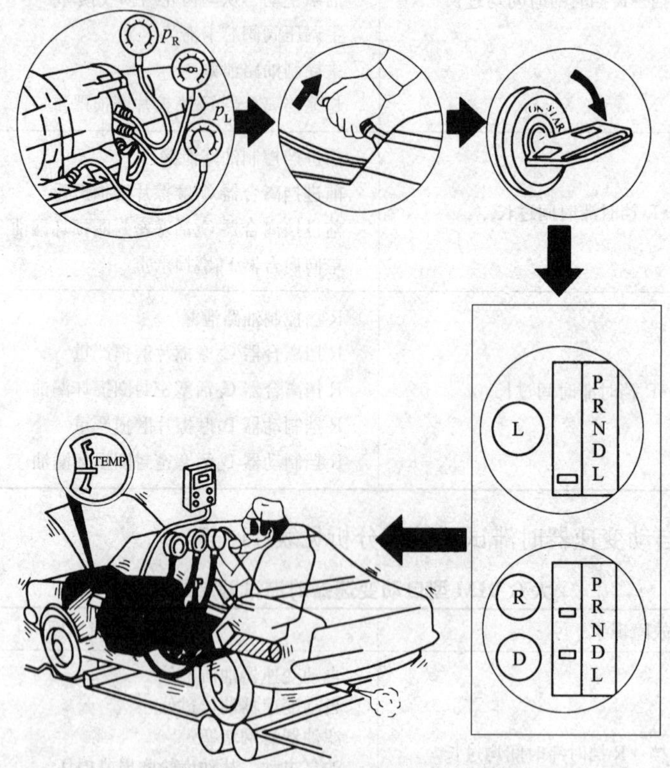

图 11—4　自动变速器油压试验

（1）将油压表接到自动变速器测压孔上（自动变速器测压孔的位置可查阅自动变速器维修手册）。

（2）拉紧驻车制动手柄，起动发动机，使自动变速器油温达到正常值（50～80 ℃）。

（3）在发动机怠速工况和失速工况下分别测出 D 挡和 R 挡时的油压值。

自动变速器主油路油压值见表 11—8。

表 11—8　　自动变速器主油路油压值

自动变速器型号	换挡操纵手柄位置	主油路油压（kPa）	
		怠速工况	失速工况
A340E	D	363～422	902～1 147
	R	500～598	1 236～1 589
A240E	D	373～422	903～1 050
	R	550～707	1 412～1 648

续表

自动变速器型号	换挡操纵手柄位置	主油路油压（kPa）	
		怠速工况	失速工况
A241E	D	373～422	903～1 050
	R	638～795	1 560～1 893
A540E	D	353～412	992～1 040
	R	637～745	1 608～1 873
A341E 或 A342E	D	382～441	1 206～1 363
	R	579～657	1 638～1 863
01M	D	340～380	1 240～1 320
	R	500～600	2 300～2 400

3. 油压试验性能分析

(1) D挡和R挡油压均过高。原因如下：

1) 发动机怠速过高。

2) 主调压阀阀芯卡滞。

3) 调压电磁阀失效或其电路有故障。

(2) D挡和R挡油压均过低。原因如下：

1) 发动机怠速过低。

2) 自动变速器油质不佳。

3) 自动变速器油位过低。

4) 滤油器滤网堵塞。

5) 油泵主动、从动齿轮磨损或损坏。

6) 主调压阀阀芯卡滞。

7) 主控制油路泄漏。

8) 超速挡离合器或制动器活塞密封圈损坏漏油（辛普森式行星齿轮机构变速器）。

9) 调压电磁阀失效或其电路有故障。

10) 节气门位置传感器有故障。

(3) D挡油压过低，但R挡油压正常。原因如下：

1) 前进挡控制油路泄漏。

2) 前进挡离合器活塞密封圈损坏漏油。

(4) R挡油压过低，但D挡油压正常。原因如下：

1) R挡控制油路泄漏。

2) R挡离合器或制动器活塞密封圈损坏漏油。

4. 案例分析

丰田 A341E 型自动变速器油压试验结果分析见表 11—9。

表 11—9　　丰田 A341E 型自动变速器油压试验结果分析

故障现象	故障原因
D挡和R挡油压均过高	发动机怠速过高 主调压阀阀芯卡滞 节气门位置传感器有故障 N4 电磁阀失效或其电路有故障 电子控制单元有故障
D挡和R挡油压均过低	自动变速器油质不佳 自动变速器油位过低 滤油器滤网堵塞 油泵主动、从动齿轮磨损或损坏 主调压阀阀芯卡滞 主控制油路泄漏 超速挡离合器 C_0 活塞密封圈损坏漏油
D挡油压过低，但R挡油压正常	前进挡控制油路泄漏 前进挡离合器 C_1 活塞密封圈损坏漏油 N4 电磁阀失效或其电路有故障 节气门位置传感器有故障 电子控制单元有故障
R挡油压过低，但D挡油压正常	R挡控制油路泄漏 R挡离合器 C_2 活塞密封圈损坏漏油 R挡制动器 B_3 活塞密封圈损坏漏油

大众 01M 型自动变速器油压试验结果见表 11—10。

表 11—10　　大众 01M 型自动变速器油压试验结果分析

故障现象	故障原因
D挡和R挡油压均过高	发动机怠速过高 主调压阀阀芯卡滞 节气门位置传感器有故障 N93 电磁阀失效或其电路有故障 自动变速器电子控制单元有故障
D挡和R挡油压均过低	自动变速器油质不佳 自动变速器油位过低 滤油器滤网堵塞 油泵主动、从动齿轮磨损或损坏 主调压阀阀芯卡滞 主控制油路泄漏
D挡油压过低，但R挡油压正常	前进挡控制油路泄漏 离合器 K_1 活塞密封圈损坏漏油 N93 电磁阀失效或其电路有故障 节气门位置传感器有故障 自动变速器电子控制单元有故障
R挡油压过低，但D挡油压正常	R挡控制油路泄漏 R挡离合器 K_2 活塞密封圈损坏漏油 R挡制动器 B_1 活塞密封圈损坏漏油

五、自动变速器道路试验

1. 道路试验的目的

（1）进一步检查及分析自动变速器的故障原因。

（2）检查修复后的自动变速器是否恢复了正常工作的能力。

自动变速器道路试验的检测内容主要包括换挡点和换挡时有无冲击、振动、噪声、打滑等。进行道路试验前，要确保发动机和底盘应工作正常，自动变速器的油温达到正常工作温度。

2. 道路试验方法

（1）换挡操纵手柄在 D 挡。选择平坦的路面，将自动变速器换挡操纵手柄置于 D 挡，踩下加速踏板，使节气门保持在一定开度（发动机转速控制在 2 000 r/min），使汽车加速行驶。检查以下内容：

1）自动变速器是否自动按 D—1 挡→D—2 挡、D—2 挡→D—3 挡、D—3 挡→超速挡的规律进行升挡，升挡时车速与规定值是否相符。如果有模式选择开关，应在动力模式或正常模式下进行升挡试验。

2）汽车行驶时，是否有换挡冲击、打滑及振动等现象。

3）汽车在锁止离合器锁止情况下行驶时，变速器是否有不正常的振动和噪声。

4）检查锁止离合器的锁止情况。汽车在 80 km/h 稳定行驶时，再踩下加速踏板，发动机转速应无明显变化，否则说明锁止离合器没有锁止。

5）检查汽车在 D—2 挡、D—3 挡和超速挡行驶时，是否可以从超速挡→D—3 挡、D—3 挡→D—2 挡、D—2 挡→D—1 挡降挡，降挡车速是否符合标准，降挡时有无振动和噪声。

6）强制降挡检查。使汽车中速行驶，迅速将加速踏板踩到底，有明显的增加扭矩效果，说明自动变速器降低了一个挡位；松开加速踏板，自动变速器又回到高挡位。如果迅速踩下加速踏板时没有出现降低挡位、增加扭矩的现象，则说明自动变速器强制降挡控制功能失效。

（2）换挡操纵手柄在 3 挡。选择平坦的路面，将自动变速器换挡操纵手柄置于 3 挡，踩下加速踏板，使节气门保持在一定开度（发动机转速控制在 2 000 r/min），使汽车加速行驶。检查以下内容：

1）自动变速器是否自动按 3—1 挡→3—2 挡、3—2 挡→3—3 挡的规律进行升挡，升挡时车速与规定值是否相符。

2）汽车行驶时，是否有换挡冲击、打滑及振动等现象。

3）检查汽车在 3—2 挡、3—3 挡行驶时，是否可以从 3—3 挡→3—2 挡、3—2 挡→3—1 挡降挡，降挡车速是否符合标准，降挡时有无振动和噪声。

（3）换挡操纵手柄在 2 挡。选择平坦的路面，将自动变速器换挡操纵手柄置于 2 挡，踩下加速踏板，使节气门保持在一定开度（发动机转速控制在 2 000 r/min），使汽车加速行驶。检查以下内容：

1）自动变速器是否自动按 2—1 挡→2—2 挡的规律进行升挡，升挡时车速与规定值是否相符。

2）检查汽车在 2—2 挡时，是否可以从 2—2 挡→2—1 挡降挡，降挡车速是否符合标准。

3）发动机制动效果检查。使汽车中速行驶，松开加速踏板，汽车车速若明显降低，说明自动变速器有发动机制动作用，否则说明自动变速器无发动机制动作用。

（4）换挡操纵手柄在1挡。选择平坦的路面，将自动变速器换挡操纵手柄置于1挡，踩下加速踏板，使节气门保持在一定开度（发动机转速控制在2 000 r/min），使汽车加速行驶。检查发动机制动效果：汽车行驶时松开加速踏板，汽车车速若明显降低，说明自动变速器有发动机制动作用，否则说明自动变速器无发动机制动作用。

（5）换挡操纵手柄在R挡。将自动变速器换挡操纵手柄置于R挡，应能迅速倒车，并无异响和打滑现象。

（6）换挡操纵手柄在P挡。在坡度大于9%的坡道上停车，将自动变速器换挡操纵手柄置于P挡，松开驻车制动手柄，放松制动踏板后应不溜车。

第四节　自动变速器故障自诊断

一、大众汽车故障诊断仪

大众车系专用故障诊断仪主要有VAG1551、VAG1552、VAS5051、VAS5052、VAS5054及VAS6150等，可以用于捷达、宝来、高尔夫、奥迪、桑塔纳、帕萨特等大众车系故障诊断。

大众车系故障诊断仪的基本功能如下：

1. 故障记忆查询

通过故障诊断仪查询控制单元存储的故障记忆，根据故障记忆进行修复。

2. 清除故障记忆

在故障排除之后，通过故障诊断仪清除控制单元的故障记忆。

3. 数据模块阅读

通过故障诊断仪阅读控制单元内的工作数据，分析数据并确定故障原因。

4. 执行元件诊断

通过故障诊断仪对控制单元控制的执行元件进行动态检测，以检查某执行元件本身及电路状况。

5. 控制单元编码

根据汽车装备或使用国的要求，通过故障诊断仪进行编码，将系统内的某些软件调出并使用，以适应不同的发动机、变速器、车身或行驶系统及不同国家的排放法律规定。控制单元编码在汽车出厂之前已完成，但如果控制单元损坏并更换新的控制单元后，显示编码不正确或新控制单元没有编码，要对新控制单元进行编码。

6. 基本设定

通过故障诊断仪对某些控制单元的某些电气元件进行位置识别操作，其目的是使控制单元与执行元件匹配一致。在对发动机进行基本设置时，控制单元将控制节流阀体先开到一个随机位置，再开到最大开度，然后回到最小位置，最后停到需要（如起动）位置，控制单元记忆节流阀体的工作特性。基本设置在接通点火开关但不起动发动机的情况下进行，发动机温度需高于80 ℃，空调及其他用电器关闭，自动变速器换挡操纵手柄应位于P挡或N挡。在基本设定之前必须先清除故障记忆，并且保证怠速开关触点闭合、节气门不卡滞等，否则设置无法完成。

7. 自适应

自适应是通过故障诊断仪对某些系统的数据进行修改，使系统进行学习的过程。

二、故障自诊断

自动变速器故障自诊断以大众 01M 型自动变速器为例进行讲解。

1. 故障记忆查询

通过故障诊断仪的故障记忆查询功能可以读取故障码，显示的故障码和内容见表 11—11。

表 11—11　　大众 01M 型自动变速器故障码一览表

故障码	显示内容	可能故障原因	故障排除方法
00258	电磁阀 1－N88 • 断路 • 对地短路	线束断路或对地短路 电磁阀 1－N88 有故障	• 按电路图检查线束和插接器 • 读取测量数据块显示组 04 • 检测电磁阀 1－N88
00260	电磁阀 2－N89 • 断路 • 对地短路	线束断路或对地短路 电磁阀 2－N89 有故障	• 按电路图检查线束和插接器 • 读取测量数据块显示组 04 • 检测电磁阀 2－N89
00262	电磁阀 3－N90 • 断路 • 对地短路	线束断路或对地短路 电磁阀 3－N90 有故障	• 按电路图检查线束和插接器 • 读取测量数据块显示组 04 • 检测电磁阀 3－N90
00264	电磁阀 4－N91 • 断路 • 对地短路	线束断路或对地短路 电磁阀 4－N91 有故障	• 按电路图检查线束和插接器 • 读取测量数据块显示组 04 • 检测电磁阀 4－N91
00266	电磁阀 5－N92 • 断路 • 对地短路	线束断路或对地短路 电磁阀 5－N92 有故障	• 按电路图检查线束和插接器 • 读取测量数据块显示组 04 • 检测电磁阀 5－N92
00268	电磁阀 6－N93 • 断路 • 对地短路	线束断路或对地短路 电磁阀 6－N93 有故障	• 按电路图检查线束和插接器 • 读取测量数据块显示组 04 • 检测电磁阀 6－N93
00270	电磁阀 7－N94 • 断路 • 对地短路	线束断路或对地短路 电磁阀 7－N94 有故障	• 按电路图检查线束和插接器 • 读取测量数据块显示组 04 • 检测电磁阀 7－N94
00281	车速传感器 G68 无信号	线束断路 车速传感器 G68 有故障	• 按电路图检查线束和插接器 • 读取测量数据块显示组 02 • 检测车速传感器 G68 • 更换车速传感器 G68
00293	多功能开关 F125 开关状态不确定	线束断路 多功能开关 F125 有故障	• 按电路图检查线束和插接器 • 读取测量数据块显示组 01 • 检测多功能开关 F125 • 更换多功能开关 F125
00297	变速器转速传感器 G38 无信号	线束断路 变速器转速传感器 G38 有故障	• 按电路图检查线束和插接器 • 检测变速器转速传感器 G38 • 更换变速器转速传感器 G38

续表

故障码	显示内容	可能故障原因	故障排除方法
00300	变速器油温传感器 G93 无法识别故障类型	线束断路 变速器油温传感器 G93 有故障	• 按电路图检查线束和插接器 • 读取测量数据块显示组 05 • 检测变速器油温传感器 G93
00518	节气门位置传感器 G69 信号超出允许值	线束断路或短路 节气门位置传感器 G69 有故障	• 如果还显示故障码 00638，则应先排除该故障 • 按电路图检查线束和插接器 • 读取测量数据块显示组 01 和 03 • 检测节气门位置传感器 G69 • 更换节气门位置传感器 G69 • 对系统进行基本调整
		发动机控制单元或节气门位置传感器 G69 损坏	• 对系统进行基本调整
00529	无转速信号	线束短路	• 按电路图检查线束和插接器 • 读取测量数据块显示组 03 • 检查发动机电子控制单元
00532	电源电压	蓄电池损坏 整流器电压过低	• 检查蓄电池 • 按电路图检查线束和插接器 • 读取测量数据块显示组 02 • 检查电子控制单元 J217 电压
00545	发动机/变速器电气连接断路 对地短路	线束断路或对地短路 发动机/变速器电子控制单元未接上	• 按电路图检查线束和插接器 • 读取测量数据块显示组 05 • 检查发动机电子控制单元 • 对系统进行基本调整
00596	整流器导线间短路	传输线/滑阀箱和线束间的 10 孔插接器或传输线损坏	• 按电路图检查线束和插接器 • 检查整流器 • 更换传输线或插接器
00638	发动机/变速器电气连接无信号	线束断路或对地短路 发动机/变速器电子控制单元未接上 节气门信号未传至变速器控制单元	• 按电路图检查线束和插接器 • 读取测量数据块显示组 05 • 检查发动机电子控制单元，如有需要则更换 • 对系统进行基本调整
00641	自动变速器油温度信号过大	变速器过热（最高 148 ℃），变速器油温过高，变速器自动换入相邻低挡 汽车负载过大 变速器油位不正常 变速器油温度传感器损坏	• 检查油位 • 读取测量数据块显示组 05 • 读取自动变速器油温度 • 检查变速器油温度传感器 G93 • 更换传输线

续表

故障码	显示内容	可能故障原因	故障排除方法
00652	挡位监控不可靠信号	电气/液压故障 离合器或滑阀箱损坏	• 读取测量数据块显示组 04 并在行驶中确定哪一挡有故障
00660	强制降挡开关/节气门位置传感器不可靠信号	线束断路	• 按电路图检查线束和插接器
		节气门位置传感器 G69 损坏	• 如果还显示故障 00638，则应先排除该故障 • 按电路图检查线束和插接器 • 读取测量数据块显示组 01 和 03 • 检测节气门位置传感器 G69 • 更换节气门位置传感器 G69 • 对系统进行基本调整
		强制降挡开关 F8 损坏	• 读取测量数据块显示组 01 • 检查强制降挡开关 F8 • 调整或更换节气门拉索
65535	变速器电子控制单元损坏	变速器电子控制单元 J217 损坏	• 确定可能的故障原因并排除机械故障、液压故障、严重电器/电气部件及线束连接故障 • 更换变速器电子控制单元 • 对系统进行基本调整
	无故障	修理后如显示无故障，自诊断结束	

注：1. 显示内容中有的是有关部件的附加显示。

2. 显示的有些故障要先检查插接器是否锈蚀、进水，如需要则进行更换。显示电磁阀有故障时，要特别注意变速器上传输线/滑阀箱和线束间的 10 孔插接器连接情况。

2. 基本设定

进行以下修理后，须使用故障诊断仪对车辆进行基本调整：

（1）更换发动机。

（2）更换节气门位置传感器。

（3）更换发动机电子控制单元。

（4）更换节流阀阀体。

（5）更换自动变速器电子控制单元 J217。

3. 阅读数据流

利用大众专用故障诊断仪可以阅读存储的数据流，通过各显示组进行显示。可选择显示组显示的内容见表 11—12。

表 11—12　　可选择显示组显示的内容

显示组	显示区	显示举例	说明
01	1	P	换挡操纵手柄位置
	2	0.8 V	节气门位置传感器电压
	3	0%	节气门开度
	4	00000111	开关位置
02	1	0.983 A	电磁阀 6－N93 实际电流
	2	0.985 A	电磁阀 7－N94 实际电流
	3	12.76 V	蓄电池电压
	4	2.50 V	车速传感器 G68 电压
03	1	0 km/h	车速
	2	900 r/min	发动机转速
	3	0	挂入的挡位
	4	0%	换挡操纵手柄
04	1	100 000	电磁阀
	2	0	挂入的挡位
	3	P	换挡操纵手柄位置
	4	0 km/h	车速
05	1	45 ℃	自动变速器油温度
	2	0011011	换挡输出
	3	0	挂入的挡位
	4	900 r/min	发动机转速
06	1	不需要考虑	
	2		
	3		
	4		
07	1	1H	挂入的挡位
	2	200 r/min	锁止离合器转速
	3	900 r/min	发动机转速
	4	0%	节气门开度
08	1	不需要考虑	
	2		
	3		
	4		

利用存储的测量数据流进行功能检查（其中 06、08 显示组不考虑），具体见表 11—13、表 11—14、表 11—15、表 11—16、表 11—17 和表 11—18。

表 11—13　　01 显示组

显示区	检查内容	检查条件		故障诊断仪正确显示内容	显示异常时采取的措施	说明
1	换挡操纵手柄位置—多功能开关 F125	换挡操纵手柄位置	P	P	检查多功能开关 F125	发动机冷却液温度最低 80 ℃
			R	R		
			N	N		
			D	D		
			3	3		
			2	2		
			1	1		
2	节气门位置传感器 G69 电压	在位置	最低怠速	0.156 V	• 从怠速到节气门全开的加速过程中，电压值应稳定升高 • 对发动机电子控制单元进行自诊断 • 检查节气门位置传感器 • 调整节气门位置传感器，如需要则更换 • 对系统进行基本调整	
			最高怠速	0.8 V		
			节气门全开，最低值	3.5 V		
			节气门全开，最高值	4.680 V		
3	节气门位置值	在位置	怠速	0～1%	• 从怠速到节气门全开过程中，该值稳步升高，否则对系统进行调整	
			节气门全开	99%～100%		
4	第 1 位数字：制动灯开关 F	踩下制动踏板		1	检查制动开关及线束	
		未踩下制动踏板		0		
	第 3 位数字：驱动和滑动调节	低速挡		不需要考虑		
	第 4 位数字：强制降挡开关	换挡操纵手柄位于	起作用	1	检查强制降挡开关及线束	
			未起作用	0		
	第 5 位数字：多功能开关 F125	换挡操纵手柄位于	R、N、D、3、2	1	检查多功能开关 F125 及线束	
			P、1	0		
	第 6 位数字：多功能开关 F125	换挡操纵手柄位于	P、R、2、1	1	检查多功能开关 F125 及线束	
			N、D、3	0		
	第 7 位数字：多功能开关 F125	换挡操纵手柄位于	P、R、N、D	1	检查多功能开关 F125 及线束	
			3、2、1	0		
	第 8 位数字：多功能开关 F125	换挡操纵手柄位于	P、R、N、	1	检查多功能开关 F125 及线束	
			D、3、2、1	0		

表 11—14　　02 显示组

显示区	检查内容	检查条件		故障诊断仪 正确显示内容	显示异常时 采取的措施	说明
1	电磁阀 6－N93 的实际电流	在位置	节气门全开	0 A	检查电磁阀 N－93 及线束	
			怠速最大	1.1 A		
2	电磁阀 6－N94 的实际电流	在位置	节气门全开	0 A	检查电磁阀 N－94 及线束	
			怠速最大	1.1 A		
3	蓄电池电压	在位置	最小	10.8 V	• 检查蓄电池电压，如需要则更换 • 检查变速器电子控制单元 J217 电压 • 更换变速器电子控制单元 • 对系统进行基本调整	
			最大	16.0 V		
4	车速传感器 G68	在位置	最小	2.20 V	检查车速传感器 G68 及线束	
			最大	2.52 V		

表 11—15　　03 显示组

显示区	检查内容	检查条件		故障诊断仪 正确显示内容	显示异常时 采取的措施	说明
1	车速	在行驶中		…km/h	车速显示值和故障诊断仪的显示值可稍有不同，若有较大的差异应检查 • 检查车速传感器 G68 及线束 • 检查变速器电子控制单元 J217	
2	发动机转速	发动机正在运转		…r/min	如需要，调整和检查发动机	
3	挂入挡位	在行驶中	空挡	0	• 检查电磁阀及线束 • 如果不能换挡，检查离合器、制动器和液压控制阀 • 更换变速器电子控制单元 J217	
			R 挡	R		
			1 挡液压	1H		
			2 挡液压	2H		
			2 挡刚性	2M		
			3 挡液压	3H		
			3 挡刚性	3M		
			4 挡液压	4H		
			4 挡刚性	4M		
4	节气门开度	在行驶中	怠速	0～1%	• 从怠速到节气门全开过程中，该值稳步升高，否则应检查 • 检查节气门位置传感器及线束 • 对系统进行基本调整	
			节气门全开	99%～100%		

表 11—16　　04 显示组

<table>
<tr><th>显示区</th><th>检查内容</th><th colspan="2">检查条件</th><th>故障诊断仪正确显示内容</th><th>显示异常时采取的措施</th><th>说明</th></tr>
<tr><td rowspan="13">1</td><td rowspan="13">故障诊断仪显示的电磁阀工作状态：
• N88 用第 1 位数字显示
• N89 用第 2 位数字显示
• N90 用第 3 位数字显示
• 第 4 位数字(不考虑)
• N92 用第 5 位数字显示
• N94 用第 6 位数字显示</td><td colspan="2">P</td><td>101000</td><td rowspan="13">• 按行驶状况接通电磁阀
• 按故障诊断程序检查</td><td rowspan="13">未接合的电磁阀用“0”表示，接合的电磁阀用“1”表示</td></tr>
<tr><td colspan="2">R</td><td>001000</td></tr>
<tr><td colspan="2">N</td><td>101000</td></tr>
<tr><td rowspan="4">D</td><td>1H（1M）</td><td>001000</td></tr>
<tr><td>2H（2M）</td><td>011000</td></tr>
<tr><td>3H（3M）</td><td>000001</td></tr>
<tr><td>4H（4M）</td><td>110000</td></tr>
<tr><td rowspan="3">3</td><td>1H（1M）</td><td>001000</td></tr>
<tr><td>2H（2M）</td><td>011000</td></tr>
<tr><td>3H（3M）</td><td>000001</td></tr>
<tr><td rowspan="2">2</td><td>1H（1M）</td><td>001000</td></tr>
<tr><td>2H（2M）</td><td>011000</td></tr>
<tr><td>1</td><td>1H（1M）</td><td>001000</td></tr>
<tr><td rowspan="9">2</td><td rowspan="9">挂入的挡位</td><td rowspan="9">在行驶中</td><td>空挡</td><td>0</td><td rowspan="9">• 检查电磁阀及线束
• 如果不能换挡，检查离合器、制动器和液压控制阀
• 更换变速器电子控制单元 J217</td><td rowspan="9"></td></tr>
<tr><td>R 挡</td><td>R</td></tr>
<tr><td>1 挡液压</td><td>1H</td></tr>
<tr><td>2 挡液压</td><td>2H</td></tr>
<tr><td>2 挡刚性</td><td>2M</td></tr>
<tr><td>3 挡液压</td><td>3H</td></tr>
<tr><td>3 挡刚性</td><td>3M</td></tr>
<tr><td>4 挡液压</td><td>4H</td></tr>
<tr><td>4 挡刚性</td><td>4M</td></tr>
<tr><td rowspan="7">3</td><td rowspan="7">换挡操纵手柄位置</td><td rowspan="7">在行驶中</td><td>P</td><td>P</td><td rowspan="7">检查多功能开关 F125</td><td rowspan="7"></td></tr>
<tr><td>R</td><td>R</td></tr>
<tr><td>N</td><td>N</td></tr>
<tr><td>D</td><td>D</td></tr>
<tr><td>3</td><td>3</td></tr>
<tr><td>2</td><td>2</td></tr>
<tr><td>1</td><td>1</td></tr>
<tr><td>4</td><td>车速</td><td colspan="2">在行驶中的车速</td><td>…km/h</td><td>车速表显示值和故障诊断仪显示值可稍有不同</td><td></td></tr>
</table>

表 11—17　　05 显示组

<table>
<tr><th>显示区</th><th>检查内容</th><th colspan="3">检查条件</th><th>故障诊断仪正确显示内容</th><th>显示异常时采取的措施</th><th>说明</th></tr>
<tr><td>1</td><td>自动变速器油温在 35～45 ℃时应检查油位高度</td><td colspan="3">发动机油温在 30 ℃以上才能精确显示</td><td>… ℃</td><td>检查变速器油温传感器 G93 及线束</td><td></td></tr>
<tr><td rowspan="14">2</td><td rowspan="2">换挡输出用第 1 位数字显示</td><td rowspan="4">行驶中发动机点火时刻控制</td><td colspan="2">接通</td><td>1</td><td rowspan="4">• 按电路图检查
• 更换发动机电子控制单元
• 更换变速器电子控制单元 J217
• 对系统进行基本调整</td><td rowspan="14"></td></tr>
<tr><td colspan="2">断开</td><td>0</td></tr>
<tr><td rowspan="2">换挡输出用第 2 位数字显示</td><td colspan="2">接通</td><td>1</td></tr>
<tr><td colspan="2">断开</td><td>0</td></tr>
<tr><td rowspan="2">换挡输出用第 3 位数字显示</td><td rowspan="4">换挡操纵手柄锁止电磁阀 N110</td><td colspan="2">接通</td><td>1</td><td rowspan="4">• 按电路图检查
• 检查换挡操纵手柄锁止电磁阀 N110</td></tr>
<tr><td colspan="2">断开</td><td>0</td></tr>
<tr><td rowspan="2">换挡输出用第 4 位数字显示</td><td colspan="2">接通</td><td>1</td></tr>
<tr><td colspan="2">断开</td><td>0</td></tr>
<tr><td rowspan="2">换挡输出用第 5 位数字显示</td><td rowspan="2">速度调节装置</td><td colspan="2">接通</td><td>1</td><td rowspan="2">• 按电路图检查
• 检查速度调节装置</td></tr>
<tr><td colspan="2">断开</td><td>0</td></tr>
<tr><td rowspan="2">换挡输出用第 6 位数字显示</td><td rowspan="2">空调</td><td colspan="2">断开</td><td>1</td><td rowspan="2">• 按电路图检查
• 检查空调装置</td></tr>
<tr><td colspan="2">接合</td><td>0</td></tr>
<tr><td rowspan="2">换挡输出用第 7 位数字显示</td><td rowspan="2">停车/空挡信号</td><td rowspan="2">变速杆位于</td><td>P、N</td><td>1</td><td rowspan="2">• 按电路图检查
• 检查多功能开关 F125</td></tr>
<tr><td>1、2、3、D</td><td>0</td></tr>
<tr><td rowspan="9">3</td><td rowspan="9">挂入挡位</td><td rowspan="9">在行驶中</td><td colspan="2">空挡</td><td>0</td><td rowspan="9">• 检查电磁阀及线束
• 如果不能换挡，检查离合器、制动器和液压控制阀
• 更换变速器电子控制单元 J217</td><td rowspan="9"></td></tr>
<tr><td colspan="2">倒挡</td><td>R</td></tr>
<tr><td colspan="2">D—1 挡液压</td><td>1H</td></tr>
<tr><td colspan="2">D—2 挡液压</td><td>2H</td></tr>
<tr><td colspan="2">D—2 挡刚性</td><td>2M</td></tr>
<tr><td colspan="2">D—3 挡液压</td><td>3H</td></tr>
<tr><td colspan="2">D—3 挡刚性</td><td>3M</td></tr>
<tr><td colspan="2">D—4 挡液压</td><td>4H</td></tr>
<tr><td colspan="2">D—4 挡刚性</td><td>4M</td></tr>
<tr><td>4</td><td>发动机转速</td><td colspan="3">在行驶中，发动机在运转</td><td>… r/min</td><td>如需要，调整发动机</td><td></td></tr>
</table>

表 11—18　　　　07 显示组

<table>
<tr><th>显示区</th><th>检查内容</th><th colspan="2">检查条件</th><th>故障诊断仪
正确显示内容</th><th>显示异常时
采取的措施</th><th>说明</th></tr>
<tr><td rowspan="9">1</td><td rowspan="9">挂入的挡位</td><td rowspan="9">在行驶中</td><td>空挡</td><td>0</td><td rowspan="9">• 检查电磁阀及线束
• 如果不能换挡，检查离合器、制动器和液压控制阀
• 更换变速器电子控制单元 J217</td><td rowspan="9"></td></tr>
<tr><td>倒挡</td><td>R</td></tr>
<tr><td>1 挡液压</td><td>1H</td></tr>
<tr><td>2 挡液压</td><td>2H</td></tr>
<tr><td>2 挡刚性</td><td>2M</td></tr>
<tr><td>3 挡液压</td><td>3H</td></tr>
<tr><td>3 挡刚性</td><td>3M</td></tr>
<tr><td>4 挡液压</td><td>4H</td></tr>
<tr><td>4 挡刚性</td><td>4M</td></tr>
<tr><td rowspan="2">2</td><td rowspan="2">液力变矩器的锁止离合器打滑
接通电磁阀 4－N91</td><td>在行驶中发动机运转</td><td>液压挡位</td><td>0～制动转速</td><td rowspan="2">• 按电路图检查
• 检查电磁阀
• 更换液力变矩器</td><td>液力变矩器锁止离合器必须断开</td></tr>
<tr><td>液力变矩器的锁止离合器锁止</td><td>发动机运转</td><td>0～130 r/min（刚性挡位：2 000～3 000 r/min）</td><td>换挡过程结束，节气门位置保持恒定，液力变矩器的锁止离合器必须锁止</td></tr>
<tr><td>3</td><td>发动机转速</td><td colspan="2">发动机在运转</td><td>… r/min</td><td>如需要，调整发动机</td><td></td></tr>
<tr><td rowspan="2">4</td><td rowspan="2">节气门开度</td><td colspan="2">怠速</td><td>0～1%</td><td rowspan="2">• 从怠速到节气门全开过程中，该值稳步升高，否则应检查
• 检查节气门位置传感器及线束
• 对系统进行基本调整</td><td rowspan="2"></td></tr>
<tr><td colspan="2">节气门全开</td><td>99%～100%</td></tr>
</table>

第五节　自动变速器电子控制系统零部件的检测

以大众 01M 型自动变速器为例讲解电子控制系统主要部件的检测内容。

一、自动变速器电子控制单元（J217）的检测

对自动变速器电子控制单元进行检测时，不能打开电子控制单元盖，以免损坏电子控制

单元或破坏其密封性。但可以通过检测自动变速器电子控制单元各端子上的电压，与提供的正确数据相比较，从而诊断自动变速器电子控制单元的好坏及对某些配线进行修理。

自动变速器电子控制单元有 68 个端子，为方便检查，将各端子的作用列于表 11—19。

表 11—19　自动变速器电子控制单元各端子的作用

端子号	端子作用	端子号	端子作用
1	接地（接线柱 31）	28	节气门位置传感器 G69 地线
2	未使用	29	换挡操纵手柄锁止电磁阀 N110
3	未使用	30	未使用
4	未使用	31	未使用
5	节气门位置传感器 G69 信号	32	未使用
6	变速器油温传感器 G93	33	未使用
7	未使用	34	未使用
8	未使用	35	未使用
9	电磁阀 3－N90	36	自诊断 L 线
10	电磁阀 7－N94	37	未使用
11	停车/空挡信号	38	未使用
12	使用空调时挂低速挡	39	未使用
13	点火时刻控制	40	多功能开关 F125
14	未使用	41	从发动机电子控制单元来的负荷信号
15	制动灯开关 F 信号电压	42	柴油发动机转速传感器（屏蔽）
16	强制降挡开关	43	车速传感器 G68（屏蔽）
17	未使用	44	变速器转速传感器 G38（屏蔽）
18	多功能开关 F125	45	电源电压（接线柱 30）
19	TD（转速）信号	46	未使用
20	车速传感器 G68	47	电磁阀 4－N91
21	变速器转速传感器 G38	48	未使用
22	电磁阀 6－N93 电压	49	未使用
23	点火电压（接线柱 15）	50	节气门位置传感器 G69（5 V）
24	自诊断 K 线	51	未使用
25	未使用	52	未使用
26	未使用	53	未使用
27	未使用	54	电磁阀 2－N89

续表

端子号	端子作用	端子号	端子作用
55	电磁阀 1－N88	62	多功能开关 F125
56	电磁阀 5－N92	63	多功能开关 F125
57	换挡操纵手柄位置指示	64	发动机转速传感器 G28（柴油发动机）
58	电磁阀 6－N93	65	车速传感器 G68
59	未使用	66	变速器转速传感器 G38
60	车速调节装置（输入 15 号接线柱）	67	电磁阀电压
61	车速调节装置（输出）	68	接线柱 30（输出）

1. 检测自动变速器电子控制单元 45 号端子和 1 号端子之间的电压

（1）将点火开关转至 OFF 位。

（2）拔下自动变速器插接器。

（3）用仪表测量自动变速器电子控制单元插接器 45 号端子和 1 号端子之间的电压。

（4）标准电压约等于蓄电池电压。如果电压不正常，应检查蓄电池电压和自动变速器电子控制单元与蓄电池之间的线束，如果没有故障，应更换自动变速器电子控制单元。

2. 检测自动变速器电子控制单元 23 号端子和 1 号端子之间的电压

（1）将点火开关转至 OFF 位。

（2）拔下自动变速器电子控制单元插接器。

（3）将点火开关转至 ON 位。

（4）用电压表测量自动变速器电子控制单元插接器 23 号端子和 1 号端子之间的电压。

（5）标准电压约等于蓄电池电压。如果电压不正常，应检查蓄电池电压和自动变速器电子控制单元与蓄电池之间相关线束，如果没有故障，应更换自动变速器电子控制单元。

二、变速器转速传感器（G38）的检测

变速器转速传感器是电磁式传感器，用以感应变速器内大太阳轮的转速，位置如图 11—5 所示。其电路如图 11—6 所示。

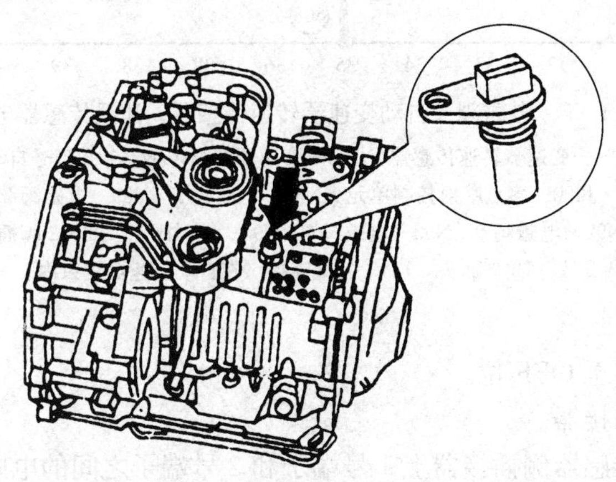

图 11—5　变速器转速传感器 G38 的位置

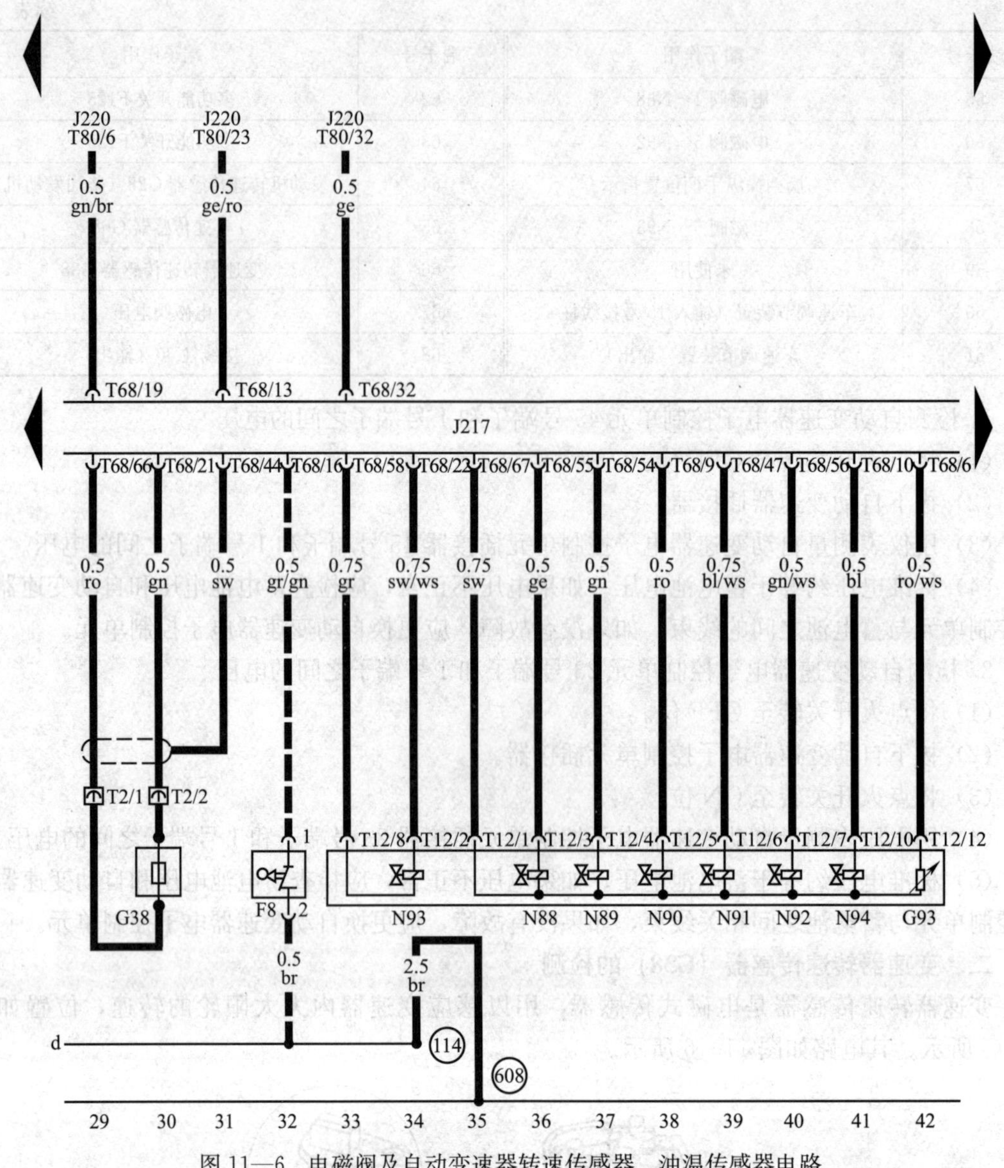

图 11—6　电磁阀及自动变速器转速传感器、油温传感器电路

F8—强制降挡开关　G38—变速器转速传感器　G93—变速器油温传感器　J217—自动变速器电子控制单元（在流水槽中部）　J220—多点喷射控制单元　N88—电磁阀 1　N89—电磁阀 2　N90—电磁阀 3　N91—电磁阀 4　N92—电磁阀 5　N93—电磁阀 6　N94—电磁阀 7　T2—2 脚插头（在变速器上）　T12—12 脚插头　114—接地连接（在自动变速器线束内）

1. 电阻值检测

(1) 将点火开关转至 OFF 位。

(2) 拔下传感器插接器。

(3) 用仪表测量传感器侧插接器上 1 号端子和 2 号端子之间的电阻。

(4) 标准值为 0.8～0.9 kΩ。如不符，则更换传感器。

2. 电压值检测

传感器的 1 号端子接自动变速器电子控制单元 66 号端子，传感器的 2 号端子接自动变速器电子控制单元 21 号端子，它们为传感器的信号线。用示波器接在 1 号和 2 号端子之间可测得脉冲电压信号。

三、车速传感器（G68）的检测

车速传感器也是电磁式传感器，用以感应变速器内主动齿轮（即齿圈，行星齿轮机构的输出端）的转速，其位置如图 11—7 所示，电路如图 11—8 所示，插头如图 11—9 所示。

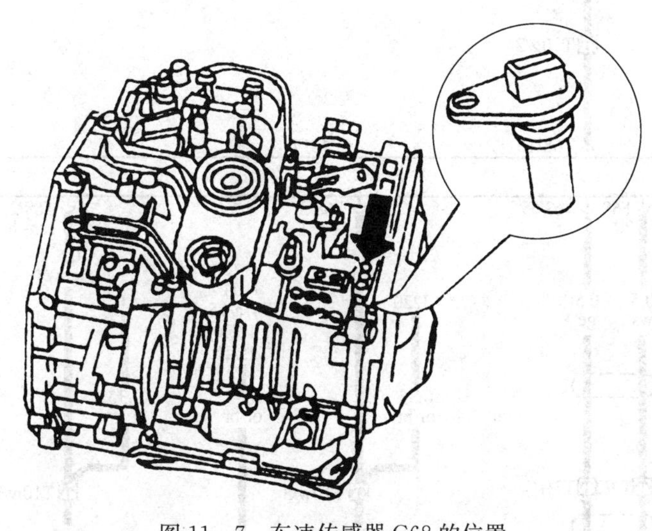

图 11—7　车速传感器 G68 的位置

1. 电阻值检测

(1) 将点火开关转至 OFF 位。

(2) 拔下传感器插接器。

(3) 用仪表测量传感器侧插接器上 1 号端子和 2 号端子之间的电阻。

(4) 标准值为 0.8～0.9 kΩ。如不符，则更换传感器。

2. 电压值检测

传感器的 1 号端子接自动变速器电子控制单元 65 号端子，传感器的 2 号端子接自动变速器电子控制单元 20 号端子，它们为传感器的信号线。用示波器接在 1 号和 2 号端子之间可测得脉冲电压信号。

四、变速器油温传感器（G93）的检测

变速器油温传感器位于变速器内滑阀箱的传输线上，用于感应变速器内的机油温度，如图 11—10 所示。变速器油温传感器是一个负温度系数电阻，随着温度的升高，阻值降低。具体电路如图 11—6 所示。电阻检测程序如下：

(1) 将点火开关转至 OFF 位。

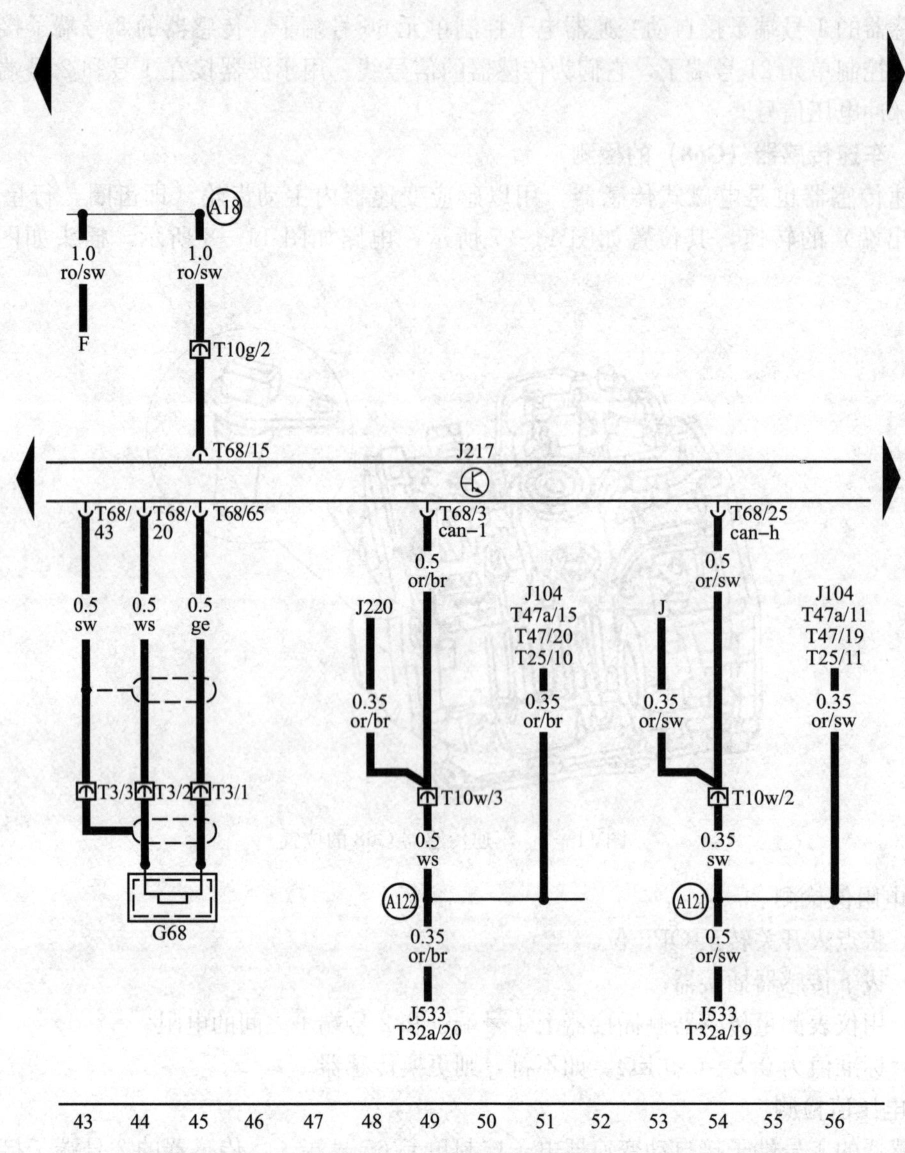

图 11—8 车速传感器电路

G68—车速传感器 J104—防抱死制动器电子控制单元 J217—自动变速器电子控制单元（在流水槽中部） J533—数据总线自诊断接口（在组合仪表上） J220—发动机电子控制单元 T3—3 脚插头（在变速器上） T10g—10 脚插头（灰色，在插头保护壳体内，流水槽左侧） T10w—10 脚插头（白色，在插头保护壳体内，流水槽左侧） T25—25 脚插头 T32a—32 脚插头（绿色，在组合仪表上） T47—47 脚插头 T47a—47 脚插头 T68—68 脚插头

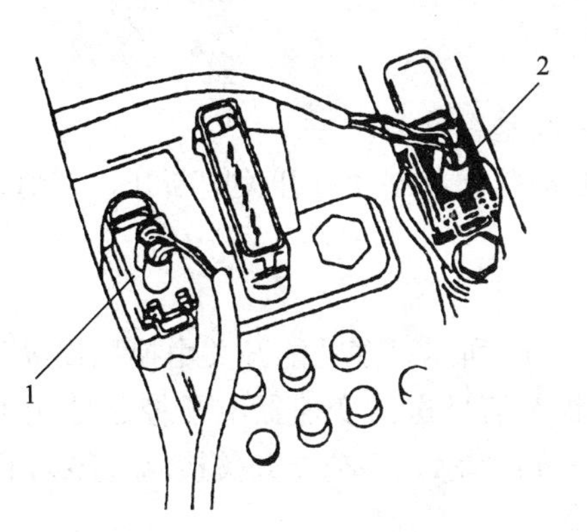

图 11—9　G68 与 G38 插头

1—变速器转速传感器 G38 插头

2—车速传感器 G68 插头

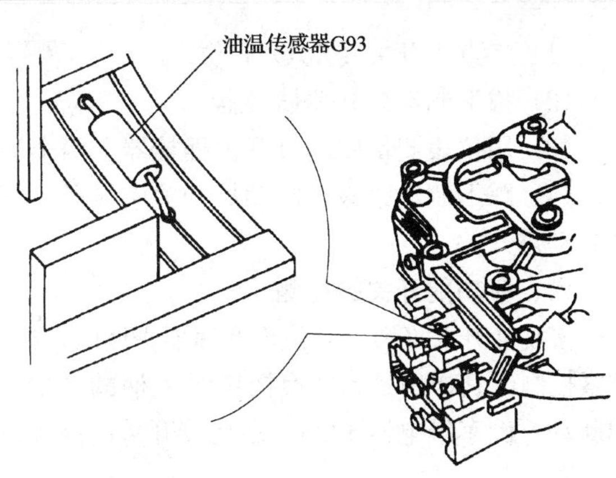

图 11—10　变速器油温传感器 G93

（2）拔下传感器插接器。

（3）用仪表测量传感器侧插接器上 1 号端子和 12 号端子之间的电阻。

（4）标准值见表 11—20。如不符，则更换传感器。

表 11—20　　　自动变速器油温传感器电阻标准值

自动变速器油温度（℃）	电阻标准值（kΩ）
20	247
60	48.8
120	7.4

五、制动灯开关的检测

制动灯开关（F）安装在制动踏板上，如图 11—11 所示。制动灯开关控制电路如图 11—12 所示。制动灯开关检测程序如下：

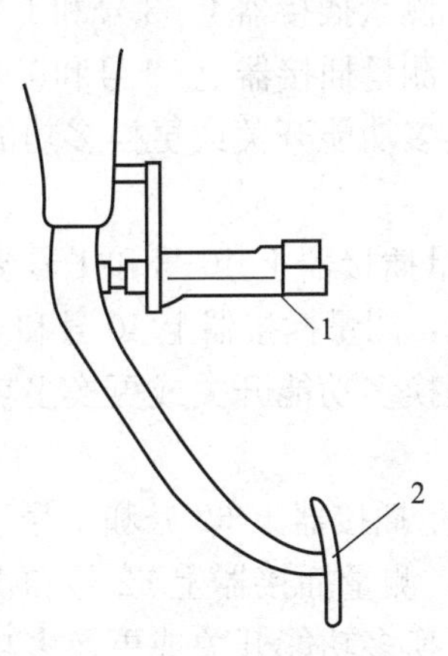

图 11—11　制动灯开关

1—制动灯开关　2—制动踏板

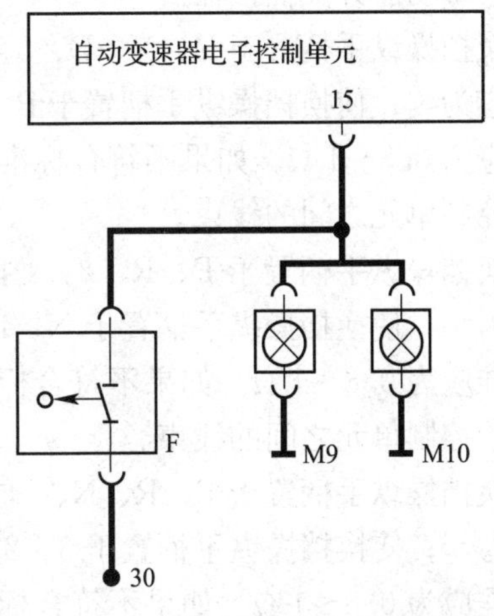

图 11—12　制动灯开关控制电路

（1）将点火开关转至 OFF 位。

（2）拔下制动灯开关插接器。

（3）用仪表测量制动灯开关插接器上两个端子之间是否导通。

（4）踩下制动踏板，制动灯开关应导通，不踩制动踏板，制动灯开关应断开，否则，更换制动灯开关。

六、多功能开关的检测

多功能开关（F125）位于变速器壳体内，如图 11—13 所示。多功能开关由换挡操纵手柄拉索控制，其作用是感知换挡操纵手柄的位置并将状态信号送给变速器电子控制单元 J217 和起动、倒车继电器 J226。多功能开关电路如图 11—14 所示。多功能开关检测程序如下：

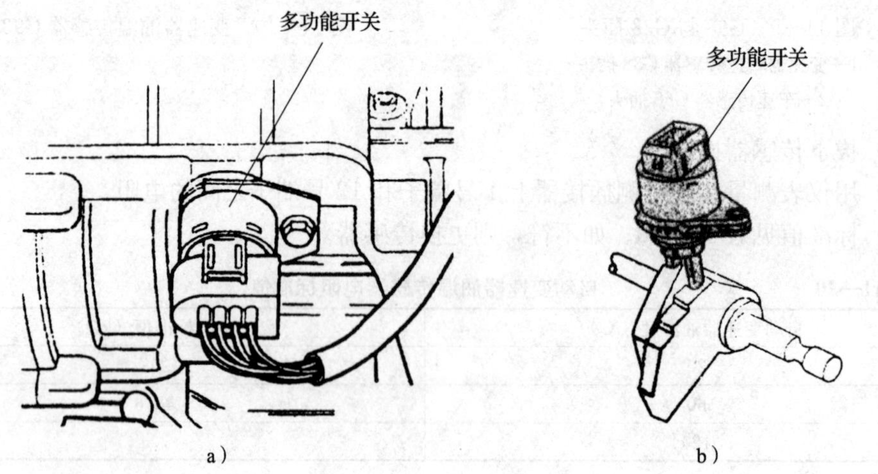

图 11—13　多功能开关

a）位置图　b）实物图

（1）将点火开关转至 OFF 位。

（2）拔下多功能开关插接器。

（3）使换挡操纵手柄置于 R、N、D、3、2 挡位，测量插接器上 63 号和 1 号端子之间的电阻，标准应为∞；使换挡操纵手柄置于 P、1 挡位，测量插接器上 63 号和 1 号端子之间的电阻，标准应为 0.8～1 Ω。如果不符合标准，应更换多功能开关或更换多功能开关与自动变速器电子控制单元之间的线束。

（4）使换挡操纵手柄置于 P、R、2、1 挡位，测量插接器上 40 号和 1 号端子之间的电阻，标准应为∞；使换挡操纵手柄置于 N、D、3 挡位，测量插接器上 40 号和 1 号端子之间的电阻，标准应为 0.8～1 Ω。如果不符合标准，应更换多功能开关或更换多功能开关与自动变速器电子控制单元之间的线束。

（5）使换挡操纵手柄置于 P、R、N、D 挡位，测量插接器上 62 号和 1 号端子之间的电阻，标准应为∞；使换挡操纵手柄置于 3、2、1 挡位，测量插接器上 62 号和 1 号端子之间的电阻，标准应为 0.8～1 Ω。如果不符合标准，应更换多功能开关或更换多功能开关与自动变速器电子控制单元之间的线束。

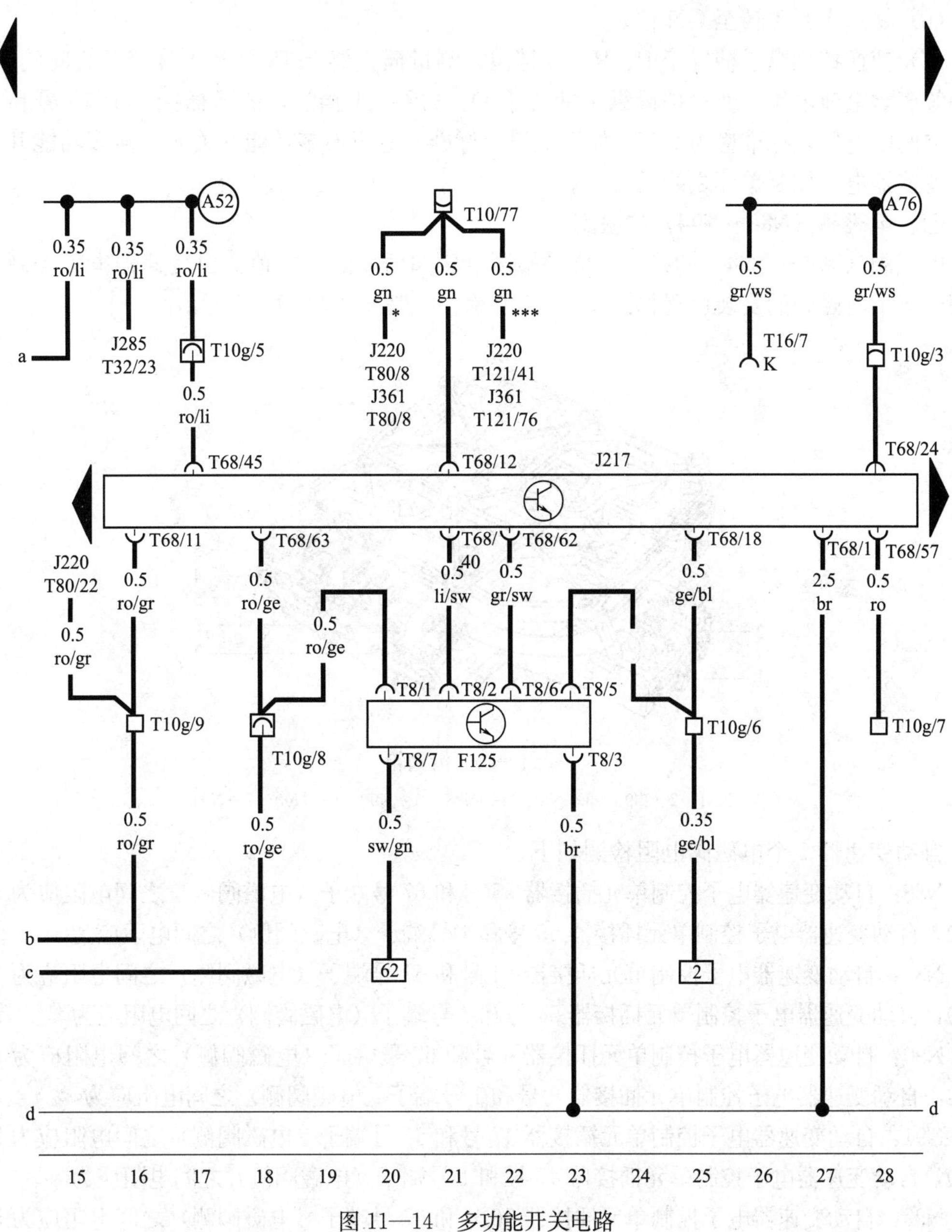

图 11—14 多功能开关电路

F125—多功能开关 J217—自动变速器电子控制单元（在流水槽中部） J220—多点喷射控制单元 J285—带显示器的控制单元（在组合仪表内） J361—Simos 控制单元 T8—8 脚插头 T10—10 脚插头（橙色，在插头保护壳体内，流水槽左侧） T10g—10 脚插头（灰色，在插头保护壳体内，流水槽左侧） T16—16 脚插头（在仪表板中部，自诊断接口） T68—68 脚插头 T80—80 脚插头 T121—121 脚插头

（6）将点火开关转至 ON 位。

（7）使换挡操纵手柄置于 P、R、N 挡位，测量插接器上 18 号和 1 号端子之间的电压，应约等于蓄电池电压；使换挡操纵手柄置于 D、3、2、1 挡位，测量插接器上 18 号和 1 号端子之间的电压，标准应为 0 V。如果不符合标准，应更换多功能开关或更换多功能开关与自动变速器电子控制单元之间的线束。

七、电磁阀（N88～N94）的检测

电磁阀（N88～N94）的检测主要是检测电磁阀两端的电阻值。由变速器电子控制单元控制的 7 个电磁阀的安装位置如图 11—15 所示，电路图如图 11—6 所示。

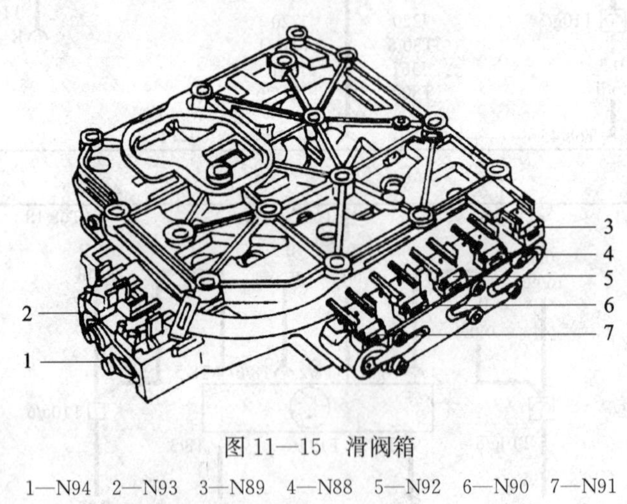

图 11—15 滑阀箱

1—N94 2—N93 3—N89 4—N88 5—N92 6—N90 7—N91

自动变速器 7 个电磁阀电阻检测如下。

N88：自动变速器电子控制单元插接器 55 号和 67 号端子（电磁阀侧）之间电阻应为 55～65 Ω，自动变速器电子控制单元插接器 55 号和 1 号端子（电磁阀侧）之间电阻应为∞。

N89：自动变速器电子控制单元插接器 54 号和 67 号端子（电磁阀侧）之间电阻应为 55～65 Ω，自动变速器电子控制单元插接器 54 号和 1 号端子（电磁阀侧）之间电阻应为∞。

N90：自动变速器电子控制单元插接器 9 号和 67 号端子（电磁阀侧）之间电阻应为 55～65 Ω，自动变速器电子控制单元插接器 9 号和 1 号端子（电磁阀侧）之间电阻应为∞。

N91：自动变速器电子控制单元插接器 47 号和 67 号端子（电磁阀侧）之间电阻应为 55～65 Ω，自动变速器电子控制单元插接器 47 号和 1 号端子（电磁阀侧）之间电阻应为∞。

N92：自动变速器电子控制单元插接器 56 号和 67 号端子（电磁阀侧）之间电阻应为 55～65 Ω，自动变速器电子控制单元插接器 56 号和 1 号端子（电磁阀侧）之间电阻应为∞。

N93：自动变速器电子控制单元插接器 58 号和 22 号端子（电磁阀侧）之间电阻应为 55～65 Ω，自动变速器电子控制单元插接器 58 号和 1 号端子（电磁阀侧）之间电阻应为∞，自动变速器电子控制单元插接器 22 号和 1 号端子（电磁阀侧）之间电阻应为∞。

N94：自动变速器电子控制单元插接器 10 号和 67 号端子（电磁阀侧）之间电阻应为 55～65 Ω，自动变速器电子控制单元插接器 10 号和 1 号端子（电磁阀侧）之间电阻应为∞。

第六节　自动变速器故障诊断

若自动变速器出现故障，就应根据故障现象分析可能的故障原因，以正确的方法找出故障的确切部位，排除故障，使自动变速器恢复其使用性能。

一、自动变速器油变质

1. 故障现象

更换后的自动变速器油在较短的时间内就变质（自动变速器油有焦味、冒烟并且呈棕黑色），自动变速器油温过高。

2. 故障原因

（1）因使用不当造成油温过高而导致自动变速器油过早变质，如过于频繁地急加速、经常超负荷工作和经常超速行驶等。

（2）自动变速器油本身质量不佳；自动变速器油没有按规定牌号加注，使用的自动变速器油质量达不到使用要求或自动变速器油受到了污染。

（3）自动变速器至自动变速器散热器通道堵塞，如通向散热器的油管堵塞、散热器的限压阀卡滞等，自动变速器油得不到及时冷却，使油温过高导致自动变速器油变质。

（4）自动变速器中离合器和制动器的间隙过小，在离合器和制动器不工作时摩擦片打滑使油温过高，导致自动变速器油变质。

（5）自动变速器中离合器和制动器的间隙过大，在离合器和制动器工作时摩擦片打滑使油温过高，导致自动变速器油变质。

（6）自动变速器主油路油压过低，在离合器和制动器工作时摩擦片打滑使油温过高，导致自动变速器油变质。

3. 故障诊断与排除

（1）使汽车以中速行驶一段时间，当自动变速器油达到正常工作温度时，在发动机运转的情况下检查自动变速器通往散热器油管的温度。

1）如果自动变速器散热器进油管的温度过低，说明自动变速器散热器油管堵塞或限压阀卡滞。

2）如果自动变速器散热器进油管的温度正常，而自动变速器散热器回油管温度与进油管温度相差很小，说明自动变速器散热器散热效果不良，应检修散热器。

（2）检查自动变速器是否有打滑现象，若有打滑现象，应检查自动变速器制动器和离合器摩擦片间隙是否过大和油压是否过低。

（3）更换自动变速器油，加入规定牌号、规定量的自动变速器油再试，若自动变速器油温度还过高，应检查制动器和离合器摩擦片间隙是否过小。

二、汽车不能行驶

1. 故障现象

自动变速器换挡操纵手柄在任何挡位汽车均不能行驶。

2. 故障原因

（1）自动变速器泄漏使变速器油过少，从而导致自动变速器不能传递动力。

（2）自动变速器油泵损坏或进油滤网堵塞，导致油压过低不能传递动力。

（3）自动变速器换挡操纵手柄与手控阀之间的连杆或拉索松脱，使得换挡操纵手柄置于倒挡和前进挡时，手控阀仍然在空挡、驻车挡或两挡之间的位置。

（4）液压控制系统中的主油路堵塞，导致自动变速器不能传递动力。

（5）自动变速器液力变矩器损坏不能传递动力。

（6）自动变速器行星齿轮机构损坏不能传递动力。

3. 故障诊断与排除

（1）检查自动变速器油位的高度，如果油位过低，应检查自动变速器泄漏的部位（油底壳、油管和壳体）。

（2）检查自动变速器换挡操纵手柄与手控阀摇臂之间是否松脱，若松脱应予以检修。

（3）检查自动变速器主油路油压。将汽车用举升器举起，起动发动机，将换挡操纵手柄置于倒挡或前进挡，慢慢旋下主油路测压孔的螺塞，看测压孔是否有自动变速器油流出。

1）如果测压孔无自动变速器油流出或流量很小（油压过低），应打开自动变速器油底壳，检查油泵滤网是否堵塞；若油泵滤网正常，则需检修自动变速器油泵及相关油路。

2）如果测压孔有大量油喷出，说明自动变速器不能传递动力不是主油路无油压造成的，此时应拆检自动变速器行星齿轮变速机构和液力变矩器。

三、自动变速器打滑

1. 故障现象

（1）汽车在起步时，发动机转速上升很快但车速上升缓慢，严重时起步困难。

（2）汽车在加速时，车速不能随发动机转速的提高而提高。

（3）汽车在上坡时行驶无力，但发动机转速很高。

2. 故障原因

（1）自动变速器油位过低造成主油路油压过低，导致离合器和制动器打滑。

（2）自动变速器油泵损坏或进油滤网堵塞，造成油压低。

（3）主调压阀失效或阀芯卡滞，造成油压低。

（4）自动变速器油泵磨损严重使油压过低，引起打滑。

（5）油路泄漏造成油压过低。

（6）离合器和制动器摩擦片磨损严重。

（7）离合器和制动器活塞密封圈损坏漏油，导致油压过低。

（8）单向离合器磨损严重而打滑。

3. 故障诊断与排除

（1）检查自动变速器油位，如果油位过低，添加规定牌号的自动变速器油至规定的量。

(2) 进行道路试验，根据打滑的规律判断故障部位。下面以大众 01M 型自动变速器为例分析故障原因。

1) 若自动变速器在前进挡和倒挡时均有打滑现象，则是主油路油压过低。

2) 若自动变速器在 D—1 挡、D—2 挡和 D—3 挡均有打滑现象而 D—4 挡正常，则是离合器 K_1 打滑。

3) 若自动变速器在 D—1 挡有打滑现象而 D—2 挡正常，则是单向离合器 F 打滑。

4) 若自动变速器在 D—2 挡有打滑现象而 D—1 挡正常，则是制动器 B_2 打滑。

5) 若自动变速器在 D—2 挡和 D—4 挡均有打滑现象，则是制动器 B_2 打滑。

6) 若自动变速器在倒挡有打滑现象，而换挡操纵手柄在 1 挡有发动机制动，则是离合器 K_2 打滑或倒挡控制油压过低。

7) 若自动变速器换挡操纵手柄在 1 挡无发动机制动而 D—1 挡行驶正常，则是制动器 B_1 打滑。

(3) 检查自动变速器油压。

1) 如果油压正常，应对已打滑的换挡执行元件进行检修。

2) 如果油压过低，则应检修油泵滤网、油泵及主调压阀等。

技术提示
在拆检自动变速器前，应对油路油压进行检测。

四、自动变速器换挡时有较大的冲击

1. 故障现象

(1) 自动变速器换挡操纵手柄从驻车挡或空挡挂入前进挡或倒挡时汽车有明显的冲击。

(2) 汽车在行驶中，自动变速器升挡的瞬间汽车有明显的冲击。

2. 故障原因

(1) 发动机怠速过高引起换挡时的冲击。

(2) 节气门拉索调整不当导致换挡冲击。

(3) 节气门位置传感器调整不当或工作不良，导致换挡冲击。

(4) 主调压阀阀芯卡滞使油压过高，导致换挡冲击。

(5) 油压电磁阀或其电路不良而使换挡瞬间油压过高，导致换挡冲击。

(6) 单向阀损坏或漏装而导致换挡执行元件接合过快。

(7) 换挡执行元件打滑。

(8) 升挡过迟而引起换挡冲击。

(9) 换挡平顺阀工作不良而引起换挡冲击。

(10) 车速传感器或其电路工作不良，导致换挡冲击。

(11) 自动变速器电子控制单元有故障。

3. 故障诊断与排除

(1) 检查发动机的怠速。发动机怠速一般为 800～1 000 r/min，如果怠速过高，应将其调整至规定的怠速。

(2) 检查节气门拉索的位置，如果不当应调整。

(3) 进行故障自诊断，读取故障码。如果有故障码，按故障码进行检修。

(4) 进行道路试验，检查自动变速器是否有打滑现象，如有应进行检修。

(5) 检查发动机怠速时主油路油压，如果油压过高，应对主调压阀进行检修。

(6) 检查换挡时主油路油压。正常情况下，在换挡时主油路的油压会有瞬间下降。如果在换挡的瞬间主油路油压下降，可能是换挡执行元件的间隙太小、单向阀损坏或漏装而引起换挡冲击；如果换挡瞬间主油路油压没有下降，则应进行以下检查：

1) 检查油压电磁阀的线束有无松脱。

2) 检查油压电磁阀能否正常工作。

3) 检查在换挡时变速器电子控制单元有无向油压电磁阀输出信号。如果换挡时变速器电子控制单元无信号输出，则应更换变速器电子控制单元后再试。

(7) 拆检自动变速器，检查换挡执行元件的间隙、单向阀和减振器的工作情况。

五、自动变速器升挡过迟

1. 故障现象

汽车行驶中，自动变速器升挡时的车速和发动机转速明显高于正常值，需采用提前升挡的操作方法（松开加速踏板）才能使自动变速器升入高挡。

2. 故障原因

(1) 节气门拉索调整不当。

(2) 节气门位置传感器或其线路有故障。

(3) 车速传感器或其线路有故障。

(4) 自动变速器电子控制单元有故障。

3. 故障诊断与排除

(1) 检查节气门拉索和节气门位置是否调整不当，如有不当应予以调整。

(2) 进行故障自诊断，读取故障码，如果有故障码输出，则按所显示的故障码检修。

(3) 如果无故障码输出或当故障码所显示的故障排除后故障现象仍未消除，则进行以下检查：

1) 检查节气门位置传感器和线路的工作情况。

2) 检查车速传感器和线路的工作情况。

3) 如果以上均良好，则更换变速器电子控制单元再试。

六、自动变速器不能升挡

1. 故障现象

汽车行驶中，自动变速器始终在1挡，不能自动升入2挡，或虽能升入2挡，但不能自动升入3挡和超速挡。

2. 故障原因

(1) 节气门拉索调整不当。

(2) 节气门位置传感器或其线路有故障。

(3) 车速传感器或其线路有故障。

（4）换挡执行元件（离合器和制动器）打滑。

（5）换挡阀卡滞。

（6）电磁阀有故障。

（7）多功能开关或其线路有故障。

（8）自动变速器电子控制单元有故障。

3. 故障诊断与排除

（1）检查节气门拉索和节气门位置是否调整不当，如有不当应予以调整。

（2）进行故障自诊断，读取故障码，如果有故障码输出，则按所显示的故障码检修。

（3）如果无故障码输出或当故障码所显示的故障排除后故障现象仍未消除，则进行以下检查：

1）检查节气门位置传感器和线路的工作情况。

2）检查车速传感器和线路的工作情况。

3）检查多功能开关和线路的工作情况。

4）进行道路试验，检查换挡执行元件是否打滑，如果打滑则拆检自动变速器；检查换挡执行元件摩擦片是否磨损严重和有无泄漏。

5）拆检自动变速器，检查电磁阀及清洗滑阀箱。

6）如果以上均良好，则更换电子控制单元再试。

七、自动变速器无超速挡

1. 故障现象

汽车行驶中不能自动升入超速挡。

2. 故障原因

（1）超速挡开关或其线路有故障。

（2）节气门位置传感器或其线路有故障。

（3）换挡电磁阀或其线路有故障。

（4）自动变速器油温传感器或其线路有故障。

（5）多功能开关或其线路有故障。

（6）3—4 挡换挡阀卡滞。

（7）超速挡制动器打滑。

（8）超速单向离合器卡死，使超速行星架和超速太阳轮连接在一起而导致无超速挡。

（9）自动变速器电子控制单元有故障。

3. 故障诊断与排除

（1）进行故障自诊断，读取故障码，如果有故障码输出，则按所显示的故障码检修。

（2）如果无故障码输出或当故障码所显示的故障排除后故障现象仍未消除，则进行以下检查：

1）检查超速挡开关和线路工作情况。

2）检查节气门位置传感器和线路工作情况。

3）检查自动变速器油温传感器。检测油温传感器在不同温度下的电阻值，如果与标准值不符，则应更换；如果正常，应检测自动变速器油温传感器与自动变速器电子控制单元线路通断情况。

4）检查多功能开关。检查多功能开关信号与换挡操纵手柄位置是否相符，如果不相符应调整或更换；如果正常，检查多功能开关和自动变速器电子控制单元之间线路通断情况。

5）检查电磁阀工作情况。检查电磁阀线圈电阻，如果电阻值正常，检查自动变速器电子控制单元与电磁阀间的信号是否正常。

(3）检查执行元件工作情况。用举升器将汽车举起，驱动轮悬空，观察在空载的情况下自动变速器能否升入超速挡。

1）如果能升入超速挡，且升挡后的车速正常，说明是超速制动器打滑。

2）如果能升入超速挡，且升挡后的车速偏低，发动机转速下降，则说明超速单向离合器卡滞。

3）如果不能升入超速挡，则为3—4挡换挡阀或自动变速器电子控制单元有故障。

(4）如果怀疑自动变速器3—4挡换挡阀有故障，应拆检自动变速器，清洗阀体，然后再试。

(5）如果怀疑自动变速器电子控制单元故障，更换自动变速器电子控制单元后再试。

八、自动变速器无前进挡

1. 故障现象

自动变速器换挡操纵手柄置于各个前进挡位均不能起步，置于R挡位正常。

2. 故障原因

(1）前进挡离合器打滑。

(2）前进挡控制油路严重泄漏。

(3）自动变速器换挡操纵手柄位置调整不当。

3. 故障诊断与排除

(1）检查自动变速器换挡操纵手柄位置是否正常，如果不正常应予以调整。

(2）检查自动变速器前进挡的油压。

1）如果自动变速器前进挡油压过低，说明前进挡控制油路有泄漏，应拆检自动变速器，检查前进挡控制油路中的密封元件（密封垫和离合器活塞密封圈）。

2）如果油压正常，说明前进挡离合器摩擦片严重磨损而打滑。

九、自动变速器无倒挡

1. 故障现象

自动变速器换挡操纵手柄置于R挡位不能起步，置于D挡位正常。

2. 故障原因

(1）R挡离合器打滑。

(2）R挡制动器打滑。

(3）R挡控制油路严重泄漏。

(4）自动变速器换挡操纵手柄位置调整不当。

3. 故障诊断与排除

(1）检查自动变速器换挡操纵手柄位置是否正常，如果不正常应予以调整。

（2）检查自动变速器 R 挡的油压。

1）如果自动变速器 R 挡油压过低，说明 R 挡控制油路有泄漏，应拆检自动变速器，更换 R 挡控制油路中的密封元件（密封垫和离合器、制动器活塞密封圈）。

2）如果油压正常，说明 R 挡离合器和制动器摩擦片磨损严重而打滑。

十、自动变速器频繁跳挡

1. 故障现象

汽车在行驶中，加速踏板保持不动，但经常会出现突然降挡的现象。

2. 故障原因

（1）节气门位置传感器工作不良或其线路接触不良。

（2）车速传感器工作不良或其线路接触不良。

（3）换挡电磁阀工作不良或其线路接触不良。

（4）自动变速器电子控制单元有故障。

3. 故障诊断与排除

（1）进行故障自诊断，读取故障码，如果有故障码输出，则按所显示的故障码检修。

（2）如果无故障码输出或当故障码所显示的故障排除后故障现象仍未消除，则进行以下检查：

1）检查节气门位置传感器和节气门位置传感器与发动机电子控制单元之间的线路及发动机电子控制单元与自动变速器电子控制单元之间线路工作情况，如果有异常，应予以修理或更换。

2）检查车速传感器和车速传感器与自动变速器电子控制单元之间的线路工作情况；如果有异常应予以修理或更换。

3）检查换挡电磁阀和换挡电磁阀与自动变速器电子控制单元之间的线路工作情况，如果有异常，应予以修理或更换。

4）更换自动变速器电子控制单元再试。

十一、自动变速器无发动机制动作用

1. 故障现象

汽车在行驶中，自动变速器换挡操纵手柄在 2 挡位或 L 挡位时，松开加速踏板，车速不能明显下降。

2. 故障原因

（1）挡位开关位置调整不当。

（2）自动变速器换挡操纵手柄位置不当。

（3）制动器打滑。

（4）自动变速器阀体有故障。

（5）自动变速器打滑。

（6）自动变速器电子控制单元有故障。

3. 故障诊断与排除

进行故障自诊断操作，如果有故障码输出，则按所显示的故障码进行检修；如果无故障码输出或故障码所显示的故障排除后故障现象仍未消除，则进行以下检查。

（1）进行自动变速器路试，检查自动变速器有无打滑的情况。如果自动变速器打滑，分析打滑原因。

（2）如果换挡操纵手柄在L挡位行驶正常，而无发动机制动作用，则说明R挡制动器打滑，应拆检自动变速器（丰田自动变速器）。

（3）如果换挡操纵手柄在2挡位行驶正常，而无发动机制动作用，则说明B_1制动器打滑，应拆检自动变速器（丰田自动变速器）。

（4）若以上均正常，应更换自动变速器电子控制单元再试，如果故障现象仍未消除，则拆检自动变速器，清洗阀体。

十二、自动变速器不能强制降挡

1. 故障现象

汽车在高速行驶时，突然将加速踏板踩到底，自动变速器不能立即降低一个挡位，导致汽车加速无力。

2. 故障原因

（1）节气门拉索调整不当。

（2）节气门位置传感器工作不良或调整不当。

（3）强制降挡开关工作不良或调整不当。

（4）强制降挡电磁阀损坏或线路不良。

（5）强制降挡控制阀阀芯卡滞。

3. 故障诊断与排除

（1）检查节气门拉索和节气门位置传感器安装位置是否不当，如果不当应予以调整。

（2）进行故障自诊断操作，如果有故障码输出，则按所显示的故障码检修；如果无故障码输出或故障码所显示的故障排除后故障现象仍未消除，则进行以下检查。

1）检查强制降挡开关。在加速踏板踩到底时，强制降挡开关触点应闭合；放松加速踏板，强制降挡开关触点应断开。

如果在加速踏板踩到底时强制降挡开关触点不能闭合，而用手直接按下强制降挡开关其触点能闭合，则说明强制降挡开关安装位置不当，应予以调整。

如果在加速踏板踩到底时强制降挡开关触点不能闭合，而用手直接按下强制降挡开关其触点也不能闭合，则说明强制降挡开关工作不良，应予以更换。

2）检查强制降挡电磁阀。检查电磁阀线圈电阻和线路连接情况，如果有异常，检修线束和更换电磁阀。

3）拆检自动变速器，检查和清洗强制降挡电磁阀。

十三、自动变速器异响

1. 故障现象

自动变速器在P挡、N挡、前进挡和R挡均有异响。

2. 故障原因

（1）自动变速器油位过低。

(2) 自动变速器油泵磨损严重。

(3) 液力变矩器锁止离合器损坏。

(4) 液力变矩器单向离合器损坏。

(5) 自动变速器行星齿轮机构损坏。

(6) 自动变速器换挡执行元件（制动器、离合器）磨损严重或损坏。

(7) 自动变速器轴承（止推轴承、支承轴承）磨损严重或损坏。

3. 故障诊断与排除

(1) 检查自动变速器油位的高度，如果过低，应将自动变速器油位调整至正常高度。

(2) 用举升器将汽车举起，起动发动机，分别在N挡、前进挡和R挡时检查自动变速器的异响情况：

1) 如果在任何挡位下自动变速器前部始终有异响，则可能是油泵或液力变矩器发出异响，应拆检油泵和液力变矩器。

2) 如果自动变速器在前进挡和R挡均有异响，挂入N挡异响消失，则说明行星齿轮机构响，应拆检自动变速器，检修行星齿轮机构。

3) 如果自动变速器只在某一挡有异响，则说明换挡执行元件响，应拆检自动变速器，检修换挡执行元件。

第七节　大众01M型自动变速器检修

一、行星齿轮机构与换挡执行元件的检修

1. 行星齿轮机构与换挡执行元件的解体

(1) 拆卸液力变矩器并放出自动变速器油。取下液力变矩器，放出液力变矩器中的自动变速器油。

技术提示
液力变矩器油封必须更换。

(2) 拆卸自动变速器油冷却器，如图11—16所示。将冷却器中的冷却液倒出，旋下空心螺栓，取下冷却器。

技术提示
密封圈2和4必须更换。

(3) 放掉自动变速器油

1) 将自动变速器放到自动变速器支承架上。

2) 旋下自动变速器油底壳保护板固定螺栓，取下油底壳保护板。

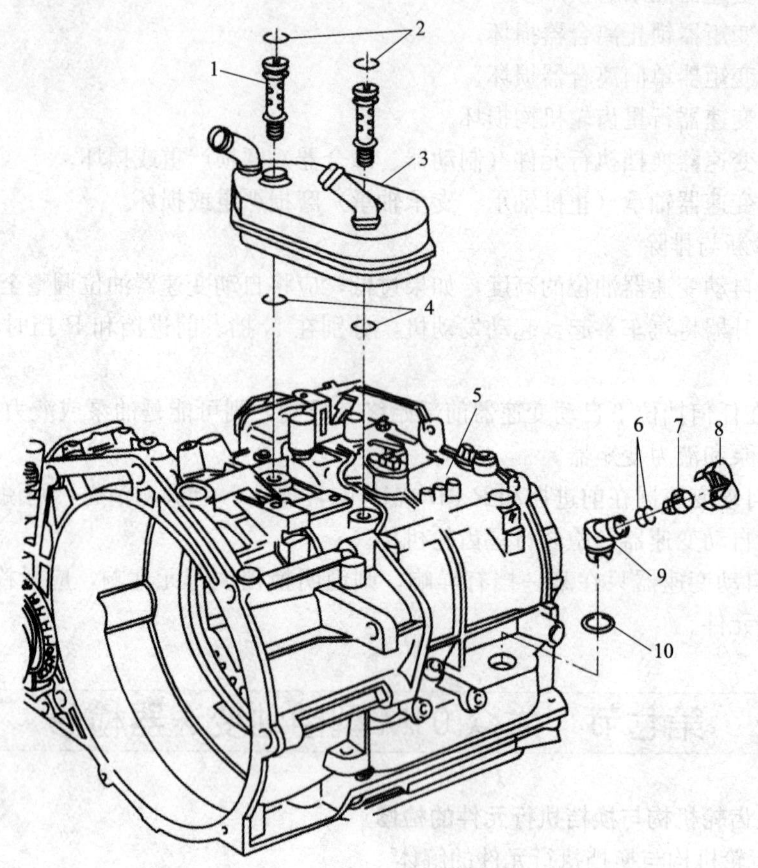

图 11—16　自动变速器油冷却器和加油管

1—空心螺栓　2，4，10—O 形密封圈　3—自动变速器油冷却器
5—变速器壳体　6—密封圈　7—油塞　8—端盖　9—自动变速器油加注管

3）将储油槽放到自动变速器下面。

4）从自动变速器油底壳上旋下放油螺塞。

5）从检视孔旋下溢油管，放出自动变速器油。

（4）拆卸自动变速器后端盖。旋下自动变速器后端盖固定螺栓，取下后端盖。

（5）拆卸自动变速器油底壳。旋下自动变速器油底壳固定螺栓，取下油底壳。

（6）拆卸带电磁阀插头的传输线和滑阀箱。取下电磁阀插头，旋下滑阀箱固定螺栓，取下滑阀箱。

（7）取出制动器 B_1 油道密封圈，如图 11—17 所示箭头处。

（8）拆卸自动变速器油泵。旋下图 11—18 所示箭头所指的 7 个油泵固定螺栓，将两个 M8 螺栓拧入带有螺纹的两个自动变速器油泵螺栓孔中（A 处），交叉均匀拧入螺栓，将油泵从自动变速器壳体中压出，取下油泵总成，制动器 B_2 的液压缸和活塞也被取出。

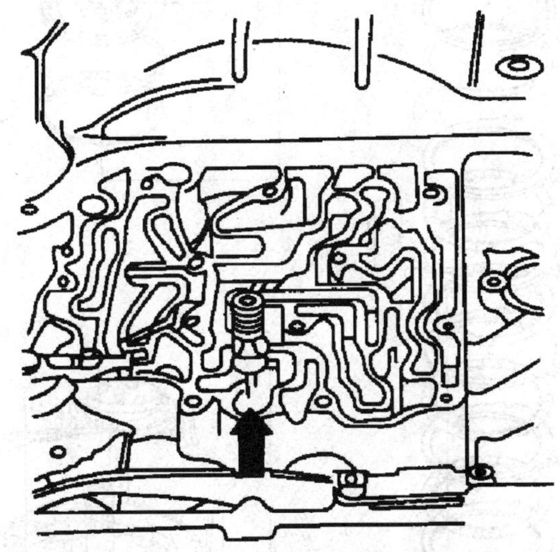

图 11—17 取出制动器 B_1 油道密封圈

技术提示

自动变速器油泵的壳体即制动器 B_2 的液压缸。

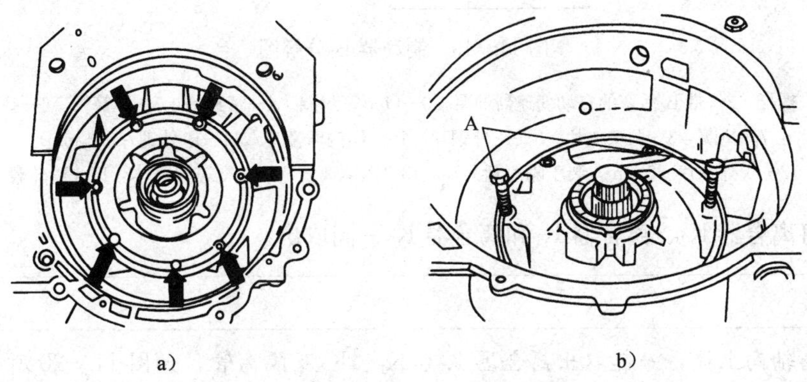

图 11—18 自动变速器油泵的拆卸

a) 拆下自动变速器油泵固定螺栓 b) 压出自动变速器油泵

(9) 拆卸制动器 B_2，如图 11—19 所示。

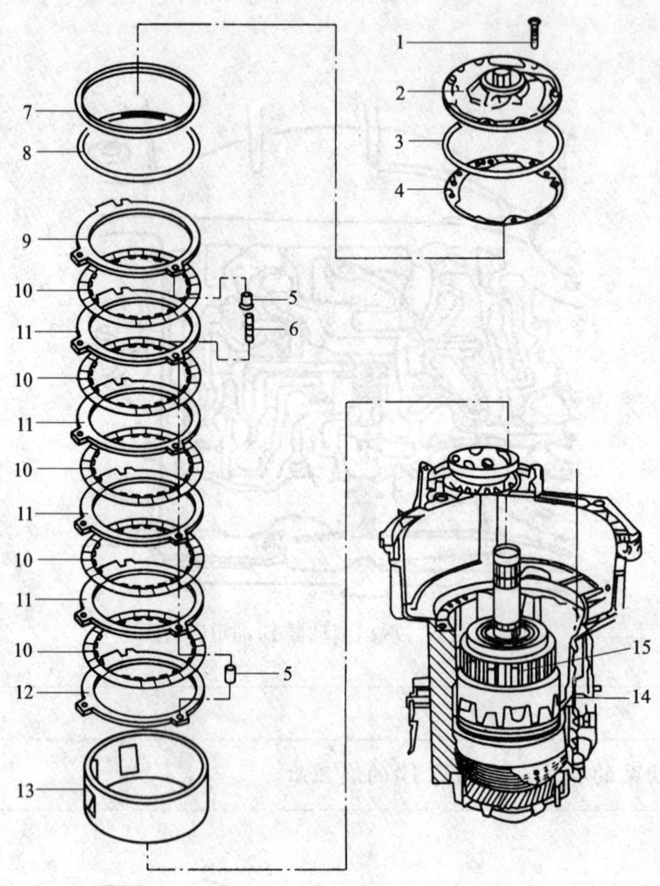

图 11—19　制动器 B_2 分解图

1—螺栓　2—带 B_2 活塞的自动变速器油泵　3—O 形密封圈　4—密封垫　5—弹簧帽　6—弹簧　7—垫圈　8—调整垫片　9—B_2 外钢片　10—B_2 内摩擦片　11—B_2 外钢片（2 mm）　12—B_2 外钢片（3 mm，装于隔离管上）　13—B_2 隔离管　14—变速器壳体　15—B_2 转毂

（10）将离合器 K_2、离合器 K_1 和离合器 K_3 一同取出。

技术提示
将涡轮轴向上提，一起取出离合器 K_2、K_1、K_3 及隔离管，如图 11—20 所示。

（11）拆卸小输入轴（驱动行星架）、大输入轴（驱动小太阳轮）及大太阳轮。用旋具插入大太阳轮孔内，以固定行星齿轮机构；从变速器后端松开小输入轴固定螺栓（见图 11—21），取出小输入轴（驱动行星架）、大输入轴（驱动小太阳轮）及大太阳轮。

技术提示
注意滚针轴承和垫圈的位置。

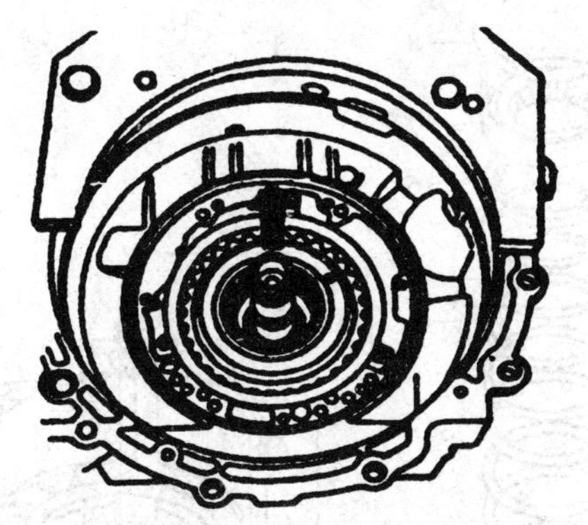

图 11—20　拆卸隔离管及离合器 K_2、K_1、K_3

a）　　b）

图 11—21　拆卸小输入轴固定螺栓

（12）拆卸制动器 B_1，如图 11—22 所示。

1）拆卸弹性挡圈 8，用钳子夹住外座圈上的凸耳，拉出单向离合器。

2）拔下行星齿轮架。

3）取出制动器 B_1 的内片、外片。

2. 离合器 K_1、K_2、K_3 解体、检查及组装

（1）离合器 K_1 解体、检查及装配

1）离合器 K_1 和 K_3 分解。使用专用工具（VW412、VW402、3110、N37—0593）将 K_1 从 K_3 上压出，如图 11—23 所示。方法是将套管对着离合器 K_1 的鼓，压涡轮轴，离合器 K_1 和 K_3 即被分解。

技术提示

离合器 K_1 和 K_3 压在一起，如果其中一个离合器需要分解或更换时，需将 K_1 从 K_3 上压出；为了保证不损坏离合器 K_1 和 K_3，要确保压力工具与 K_1 和 K_3 接触的表面是平整的并且没有损坏。

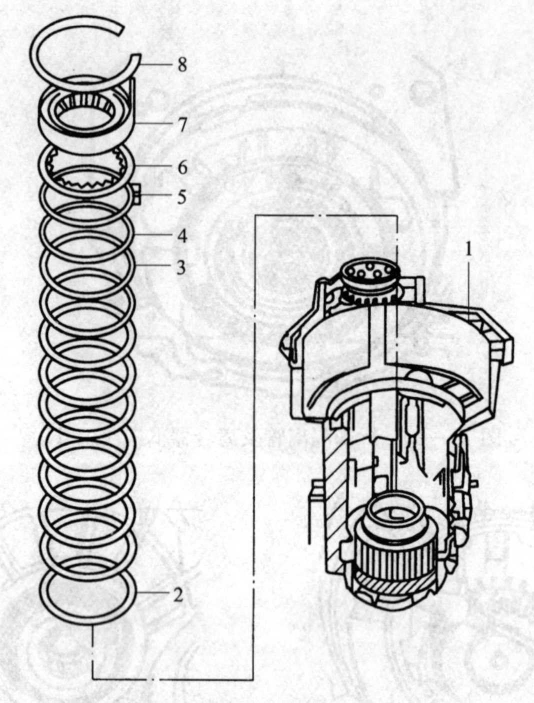

图 11—22　制动器 B_1 分解图

1—变速器壳体　2—调整垫片　3—外片　4—内片　5—压片

6—碟形弹簧　7—单向离合器（带 B_1 活塞）　8—弹性挡圈

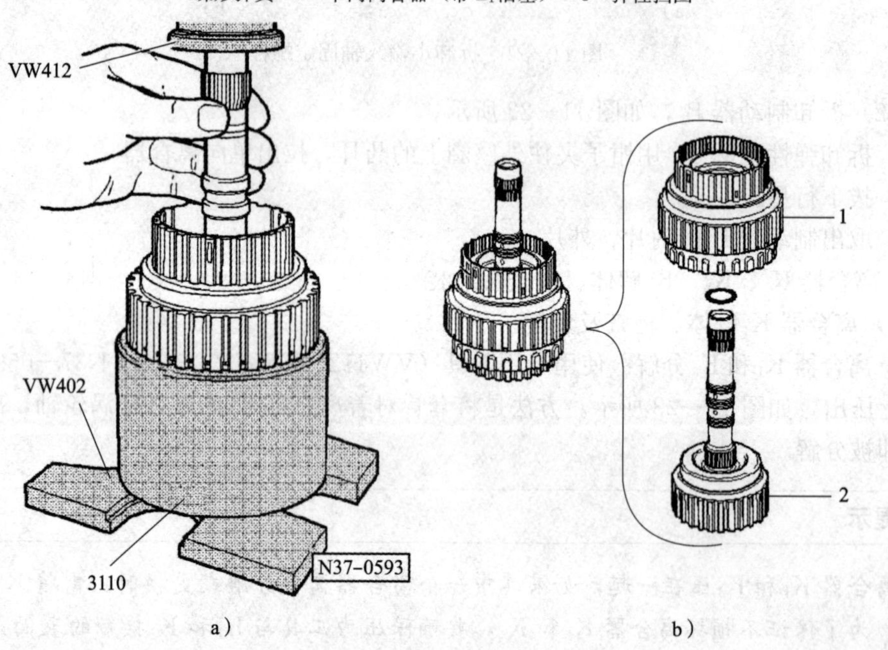

图 11—23　离合器 K_1 和 K_3 分解

a）组合图　b）分解图

1—离合器 K_1　2—离合器 K_3

2）离合器 K_1解体。离合器 K_1分解图如图 11—24 所示。

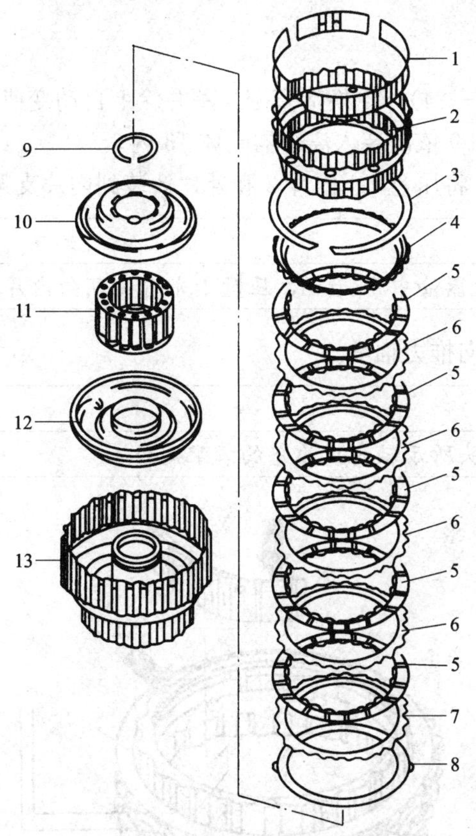

图 11—24　离合器 K_1分解图

1—支承环　2—内片支架　3，9—弹性挡圈　4—压盘　5—内片　6—1.5 mm 厚外片　7—2.0 mm 厚外片　8—波形弹簧垫圈　10—活塞盖　11—弹簧圈　12—活塞　13—离合器壳体

拆卸离合器 K_1活塞回位弹簧的弹性挡圈，如图 11—25 所示。用专用工具（VW412、VW442、40—203/1、VW402、VW401）或适当的工具压缩弹簧圈，直至能取出弹性挡圈为止。

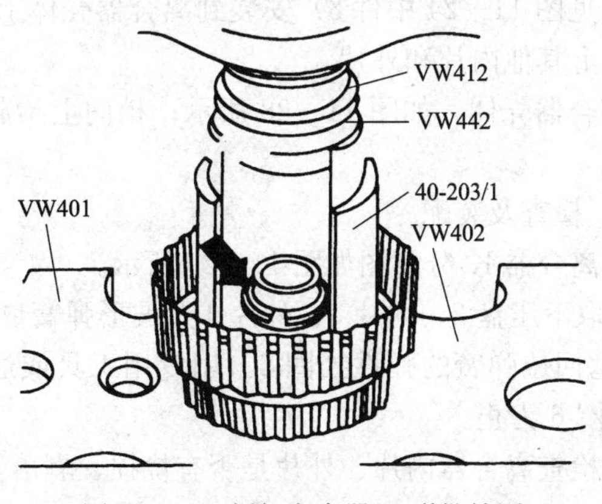

图 11—25　拆卸离合器 K_1弹性挡圈

3）离合器 K_1检查。检查离合器内片、外片是否有烧损、剥落及变形，活塞密封圈和推力轴承是否损坏。

4）离合器 K_1装配

①装配活塞（见图 11—24）。更换活塞密封圈并涂上自动变速器油，将活塞 12、弹簧圈 11、活塞盖 10 及弹性挡圈 9 依次装入离合器壳体 13 内。

②如图 11—26 所示，将压盘 1、内片 2 和外片 3 装到内片支架上。

技术提示
将内片浸入自动变速器油中 15 min，压盘 1 光滑面朝向内片，阶梯面朝向内片支架。

③装入带棱的立式轴向推力轴承。

技术提示
注意图 11—26 中箭头所示轴向止推垫的装配定位。

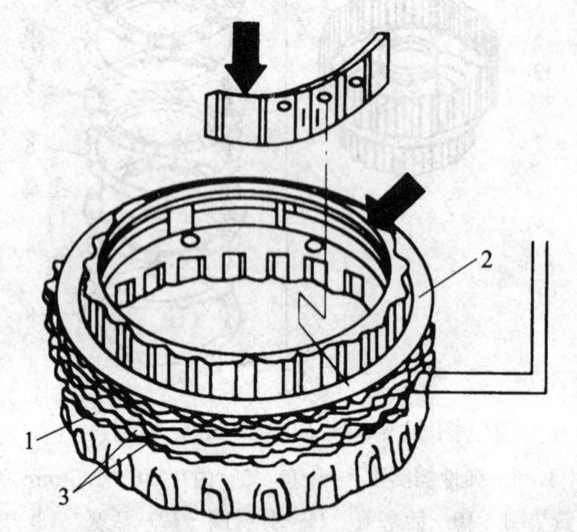

图 11—26　将压盘、内片和外片装到内片支架上

1—压盘　2—内片　3—外片

④将波形弹簧垫圈（见图 11—24 中件 8）安装到离合器壳体上，如图 11—27 所示；再装上 2 mm 厚的外片，装上其他内片和外片。

⑤将内片支架装入离合器壳体，如图 11—28 所示；稍向上抬起内片支架，以便安装弹性挡圈。

（2）离合器 K_2解体、检查及装配

1）离合器 K_2解体。离合器 K_2分解图如图 11—29 所示。

①拆下弹性挡圈 1，取下压盘 2、内片 3、外片 4 及波形弹簧垫圈 5。

②拆卸离合器 K_2活塞回位弹簧的弹性挡圈 6。用专用工具或适当的工具压缩弹簧支承环 8，直至能取出弹性挡圈 6 为止。

2）离合器 K_2检查。检查离合器内片、外片是否有烧损、剥落及变形，活塞密封圈和推力轴承是否损坏。

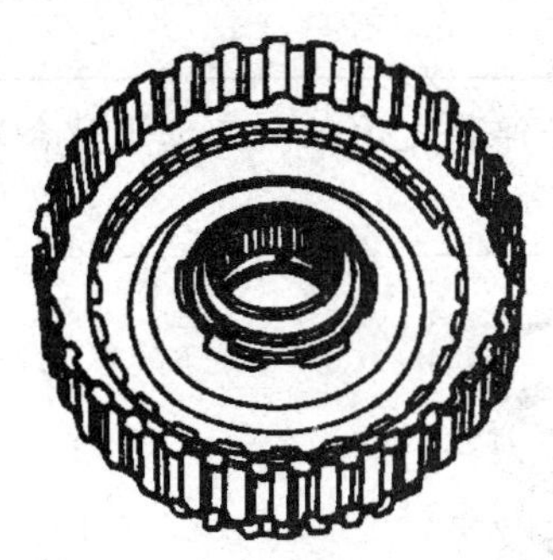

图 11—27　将波形弹簧垫圈、外片和内片装入离合器壳体

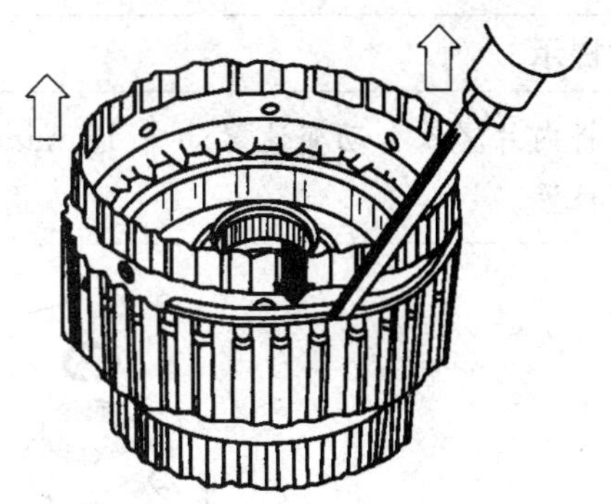

图 11—28　安装内片支架和弹性挡圈

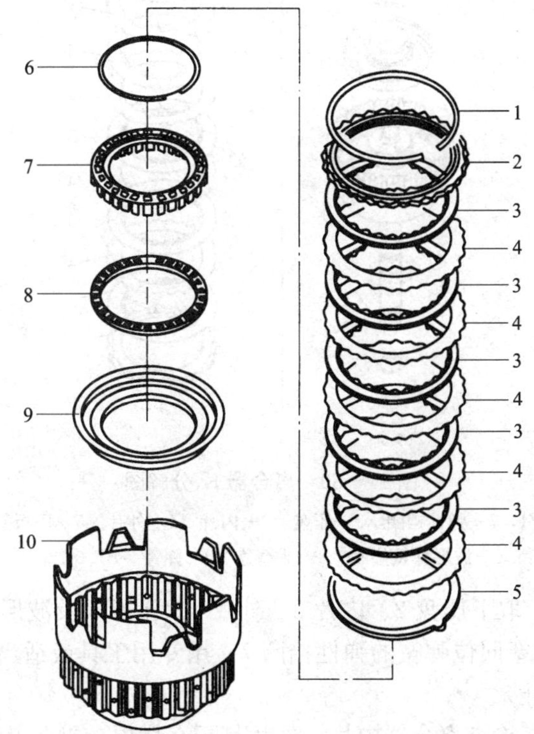

图 11—29　离合器 K_2 分解图

1，6—弹性挡圈　2—压盘　3—内片　4—外片　5—波形弹簧垫圈　7—弹簧支承板　8—弹簧支承环　9—活塞　10—离合器壳体

3）离合器 K_2 装配

①装配活塞（见图 11—29）。更换活塞密封圈并涂上自动变速器油，将活塞 9、弹簧支承环 8、弹簧支承板 7 及弹性挡圈 6 依次装入离合器壳体。

②将波形弹簧垫圈 5、外片 4、内片 3、压盘 2 及弹性挡圈 1 依次装入离合器壳体。

（3）离合器 K_3 解体、检查及装配

1）离合器 K_3 解体。离合器 K_3 分解图如图 11—30 所示。

技术提示

将内片浸入自动变速器油中 15 min。安装后要检查弹簧支承板，应位于离合器壳体中间位置。

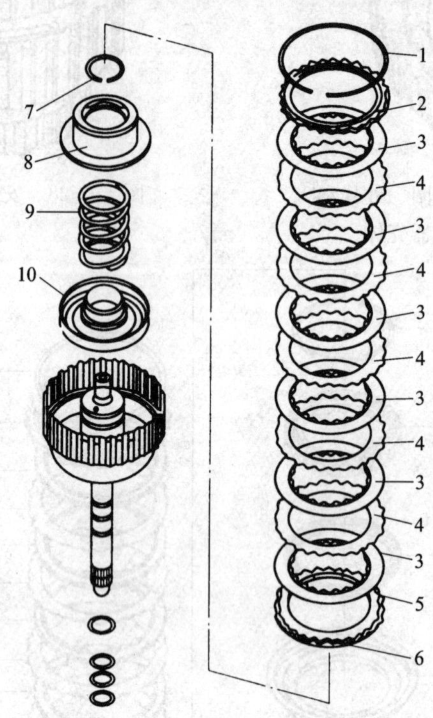

图 11—30　离合器 K_3 分解图

1，7—弹性挡圈　2—压盘　3—内片　4—外片　5—压板
6—波形弹簧垫圈　8—活塞盖　9—弹簧　10—活塞

①拆下弹性挡圈 1，取下压盘 2、内片 3、外片 4、压板 5 及波形弹簧垫圈 6。

②拆卸离合器 K_3 活塞回位弹簧的弹性挡圈 7。用专用工具或适当的工具压缩弹簧 9，直至能取出弹性挡圈 7 为止。

2）离合器 K_3 检查。检查离合器内片、外片是否有烧损、剥落及变形，活塞密封圈和推力轴承是否损坏。

3）离合器 K_3 装配

①装配活塞（见图 11—30）。更换活塞密封圈并涂上自动变速器油，将活塞 10、弹簧 9、活塞盖 8 及弹性挡圈 7 依次装入离合器壳体。

②将波形弹簧垫圈 6、压板 5、外片 4、内片 3、压盘 2 及弹性挡圈 1 依次装入离合器壳体。

技术提示

将内片浸入自动变速器油中 15 min。

(4) 涡轮轴上密封环的更换。检查密封环是否损坏，更换密封环，如图 11—31 所示。

技术提示
安装时密封环的开口必须咬合，如图 11—31b 所示。

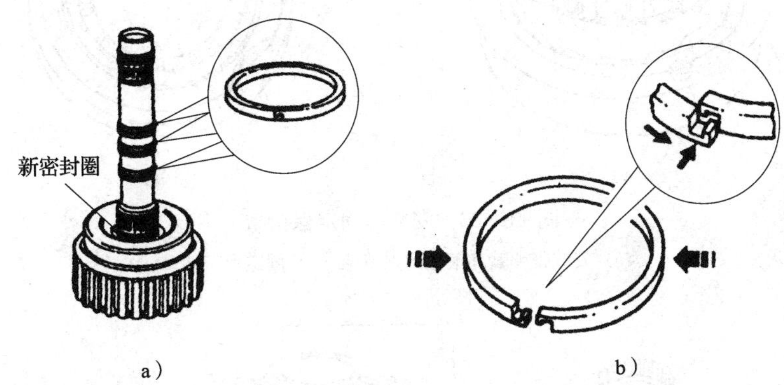

图 11—31　检查及更换涡轮轴上的密封环

a) 涡轮轴与密封环　b) 密封环

(5) 带制动器 B_1 活塞单向离合器的解体与装配。带制动器 B_1 活塞单向离合器的分解图如图 11—32 所示。

1) 带制动器 B_1 活塞单向离合器的解体。向大凸缘方向推动保持架，即可取下带弹簧和滚柱的保持架，然后取下滚柱和弹簧。

2) 带制动器 B_1 活塞单向离合器的装配

①将滚柱和弹簧装入保持架内（应使弹簧牢固地装入保持架内）。

②将带弹簧和滚柱的保持架装入外环内，大凸缘朝上，如图 11—33a 所示。

③固定保持架，按图 11—33b 所示箭头方向旋转保持架，以使其固定。

3. 换挡执行元件和行星齿轮机构间隙的调整

(1) 行星齿轮机构支架间隙的检查与调整。行星齿轮机构部件分解图如图 11—34 所示。

检查与调整方法如下：

1) 将图 11—34 中除调整垫圈 17 以外的所有部件装入自动变速器壳体内，将小输入轴紧固螺栓按规定力矩拧紧。

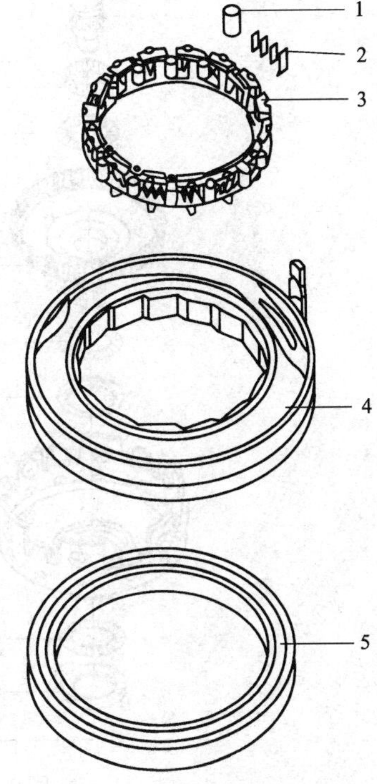

图 11—32　带制动器 B_1 活塞单向离合器的分解图

1—滚柱　2—弹簧　3—保持架　4—外环　5—活塞

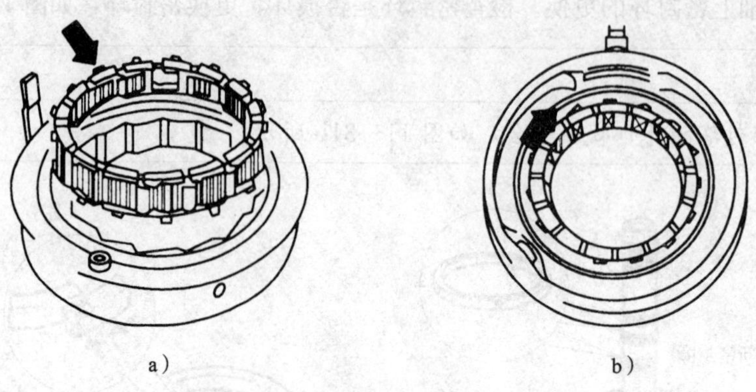

图 11—33 安装与固定保持架

a）安装带弹簧和滚柱的保持架 b）固定保持架

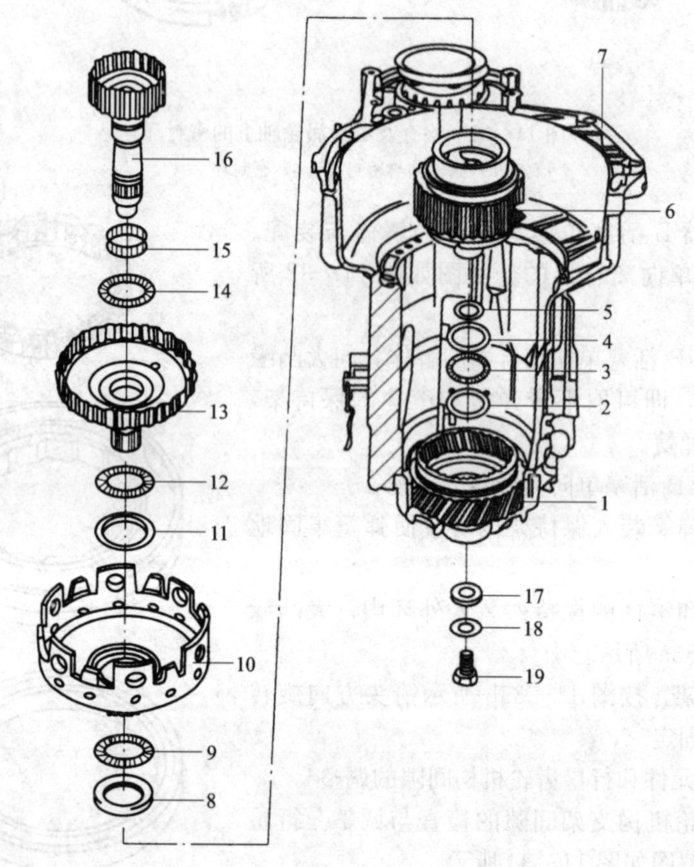

图 11—34 行星齿轮机构部件分解图

1—主动齿轮（齿圈） 2，4—推力滚针轴承垫片 3，9，12，14—推力滚针轴承 5—密封圈 6—行星齿轮支架 7—变速器壳体 8，11，18—垫圈 10—大太阳轮 13—大输入轴 15—滚针轴承 16—小输入轴 17—调整垫圈 19—小输入轴紧固螺栓

技术提示
小输入轴紧固螺栓规定力矩为 19～30 N·m。

2）安装百分表（见图 11—35），或将磁性表座固定到变速器壳体上。

图 11—35　测量行星齿轮机构支架的间隙

3）将百分表的表头与小输入轴紧固螺栓接触并有 1 mm 压缩量。

4）转动百分表的表盘，将指针对零。

5）上下压动小输入轴，百分表指针变化量即为行星齿轮机构支架的间隙。

6）根据测量值选择合适的调整垫片装入，如图 11—36 所示。调整垫片的规格见表 11—21。

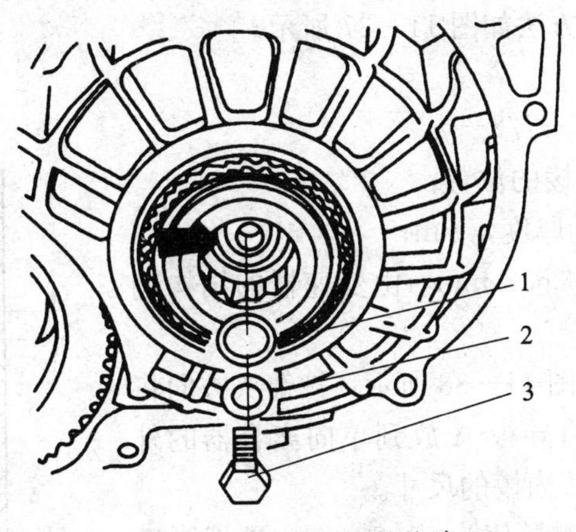

图 11—36　装入调整垫片

1—调整垫片　2—垫片　3—小输入轴螺栓

表 11—21　　行星齿轮机构支架调整垫片的规格　　mm

测量值	垫片规格	测量值	垫片规格
1.26～1.35	1.0	2.26～2.35	2.0
1.36～1.45	1.1	2.36～2.45	2.1
1.46～1.55	1.2	2.46～2.55	2.2
1.56～1.65	1.3	2.56～2.65	2.3
1.66～1.75	1.4	2.66～2.75	2.4
1.76～1.85	1.5	2.76～2.85	2.5
1.86～1.95	1.6	2.86～2.95	2.6
1.96～2.05	1.7	2.96～3.05	2.7
2.06～2.15	1.8	3.06～3.15	2.8
2.16～2.25	1.9	3.16～3.25	2.9

示例：行星齿轮机构支架间隙测量值为 2.00 mm，从表 11—21 中可知，需选择厚度为 1.7 mm 的调整垫片。将已确定厚度的调整垫片、垫片及螺栓安装到小输入轴上，将螺栓按规定力矩拧紧。安装完毕，再次测量行星齿轮机构支架的间隙，确保间隙在规定范围内（0.23～0.37 mm）。

（2）制动器 B_1 间隙的检查与调整。制动器 B_1 的分解图如图 11—22 所示。

检查与调整方法如下：

制动器 B_1 间隙的测量方法如图 11—37 所示。

测量间隙为：

$$x=K+I/2-m$$

式中　I——单向离合器内棱的位置；

m——带压盘片组的厚度，mm；

K——恒定值，$K=26.8$ mm，由变速器的结构确定，不可调。

1）尺寸 I 的确定。如图 11—38 所示，按箭头方向将单向离合器压到挡块处，将导板 A 放到单向离合器的外环上，用深度尺 B 测量活塞内棱的尺寸。

示例：活塞内棱尺寸测量值为 51.8 mm，导板厚度为 48.2 mm，则 $I=51.8-48.2=3.6$ mm。

2）尺寸 m 的确定。如图 11—39 所示，将导板 A 放到压盘片组上，按图中箭头方向压缩带导板的片组并用深度尺 B 测量厚度。

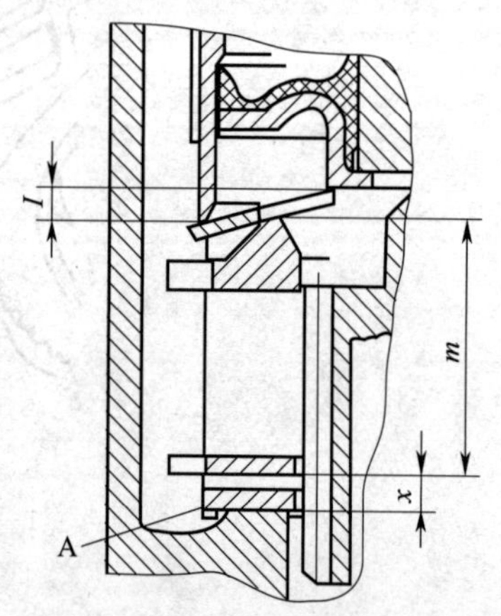

图 11—37　确定制动器 B_1 调整垫片 A 的厚度

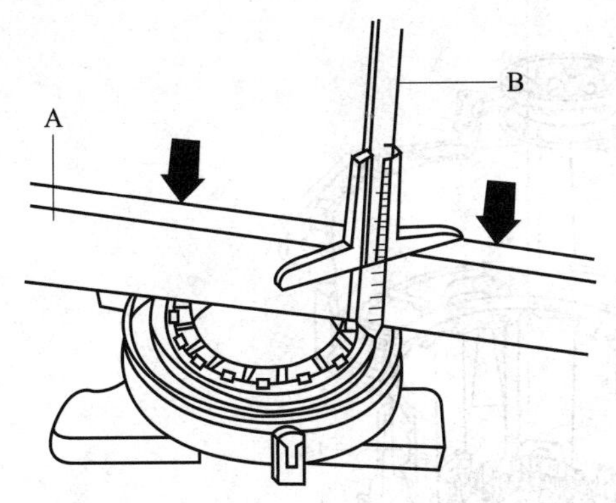

图 11—38　确定 I 的值
A—导板　B—深度尺

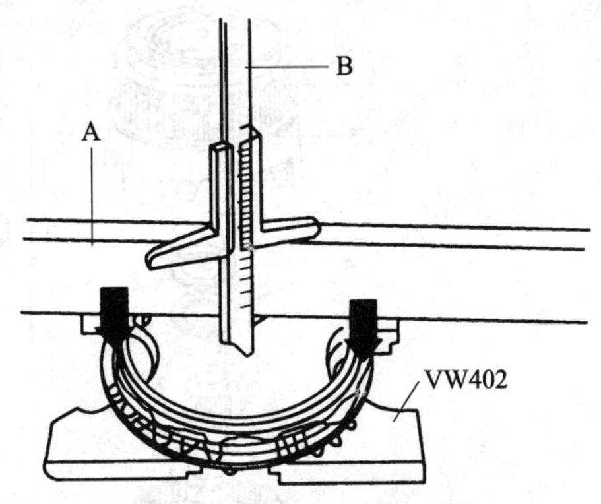

图 11—39　确定 m 的值
A—导板　B—深度尺　VW402—专用工具

示例：测量值为 73.5 mm，导板厚度为 48.2 mm，则 $m=73.5-48.2=25.3$ mm。

3）计算间隙尺寸，选择调整垫片。

测量间隙 $x=K+I/2-m=26.8+3.6/2-25.3=3.3$ mm，根据测量间隙值确定调整垫片的厚度，见表 11—22。

示例：测量间隙值为 3.3 mm，从表中可知，需选择厚度为 1.9 mm 的调整垫片。

将已确定厚度的调整垫片与带压盘片组一起装配。安装完毕，再用塞尺测量制动器 B_1 的间隙，如图 11—40 所示，确保间隙在规定范围内（1.25～1.55 mm）。

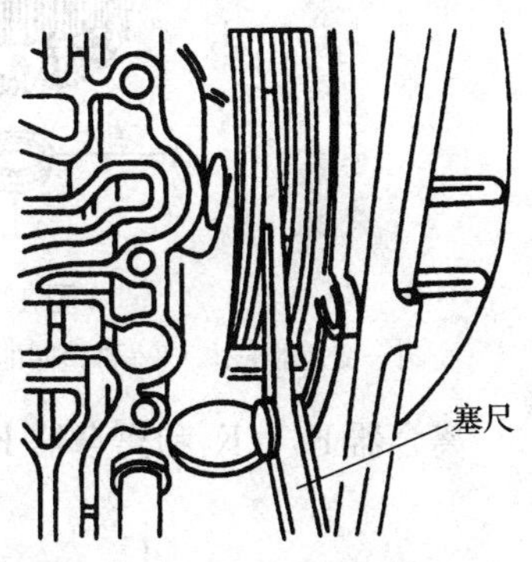

图 11—40　测量制动器 B_1 的间隙

表 11—22　　制动器 B_1 调整垫片的规格　　mm

测量值	垫片规格	测量值	垫片规格
2.36～2.45	1.0	3.36～3.45	1.0+1.0
2.46～2.55	1.1	3.46～3.55	1.0+1.1
2.56～2.65	1.2	3.56～3.65	1.1+1.1
2.66～2.75	1.3	3.66～3.75	1.1+1.2
2.76～2.85	1.4	3.76～3.85	1.2+1.2
2.86～2.95	1.5	3.86～3.95	1.2+1.3
2.96～3.05	1.6	3.96～4.05	1.3+1.3
3.06～3.15	1.7	4.06～4.15	1.3+1.4
3.16～3.25	1.8	4.16～4.25	1.4+1.4
3.26～3.35	1.9		

（3）离合器 K_1、K_3 和离合器 K_2 间隙的检查与调整。离合器 K_1、K_3 和离合器 K_2 部件的分解图如图 11—41 所示，图中件 4 是间隙调整垫片。

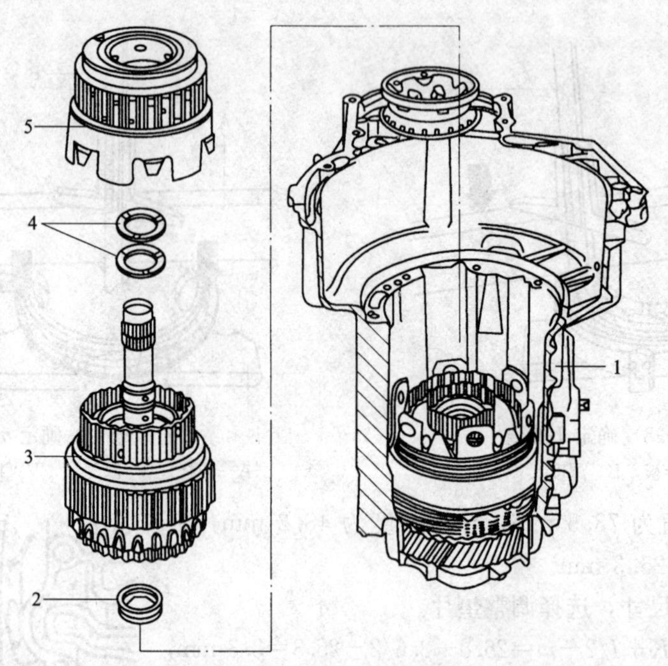

图 11—41　离合器 K_1、K_3和离合器 K_2分解图

1—变速器壳体　2—带垫圈的推力滚针轴承　3—离合器 K_1、K_3总成　4—调整垫片　5—离合器 K_2

离合器 K_1、K_3和离合器 K_2间隙测量如图 11—42 所示。测量间隙值 $x=a-b$。

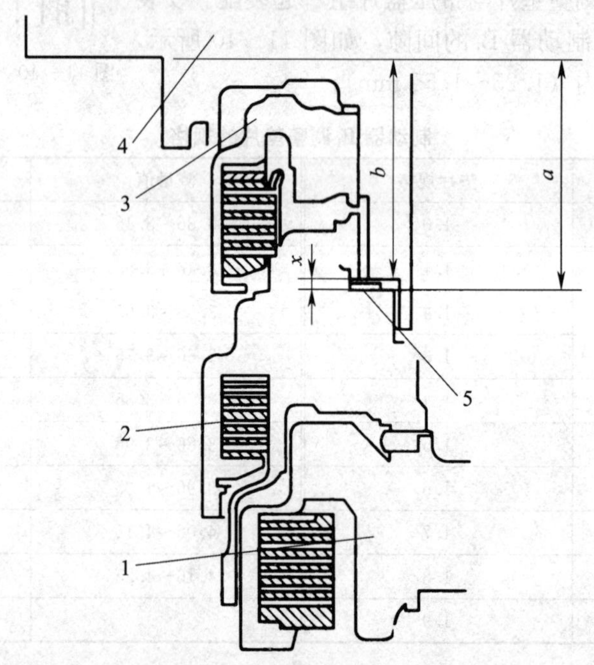

图 11—42　确定离合器调整垫片的厚度

1—离合器 K_3　2—离合器 K_1　3—离合器 K_2　4—自动变速器油　5—调整垫片

1）确定尺寸 a

①将图 11—41 中除调整垫片 4 外所有部件装入变速器壳体内。

②如图 11—43 所示，将导板 A 放到变速器壳体上，按箭头方向压下离合器 K_1 并用深度尺 B 测量。

示例：测量值为 88.5 mm。

③如图 11—44 所示，将导板 A 放到变速器壳体上，用深度尺 B 测量变速器壳体与油泵法兰接合面处。

示例：测量值为 34.3 mm，则 $a=88.5-34.3=54.2$ mm。

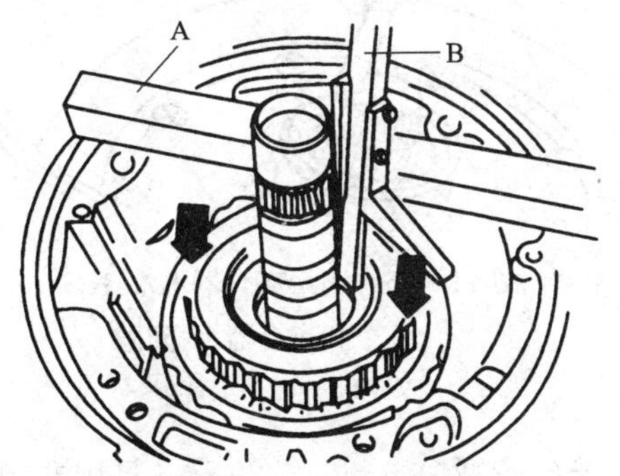

图 11—43　测量变速器壳体前端面到离合器 K_1 的距离

A—导板　B—深度尺

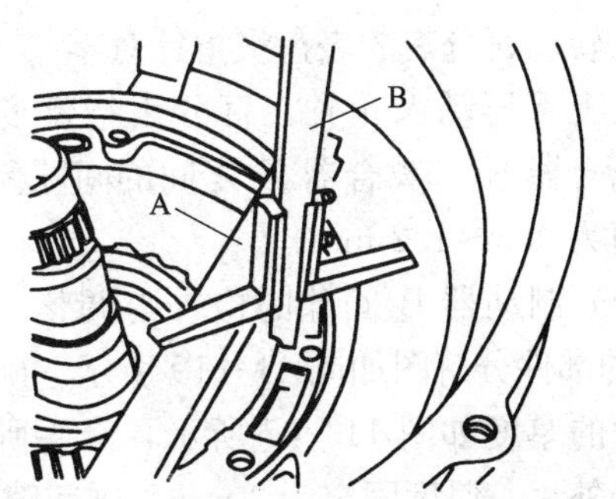

图 11—44　测量变速器壳体前端面到油泵法兰与变速器接合面的距离

A—导板　B—深度尺

2）确定尺寸 b。如图 11—45 所示，将导板 A 装到导轮支座上（箭头所示），用深度尺 B 测量油泵法兰与变速器壳体的密封面处。

示例：测量值为 70.5 mm。导板厚度为 19.5 mm，则 $b=70.5-19.5=51.0$ mm。

3）计算间隙尺寸。测量间隙值 $x=a-b=54.2-51.0=3.2$ mm，根据测量间隙值确定调整垫片的厚度，见表 11—23。

4）测量离合器间隙

测量离合器间隙如图 11－46 所示。

①将已确定厚度的调整垫片装入离合器 K_2 和离合器 K_1 之间，然后将总成装入变速器壳体内。

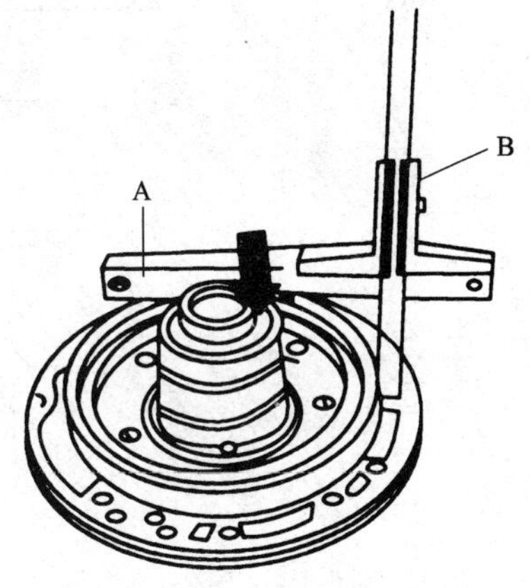

图 11—45　确定 b 的值

A—导板　B—深度尺

表 11—23　　**离合器调整垫片规格**　　mm

测量值	垫片规格	测量值	垫片规格
0～2.54	1.4	3.90～4.29	1.6＋1.6
2.55～3.09	1＋1	4.30～4.69	1.8＋1.8
3.10～3.49	1.2＋1.2	4.70～5.04	1.2＋1.2＋1.6
3.50～3.89	1.4＋1.4	5.05～5.25	1.2＋1.2＋1.8

技术提示

只有安装变速器油泵后才能测量离合器间隙。

②安装自动变速器油泵，将油泵固定螺栓按规定力矩拧紧。

③将磁性表座固定到变速器壳体上。

④将百分表的表头与涡轮轴接触并有1 mm压缩量。

⑤转动百分表的表盘将指针对零。

⑥上下压动涡轮轴，百分表指针变化量即为离合器 K_2 和离合器 K_1 之间的间隙。规定间隙值为0.5～1.2 mm。

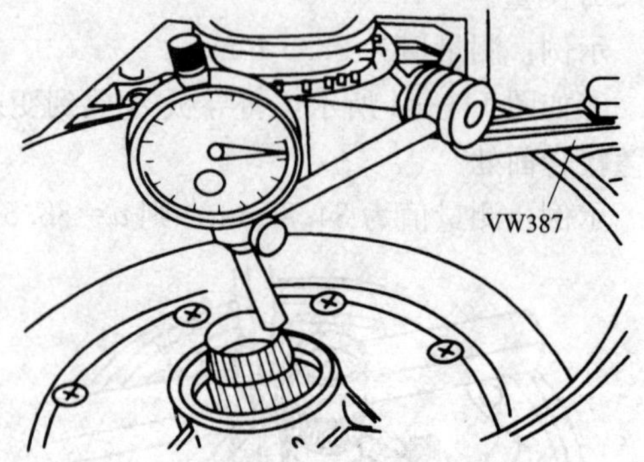

图 11—46　测量离合器 K_1、K_3 和离合器 K_2 间隙

VW387—专用工具

（4）制动器 B_2 间隙的检查与调整。制动器 B_2 的部件分解图如图 11—19 所示。确定调整垫片的厚度如图 11—47 所示，箭头所指是第一个外片，厚度固定为 3 mm，则间隙值 $x=(a-b-3.20)$ mm。3.20 mm 是用专用工具3459 提供一个 $F=5$ N·m 的扭矩通过垫圈施加在片组上获得的值。

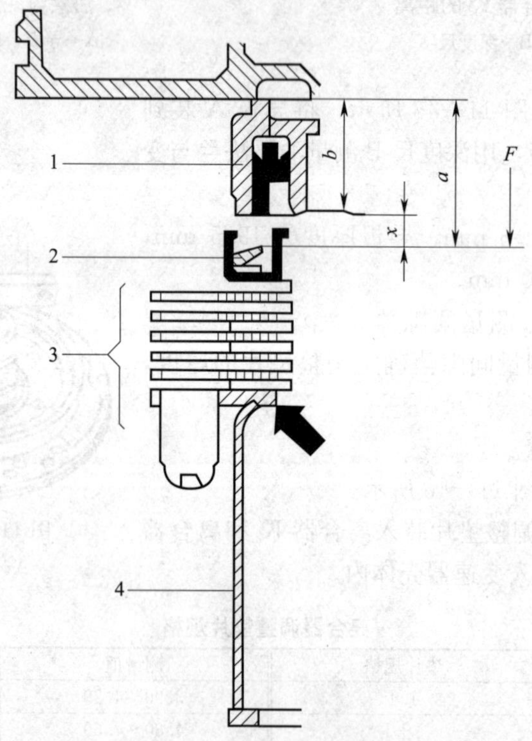

图 11—47　确定制动器 B_2 调整垫片的厚度

1—自动变速器油泵　2—垫圈　3—B_2 片组（没有最后外片）　4—隔离管

技术提示
1. 第一个外片和最后一个外片厚度必须是 3 mm。 2. 在调整时最后一个外片和调整垫片不安装。

1）确定尺寸 a

①将弹性挡圈、隔离管及片组（最后一个外片和调整垫片不安装）装入变速器壳体内。

②如图 11—48 所示，用深度尺测量从变速器壳体的油泵法兰接合面处到制动器 B_2 最后一个内片的距离。

示例：$a=30.2$ mm。

2）确定尺寸 b。如图 11—49 所示，将导板 A 安装到导轮支架下部（箭头所示），用深度尺 B 测量导板到油泵法兰接合面处的距离。

示例：测量值为 40.1 mm，导板厚度为 19.5 mm，则 $b=40.1-19.5=20.6$ mm。

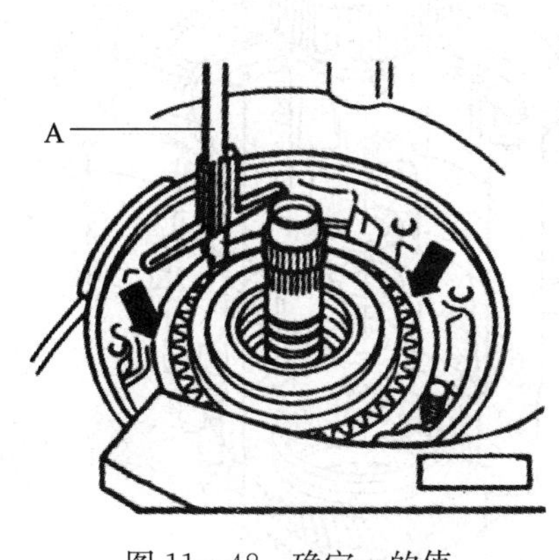

图 11—48　确定 a 的值

A—深度尺

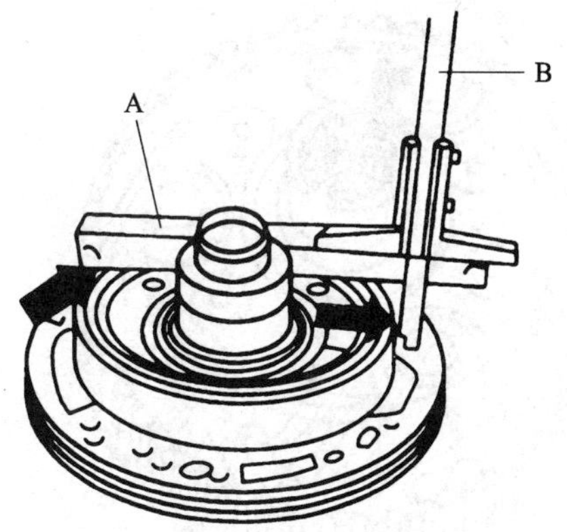

图 11—49　确定 b 的值

A—导板　B—深度尺

3）计算间隙尺寸。测量间隙值 $x=a-b-3.2=30.2-20.6-3.20=6.40$ mm，根据测量间隙值确定调整垫片的厚度，见表 11—24。

表 11—24　**制动器 B_2 调整垫片规格**　mm

测量值	垫片规格	测量值	垫片规格
4.25～4.49	2.75	5.75～5.99	2.00+2.25
4.50～4.74	3.00	6.00～6.24	2.25+2.25
4.75～4.99	3.25	6.25～6.49	2.25+2.50
5.00～5.24	3.50	6.50～6.74	2.50+2.50
5.25～5.49	3.75	6.75～7.00	2.50+2.75
5.50～5.74	2.00+2.00		

4. 行星齿轮机构与换挡执行元件的装配

（1）将新的O形密封圈装入行星齿轮支架内，如图 11—50 中箭头所示。

（2）如图 11—51 所示，将主动齿轮 1 安装到变速器壳体内，然后依次安装推力滚针轴承垫圈 2、推力滚针轴承 3、推力滚针轴承垫圈 4 及行星齿轮支架 5。

技术提示
1. 主动齿轮 1 也是行星齿轮机构的齿圈。 2. 推力滚针轴承垫圈 2 的光滑面朝向主动齿轮。

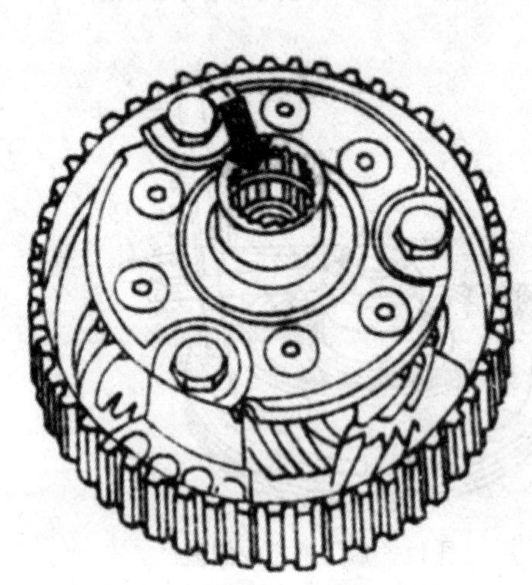

图 11—50　将密封圈装入行星齿轮支架内

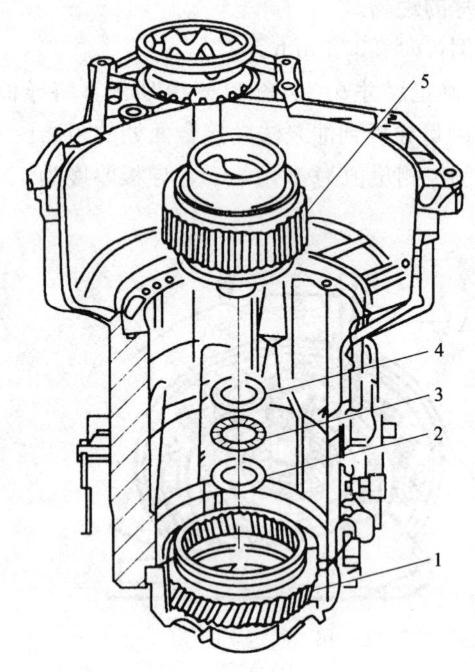

图 11—51　安装垫圈、推力滚针轴承和行星齿轮支架

1—齿圈（主动齿轮）　2，4—垫圈　3—推力滚针轴承　5—行星齿轮支架

（3）如图 11—52 所示，将垫圈 2 和推力轴承 1 安装到行星齿轮支架的小太阳轮上，与小太阳轮中心对齐。

（4）安装制动器 B_1（见图 11—22）。

技术提示
1. 最里面的是调整垫片 2（已确定好）。 2. 压片 5 的平面朝向制动片。 3. 碟形弹簧 6 的凸起面朝向单向离合器。

(5) 安装单向离合器，用专用工具或适当工具张开单向离合器滚子。

技术提示
单向离合器凸耳（定位楔）与变速器壳体的位置对正，如图 11—53 所示。

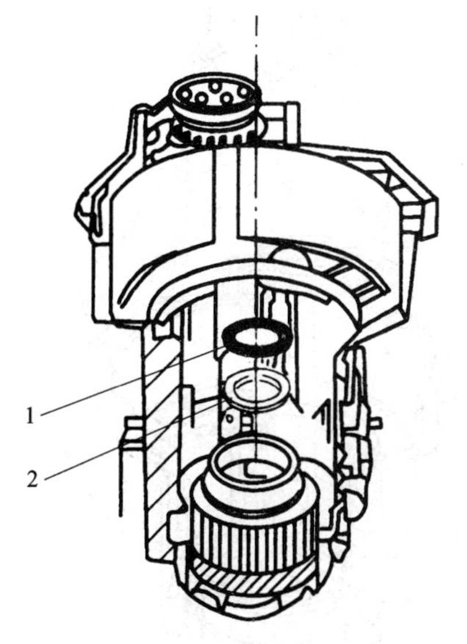

图 11—52　安装小太阳轮的垫圈和推力轴承
1—推力轴承　2—垫圈

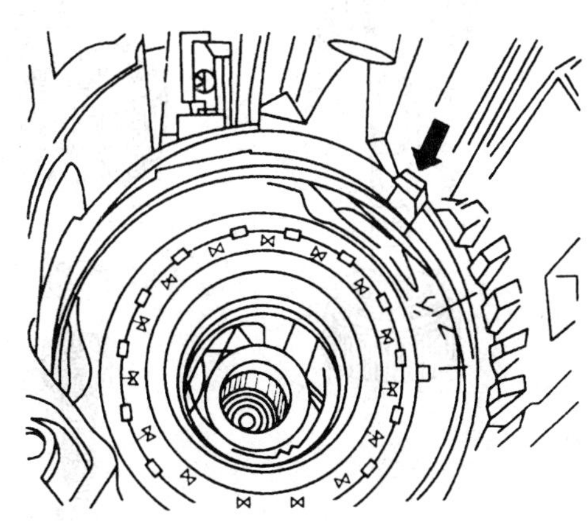

图 11—53　安装单向离合器

(6) 安装单向离合器的弹性挡圈，弹性挡圈的开口对着单向离合器凸耳（定位楔）上。

技术提示
制动器 B_1 安装完成后，要检查 B_1 的间隙是否符合标准。

(7) 安装隔离管弹性挡圈。

(8) 安装大太阳轮、大输入轴和小输入轴，如图 11—54 所示。

(9) 安装调整垫圈、垫圈和小输入轴紧固螺栓，将小输入轴紧固螺栓拧紧至 30 N·m，如图 11—55 所示。

(10) 将已组装好的离合器 K_3、K_1 和离合器 K_2 装入变速器壳体内，安装前将带垫圈的推力滚针轴承粘在离合器 K_3 上。

(11) 安装隔离管。

技术提示
使隔离管上的槽进入单向离合器的凸起定位楔内。

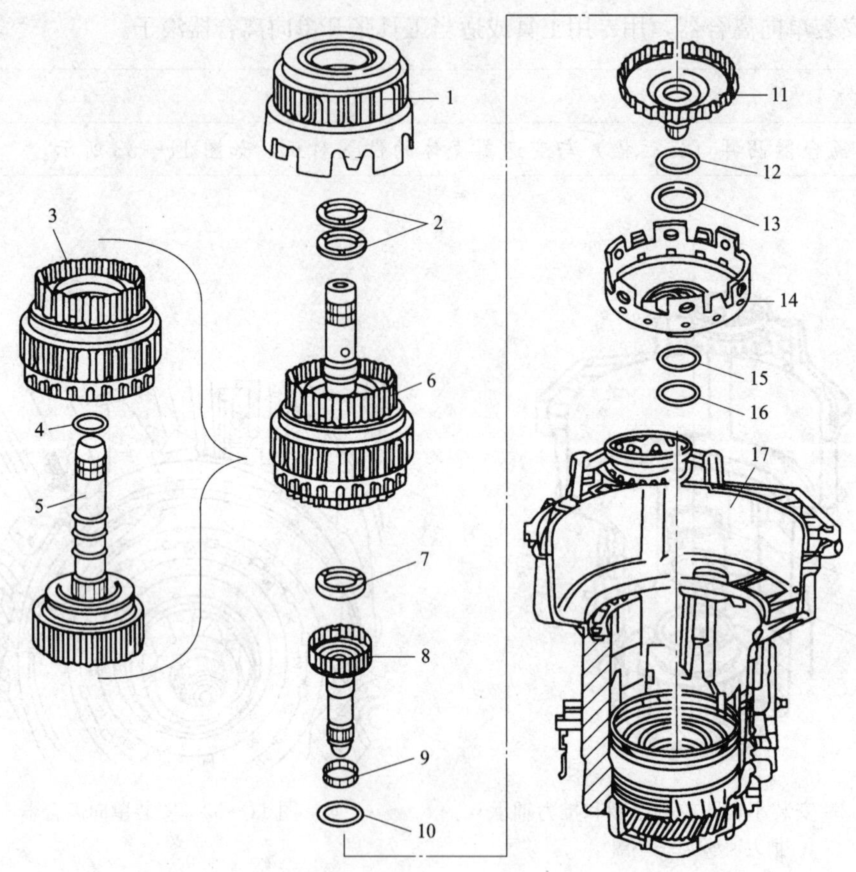

图 11—54　离合器、小输入轴、大输入轴及大太阳轮分解图

1—离合器 K_2　2—调整垫圈　3—离合器 K_1　4—密封圈　5—带涡轮轴的离合器 K_3　6—离合器 K_1、K_3 总成　7—带垫片的推力滚针轴承　8—小输入轴　9—滚针轴承　10，12，15—推力滚针轴承　11—大输入轴　13，16—推力滚针轴承垫片　14—大太阳轮　17—变速器壳体（带有单向离合器的弹性挡圈）

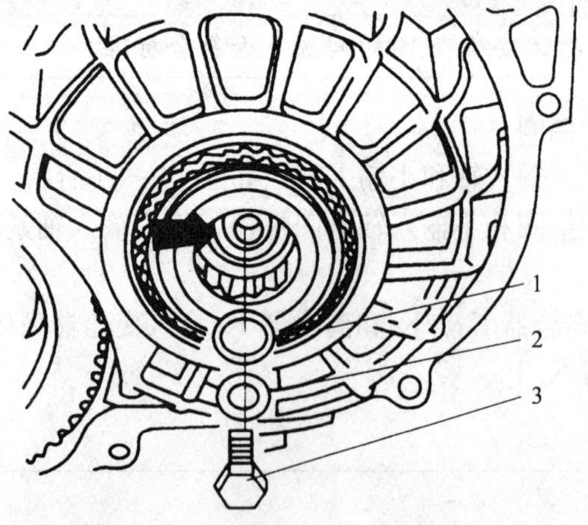

图 11—55　安装小输入轴紧固螺栓

1—调整垫片　2—垫片　3—小输入轴紧固螺栓

（12）安装制动器 B_2

1）安装 3 mm 厚的外钢片，将 3 个弹簧帽装入外片，插入弹簧。

2）安装摩擦片与钢片。在安装最后一个外片前，应把 3 个弹簧帽装到压力弹簧上，如图 11—19 所示。

（13）安装自动变速器油泵密封圈，将 O 形密封圈装到自动变速器油泵上，交叉拧紧油泵螺栓至 8 N·m。

（14）安装滑阀箱与油底壳。

二、液压控制系统检修

1. 油泵检修

自动变速器油泵分解图如图 11—56 所示。

油泵装配注意事项如下：

（1）安装外齿轮 8 时，生产标记指向导轮支座，如安装错误，油泵转动困难。

（2）安装内齿轮 9 时，槽深面朝向导轮支座。

（3）螺栓 6 用 10 N·m 的力矩拧紧，拧紧后再拧 45°。

（4）制动器 B_2 活塞密封唇安装前用自动变速器油浸润。

（5）O 形密封圈 11 必须更换。

（6）安装活塞环时，将活塞环装入槽内，压缩活塞环并使其接口扣上，然后检查活塞环位置，确保活塞环接口互相钩住。

2. 滑阀箱检修

（1）滑阀箱拆卸。滑阀箱部件分解图如图 11—57 所示。

1）将自动变速器油收集器放在变速器下面，旋下放油螺塞，拆下溢流管，放出自动变速器油。然后安装溢流管，并将其拧至台肩处。更换放油螺塞上的密封垫，装复放油螺塞。

2）拆卸自动变速器油底壳。

3）拆卸自动变速器滤清器，如图 11—58 所示。

4）如图 11—59 所示，用专用工具 3373 插入电磁阀插头上并插到底，按图中箭头方向取下电磁阀插接器，拆下传输线固定螺栓。

5）往外拉出手控阀，断开操纵杆。

6）拆卸滑阀箱固定螺栓，取下滑阀箱。

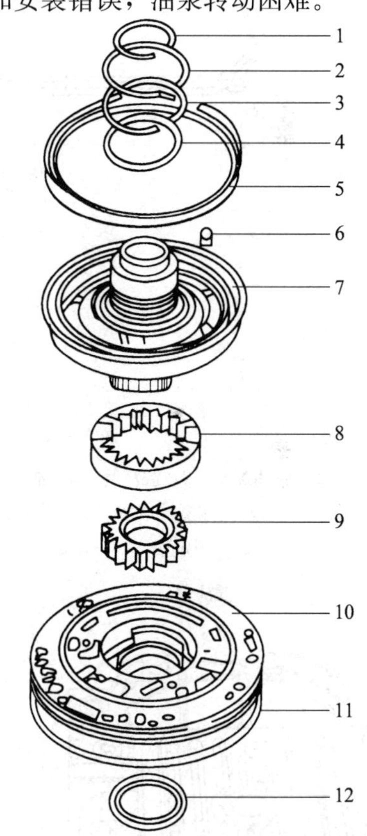

图 11—56　自动变速器油泵分解图

1，2，3—活塞环　4—止推垫片　5—活塞　6—螺栓　7—导轮支座　8—外齿轮　9—内齿轮　10—自动变速器　11—O 形密封圈　12—变矩器油封

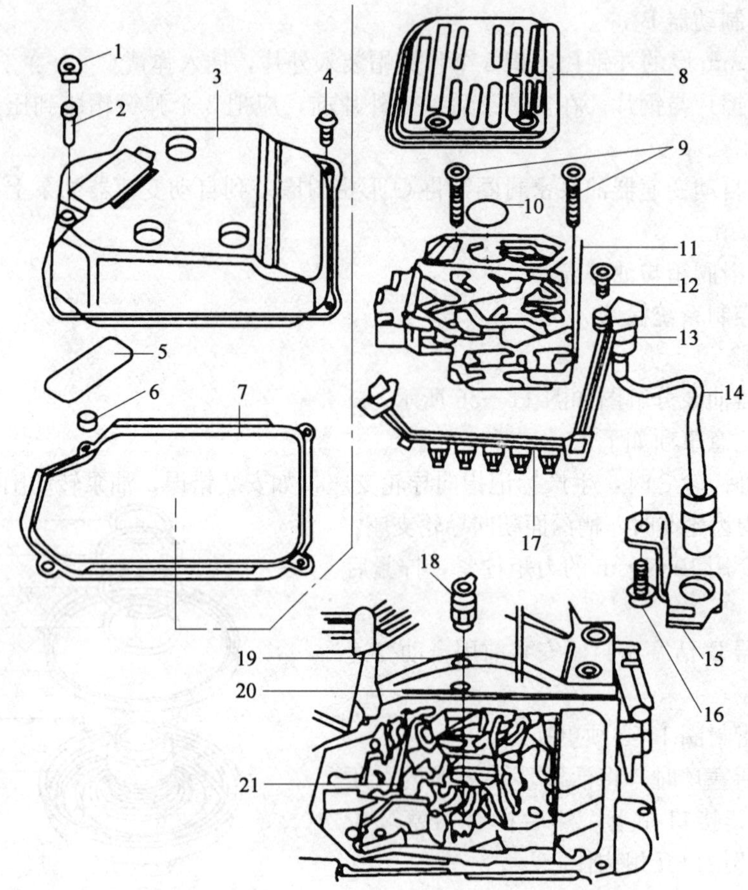

图 11—57　自动变速器滑阀箱部件分解图

1—放油螺塞　2—溢流管　3—油底壳　4，9，12，16—螺栓　5—磁铁　6—隔套　7—密封垫
8—自动变速器滤清器　10—密封圈　11—滑阀箱　13，19，20—O 形密封圈　14—传输线
15—固定架　17—电磁阀插接器　18—B_1油道密封圈　21—手动换挡阀操纵杆

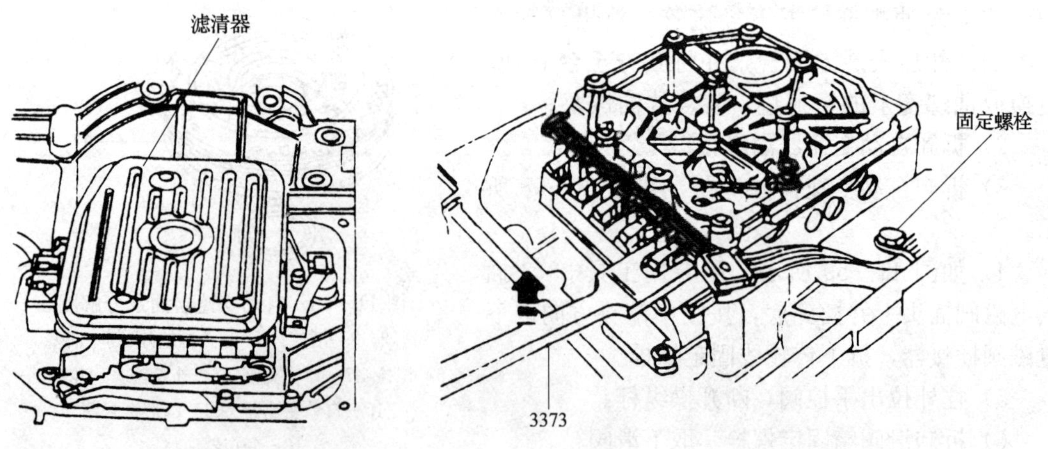

图 11—58　拆卸自动变速器滤清器

图 11—59　拆卸电磁阀传输线

技术提示
如需拆卸单向离合器，需拆下制动器 B_1 密封圈，否则，可能损坏密封圈或单向离合器。

（2）滑阀箱解体。旋下滑阀箱层间固定螺栓，滑阀箱被解体。

技术提示
注意层间钢球的位置，不要丢失。

（3）滑阀箱装配。装配滑阀箱时，按拆卸的相反顺序进行。

装配注意事项如下：

1）需更换油塞密封圈、自动变速器油底壳密封垫、自动变速器滤清器密封圈和制动器 B_1 油道密封圈。

2）装配手控阀时，带台阶的一面朝向手控阀操纵杆，安装后需调整手控阀操纵杆，方法是将换挡操纵手柄移至 P 位，将带手控阀的操纵杆插入滑阀箱并插到底，然后紧固固定螺栓。滑阀箱相关部件螺栓的紧固力矩见表 11—25。

表 11—25　滑阀箱相关部件螺栓的紧固力矩　N·m

螺栓名称（见图 11—57）	紧固力矩
放油螺塞 1	15
油底壳螺栓 4	12
阀体固定螺栓 9	5
螺栓 12	10
螺栓 16	10

三、主传动部件检修

1. 主动齿轮（齿圈）检修

主动齿轮部件分解图如图 11—60 所示。

（1）主动齿轮拆卸

1）挂上停车锁止装置，旋下紧固螺栓 1（见图 11—60），取下碟形弹簧 2 和调整垫圈 3。

技术提示
如果只拆卸主动齿轮，则不需要拆下小齿轮轴和差速器。

2）再旋上紧固螺栓 1，使紧固螺栓和圆锥滚柱轴承内圈间有 a＝3 mm 的间隙。如图 11—61 所示，用专用工具 VW771 将主动齿轮压出至圆锥滚柱轴承内圈的台肩处，然后拆下 VW771 和主动轴。

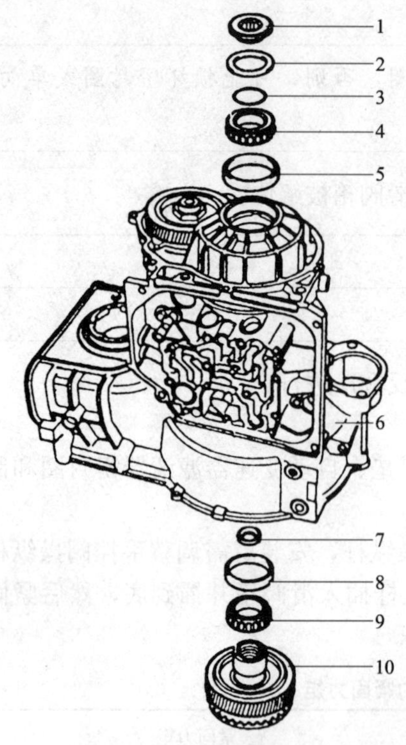

图 11—60　主动齿轮部件分解图

1—紧固螺栓　2—碟形弹簧　3—调整垫圈

4，9—圆锥滚柱轴承内圈　5，8—圆锥滚柱轴承外圈

6—变速器壳体　7—推力滚针轴承　10—主动齿轮

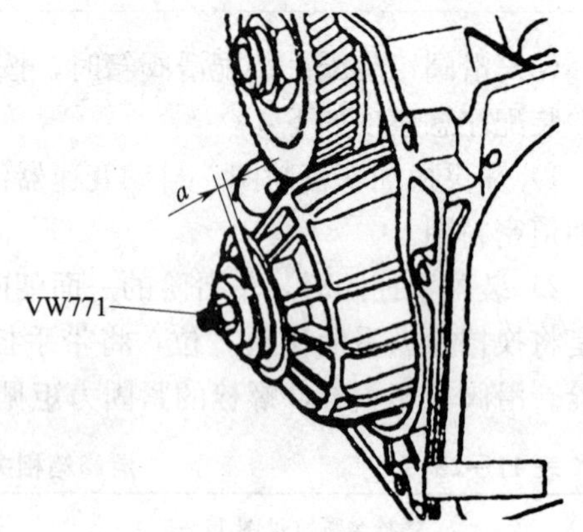

图 11—61　拆卸主动齿轮

3）取下主动齿轮 10、推力滚针轴承 7 和圆锥滚柱轴承内圈 4（见图 11—60）。

4）用冲子将圆锥滚柱轴承外圈 5、8 从变速器壳体中敲出。

5）将圆锥滚柱轴承内圈 9 拆下，拆卸方法及使用工具如图 11—62 所示。

（2）主动齿轮的装配。主动齿轮装配按拆卸的相反顺序进行。

安装圆锥滚柱轴承内圈如图 11—63 所示。

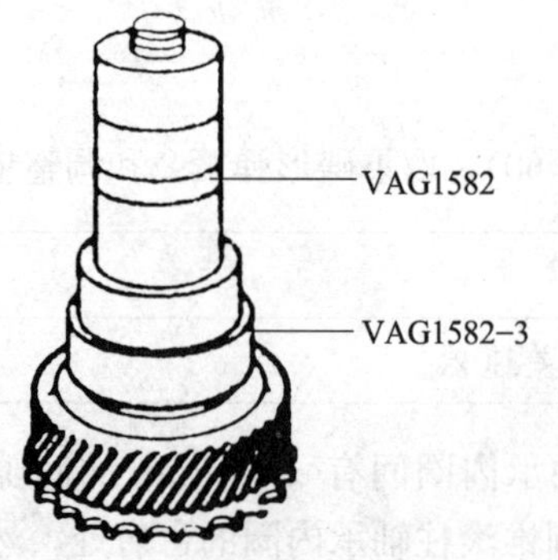

图 11—62　拆卸圆锥滚柱轴承内圈

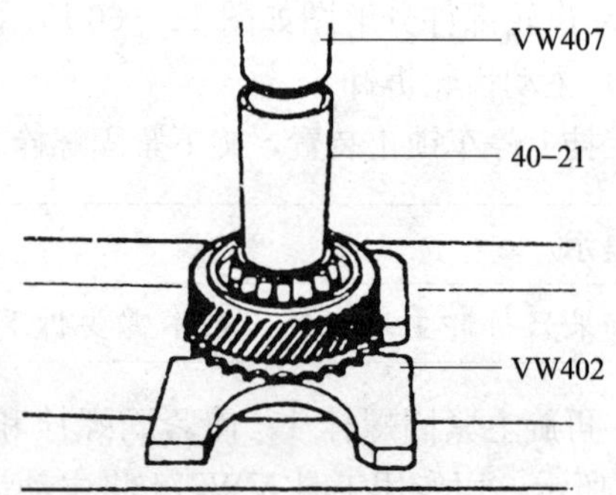

图 11—63　安装圆锥滚柱轴承内圈

装配主动齿轮注意事项如下：

1）更换主动齿轮时，应一同更换从动齿轮，并调整行星齿轮支架的间隙。

2）紧固螺栓 1（见图 11—60）的拧紧力矩为 250 N·m。

3）安装碟形弹簧 2 时，凸起面朝向紧固螺栓 1。

4）安装圆锥滚柱轴承内圈 4、9 时，应在图 11—64 所示箭头处涂密封胶，大众密封胶的零件号为 AMV 185 101 A1。

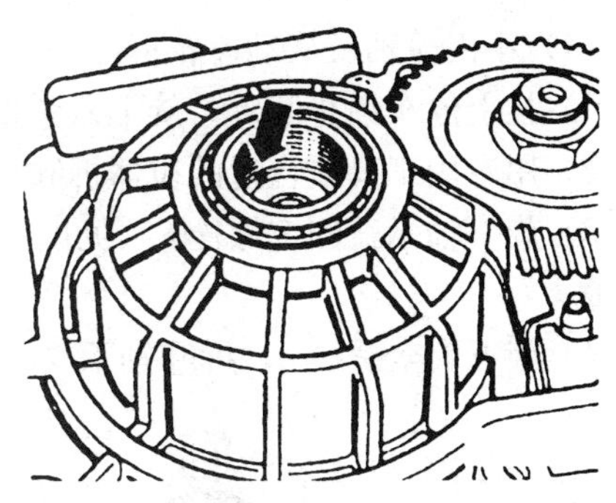

图 11—64　安装圆锥滚柱轴承内圈并涂密封胶

5）安装圆锥滚柱轴承外圈 5、8（见图 11—60），压入前涂密封胶。

6）安装推力滚针轴承 7 时，扁平面朝向主动齿轮。安装紧固螺栓 1 前先安装推力滚针轴承 7。

7）在压入圆锥滚柱轴承内圈 9 时，为防止损坏主动齿轮，应在主动齿轮下面放置一垫板。

2. 小齿轮轴及从动齿轮检修

小齿轮轴及从动齿轮部件分解图如图 11—65 所示。

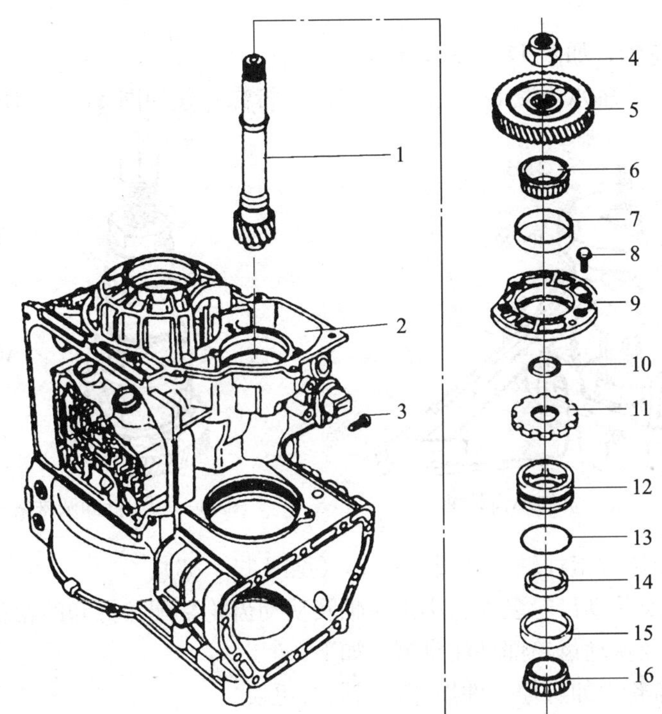

图 11—65　小齿轮轴及从动齿轮部件分解图

1—小齿轮轴　2—变速器壳体　3，8—螺栓　4—六角螺母　5—从动齿轮　6，16—圆锥滚柱轴承内圈　7，15—圆锥滚柱轴承外圈　9—轴承盖　10—调整垫圈　11—停车锁止齿轮　12—轴承支承环　13—密封圈　14—小齿轮轴密封圈

（1）小齿轮轴及从动齿轮拆卸

1）挂上停车锁止装置，旋下六角螺母 4（见图 11—65）。

2）用专用工具或合适的拉器拆卸从动齿轮，如图 11—66 所示。

3）旋下轴承盖固定螺栓 8（见图 11—65），取下轴承盖 9、调整垫圈 10 和停车锁止齿轮 11。

4）旋下安全螺栓 3，拆卸轴承支承环 12，拆卸方法如图 11—67 所示。

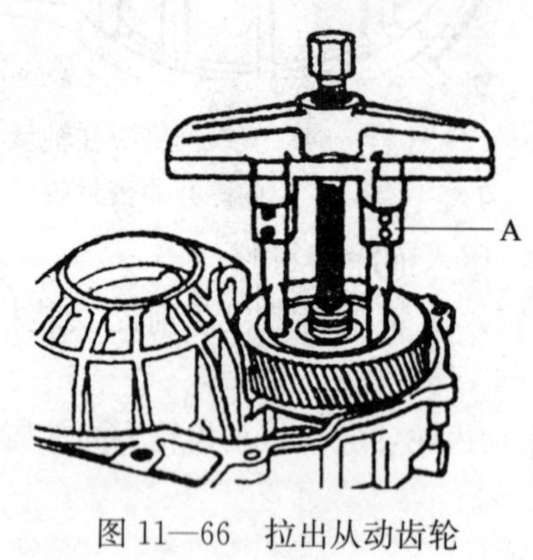

图 11—66　拉出从动齿轮

A—拉器

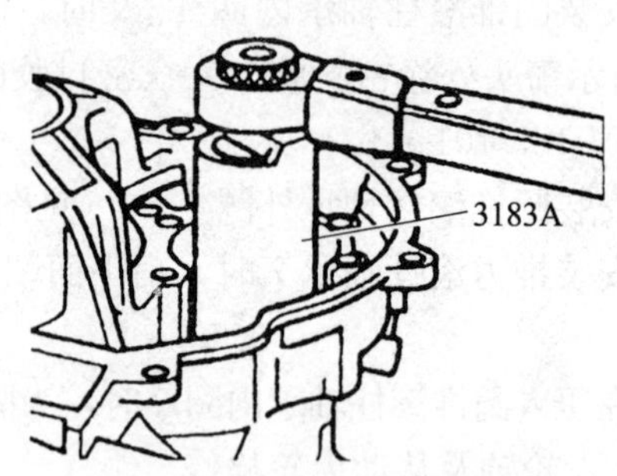

图 11—67　拆卸轴承支承环

5）拆卸小齿轮轴，如图 11—68 所示。

6）拉出圆锥滚柱轴承内圈 6（见图 11—65），拆卸方法如图 11—69 所示。

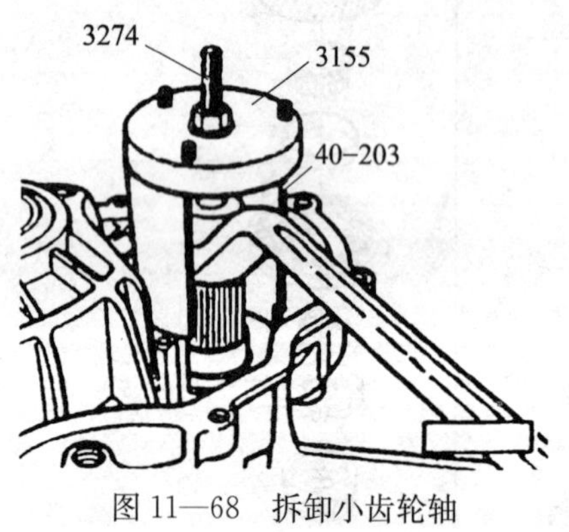

图 11—68　拆卸小齿轮轴

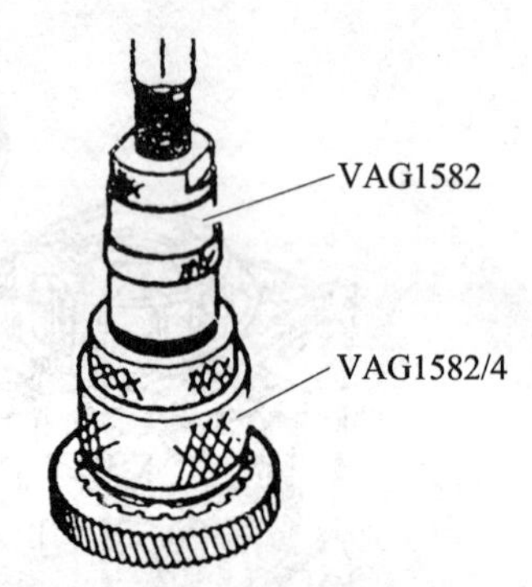

图 11—69　拆卸圆锥滚柱轴承内圈

7）用冲头敲出圆锥滚柱轴承外圈 7 和 15（见图 11—65）。

（2）小齿轮轴及从动齿轮装配。小齿轮轴及从动齿轮装配按拆卸的相反顺序进行。

安装小齿轮轴及从动齿轮部件注意事项如下：

1）主、从动齿轮中如有任一件损坏，需同时更换。

2）停车锁止齿轮 11（见图 11—65）圆倒角面朝向小齿轮轴齿轮端部。

3）小齿轮轴及从动齿轮部件螺栓、螺母及支承环拧紧力矩见表 11—26。

表 11—26　　小齿轮轴及从动齿轮部件螺栓、螺母及支承环拧紧力矩　　N·m

螺栓名称（见图 11—65）	力矩
螺栓 3	12
六角螺母 4	250
螺栓 8	25
轴承支承环 12	200

4）圆锥滚柱轴承内圈 6（见图 11—65）的压入如图 11—70 所示。

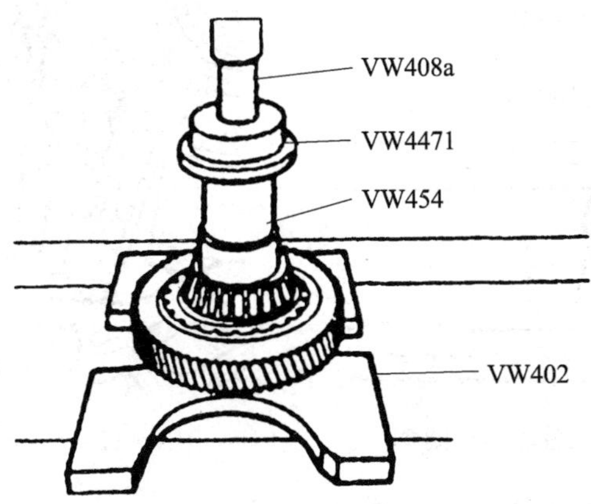

图 11—70　压入圆锥滚柱轴承内圈 6

5）轴承支承环油封的安装如图 11—71 所示。此油封将自动变速器中的自动变速器油和齿轮油隔开。

技术提示
1. 油封的开口端朝向从动齿轮。 2. 安装时注意不要损坏油封和 O 形密封圈。

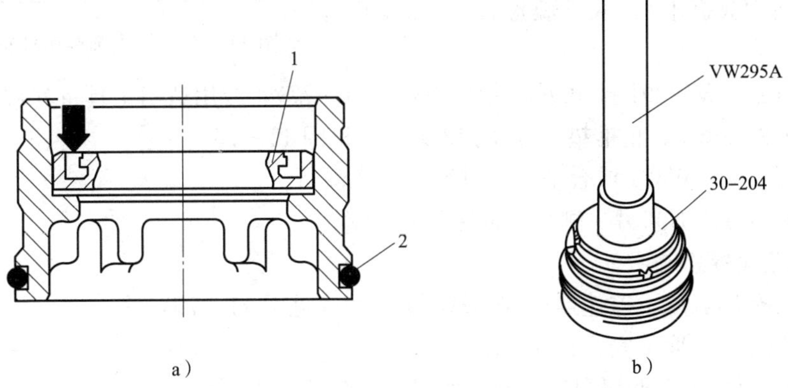

图 11—71　安装轴承支承环的油封

a）油封的位置　b）油封的安装

1—油封　2—密封圈

6）安装轴承支承环时，需用扭力扳手和专用工具 3183 A 以 200 N·m 的力矩拧紧轴承支承环，然后在安全螺栓上涂密封材料，用 12 N·m 的力矩紧固安全螺栓。大众密封材料的零件号为 AKD 456 000 01。

7）安装圆锥滚柱轴承外圈 7（见图 11—65），其安装方法如图 11—72 所示。

8）安装圆锥滚柱轴承外圈 15（见图 11—65），其安装方法如图 11—73 所示。

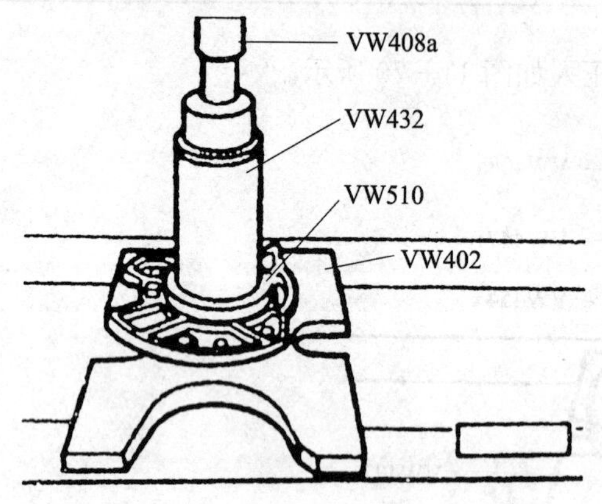

图 11—72　压入圆锥滚柱轴承外圈 7

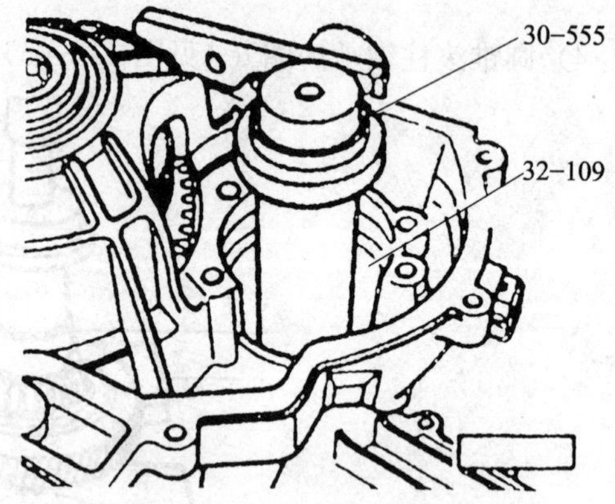

图 11—73　压入圆锥滚柱轴承外圈 15

9）安装圆锥滚柱轴承内圈 16（见图 11—65），其安装方法如图 11—74 所示。

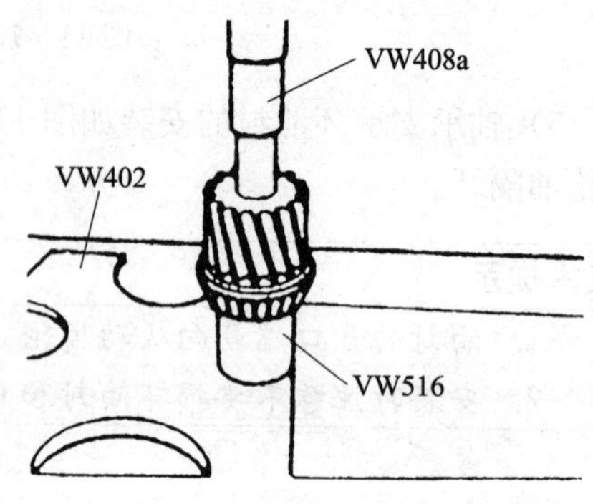

图 11—74　压入圆锥滚柱轴承内圈 16

3. 差速器总成检修

差速器总成部件分解图如图 11—75 所示。

（1）差速器总成拆卸

1）拆卸驱动轴法兰和油封

①拆下密封盖 13（见图 11—75）。

②拆下驱动法兰弹性挡圈（可用图 11—76 所示方法或适当工具拆下），取下碟形弹簧 11（见图 11—75）。

③用专用工具 VW391 拉出驱动法兰（见图 11—77），或用适当工具将其敲出。

④取下压力弹簧 9、止推垫圈 8 及锥形环 7（见图 11—75）。

⑤用专用工具 VW681 或合适的工具取出法兰油封。

⑥用同样的方法拆卸另一侧驱动轴法兰和油封。

2）拆卸差速器总成

①旋下螺栓 34，取下差速器盖 33 及密封垫 32（见图 11—75）。

②旋下螺栓 15，取下安全锁块 14。

③用专用工具 3155 拆卸调整套圈，如图 11—78 所示。

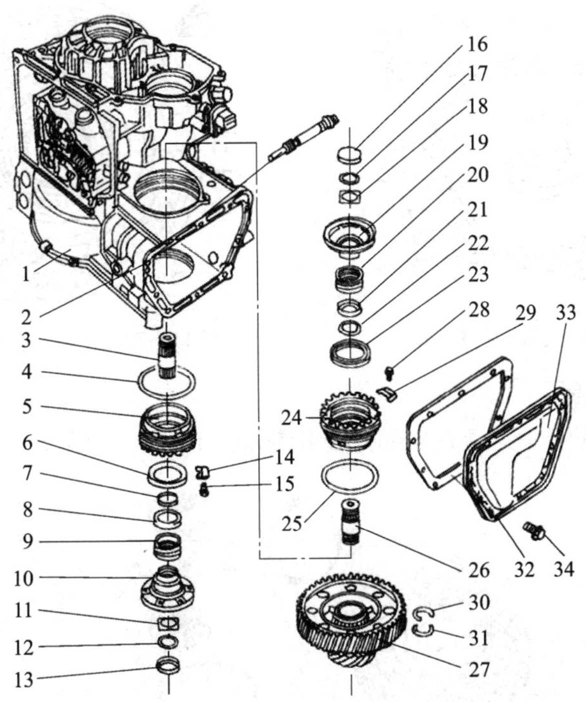

图 11—75　差速器总成部件分解图

1—变速器壳体　2—车速表驱动轴　3，26—驱动法兰输出轴　4，25—密封圈　5—调整套圈　6，23—法兰油封　7，22—锥形环　8，21—止推垫圈　9，20—压力弹簧　10，19—驱动法兰　11，18—碟形弹簧　12，17，30，31—弹性挡圈　13，16—密封盖　14，29—安全锁块　15，28，34—螺栓　24—轴承体　27—差速器　32—密封垫　33—差速器盖

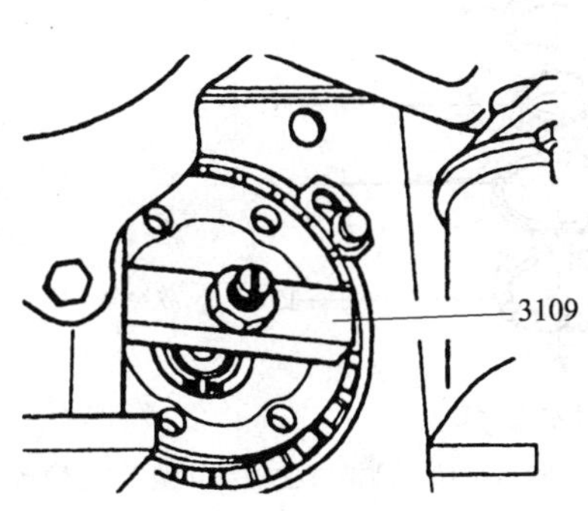

图 11—76　拆卸驱动法兰弹性挡圈

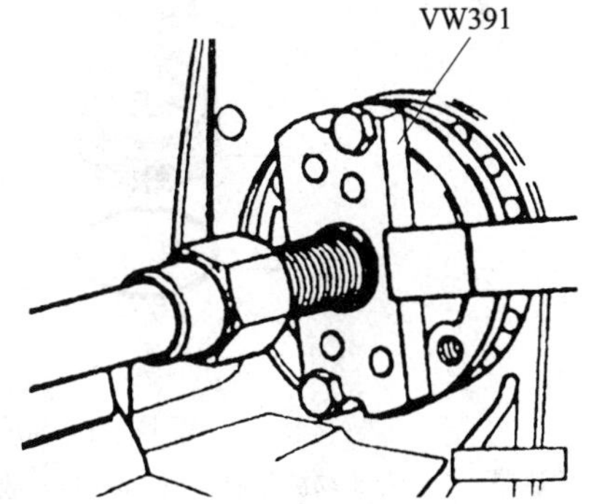

图 11—77　拆卸驱动法兰

技术提示

如果仍用原轴承，在拆卸调整套圈前，在调整套圈与自动变速器壳体上做出标记，重新安装时对齐标记即可，如图 11—79 所示。

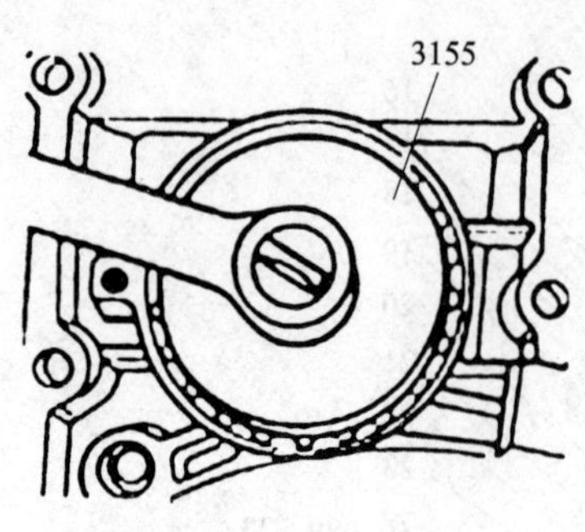

图 11—78　拆卸调整套圈

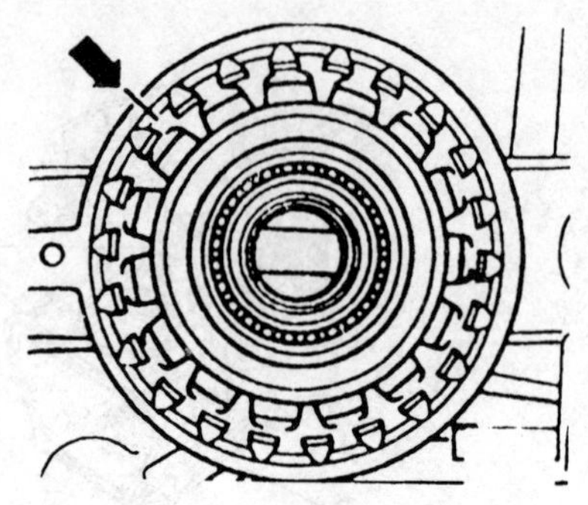

图 11—79　在调整套圈上做标记

④取出差速器总成。

（2）差速器总成的分解。差速器部件分解图如图 11—80 所示。

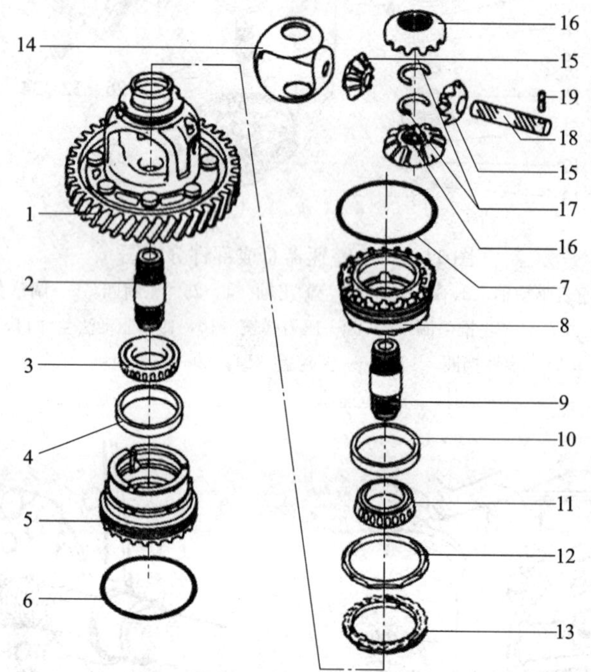

图 11—80　差速器部件分解图

1—差速器　2，9—驱动法兰输出轴　3，11—圆锥滚柱轴承内圈　4，10—圆锥滚柱轴承外圈　5—轴承体　6，7—密封圈　8—调整套圈　12—中间衬套　13—车速表驱动齿轮　14—整体式止推垫圈　15—差速器锥形小齿轮　16—差速器锥形大齿轮　17—弹性挡圈　18—差速器锥形齿轮轴　19—紧固套

1）用专用工具或适当工具拆卸差速器圆锥滚柱轴承内圈，如图 11—81 所示。

2）用冲头冲出差速器圆锥滚柱轴承外圈。

3）用适当的工具拆下弹性挡圈 17（见图 11—80），取下驱动法兰输出轴 9，再拆下另一侧。

4）拆下紧固套 19，取下差速器锥形（行星）齿轮轴 18。

5）取出差速器锥形小齿轮 15 和差速器锥形大齿轮 16。

（3）差速器装配。差速器装配按拆卸相反的顺序进行。

差速器总成装配方法及注意事项如下：

1）安装差速器圆锥滚柱轴承内圈，如图 11—82 所示。

技术提示
安装时需将圆锥滚柱轴承内圈加热到 100 ℃。

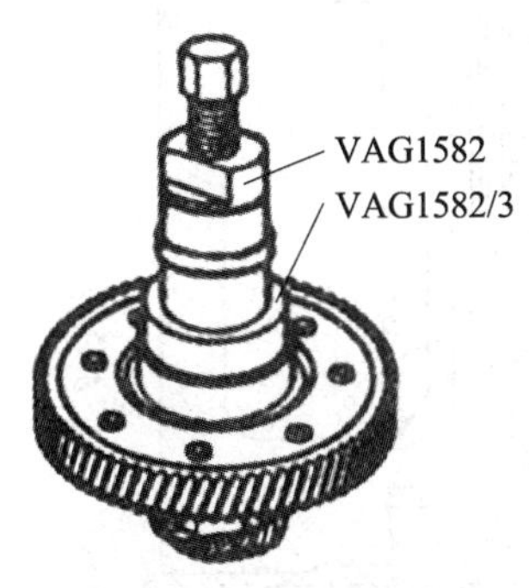

图 11—81　拆卸圆锥滚柱轴承内圈

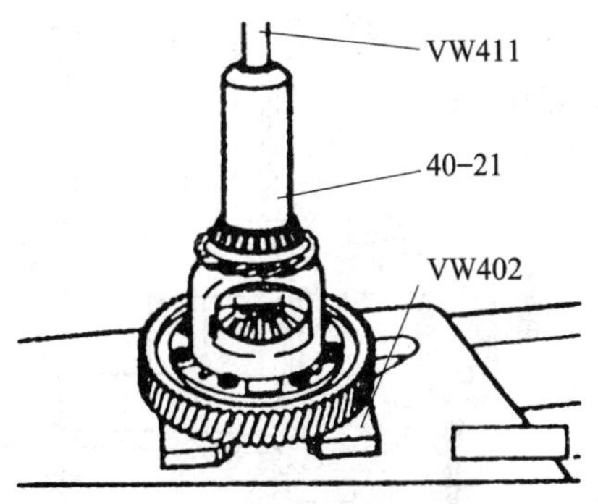

图 11—82　安装圆锥滚柱轴承内圈

2）安装差速器圆锥滚柱轴承外圈，如图 11—83 所示。

技术提示
安装时需将圆锥滚柱轴承外圈加热到 100 ℃。

3）安装差速器和轴承体，如图 11—84 所示。用专用工具 3155 拧紧至力矩 150 N·m，直至轴承体靠到台肩处。

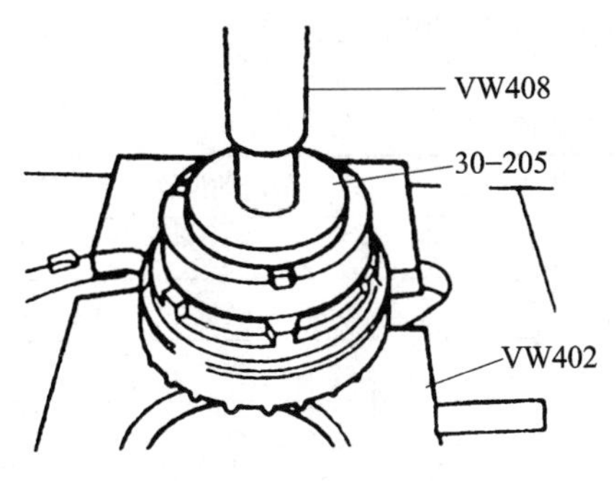

图 11—83　安装圆锥滚柱轴承外圈

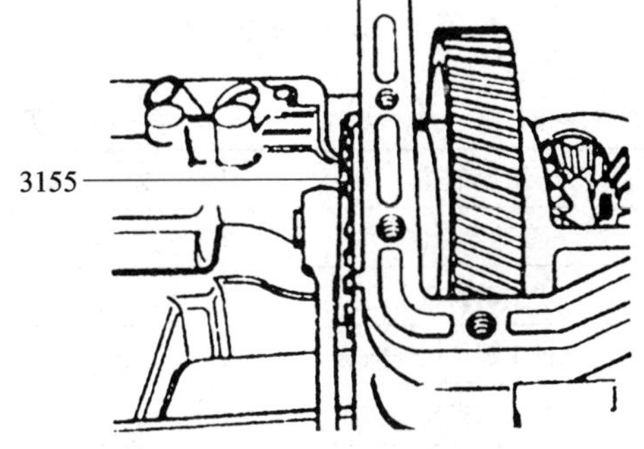

图 11—84　安装差速器和轴承体

4）用专用工具 3319 或适当工具安装新的驱动法兰油封至台肩处，在密封唇处涂润滑脂，如图 11—85 所示。

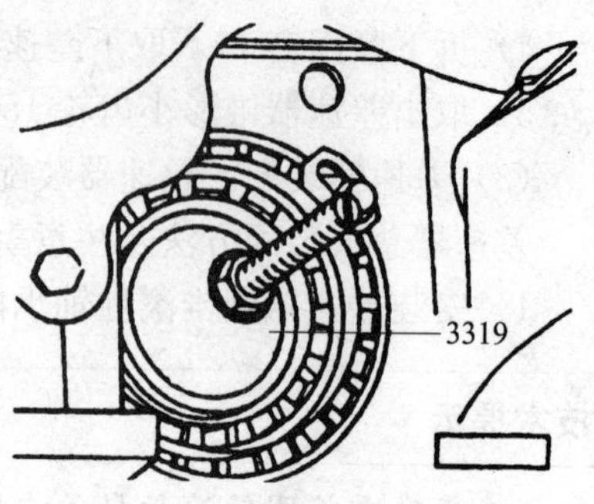

图 11—85　安装驱动法兰油封

5）用专用工具 3109 或适当工具压入驱动法兰。

4．主传动器部件的调整

更换影响主传动器调整的部件后，必须重新调整主动齿轮、带从动齿轮的小齿轮轴和差速器壳体。主传动器部件的调整如图 11—86 所示，更换部件及所需调整的部位见表 11—27。

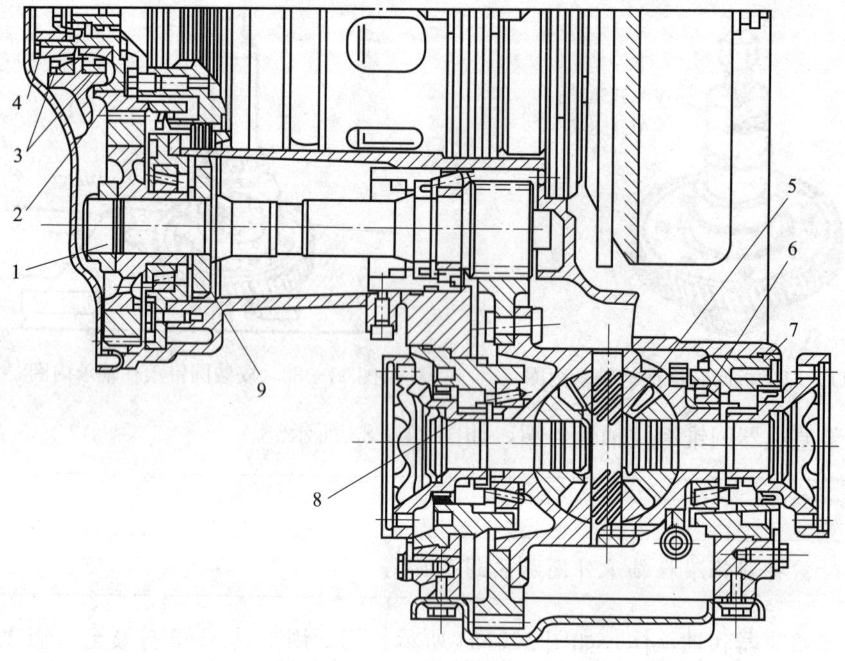

图 11—86　主传动器部件的调整

1—小齿轮轴　2—主动齿轮　3—主动齿轮轴承　4—主动齿轮调整垫圈　5—差速器　6，8—差速器轴承　7—差速器调整垫圈　9—小齿轮轴调整垫圈

表 11—27　　更换部件及所需调整的部位

更换部件	差速器壳体	主动齿轮	带从动齿轮的小齿轮轴
变速器壳体	○	○	○
主动齿轮		○	○
主动齿轮圆锥滚柱轴承		○	
从动齿轮		○	○
小齿轮轴			○
小齿轮轴圆锥滚柱轴承			○

续表

更换部件	差速器壳体	主动齿轮	带从动齿轮的小齿轮轴
差速器壳体	○		
差速器圆锥滚柱轴承或调整套圈	○		
轴承支承环、停车锁止齿轮或轴承盖			○

注：○表示需调整。

（1）调整小齿轮轴

1）测量间隙值

①将小齿轮轴装到自动变速器壳体中。

②安装小齿轮轴轴承支承环并以 200 N·m 的力矩拧紧。

③安装停车锁止操纵机构锁止齿轮。

技术提示
停车锁止齿轮圆倒角面朝向小齿轮轴齿轮端部。

④安装轴承盖并将轴承盖螺栓按规定力矩拧紧。

⑤如图 11—87 所示，将两个调整垫片（每个厚 1.5 mm）按箭头所示装到小齿轮轴上。

⑥将带圆锥滚柱轴承的从动齿轮装到小齿轮轴上并用 250 N·m 的力矩拧紧六角螺母。

⑦如图 11—88 所示，装上百分表 A，设置 1 mm 压缩量，然后将百分表指针对零，来回摆动小齿轮轴，读出测量间隙值。

技术提示
测量时不要转动小齿轮轴，否则轴承会下沉，导致测量不准确。

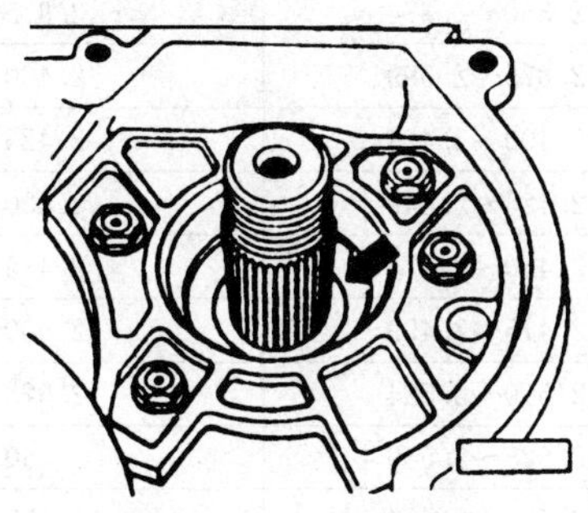

图 11—87　安装调整垫片

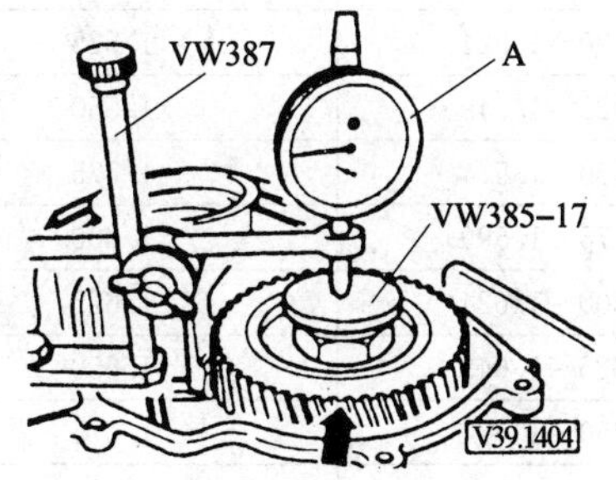

图 11—88　测量小齿轮轴间隙

A—百分表

2）确定调整垫圈厚度

示例：测量值为 0.93 mm。

已知：轴承预紧量为 0.12 mm，轴承下沉量为 0.10 mm。

调整垫圈测量厚度＝两个调整垫圈的厚度（3 mm）－测量值－轴承预紧量－轴承下沉

量＝3.0－0.93－0.12－0.10＝1.85 mm。

根据测量值，按表 11—28 选择合适的调整垫圈厚度。

表 11—28　　小齿轮和主动齿轮调整垫圈选择　　mm

测出厚度	安装垫圈厚度	测出厚度	安装垫圈厚度
0.975～0.999	1.000	1.850～1.874	1.875
1.000～1.024	1.025	1.875～1.899	1.900
1.025～1.049	1.050	1.900～1.924	1.925
1.050～1.074	1.075	1.925～1.949	1.950
1.075～1.099	1.100	1.950～1.974	1.975
1.100～1.124	1.125	1.975～1.999	2.000
1.125～1.149	1.150	2.000～2.024	2.025
1.150～1.174	1.175	2.025～2.049	2.050
1.175～1.199	1.200	2.050～2.074	2.075
1.200～1.224	1.225	2.075～2.099	2.100
1.225～1.249	1.250	2.100～2.124	2.125
1.250～1.274	1.275	2.125～2.149	2.150
1.275～1.299	1.300	2.150～2.174	2.175
1.300～1.324	1.325	2.175～2.199	2.200
1.325～1.349	1.350	2.200～2.224	2.225
1.350～1.374	1.375	2.225～2.249	2.250
1.375～1.399	1.400	2.250～2.274	2.275
1.400～1.424	1.425	2.275～2.299	2.300
1.425～1.449	1.450	2.300～2.324	2.325
1.450～1.474	1.475	2.325～2.349	2.350
1.475～1.499	1.500	2.350～2.374	2.375
1.500～1.524	1.525	2.375～2.399	2.400
1.525～1.549	1.550	2.400～2.424	2.425
1.550～1.574	1.575	2.425～2.449	2.450
1.575～1.599	1.600	2.450～2.474	2.475
1.600～1.624	1.625	2.475～2.499	2.500
1.625～1.649	1.650	2.500～2.524	2.525
1.650～1.674	1.675	2.525～2.549	2.550
1.675～1.699	1.700	2.550～2.574	2.575
1.700～1.724	1.725	2.575～2.599	2.600
1.725～1.749	1.750	2.600～2.624	2.625
1.750～1.774	1.775	2.625～2.649	2.650
1.775～1.799	1.800	2.650～2.674	2.675
1.800～1.824	1.825	2.675～2.700	2.700
1.825～1.849	1.850		

3）拆下从动齿轮，取下两个调整垫圈（每个厚 1.5 mm），把选定的垫圈装到小齿轮轴上，重新装上从动齿轮，用 250 N·m 的力矩拧紧螺母并锁紧。

4）如图 11—89 所示，测量小齿轮轴的摩擦力矩，新轴承规定值为 0.8～1.2 N·m。

技术提示
测量前，先用变速器油润滑轴承。

5）如果摩擦力矩不符合规定应重新调整（力矩过大应增大调整垫圈厚度；反之应减小调整垫圈厚度）。

（2）调整主动齿轮

1）测量间隙值

技术提示
调整主动齿轮时，不装碟形弹簧和调整垫圈。

①将主动齿轮及相关部件（除碟形弹簧和调整垫圈不装）按顺序装到自动变速器壳体上。

②挂上停车锁止机构。

③将紧固螺母按 100 N·m 的力矩拧紧，然后旋下紧固螺母，如图 11—90 所示。

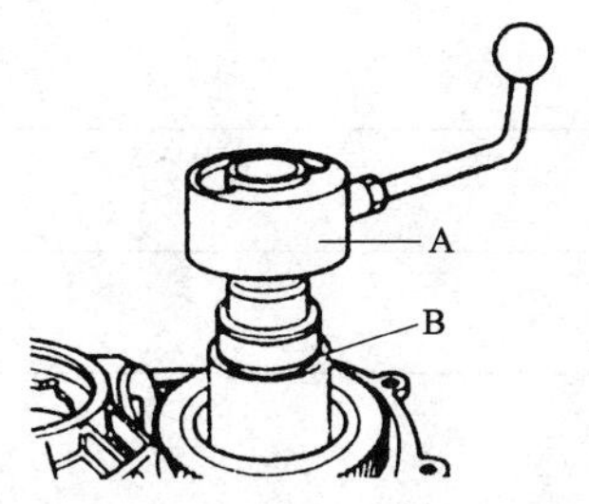

图 11—89　测量小齿轮轴的摩擦力矩

A—负荷盘　B—传力轴

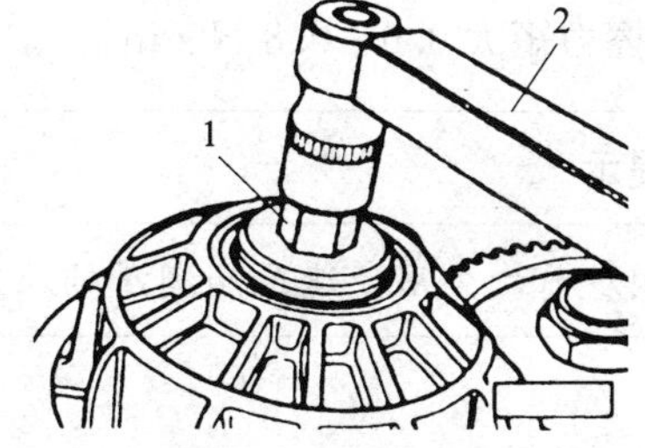

图 11—90　拧紧主动齿轮紧固螺母

1—套头　2—扭力表

④如图 11—91 所示，装上百分表，设置 3 mm 压缩量，然后将百分表指针对零。

⑤测量主动齿轮轴和圆锥滚柱轴承内圈之间的间隙。

2）确定调整垫圈厚度

示例：测量值为 1.00 mm。

已知：碟形弹簧厚度为 1.50 mm，轴承预紧常数为 0.18 mm。

调整垫圈测量厚度＝测量值＋碟形弹簧厚度－轴承预紧常数＝1.00＋1.50－0.18＝2.32 mm。

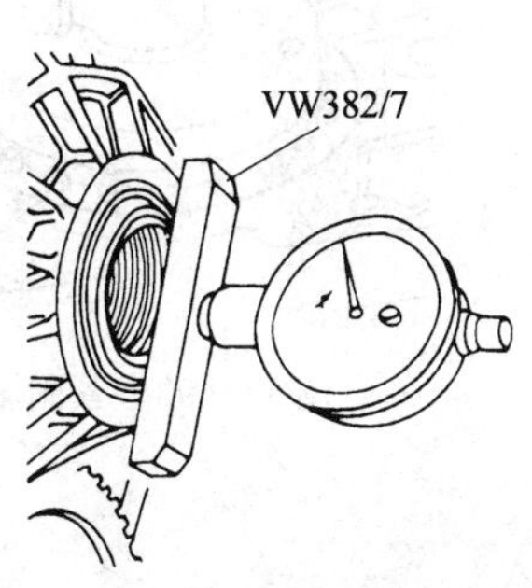

图 11—91　测量主动齿轮轴承间隙

根据测量值，按表 11—28 选择合适的垫圈厚度。

3）将合适的垫圈装到输入轴上，装上圆锥滚柱轴承，用 250 N・m 的力矩拧紧带碟形弹簧的紧固螺栓。

4）按图 11—92 所示测量摩擦力矩。使用新圆锥滚柱轴承时，摩擦力矩规定值应比小齿轮轴摩擦力矩大 1.8～2.2 N・m。

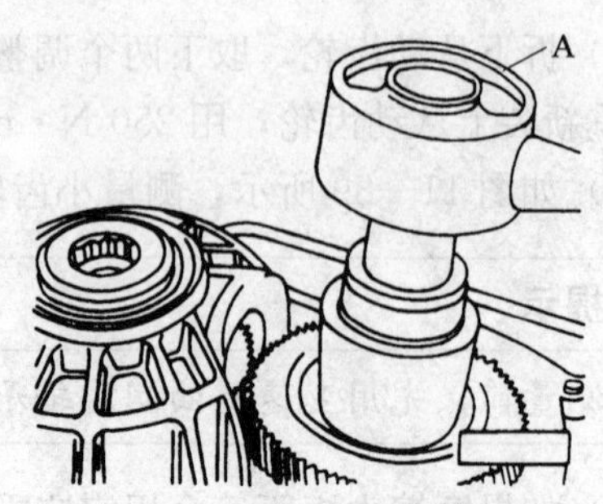

图 11—92　测量摩擦力矩

A—表盘

技术提示
测量前，先用变速器油润滑轴承。

（3）调整差速器

1）将差速器装入自动变速器壳体。

2）用专用工具 3155 以 150 N・m 的力矩将轴承体拧靠到台肩处并固定，再以 50 N・m 力矩拧紧调整套圈并做标记，然后拧调整套圈的 5 个凸缘，以此调节圆锥滚柱轴承的预紧量，如图 11—93 所示。

3）按图 11—94 所示测量摩擦力矩。使用新圆锥滚柱轴承时，摩擦力矩规定值应比小齿轮轴摩擦力矩大 0.6～0.8 N・m。

技术提示
测量前，先用变速器油润滑轴承。

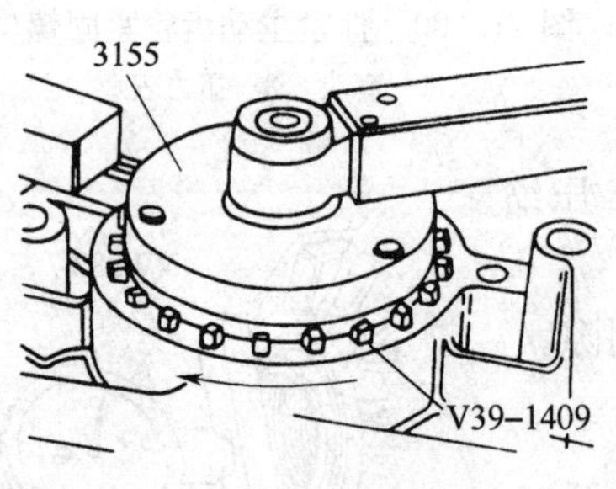

图 11—93　紧固轴承体

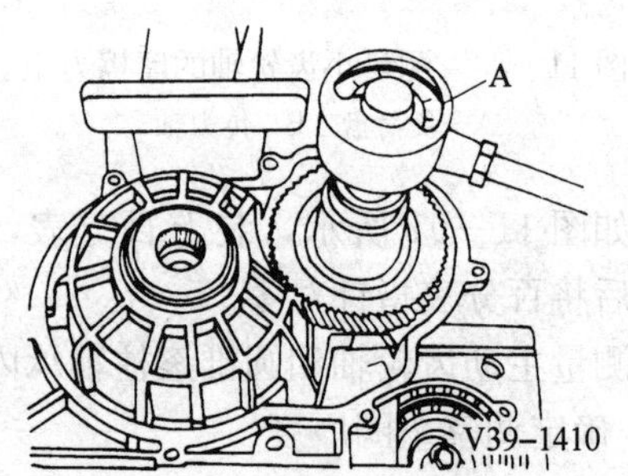

图 11—94　测量摩擦力矩

A—表盘

第八节　大众 0AM 型干式双离合器自动变速器检修

一、更换变速器油

1. 更换变速器齿轮油

技术提示

0AM 型变速器齿轮油是一种长效润滑油，正常情况下无须更换；变速器上无油位检测装置，无须检测齿轮油的油位。只有在变速器齿轮油发生泄漏的情况下才更换变速器齿轮油。

更换变速器齿轮油专用工具如图 11—95 所示。

（1）如图 11—96 所示，旋下变速器齿轮油放油螺栓放出所有剩余变速器齿轮油，并按要求做废弃处理，切勿随意倾倒。

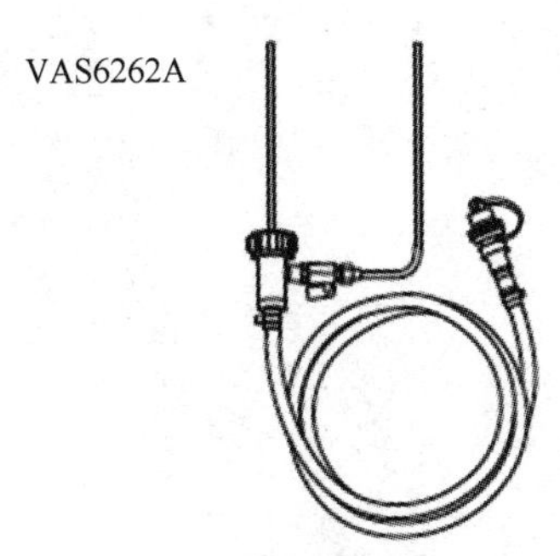

图 11—95　变速器齿轮油加注工具 VAS6262A

图 11—96　旋下变速器齿轮油放油螺栓

（2）油放净后旋上变速器放油螺栓，旋至规定力矩（放油螺栓规定力矩为 30 N·m）。

技术提示

通过排气口加注新的齿轮油时，需要拆下空气滤清器或蓄电池。

（3）拆下排气口罩盖，如图 11—97 所示。

（4）将排气口转换接头 VAS6262/4 及齿轮油加注工具 VAS6262 A 安装在排气口上，如图 11—98 所示。

（5）如图 11—99 所示，将转换接头 VAS6262/6 安装到新加注的齿轮油油瓶上，然后将齿轮油加注工具 VAS6262 A 与转换接头 VAS6262/6 相连。

图 11—97　拆下排气口罩盖

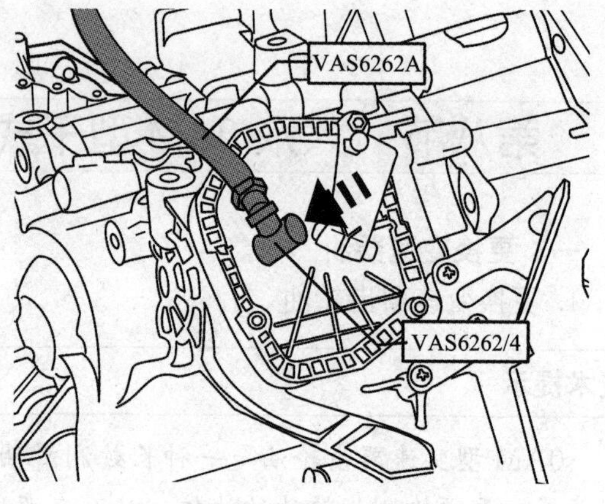

图 11—98　安装排气口转换接头 VAS6262/4 及齿轮油加注工具 VAS6262 A

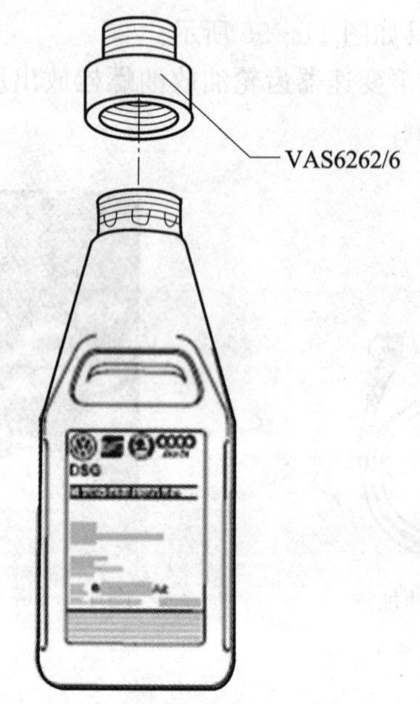

图 11—99　安装转换接头 VAS6262/6

(6) 加注 1.7 L 齿轮油，齿轮油零件号为 G 052 171。

(7) 取下转换接头 VAS6262/6 及齿轮油加注工具 VAS6262 A，用抹布擦净排气口周围的区域并安装排气口罩盖。

2. 更换中央液压系统油

技术提示
0AM 型变速器中央液压系统油是一种长效润滑油，正常情况下无须更换，无须检测油位。只有在变速器中央液压系统油发生泄漏的情况下，才需更换变速器中央液压系统油。

（1）如图 11—100 所示，旋下变速器中央液压系统油放油螺栓，放出所有剩余变速器中央液压系统油，并按要求做废弃处理，切勿随意倾倒。

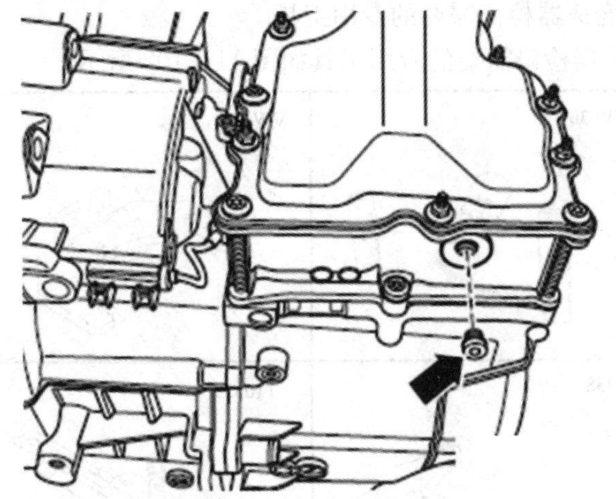

图 11—100 旋下变速器中央液压系统油放油螺栓

（2）油放净后旋上变速器中央液压系统油放油螺栓，旋至规定力矩。

（3）拆下变速器中央液压系统油加注口螺栓，如图 11—101 所示。

技术提示
拆下变速器中央液压系统油加注口螺栓需要先拆下起动机。

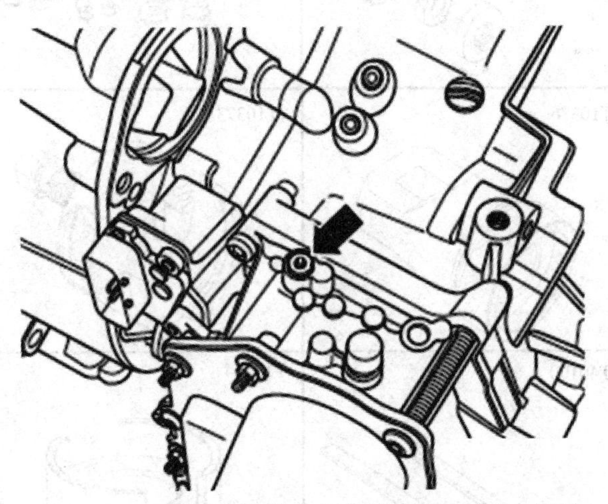

图 11—101 拆下变速器中央液压系统油加注口螺栓

（4）准确加注 1 L 中央液压系统油，中央液压系统油零件号为 G 004 000。

技术提示
准确加注 1 L 中央液压系统油，加注过多、过少都可能造成变速器故障。

(5) 旋上中央液压系统油加注口螺栓，旋至规定力矩。

二、双离合器的检修

1. 双离合器自动变速器检修需要的专用工具

双离合器自动变速器检修需要的专用工具如图 11—102 所示。

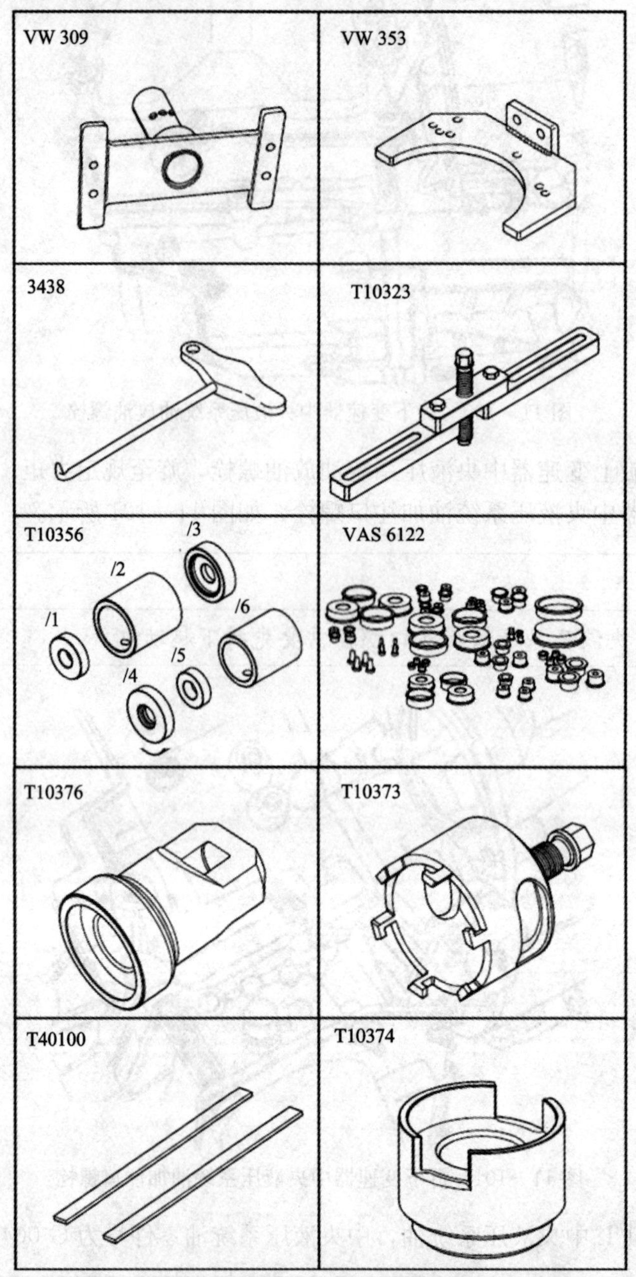

图 11—102　双离合器自动变速器检修需要的专用工具

VW309—支承盘　VW353—变速器支承板　3438—卡钩　T10323—支承装置　T10356—装配工具

VAS 6122—发动机与变速器密封塞套件　T10376—压具　T10373—起拔器　T40100—刻度尺　T10374—量规

2. 双离合器自动变速器的拆卸

（1）将变速器固定在变速器支架上。

（2）拔下变速器排气罩盖（如图 11—103 所示箭头处），并用密封塞套住，以防止漏油。

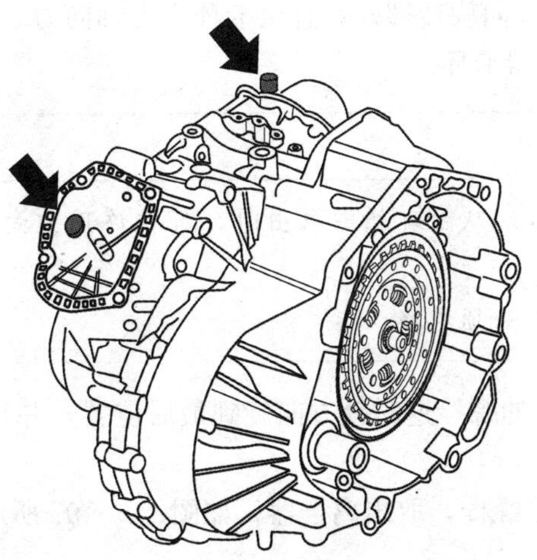

图 11—103　拆下变速器排气罩盖

技术提示
拆卸时会损坏排气罩盖，安装时必须更换。

（3）调整变速器支架 VAS 6095，使离合器朝上。

（4）用卡簧钳拆下离合器 K_1 齿毂的（从动盘毂）卡环，如图 11—104 所示；用钩子（3438）和旋具取出齿毂，如图 11—105 所示。

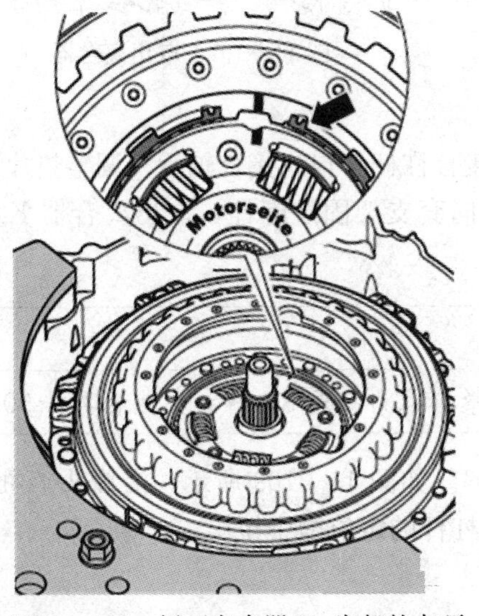

图 11—104　拆下离合器 K_1 齿毂的卡环

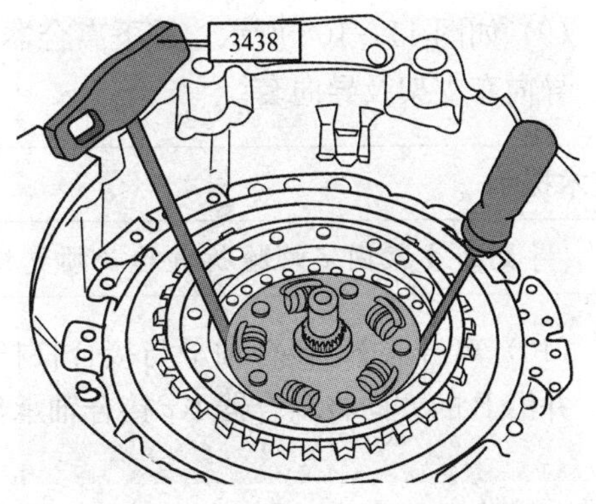

图 11—105　取出离合器 K_1 齿毂

（5）拆卸离合器卡环

1）如图 11—106 所示，安装支承装置 T10323，使其与变速器法兰面平行。

2）将装配工具 T10356 安装在支承装置与变速器法兰之间，拧紧螺栓 A。

3）朝压具 T10376 的方向旋转螺栓，直至卡环不受轴向力。

4）用卡簧钳拆下离合器卡环。

技术提示
1. 若无法将离合器卡环从卡环槽中取出时，可稍许用力向下压离合器，不能用锤子敲击离合器和轴。 2. 拆下的离合器卡环必须更换。

（6）将起拔器 T10373 的螺栓逆时针方向旋到最后位置，并将起拔器放到离合器中，顺时针旋转安装到离合器上。

（7）顺时针旋转起拔器螺栓，取出离合器，如图 11—107 所示。

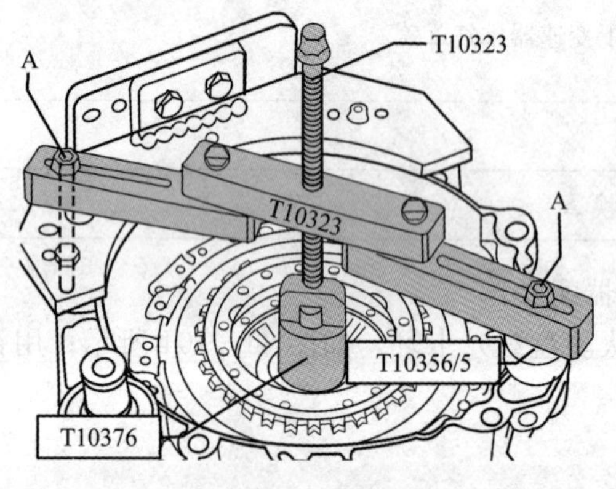

图 11—106　拆卸离合器卡环

A—螺栓

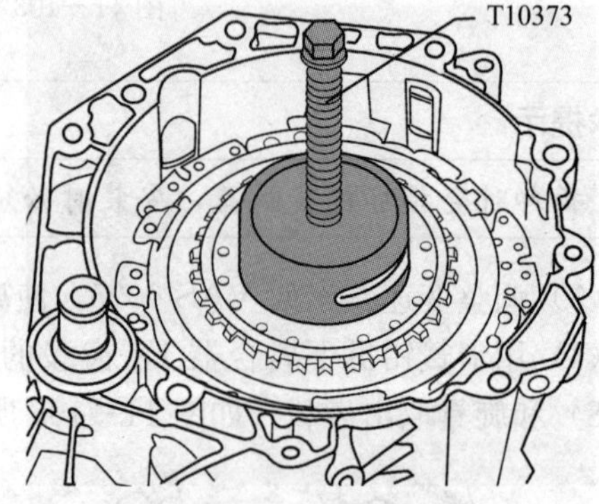

图 11—107　取出离合器

（8）取出离合器 K_2 接合轴承和离合器 K_1 接合杠杆（包括接合轴承、调整垫片）。

（9）如图 11—108 所示，旋下离合器 K_2 导向套支架固定螺栓，取出离合器 K_2 接合杠杆、导向套支架及导向套。

技术提示
导向套支架固定螺栓拆卸后必须更换，拧紧标准力矩为 8 N·m，然后再转 90°。

（10）离合器 K_1 接合轴承与接合杠杆的分解。如图 11—109 所示，沿箭头 A 的方向向上，并沿 B 的方向将离合器 K_1 接合轴承从接合杠杆的定位槽中拉出。

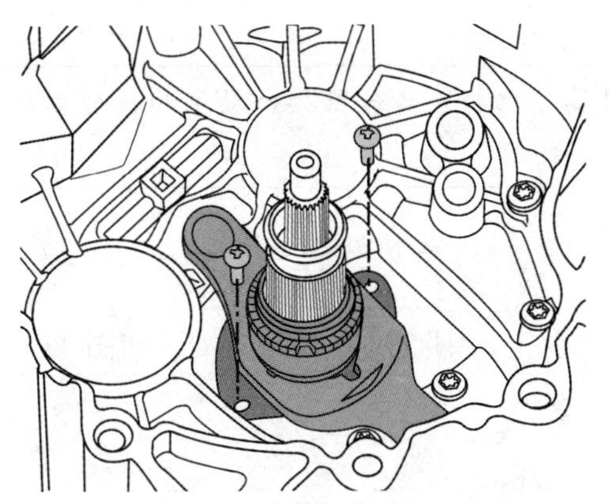

图 11—108　旋下离合器 K_2 导向套支架固定螺栓

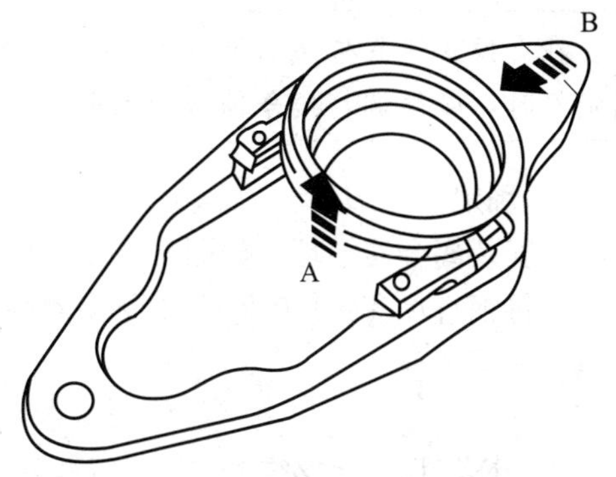

图 11—109　离合器 K_1 接合轴承与接合杠杆的分解

(11) 离合器 K_2 接合杠杆、导向套及导向套支架的分解。如图 11—110 所示，将导向套的凸耳（箭头处）相对于离合器 K_2 接合杠杆旋转 90°，再将导向套和导向套支架一起从离合器 K_2 的接合杠杆中拉出。

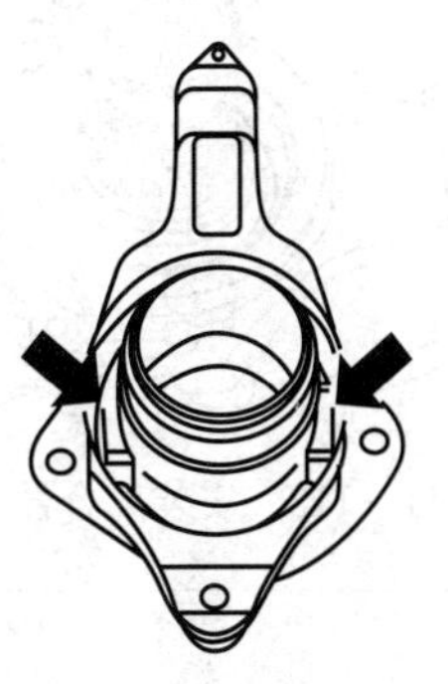

图 11—110　离合器 K_2 接合杠杆、导向套及导向套支架的分解

3. 离合器的调整

离合器 K_1、K_2 的调整尺寸如图 11—111、图 11—112 所示。

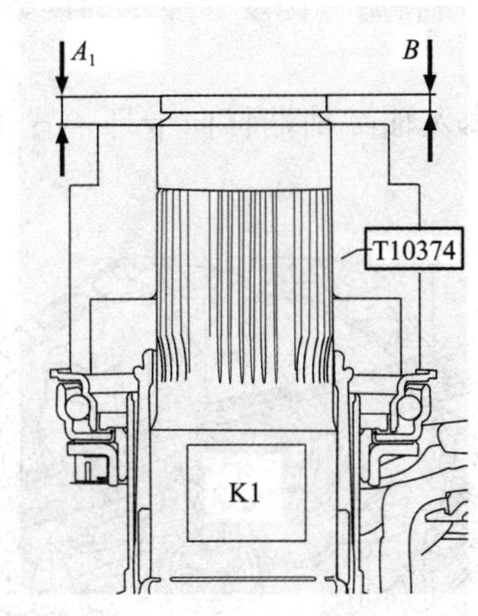

图 11—111　离合器 K_1 调整尺寸 A_1 和 B

A_1—变速器输入轴 2 轴端到离合器 K_1 接合轴承的距离

B—变速器轴入轴 2 轴端到离合器卡环的距离

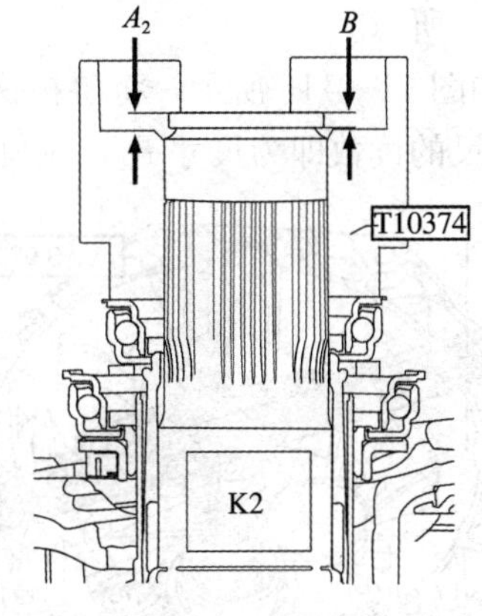

图 11—112　离合器 K_2 调整尺寸 A_2 和 B

A_2—变速器输入轴 2 轴端到离合器 K_2 接合轴承的距离

B—变速器输入轴 2 轴端到离合器卡环的距离

技术提示

在更换变速器机械电子单元 J743、离合器接合杠杆、离合器接合轴承和接合杠杆的固定架时，必须调整接合轴承的位置。

（1）确定尺寸 B

1）安装离合器卡环，如图 11—113 所示。

2）将钢直尺 T40100 竖放在变速器壳体的法兰上，钢直尺要横跨轴端，如图 11—114 所示。

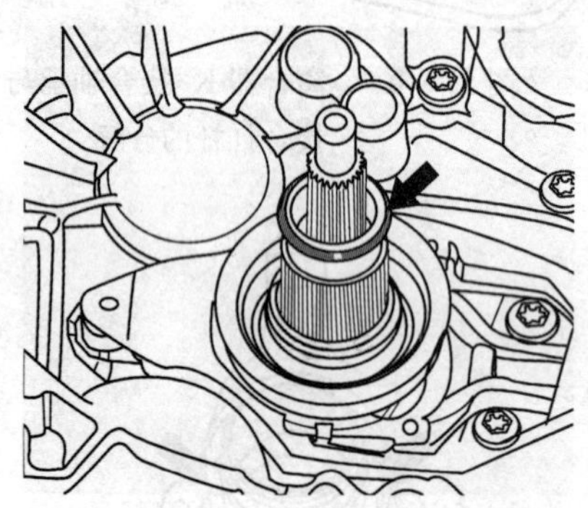

图 11—113　安装离合器卡环

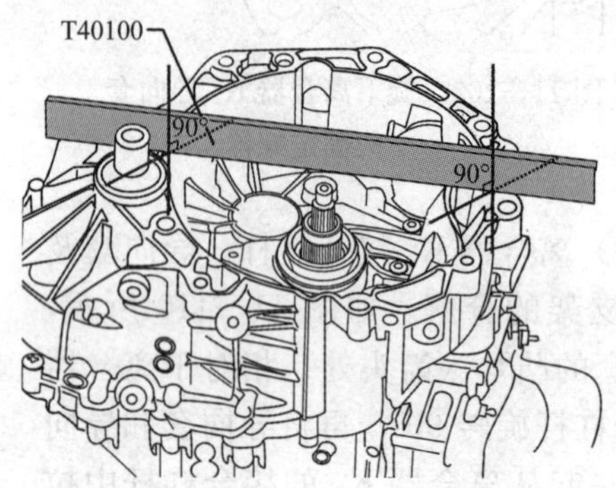

图 11—114　钢直尺的安放位置

技术提示

在接下来的测量中，钢直尺应保持在该位置，不得平放。

3）将游标深度尺置于变速器输入轴 2 轴端上，然后将游标深度尺显示的读数归零，如图 11—115 所示。

4）如图 11—116 所示，将游标深度尺从变速器输入轴 2 轴端移向卡环，置于卡环上，游标深度尺的读数即为尺寸 B_1。示例：$B_1=2.91$ mm。

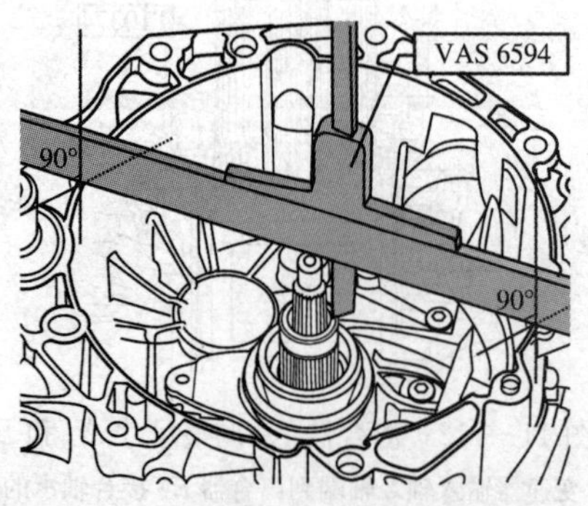

图 11—115　确定钢直尺到变速器输入轴 2 轴端的尺寸

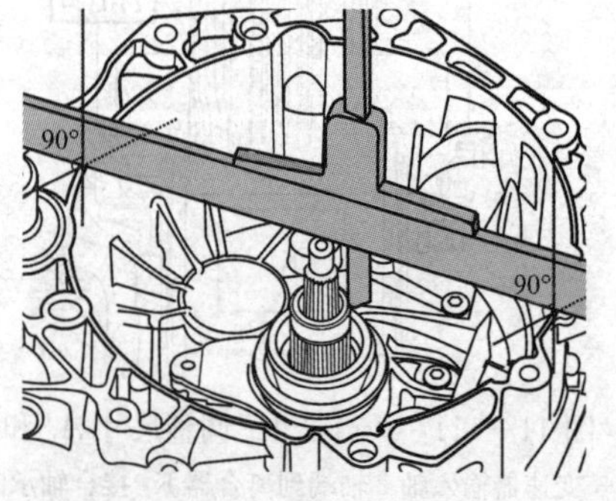

图 11—116　确定尺寸 B

5）再一次测量，位置在第一次测量位置的对面，测量尺寸为 B_2，拆下离合器卡环。示例：B_2＝3.00 mm。

根据两次测量结果计算平均值。示例：B＝（B_1＋B_2）/2＝（2.91＋3.00）/2≈2.96 mm。

（2）确定尺寸 A_1

1）安装离合器操纵机构，如图 11—117 所示。

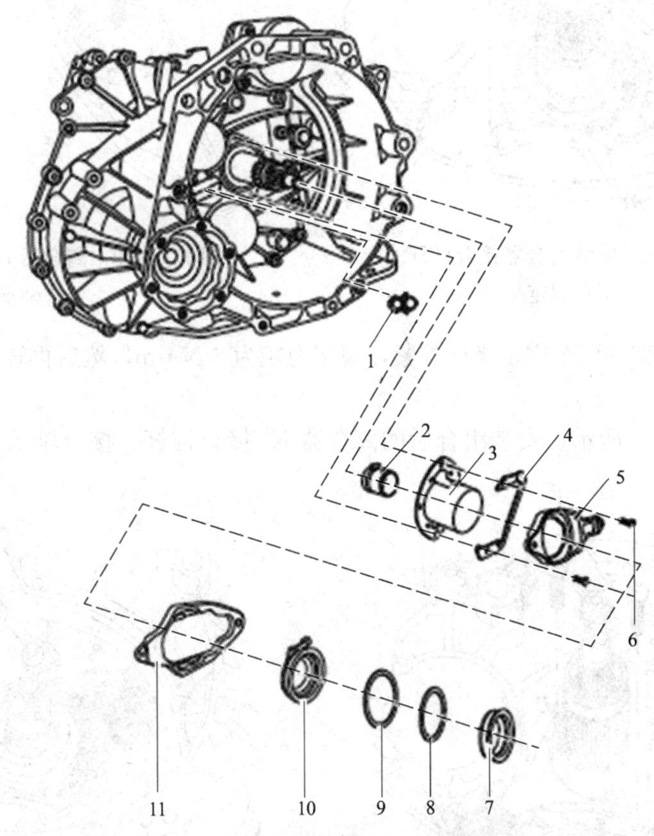

图 11—117　离合器操纵机构的分解图

1—固定架　2—导向套　3—导向套支架　4—限位架　5—离合器 K_2 接合杠杆（小）　6—螺栓　7—离合器 K_2 接合轴承　8—离合器 K_2 调整垫片　9—离合器 K_1 调整垫片　10—离合器 K_1 接合轴承　11—离合器 K_1 接合杠杆（大）

①拆下离合器接合杠杆上方的盖板，以便在安装过程中观察离合器接合杠杆的位置。

②插入离合器接合杠杆的塑料固定架，如图 11—118 所示。

③离合器 K_2 接合杠杆、导向套及导向套支架的组装。将导向套与导向套支架的位置对正组装在一起，然后将导向套的凸耳卡到离合器 K_2 接合杠杆上。

④离合器 K_1 接合杠杆与接合轴承的组装。如图 11—119 所示，沿箭头方向向下压离合器 K_1 接合轴承，直到听到离合器 K_1 接合轴承的固定卡进入离合器 K_1 接合杠杆固定槽的声音。

⑤安装组合后的离合器 K_2 接合杠杆、导向套、导向套支架及限位架，并确认离合器 K_2 接合杠杆的位置是否正确。

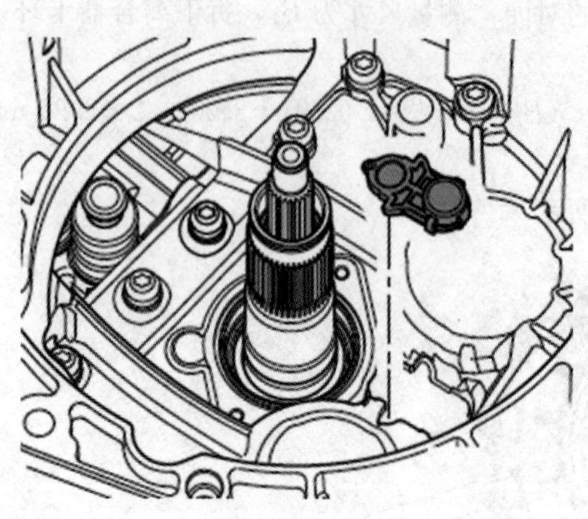

图 11—118　安装离合器接合杠杆的塑料固定架

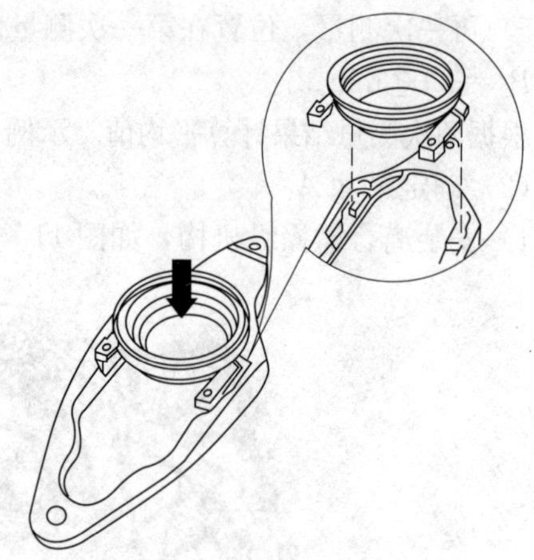

图 11—119　离合器 K_1 接合杠杆与接合轴承的组装

⑥将导向套支架的两个固定螺栓拧紧，规定力矩为 8 N·m，然后再转 90°，如图 11—120 所示。

⑦如图 11—121 所示，安装组合后的离合器 K_1 接合杠杆、接合轴承，并检查接合杠杆的位置是否正确。

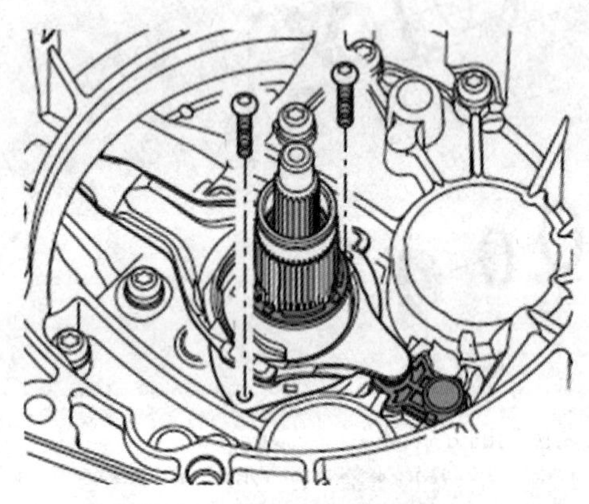

图 11—120　拧紧导向套支架的固定螺栓

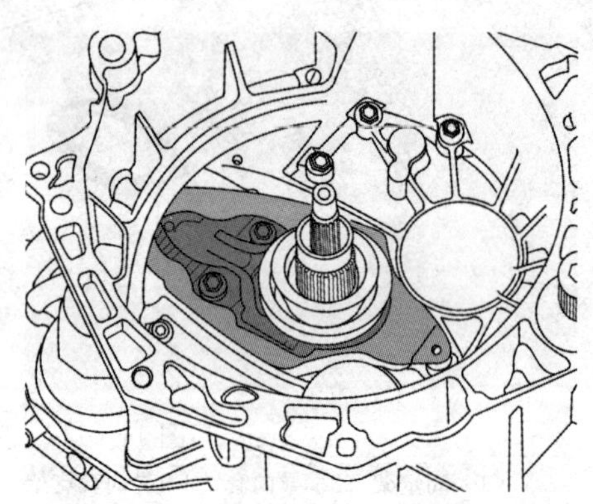

图 11—121　离合器 K_1 接合杠杆的安装

技术提示
为确定尺寸 A，在安装离合器操纵机构时，不安装离合器 K_1 和 K_2 的调整垫片。

2）将限位量规 T10374 大开口端置于离合器 K_1 接合轴承上，如图 11—122 所示。向下按压限位量规并转动，观察接合轴承是否随限位量规转动，若接合轴承转动，说明接合轴承安装正确；反之应重新安装。

3）如图 11—123 所示，将游标深度尺置于变速器输入轴 2 轴端上，然后将游标深度尺显示的读数归零。

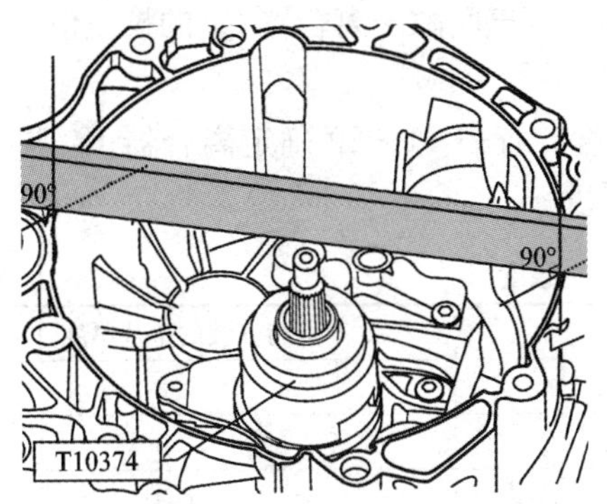

图 11—122　将限位量规 T10374 置于离合器 K_1 接合轴承上

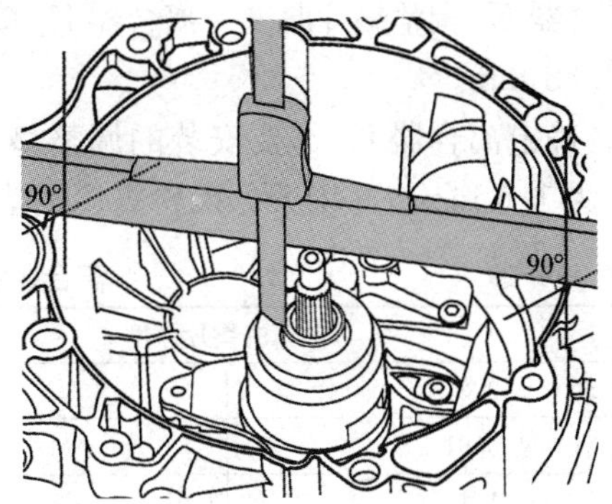

图 11—123　将游标深度尺置于变速器输入轴 2 轴端上

4）如图 11—124 所示，将游标深度尺从轴端移向限位量规，置于限位量规上，游标深度尺的读数即为尺寸 A_1'。示例：A_1'＝2.61 mm。

5）再一次测量，位置在第一次测量位置的对面，测量尺寸为 A_1''。示例：A_1''＝2.81 mm。根据两次测量结果计算平均值。示例：A_1＝（A_1'＋A_1''）/2＝（2.61＋2.81）/2＝2.71 mm。

6）确定离合器 K_1 的空气间隙。

离合器 K_1 接合轴承的深度＝A_1－B＋限位量规的高度。

限位量规的高度为 51.81 mm（固定值）。

离合器 K_1 接合轴承的深度＝2.71－2.96＋51.81＝51.56 mm。

离合器 K_1 接合轴承深度的额定尺寸为 50.08mm（固定值）。

离合器 K_1 接合轴承的空气间隙＝离合器 K_1 接合轴承的深度－离合器 K_1 接合轴承深度的额定尺寸＝51.56－50.08＝1.48 mm。

7）确定离合器 K_1 的校正值。考虑到离合器公差值，离合器 K_1 的校正值为＋0.2 mm，如图 11—125 所示。

图 11—124　确定尺寸 A_1

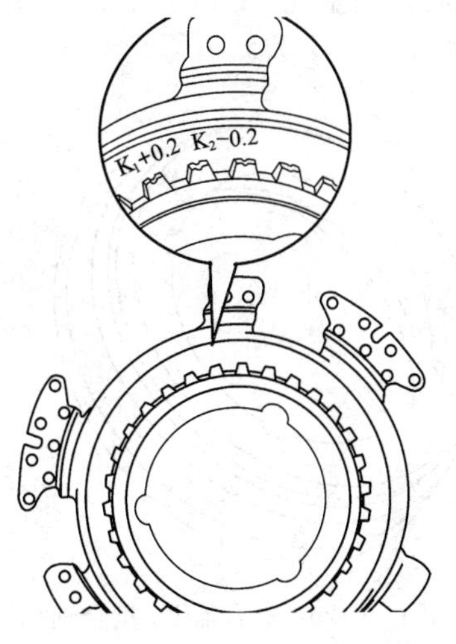

图 11—125　离合器的校正值

离合器 K_1 调整垫片厚度＝离合器 K_1 接合轴承的空气间隙＋离合器 K_1 的校正值＝1.48＋0.2＝1.68 mm。

8）确定离合器 K_1 需要安装的调整垫片的厚度。查表 11—29 确定离合器 K_1 调整垫片的厚度为 1.6 mm，并用千分尺检查调整垫片的厚度。

表 11—29　　离合器调整垫片的厚度　　mm

计算的垫片厚度		待安装的垫片厚度
0.31	0.90	0.8
0.91	1.10	1.0
1.11	1.30	1.2
1.31	1.50	1.4
1.51	1.70	1.6
1.71	1.90	1.8
1.91	2.10	2.0
2.11	2.30	2.2
2.31	2.50	2.4
2.51	2.70	2.6
2.71	3.30	2.8

（3）确定尺寸 A_2

1）安装离合器 K_2 接合轴承，并旋转接合轴承，检查接合轴承及接合轴承凹槽位置是否正确，如图 11—126 所示。

技术提示

离合器 K_2 接合轴承上有 4 个槽，只有一个正确的安装位置。

2）将限位量规 T10374 大开口端朝上安装到离合器 K_2 接合轴承上并转动，如图 11—127 所示。

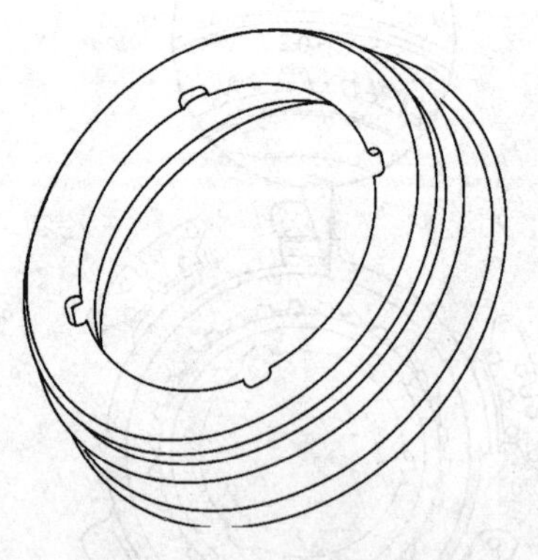

图 11—126　离合器 K_2 接合轴承

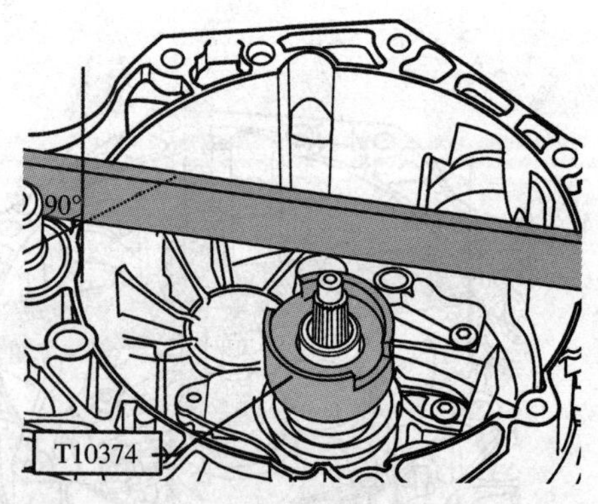

图 11—127　将限位量规 T10374 安装到离合器 K_2 接合轴承上

3）如图 11—128 所示，将游标深度尺置于变速器输入轴 2 轴端上，然后将游标深度尺显示的读数归零。

4）如图 11—129 所示，将游标深度尺从变速器输入轴 2 轴端移向限位量规，置于限位量规上，游标深度尺的读数即为尺寸 A'_2。示例：$A'_2=2.50$ mm。

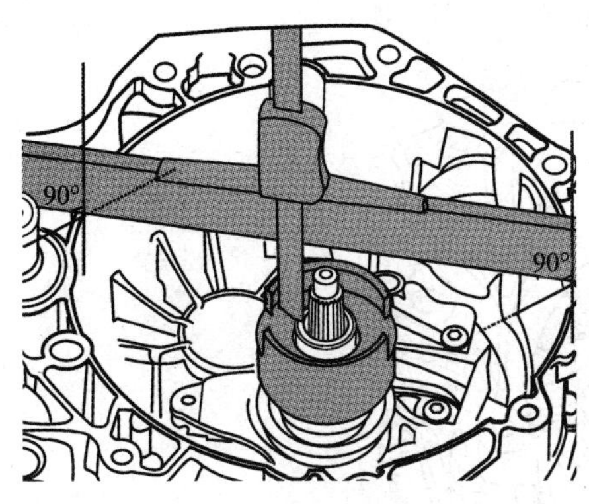

图 11—128　将游标深度尺置于变速器输入轴 2 轴端上

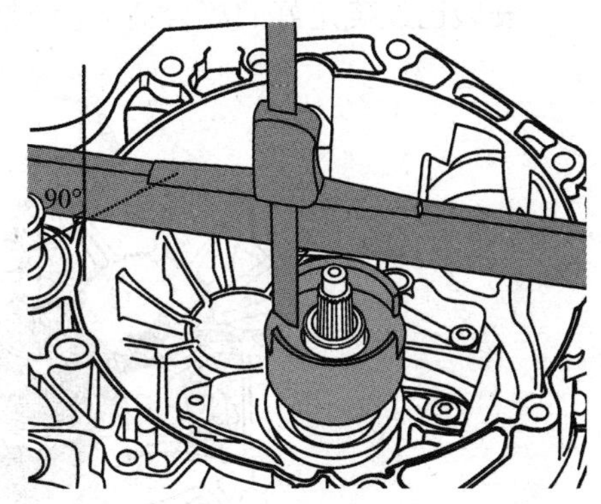

图 11—129　确定尺寸 A_2

5）再一次测量，位置在第一次测量位置的对面，测量尺寸为 A''_2。示例：$A''_2=2.54$ mm。

技术提示
为使测量数值更准确，应尽可能减少离合器 K_2 接合轴承的晃动。

根据两次测量结果计算平均值。示例：$A_2=(A'_2+A''_2)/2=(2.50+2.54)/2=2.52$ mm。

6）确定离合器 K_2 的空气间隙。

离合器 K_2 接合轴承的深度＝A_2-B＋限位量规的高度。

限位量规的高度为 36.20 mm（固定值）。

离合器 K_2 接合轴承的深度＝2.52－2.96＋36.20＝35.76 mm。

离合器 K_2 接合轴承深度的额定尺寸为 34.35 mm（固定值）。

离合器 K_2 接合轴承的空气间隙＝离合器 K_2 接合轴承的深度－离合器 K_2 接合轴承深度的额定尺寸＝35.76－34.35＝1.41 mm。

7）确定离合器 K_2 的校正值。考虑到离合器公差值，读取离合器 K_2 的校正值为－0.2 mm，如图 11—125 所示。

离合器 K_2 调整垫片厚度＝离合器 K_2 接合轴承的空气间隙＋离合器 K_2 的校正值＝1.41－0.2＝1.21 mm。

8）确定离合器 K_2 需要安装的调整垫片的厚度。

查表 11—29 确定离合器 K_2 调整垫片的厚度为 1.2 mm，并用千分尺检查调整垫片的厚度。

4. 离合器的装配

在离合器调整的过程中，离合器 K_2 导向套、固定支架、限位架、接合杠杆、离合器 K_1 接合杠杆和接合轴承已经安装在变速器中。

（1）安装已经确定好的离合器 K_2 调整垫片、接合轴承，并旋转检查接合轴承的位置是否正确。

（2）安装已经确定好的离合器 K_1 调整垫片，如图 11—130 所示。

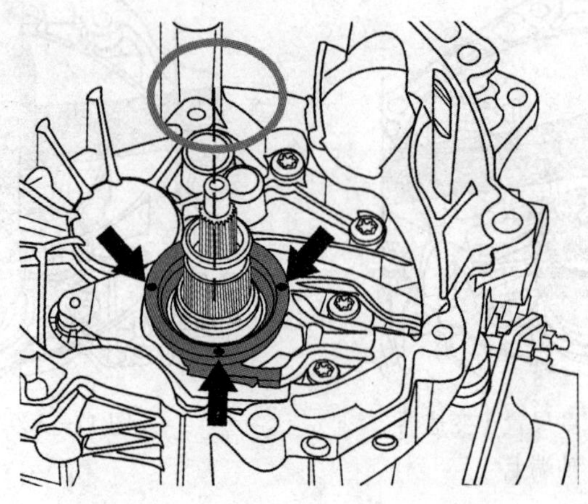

图 11—130　安装离合器 K_1 调整垫片

技术提示

在安装离合器 K_1 调整垫片前，在图 11—130 所示箭头位置涂三滴黏合剂固定调整垫片，黏合剂标号为 AMV195KD101。

（3）将起拔器 T10373 螺栓逆时针旋转到最后位置，插入双离合器中，先将起拔器顺时针旋转，再顺时针旋转起拔器螺栓，直至起拔器与离合器抓紧。

（4）将离合器插入变速器轴上。

（5）如图 11—131 所示，安装支承装置 T10323，使其与变速器法兰面平行。

1）将装配工具 T10356/5 安装在支承装置与变速器法兰之间，拧紧螺栓 A。

2）朝压具 T10376 的方向旋转螺栓 T10323，将离合器压到安装位置。

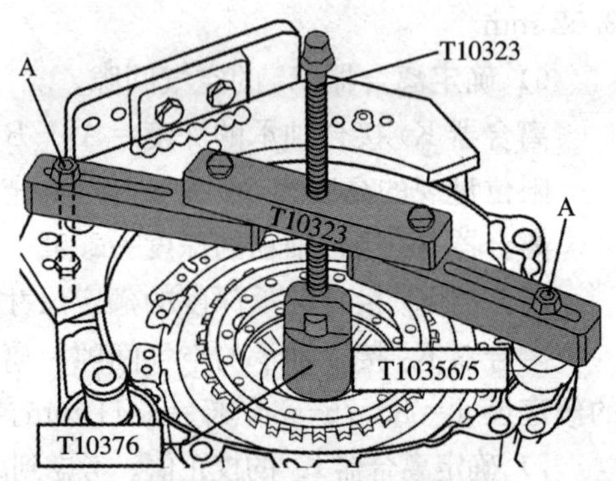

图 11—131　安装离合器

A—螺栓

技术提示

一边往里旋转螺栓，一边观察离合器卡环槽是否能将卡环安装到位，若能将卡环安装到位，则说明离合器已压到位。

（6）用卡簧钳安装离合器卡环，如图 11—132 所示（箭头处）。

（7）如图 11—133 所示，用手握住起拔器螺栓，旋转并向外拉，使离合器滑向卡环直至与卡环接触。

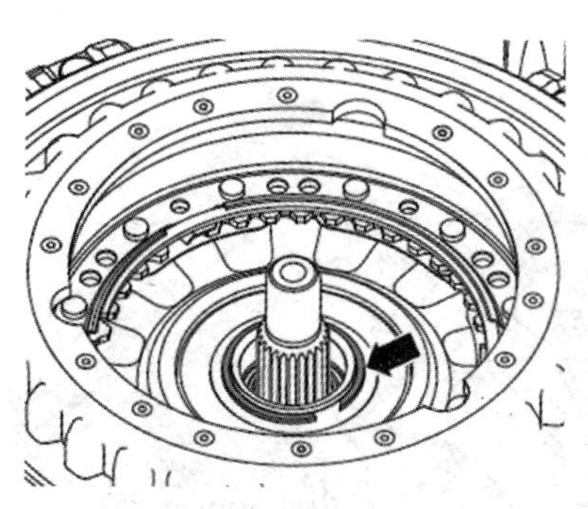

图 11—132　安装离合器卡环

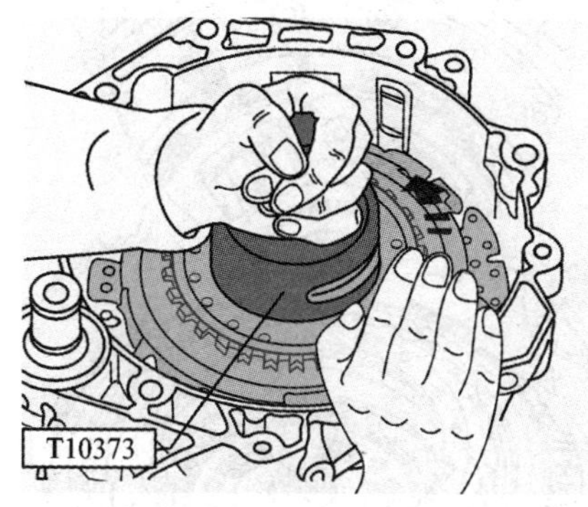

图 11—133　离合器与卡环接触

技术提示

只能用手旋转起拔器螺栓，不能使用工具。

（8）安装离合器 K_1 从动盘毂（齿毂）。齿毂上宽齿有标记，如图 11—134 所示。安装时标记朝向发动机，同时与从动盘上的标记对正，如图 11—135 所示。

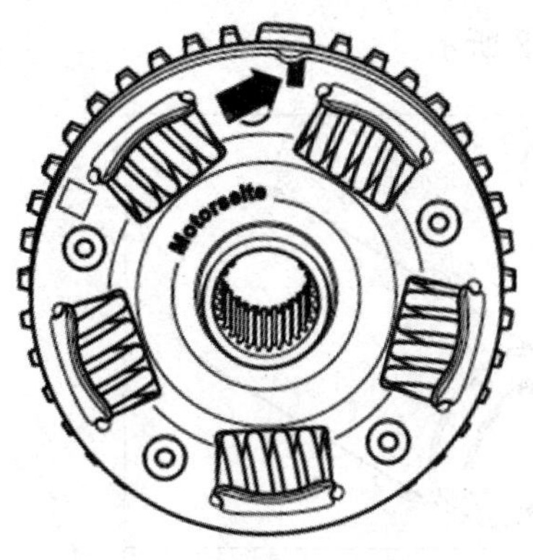

图 11—134　齿毂上的标记

图 11—135　齿毂上的标记与从动盘上的标记对正

（9）安装齿毂卡环，如图 11—136 所示。

技术提示

齿毂卡环的切口必须指向离合器的“凸缘”，以便下次维修时拆卸。

（10）检查离合器 K_2 接合杠杆的安装位置。左右旋转离合器，观察离合器 K_2 接合杠杆，离合器 K_2 接合杠杆在其位置必须保持静止。如果离合器 K_2 接合杠杆上下移动，则说

明离合器 K_2 接合轴承安装位置不正确，应重新安装。

（11）安装变速器的排气罩盖，如图 11—137 所示。

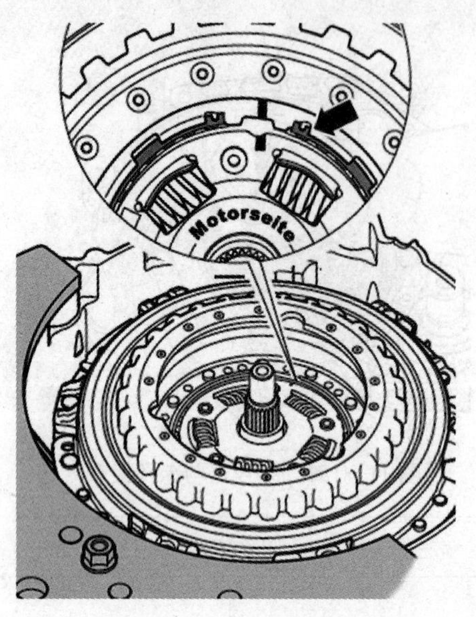

图 11—136　安装齿毂卡环

图 11—137　安装变速器的排气罩盖

三、更换离合器侧的密封环

1. 维修离合器侧密封环需要的专用工具

维修离合器侧密封环需要的专用工具如图 11—138 所示。

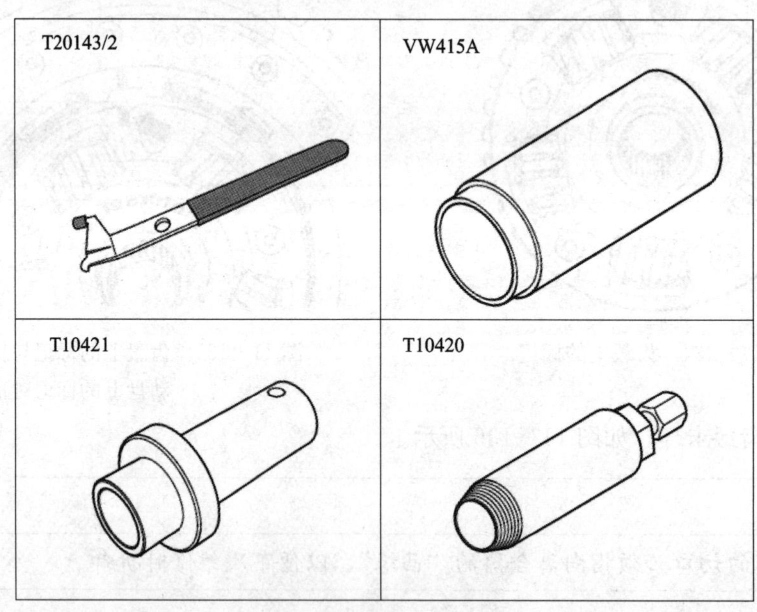

图 11—138　维修离合器侧密封环需要的专用工具

T20143/2—拉拔工具　VW415A—套管　T10421—压块　T10420—拉拔器

技术提示

若在变速器前端有油漏出，应检查是变速器漏油还是发动机漏油。若是变速器漏油，则应检查是否是离合器侧密封环损坏，若损坏应更换。

若只更换离合器侧密封环，拆卸后的离合器可直接装配，在装配过程中无须进行调整。

2. 更换离合器外部密封环

（1）使用拉拔工具 T20143/2 撬出离合器外部的密封环，如图 11—139 所示。

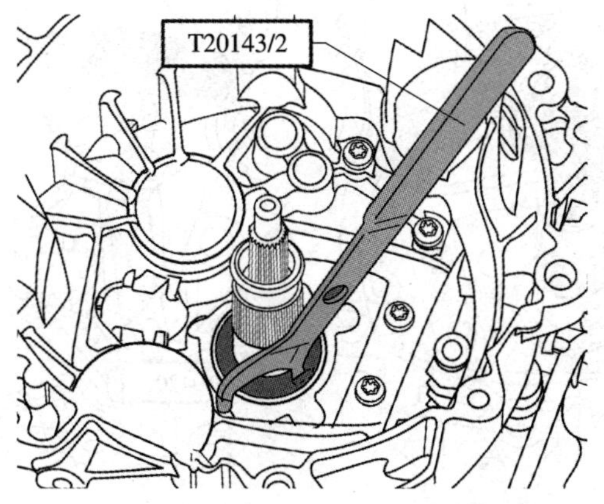

图 11—139　拆卸离合器外部的密封环

（2）如图 11—140 所示，用套管 VW415A（箭头所指台阶朝上）将离合器外部的密封环放平敲入变速器壳体中（密封环敲至与变速器壳体平齐）。

技术提示

离合器外部密封环敲入位置必须与变速器壳体平齐，以免敲入过深而堵住油道，使变速器轴承润滑不良。

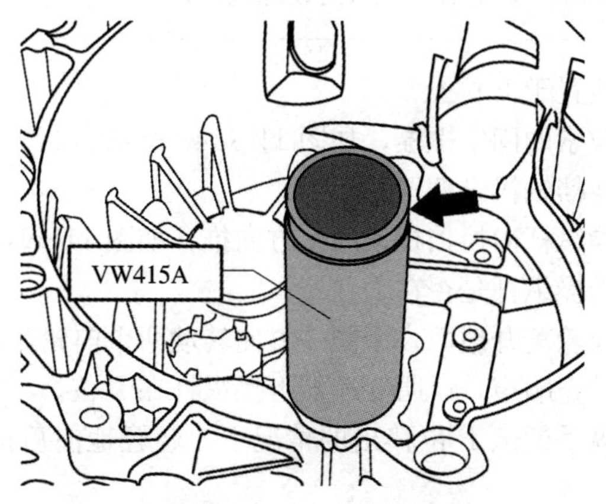

图 11—140　装配离合器外部的密封环

3. 更换离合器内部密封环

（1）旋出密封环拉拔器 T10420 的螺栓。

（2）如图 11—141 所示，将密封环拉拔器 T10420 沿箭头方向旋转并同时按压，装入内部密封环中。在旋转的过程中，感觉到密封环在其位置上转动，即密封环在拉拔器上夹紧。

（3）旋转拉拔器 T10420 中心螺栓，取出内部密封环。

（4）使用压块将新的内部密封环压入，直至压块的止挡位置与变速器输入轴 2 接触，如图 11—142 所示。

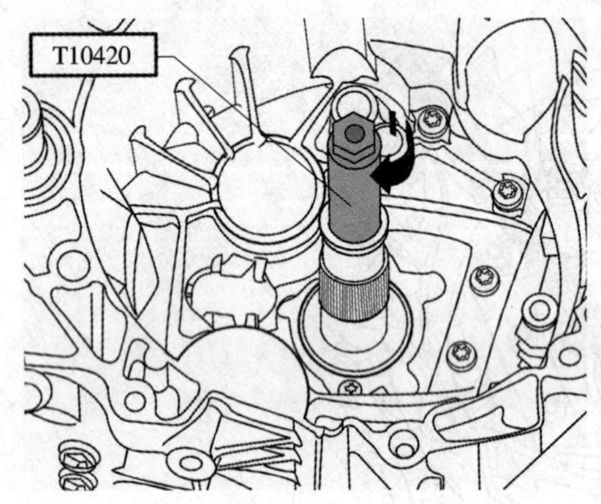

图 11—141　拆卸离合器内部的密封环

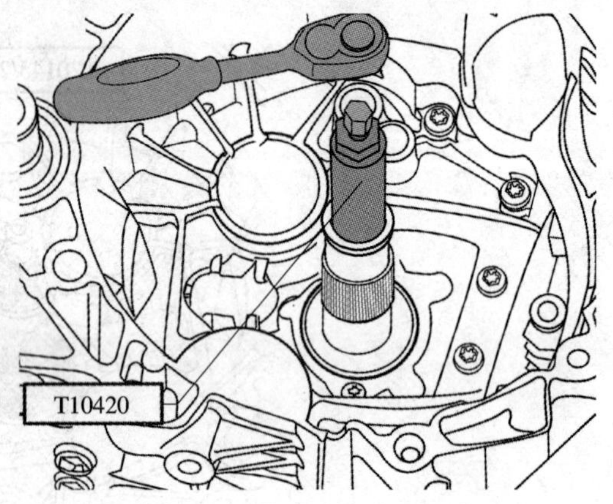

图 11—142　装配离合器内部的密封环

四、调整换挡拉索

技术提示

出现下列情况必须调整换挡拉索：

1. 拆卸及安装变速器拉索和换挡操纵机构。
2. 拆卸及安装发动机和变速器。
3. 拆卸及安装发动机和变速器总成支承装置。

（1）将换挡操纵手柄置于 P 位。

（2）松开调整换挡拉索的固定螺栓，如图 11—143 所示。

（3）将变速器上的换挡轴操纵杆置于 P 位。

（4）将变速器上的操纵杆向换挡拉索底座方向推，如图 11—144 所示。

（5）检查变速器上的操纵杆是否在 P 位。

举升车辆，使两个前轮离开地面，沿同一方向转动两个前轮，若两个前轮无法沿同一方向旋转且同时听到驻车锁止响声，说明变速器上操纵杆在 P 位。

（6）在不将换挡操纵手柄从 P 位移出的情况下，轻轻地前后推换挡操纵手柄，使拉索芯处于最佳位置。

（7）将调整换挡拉索的固定螺栓拧紧至规定力矩（13 N·m）即可。

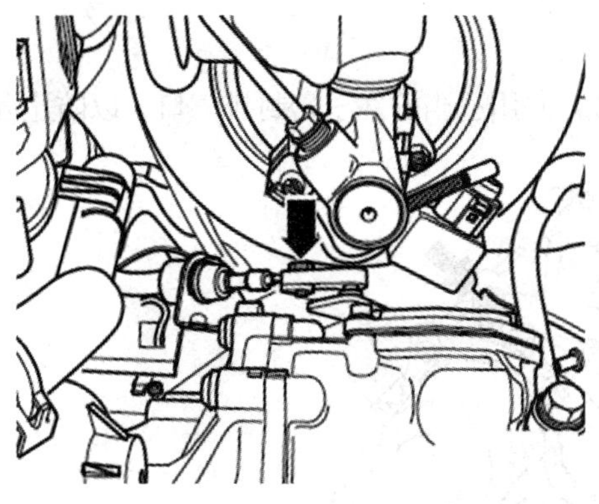

图 11—143　松开调整换挡拉索的固定螺栓

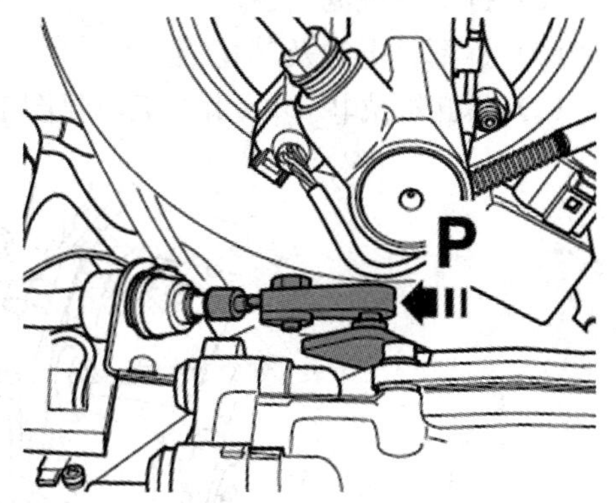

图 11—144　将变速器上的操纵杆向换挡拉索底座方向推

五、在车上更换变速器机械电子单元 J743

1. 更换变速器机械电子单元 J743 需要的专用工具

更换变速器机械电子单元 J743 需要的专用工具如图 11—145 所示。

2. 变速器机械电子单元 J743 的拆卸

(1) 将换挡操纵手柄置于 P 位。

(2) 连接车辆诊断系统，使变速器机械电子单元 J743 处于“拆卸位置”。

(3) 排出齿轮油，然后重新装上放油螺栓。

(4) 关闭点火开关，断开蓄电池接地线（负极）。

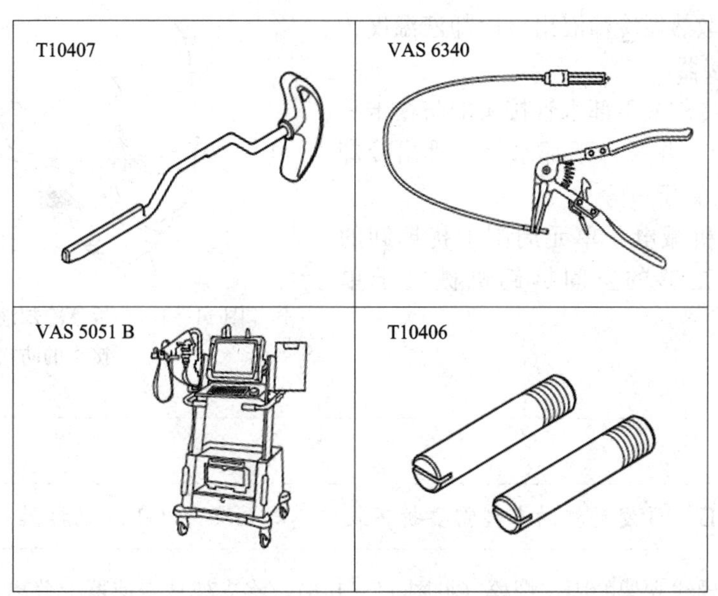

图 11—145　更换变速器机械电子单元 J743 需要的专用工具

T10407—装配杆　VAS 6340—软管夹钳　VAS 5051 B—车辆诊断、测量信息系统　T10406—导向销

（5）拆下空气滤清器。

（6）拆下蓄电池及其托架。

（7）拆卸机械电子单元排气管（见图 11—146），并用适当的塞子密封排气口，以防止漏油。

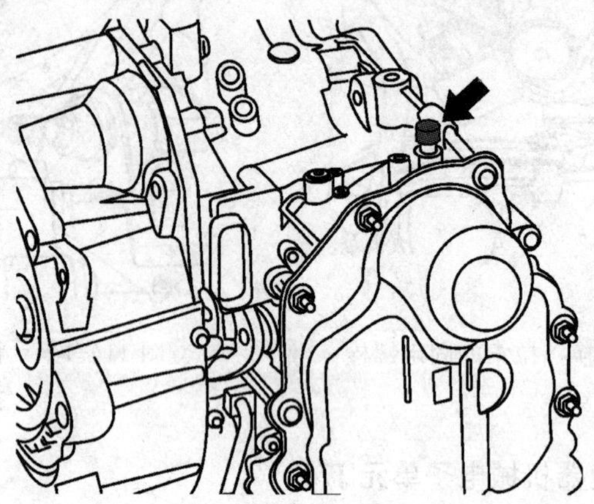

图 11—146　拆卸机械电子单元排气管

（8）拆下起动机。

（9）向上拉开机械电子单元插接器锁止机构，并拔下插接器。

技术提示
装备 1.8 L TSI 发动机的车型需要拆下增压进气管。

（10）拔下散热器冷却液出口冷却液温度传感器 G83 的插接器。

（11）拆下冷却液下部水管接头的防松卡夹（见图 11—147），并脱开下部水管，排出冷却液，将冷却液管置于一旁。

（12）拆卸机械电子单元周围干扰拆卸的导线，直到有足够的空间拆卸机械电子单元。

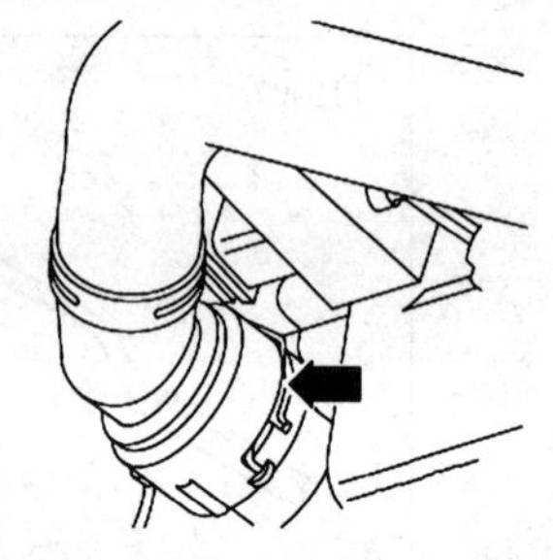

图 11—147　拆下冷却液下部水管接头的防松卡夹

技术提示
装备 1.4 L TSI 发动机的车型需要拆下氧传感器 G39 和 G130 插接器。

（13）旋下导线支架的固定螺栓（见图 11—148），将支架从变速器上分离，并置于一旁。

（14）用旋具将离合器传感器 G182 从壳体上脱开。

（15）旋下离合器接合杠杆罩盖固定螺栓（见图 11—149），取下离合器接合杠杆罩盖。

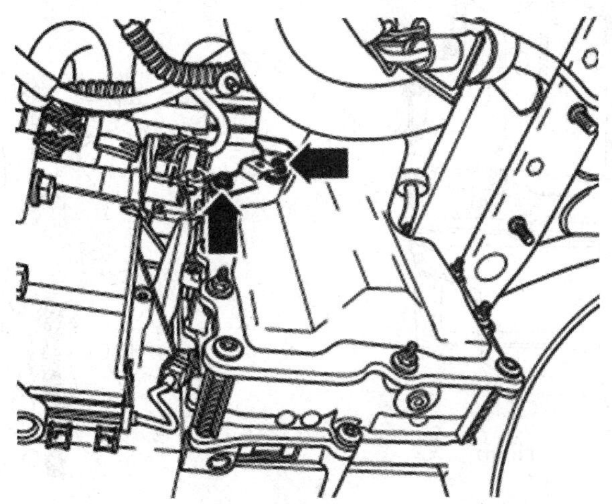

图 11—148　旋下导线支架的固定螺栓

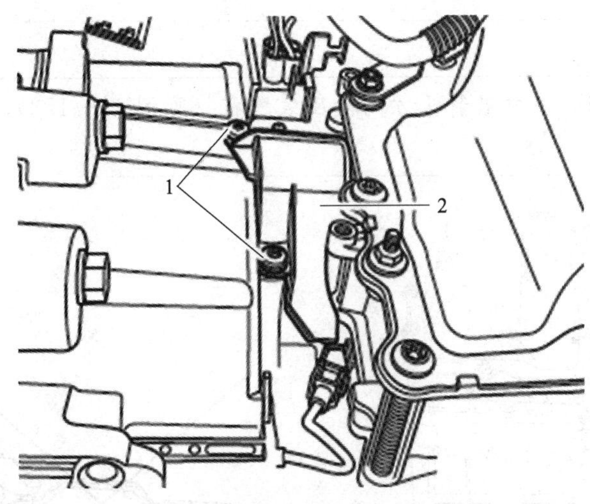

图 11—149　旋下离合器接合杠杆罩盖固定螺栓

1—罩盖固定螺栓　2—接合杠杆罩盖

技术提示

必须将离合器接合杠杆从机械电子单元挺杆上压出，才能取下机械电子单元，否则，接合杠杆压在机械电子单元的挺杆上，使机械电子单元无法取出。

(16) 将装配杆 T10407 沿箭头方向插入，如图 11—150 所示。

(17) 将装配杆 T10407 插入变速器凸起（箭头）与装配杆凹槽对齐的位置，如图 11—151 所示。

(18) 如图 11—152 所示，将装配杆 T10407 逆时针方向旋转，使离合器接合杠杆从机械电子单元挺杆上被压出，并将接合杠杆固定在该位置。

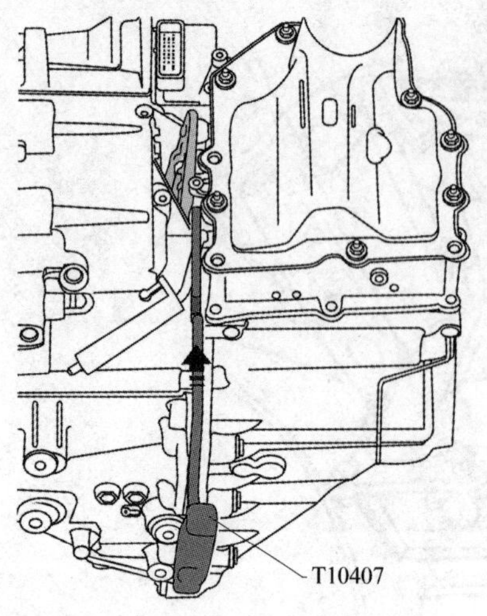

图 11—150　插入装配杆 T10407

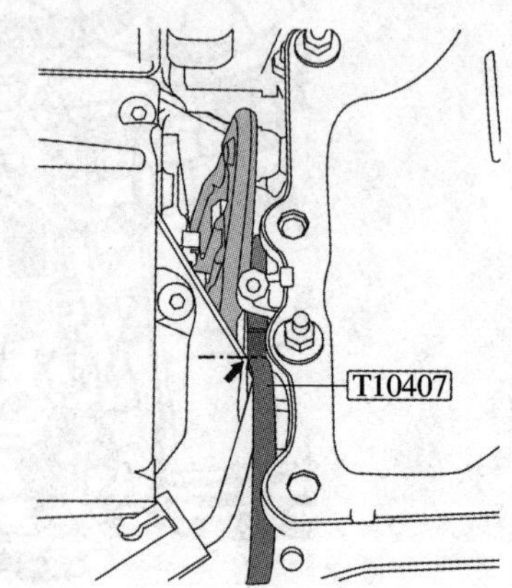

图 11—151　装配杆 T10407 插入的位置

技术提示

在旋转装配杆时，不要沿箭头方向按压装配杆（见图 11—153），否则装配杆前端会损坏。

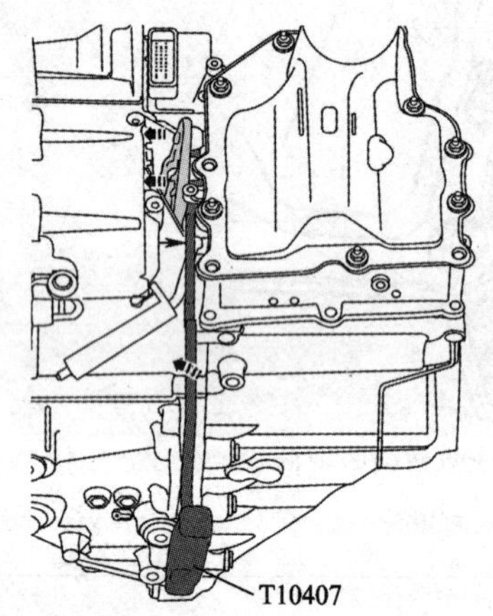

图 11—152　将装配杆 T10407 逆时针方向旋转

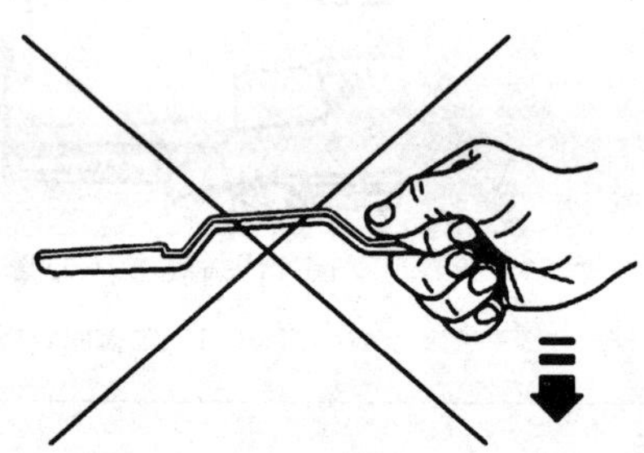

图 11—153　不要沿箭头方向按压装配杆

技术提示

1. 在更换机械电子单元的整个过程中，不要取出装配杆，应该将装配杆始终保留在接合杠杆与变速器壳体之间。

2. 不要损坏机械电子单元挺杆橡胶密封套。

3. 如果有必要，用旋具按压装配杆（见图 11—154），以防止其滑出。

（19）交叉对角分次旋松机械电子单元固定螺栓（4 个长的，3 个短的）。如图 11—155 所示，首先旋下图中箭头位置 2 个长螺栓，并在其位置上安装导向销 T10406，然后旋下其余的固定螺栓，通过导向销取下机械电子单元。

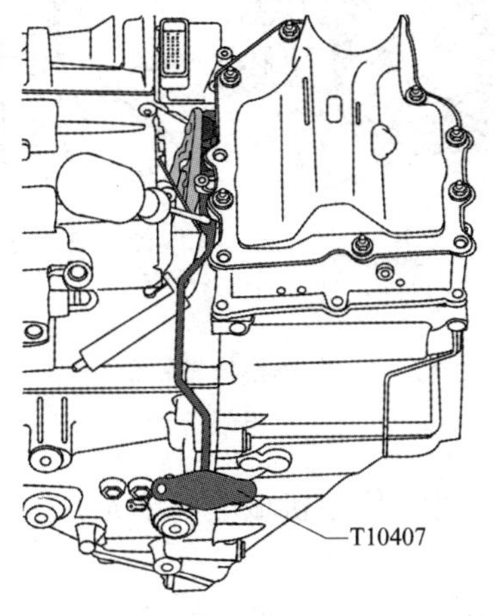

图 11—154　用旋具按压装配杆

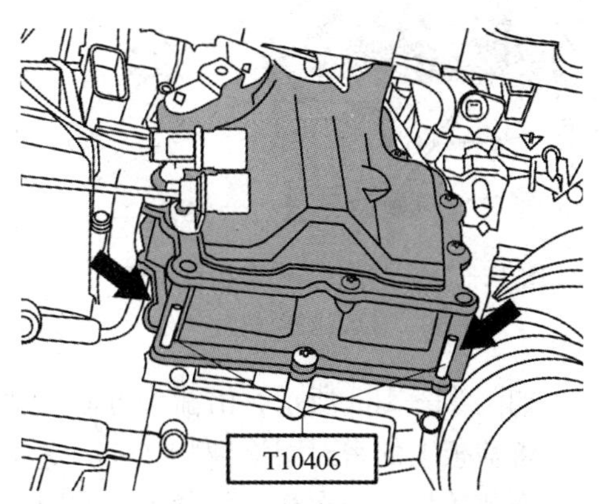

图 11—155　旋下 2 个长螺栓

技术提示
仔细观察哪些螺栓用于固定机械电子单元，不要拆下机械电子单元盖板螺栓。

技术提示
如果机械电子单元无法取下，说明变速器挡位选择器与换挡拨叉钩在一起，变速器机械电子单元没有置于“拆卸位置（空挡位置）”。此时，先将变速器机械电子单元放回原位，并用一个螺栓固定，手动将变速器机械电子单元置于“拆卸位置”。

3. 手动将变速器机械电子单元置于拆卸位置

技术提示
仅在用车辆诊断信息系统无法将变速器机械电子单元置于拆卸位置时，可手动将变速器机械电子单元置于拆卸位置。

（1）换挡操纵手柄仍然在 P 位。

（2）如图 11—156 所示，拆下变速器操纵手柄拉索防松垫片，取下拉索。

（3）如图 11—157 所示，沿箭头方向推换挡轴操纵杆至极限位置。

（4）标记换挡轴与换挡轴操纵杆位置，旋下换挡轴操纵杆固定螺栓，取下换挡轴操纵杆，如图 11—158 所示。

（5）拆下盖板固定螺栓，取下盖板。

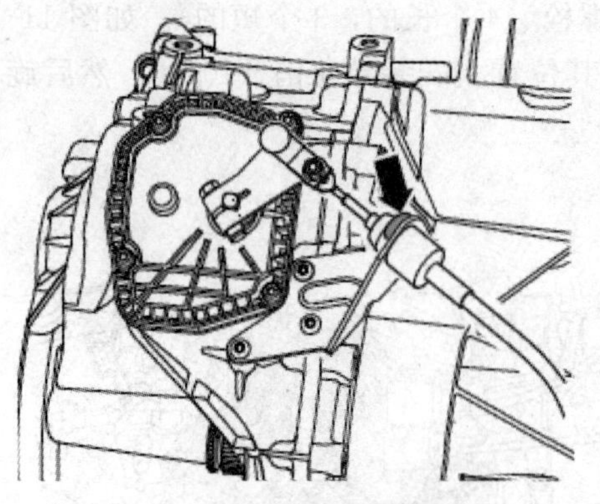

图 11—156　拆下变速器操纵手柄拉索防松垫片

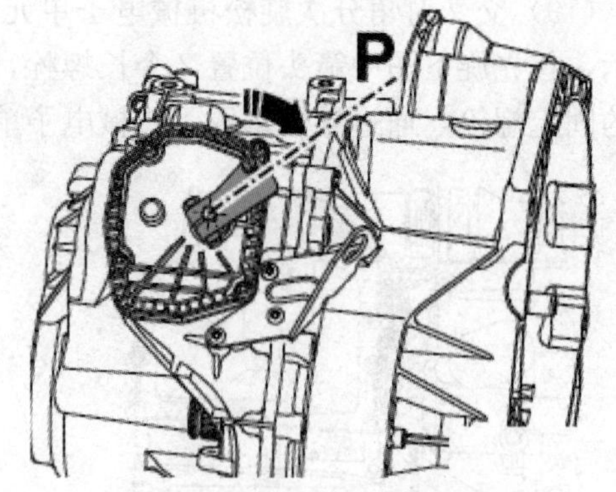

图 11—157　推换挡轴操纵杆至极限位置

（6）如图 11—159 所示，沿箭头方向拨动换挡拨叉，即可取出机械电子单元。

（7）将盖板上的密封圈涂油脂（G 152 128 00）。

（8）安装盖板，分次交叉旋紧盖板的固定螺栓，旋至规定力矩（8 N·m）。

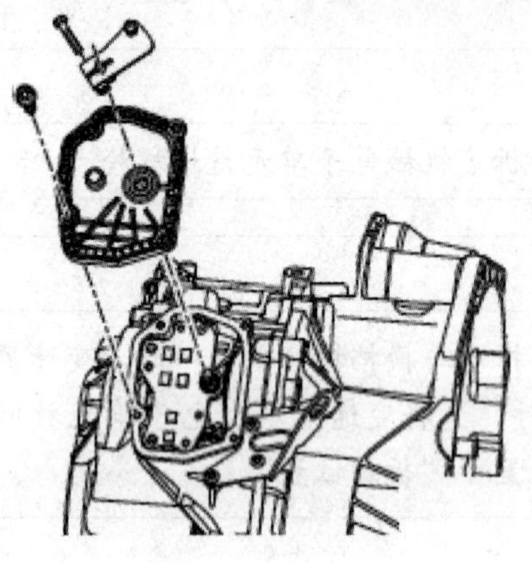

图 11—158　取下换挡轴操纵杆及盖板

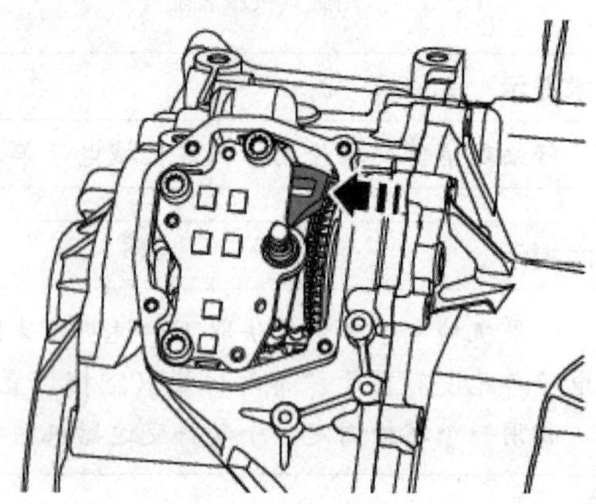

图 11—159　拨动换挡拨叉

（9）按标出位置安装换挡轴操纵杆，将换挡轴操纵杆固定螺栓旋至规定力矩（15 N·m）。

（10）安装变速器操纵手柄拉索并进行调整。

4. 安装变速器机械电子单元 J743

（1）将装配杆 T10407 正确插在离合器接合杠杆与变速器壳体之间，顶开离合器接合杠杆。

技术提示
待装配的变速器机械电子单元 J743 应正确加注中央系统液压油。

（2）将所有变速器换挡拨叉置于 N 位，即中间位置，如图 11—160 所示。

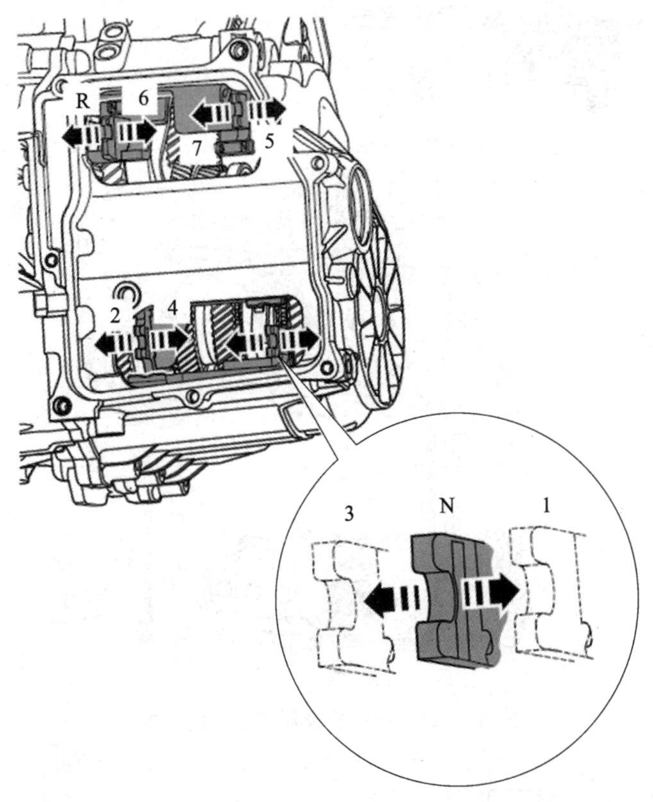

图 11—160　将所有变速器换挡拨叉置于中间位置

1）将 1 挡和 3 挡换挡拨叉分别挂入 1 挡、中间位置（空挡）和 3 挡，最后将换挡拨叉置于中间位置。

2）将 2 挡和 4 挡换挡拨叉分别挂入 2 挡、中间位置（空挡）和 4 挡，最后将换挡拨叉置于中间位置。

3）将 5 挡和 7 挡换挡拨叉分别挂入 5 挡、中间位置（空挡）和 7 挡，最后将换挡拨叉置于中间位置。

4）将 6 挡和 R 挡换挡拨叉分别挂入 6 挡、中间位置（空挡）和 R 挡，最后将换挡拨叉置于中间位置。

技术提示
在拨动换挡拨叉的过程中，可轻轻地转动前车轮，以便顺利切换换挡拨叉。

（3）将挡位选择器也置于中间位置，4 个挡位选择器的伸出距离 a 均为 25 mm，如图 11—161 所示。

（4）清洁机械电子单元的密封表面，并检查密封圈是否牢固，如图 11—162 所示。

（5）将导向销旋入固定机械电子单元的螺栓孔中，如图 11—163 所示。

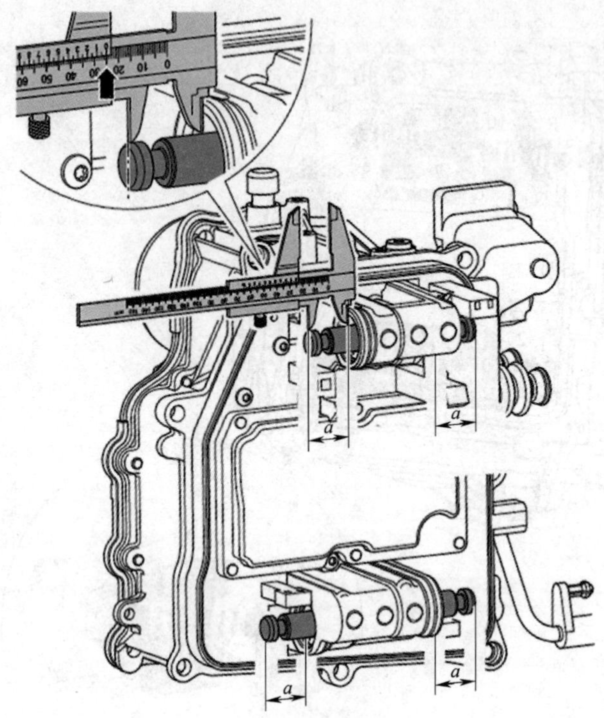

图 11—161　挡位选择器置于中间位置

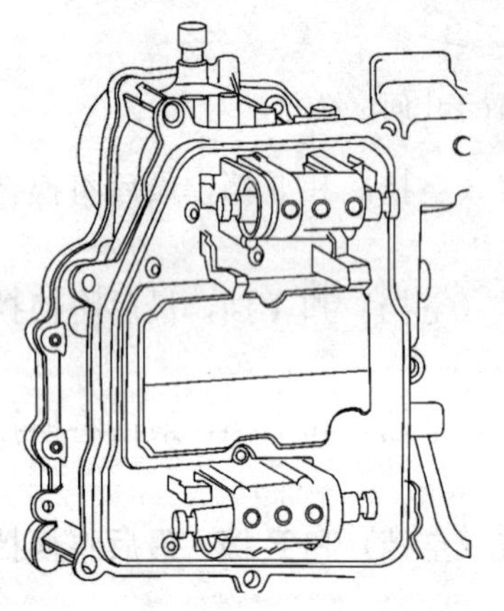

图 11—162　检查机械电子单元的密封表面及密封圈

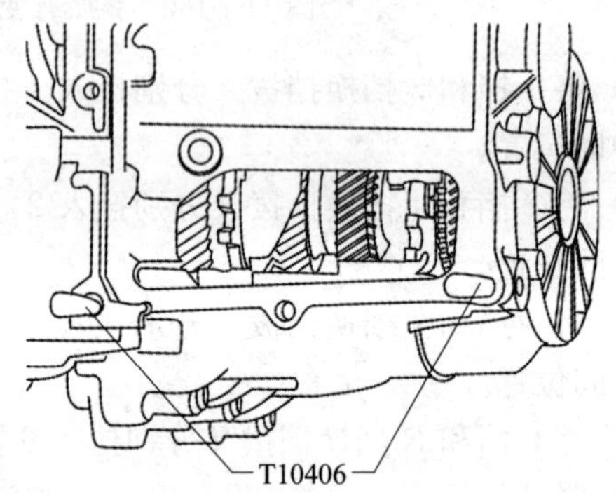

图 11—163　安装导向销

技术提示

将导向销安装在机械电子单元上时，可作为导轨将挡位选择器插入换挡拨叉的开口中。

（6）如图 11—164 所示，通过导向销安装机械电子单元，用手拧紧除导向销外的 5 个固定螺栓。

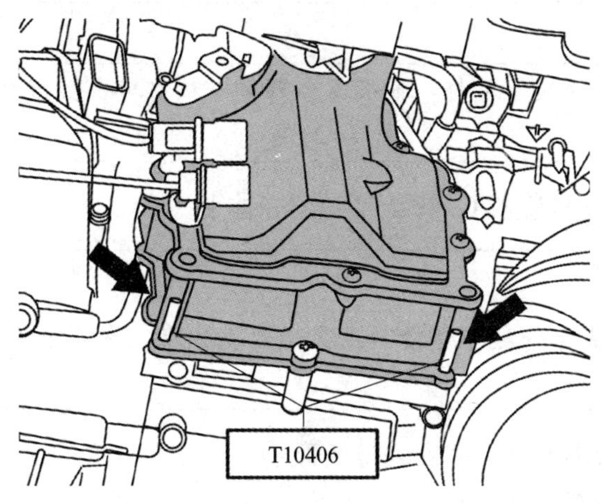

图 11—164　安装机械电子单元

技术提示
每次拆卸后机械电子单元固定螺栓要更换。

（7）取出导向销，用手旋紧最后 2 个螺栓，分次交叉将 7 个机械电子单元固定螺栓旋至规定力矩（10 N·m）。

技术提示
此时必须使机械电子单元挺杆位于离合器接合杠杆的定位凹槽中。

（8）检查机械电子单元挺杆与离合器接合杠杆的位置是否正确，如图 11—165 所示。若位置正确，将装配杆 T10407 从离合器接合杠杆与变速器壳体中缓慢取出，取出后再检查机械电子单元挺杆与离合器接合杠杆位置是否正确。

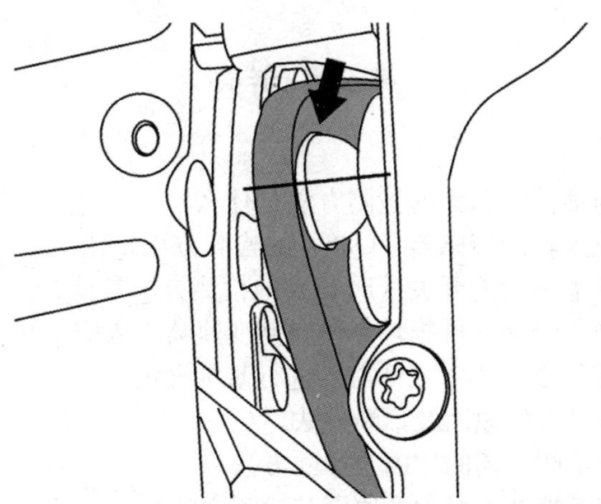

图 11—165　机械电子单元挺杆与离合器接合杠杆的正确位置

技术提示

不可迅速释放离合器接合杠杆，如果离合器接合杠杆撞击机械电子单元，会激活离合器的自调节功能。

（9）安装离合器转速传感器 G182 到变速器壳体上。

技术提示

G182 传感器与其夹板一起全部紧贴在变速器壳体上，若不能全部紧贴，则更换机械电子单元。

（10）从排气口上拔下塞子，并安装排气管。
（11）重新安装支架及导线。
（12）安装机械电子单元插接器。
（13）安装离合器接合杠杆罩盖，固定螺栓的规定力矩为 8 N·m。
（14）加注齿轮油。
（15）其余安装按拆卸的相反顺序进行。
（16）对机械电子单元 J743 实施基本测量。

技术提示

出现下列情况需对机械电子单元 J743 实施基本测量：

1. 在“引导型故障查询”中对此提出要求。
2. 在处理完一个故障记忆后。
3. 更换变速器总成。
4. 更换双离合器。
5. 更换机械电子单元。

复习思考题

1. 01M 型自动变速器控制单元的检测方法是什么？
2. 01M 型自动变速器转速传感器（G38）的检测方法是什么？
3. 01M 型自动变速器多功能开关（F125）的检测方法是什么？
4. 01M 型自动变速器哪些元件损坏会使自动变速器进入应急状态？
5. 01M 型自动变速器更换哪些零件需要进行基本设定？
6. 分析自动变速器打滑的原因及诊断方法。
7. 分析自动变速器不能升挡的原因及诊断方法。
8. 分析自动变速器换挡冲击过大的原因及诊断方法。
9. 01M 型自动变速器单向离合器 F 装反会出现什么现象？